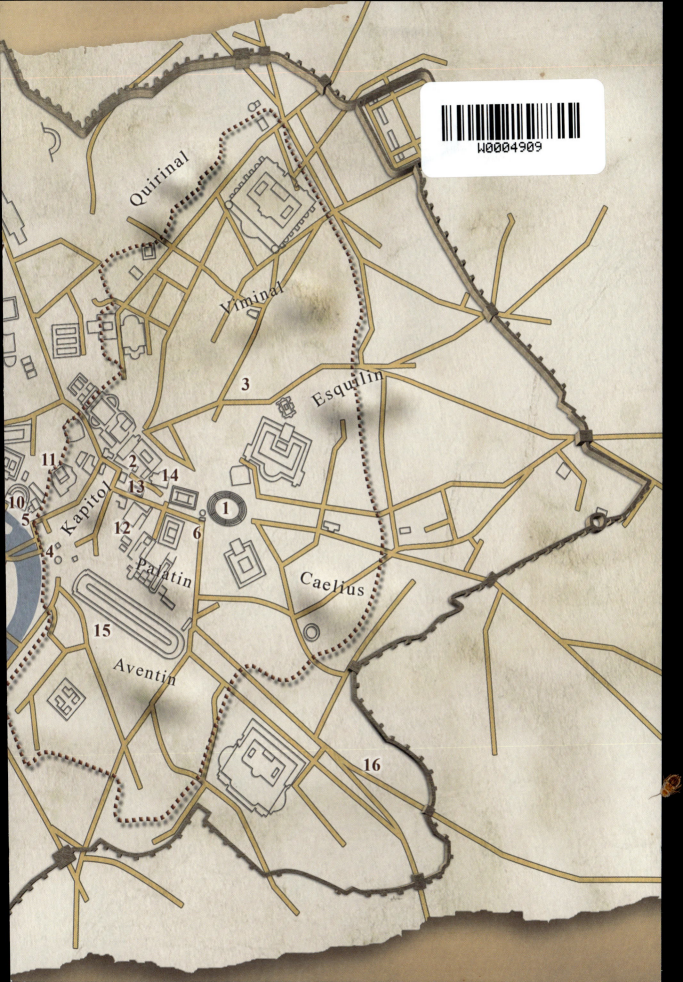

Unterrichtswerk für Latein

C. C. Buchner

Unterrichtswerk für Latein

Herausgegeben von Clement Utz und Andrea Kammerer

Bearbeitet von Katharina Börner, Wolfgang Freytag, Gerhard Haunschild, Reinhard Heydenreich, Andrea Kammerer, Michael Lobe, Andreas Rohbogner und Clement Utz

2. Auflage, 6. Druck 2015

Alle Drucke dieser Auflage sind, weil untereinander unverändert, nebeneinander benutzbar.

Dieses Werk folgt der reformierten Rechtschreibung und Zeichensetzung. Ausnahmen bilden Texte, bei denen künstlerische, philologische oder lizenzrechtliche Gründe einer Änderung entgegenstehen.

© 2008 C.C.Buchner Verlag, Bamberg
Das Werk und seine Teile sind urheberrechtlich geschützt. Jede Nutzung in anderen als den gesetzlich zugelassenen Fällen bedarf der vorherigen schriftlichen Einwilligung des Verlages. Das gilt insbesondere auch für Vervielfältigungen, Übersetzungen und Mikroverfilmungen.
Hinweis zu § 52 a UrhG: Weder das Werk noch seine Teile dürfen ohne eine solche Einwilligung eingescannt und in ein Netzwerk eingestellt werden. Dies gilt auch für Intranets von Schulen und sonstigen Bildungseinrichtungen.

www.ccbuchner.de

Satz und Gestaltung: ARTBOX Grafik und Satz GmbH, Bremen
Druck und Bindung: Pustet, Regensburg

ISBN 978-3-7661-**7560**-1

Liebe Schülerinnen und Schüler!*

In diesem Buch erwartet euch Felix – er will euch auf einer Zeitreise in die Welt der alten Römer begleiten. Das ist für euch sicher eine neue Welt, mit interessanten Personen und ungewöhnlichen Abenteuern. Und ihr lernt diese Welt kennen über Latein, die Sprache der alten (und der jüngeren) Römer.

Ihr fragt, wer Felix ist? Ein stets gut gelaunter, unternehmungslustiger und aufgeschlossener Bursche, der nicht immer alles ganz ernst nimmt. Ihr werdet seine vielseitigen Fähigkeiten schnell kennenlernen. Der Name Felix ist lateinisch, er bedeutet „glücklich" und „Glück bringend". Felix will euch also Glück bringen, damit ihr erfolgreich Latein lernt.

Vielleicht lasst ihr euch von den Ideen unseres Felix anregen und erfindet selber lustige Übungen oder „Eselsbrücken", die euch das Lateinlernen erleichtern. Wer entwirft einen Anstecker oder Aufkleber, ein kniffliges Rätsel oder gar ein Lernspiel? Der Verlag würde sich freuen, von eueren Ideen zu hören!

* Im Buch ist der Kürze halber nur von „Lehrern" und „Schülern" die Rede. Bei der Verwendung dieser Sammelbezeichnungen wurde überall bedacht, dass der Unterricht von Frauen und Männern erteilt wird und die Schülerschaft aus Mädchen und Jungen besteht.

Liebe Kolleginnen und Kollegen!*

Diese Neubearbeitung des Felix hat die bewährte Verbindung von Solidität und Schülerfreundlichkeit konsequent weiterentwickelt: Die stoffliche Progression wurde zu Beginn etwas abgeflacht, Texte und Übungen wurden altersgerecht ausgestaltet; die behutsame Reduktion des Vokabulars basiert auf den statistischen Untersuchungen des „Bamberger Wortschatzes" und bezieht ausführlich den sogenannten Kulturwortschatz ein.

Das übersichtliche Doppelseitenprinzip der Kapitel und die thematische Gliederung nach Sequenzen schaffen den äußeren Ordnungsrahmen, die konstitutiven Teile der einzelnen Lektionen ermöglichen viel Freiheit und Flexibilität im methodischen Vorgehen:

- In den verbindlich zu behandelnden Lektionstexten (**L**) sind alle Stoffbestandteile und neuen Wörter repräsentiert.

- Die fakultativen Übungen sind nach ihrer Funktion angeordnet und farblich markiert:

1   Aufgaben zur Texterfassung und -erschließung;

1   kurze Texte zur sprachlichen Vorentlastung ohne neuen Wortschatz (die jeweils erste Übung auf der rechten Hälfte der Doppelseite);

2   sprachliche Übungen, die keinen neuen Wortschatz beinhalten und somit auch vor dem Lektionstext behandelt werden können; in den gelb markierten Übungen treten ggf. einige Vokabeln auf, die den neuen Grammatikstoff repräsentieren; diese sind im zugehörigen Lektionswortschatz mit einem ■ gekennzeichnet;

3   weiteres sprachliches Trainingsmaterial;

1 2 3   handlungsorientierte Übungen sowie Aufgaben mit Spiel- und Wettbewerbscharakter

Zweiseitige Wiederholungslektionen (**W**) bieten nach jeder Sequenz interessantes und reichhaltiges Material zum „Lesen und Üben mit Felix"; sie stellen lernpsychologisch wichtige Ruhepunkte dar und ermöglichen zudem die Festigung von Grundkenntnissen und -fertigkeiten.

Mehrfach sind auch Doppelseiten eingefügt, die gezielt dem Aufbau und der Schulung einer fachlichen und überfachlichen Methodenkompetenz (**M**) dienen.

Obligatorik und Freiraum

Im Hinblick auf die Durchnahme von Wortschatz und Grammatik ist ausschließlich die Behandlung der **Lektionstexte (L)** obligatorisch.

Alle **Übungen (Ü)** sowie die **Wiederholungslektionen (W)** sind prinzipiell **fakultativ**; die Auswahl einzelner Teile steht im Ermessen der Lehrkraft.

Darüber hinaus bietet das Lehrwerk durch die **Markierung fakultativer Elemente** Möglichkeiten zur **Auslagerung einzelner Stoffe** aus der Sprachlehrphase, um so die Kernkompetenzen stärker hervortreten zu lassen und die Freiräume für Schulen und Lehrkräfte zu erhöhen. Daher sind im Begleitband (Inhaltsverzeichnis und Überschriften) einzelne Grammatikphänomene mit *extra* markiert; die Behandlung dieser Stoffbausteine ist fakultativ. Ihre Auswahl orientiert sich an neueren Lehrplänen und Richtlinien ebenso wie an Rückmeldungen aus der Praxis.

– Es handelt sich insbesondere um solche sprachlichen Phänomene, die auch über den Wortschatz abgesichert sind; eine explizite Behandlung als Grammatikstoff wird angeboten, ist jedoch fakultativ.
Beispiele sind die Indefinitpronomina (z. B. **aliquis**), die unregelmäßige Steigerung, einzelne Kasusfunktionen (z. B. Genitiv des Wertes, doppelter Akkusativ), Differenzierungen zur 3. Deklination (z. B. Gen. Pl. **-ium**) oder einzelne Verwendungen des Konjunktivs (z. B. im Relativsatz).

– Außerdem werden am Ende des Lehrwerks Grammatikstoffe dargeboten, die nach den Vorgaben einzelner Lehrpläne oder den Beschlüssen von Fachkonferenzen nicht zwingend in der Lehrbuchphase zu behandeln sind; auch sie sind entsprechend markiert.

Für ausführliche Informationen zur Konzeption und zur Verwendung des Lehrwerks verweisen wir auf das Lehrerheft.
Viel Erfolg und Freude bei der Arbeit mit unserem Buch, in das wir viel Mühe investiert haben, wünschen Ihnen die

Verfasser des FELIX.

Auf dem Forum

1	Im Zentrum von Rom	14
2	Treffpunkt Forum	18
3	Die Geschäfte beginnen	20
4	Schmuck zieht an	22
5	Der beleidigte Senator	24
W1	Lesen und Üben mit Felix	26
M1	Mit dem Lateinbuch arbeiten	28

In Rom

6	Frische Fische?	32
	Kochen und Essen mit Felix	34
7	Die Hüterin des heiligen Feuers	36
8	Zwei Käufer ohne Geld	38
9	Im verbotenen Stadtviertel	40
10	Aufs Kapitol zu den Göttern	42
11	Wer zuletzt lacht …	44
W2	Lesen und Üben mit Felix	46

Auf dem Land

12	Eine Fahrt mit zwei PS	50
13	In den Weinbergen	52
14	Straßensperre	54
15	Ein rätselhafter Fall im Stall	56
16	Ungleiche Nachbarn	58
17	Ursachen der Armut	60
W3	Lesen und Üben mit Felix	62

Pompeji

18	Eine Naturkatastrophe	66
19	Ein Naturwissenschaftler in Gefahr	68
20	Schlimme Nachrichten	70
21	Erinnerungen an Pompeji	72
22	Theater oder Gladiatorenspiele?	74
23	Krawall im Amphitheater	76
W4	Lesen und Üben mit Felix	78
M2	Archäologische Quellen nutzen	80

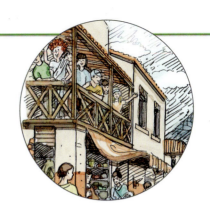

Rom – Wille der Götter

24	Der Untergang Trojas	84
25	Die Wölfin – Wahrzeichen Roms	86
26	Streit unter Brüdern	88
W5	Lesen und Üben mit Felix	90

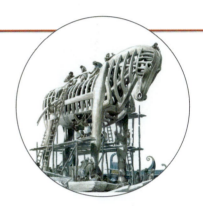

Griechische Mythen

27	Ringen und singen – ein vielseitiger Gott	94
28	Herkules als Gebäudereiniger	96
	Götter der Römer	98
29	Europa wird entführt	100
30	Im Labyrinth des Todes	102
31	Der Traum vom Fliegen	104
32	In der Höhle des einäugigen Riesen	106
33	Die List des Odysseus	108
34	Überwindet die Liebe den Tod?	110
W6	Lesen und Üben mit Felix	112

Leben in der Provinz

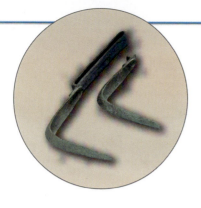

35	Soldaten und ihr Lohn	116
	Thermen	118
36	Erlebnisbäder in der Antike	120
37	Wer ist schuld?	122
W7	Lesen und Üben mit Felix	124

Aus der Frühzeit Roms

38	Streik in Rom	128
39	Ein Bauer als Diktator	130
40	Gänse retten Rom	132
41	Hannibals Hass auf die Römer	134
42	Hannibal ante portas	136
W8	Lesen und Üben mit Felix	138

Reise nach Sizilien

43	Ein gefährlicher Sturm	142
44	Pästum – Stadt der Griechen	144
45	Ein seltsamer Passagier	146
46	Das Schwert des Damokles	148
W9	Lesen und Üben mit Felix	150
M3	Informationen beschaffen – Textquellen benutzen	152

Von Cäsar und Augustus

47	Cäsar unter Seeräubern	156
48	Die Iden des März	158
49	Zwei Gesichter eines Herrschers	160
W10	Lesen und Üben mit Felix	162

Römische Kaiser

50	In der Landvilla der Kaiserin Livia	166
51	Tiberius blickt zurück	168
52	Verspottung statt Vergottung	170
53	Nero und der Brand Roms	172
W11	Lesen und Üben mit Felix	174

Aus der Welt der Griechen

54	Hier traf und trifft sich die Welt	178
55	Erziehung durch Provokation	180
56	Kein Zutritt für Frauen	182
57	… und das Orakel hat doch Recht	184
58	Die Entscheidung der Antigone	186
W12	Lesen und Üben mit Felix	188

Untergang und Neuanfang

59	Ein Barbar auf dem Kaiserthron	192
60	Das Zeichen des Siegers	194
61	Hat Rom sich selbst überlebt?	196
62	Ein Franke wird Kaiser der Römer	198
63	Karl der Große und die Bildung	200
W13	Lesen und Üben mit Felix	202

Rom überschreitet die Grenzen

64	Neues aus Germanien?	206
65	Freiheit oder ewige Unterdrückung?	208
66	Springt endlich, Freunde!	210
W14	Lesen und Üben mit Felix	212

Wissen und Macht

67	Sappho – Dichterin und Erzieherin	216
68	Alexander – Weltherrscher oder Räuberhauptmann?	218
69	Die Karriere einer Kichererbse	220
W15	Lesen und Üben mit Felix	222
M4	Mit Wortkunde und Wörterbuch arbeiten	224

Lernen und Lehren

70	Benimmkurs in der Schule	228
71	Wir wollen schulfrei!	230
72	Die Schule besuchen – sinnvoll oder nicht?	232
73	Ideale Schüler – ideale Lehrer – ideale Eltern	234
W16	Lesen und Üben mit Felix	236
	Das Zentrum der Stadt Rom im 4. Jahrhundert n. Chr.	238

Namenverzeichnis 240
Lateinisch-deutsches Wörterverzeichnis 248
Deutsch-lateinisches Wörterverzeichnis 270
Zeittafel 276
Abbildungsnachweis 280

Abkürzungsverzeichnis

Abl.	Ablativ		Imp.	Imperativ		Perf.	Perfekt
AcI	Akkusativ mit Infinitiv		Impf.	Imperfekt		Pers.	Person
			Ind.	Indikativ		Pl.	Plural
Adj.	Adjektiv		indekl.	indeklinabel		Plusqpf.	Plusquamperfekt
Adv.	Adverb		Inf.	Infinitiv		Präd. nom.	Prädikatsnomen
Akk.	Akkusativ		jmd.	jemand(en/em)		Präp.	Präposition
Akt.	Aktiv		intrans.	intransitiv		Präs.	Präsens
D	dt.-lat. Übersetzungsübung		Jh.	Jahrhundert		Pron.	Pronomen
			Konjug.	Konjugation		röm.	römisch
Dat.	Dativ		kons.	konsonantisch		Sg.	Singular
Dekl.	Deklination		lat.	lateinisch		Subj.	Subjunktion
dt.	deutsch		m	maskulin		Subst.	Substantiv
f	feminin		m.	mit		trans.	transitiv
Fut.	Futur		n	neutrum		vgl.	vergleiche
Fw.	Fremdwort		Nom.	Nominativ		Vok.	Vokativ
Gen.	Genitiv		örtl.	örtlich		zeitl.	zeitlich
griech.	griechisch		Pass.	Passiv			

Auf nach Rom!

Salvete, pueri et puellae! Hallo!

Felix Ihr habt euch dafür entschieden, Latein zu lernen. Ich gratuliere euch dazu! Grundkenntnisse in der englischen Sprache, einer modernen Weltsprache, habt ihr ja bereits. Aber wusstet ihr, dass über die Hälfte aller englischen Wörter auf Latein zurückgeht, die Weltsprache der Antike und des Mittelalters?
Das englische Wort *people* (Leute) zum Beispiel leitet sich von lateinisch **populus** (das Volk) her oder *name* (Name) von lateinisch **nomen**.
Oder wusstet ihr, dass auch viele deutsche Alltagswörter wie Fenster, Ziegel, Mauer, Wein, Markt, Datum aus dem Lateinischen stammen?
Auch die modernen Fachbegriffe wie Computer, Videorecorder, Kamera oder Aquarium haben einen lateinischen Ursprung.

* *Gibt es außer Englisch und Deutsch noch andere Sprachen, die etwas mit dem Lateinischen zu tun haben?*

Felix Na klar! Es gibt eine ganze Reihe moderner Fremdsprachen, die direkt von „Mutter Latein" abstammen: Italienisch, Französisch, Spanisch, Portugiesisch und Rumänisch. Ein Beispiel: Das lateinische Wort für Freund ist **amicus**. Im Italienischen heißt der Freund *amico*, auf spanisch *amigo*, portugiesisch *amigo*, französisch *ami* und rumänisch *amic*. Und es gibt noch Tausende von anderen lateinischen Wörtern, die in leicht abgewandelter Form tagtäglich auf der ganzen Welt benutzt werden!
Ich wette mit euch: Ihr könnt in fast kein Land Europas oder der Welt reisen, ohne auf Schritt und Tritt die Spuren der lateinischen Sprache zu finden! Mal sind sie kleiner, mal größer – aber sie sind fast immer da!

* *Hey! Das klingt, als ob es ziemlich nützlich wäre, Latein zu können! Aber wer hat denn nun dieses Latein ursprünglich gesprochen?*

Felix Die alten Römer – vor etwa 2000 Jahren!

* *Ach so ... schade eigentlich: Wenn es die Römer heute noch gäbe, könnte man sie einfach fragen, ob sie einem ihre Sprache beibringen wollen.*

Felix Keine Sorge! Ich hab' da schon eine Idee: Wie wär's mit einer Zeitreise ins alte Rom?

* *Eine Zeitreise? Wie soll das denn gehen?!*

Felix Ihr habt ja mich! Schaut: Mein Omnibus, speziell für Zeitreisen konstruiert, steht schon bereit. Unsere erste Station wird das Forum Romanum sein, der Marktplatz im alten Rom. Dieser Platz war einmal der Mittelpunkt der Welt! Und wenn ich mich nicht irre, wartet da schon eine Menge interessanter und netter Leute auf uns ...

1 Auf dem Forum

Im Zentrum von Rom

1 Was du hier siehst, bildete vor 2000 Jahren den Mittelpunkt der Welt. Lies die Bezeichnungen der Bauwerke des Forum Romanum vor. Sicher kannst du bei einigen schon erklären, welchem Zweck sie dienten.

2 Welche Reste der rekonstruierten Gebäude erkennst du auf der Fotografie (rechts) wieder?

Das Forum Romanum heute

Auf dem Forum

1 Du lernst in dieser Lektion (S. 14–17) eine Reihe lateinischer Substantive (Hauptwörter) kennen. Ordne sie nach ihrer Endung:
-a *f*   -us *m*   -um *n*

2 Stelle fest, ob bei diesen Substantiven das Geschlecht im Lateinischen mit dem im Deutschen übereinstimmt.

Nominativ Singular (a-/o-Deklination)

Der Holzhändler und Schreiner Quintus Claudius Marcellinus und seine Frau Cynthia leben in einem eigenen Haus, einer sog. Stadtvilla (**villa**), mit einem schattigen Innenhof (**atrium**) auf einem der sieben Hügel Roms, auf dem Esquilin. Die Mutter ist zuständig für die Kindererziehung und die Tätigkeiten im Haus.

Die Kinder Claudia (12 Jahre) und Markus (11 Jahre) werden von den Hausklaven Xanthippus und Barbara erzogen. Auch Barbaras Tochter Anna (9 Jahre) lebt mit in der Hausgemeinschaft (**familia**). Den Haushalt führen außerdem die Sklavin Lydia und die Sklaven Balbus, Flavus und Syrus.

Auf dem Forum

L Treffpunkt Forum

Claudia filia est, Marcus filius est.
Iulia amica est, Spurius amicus est.
3 Claudia et Iulia amicae sunt.
Marcus et Spurius amici sunt.

Hic forum est.
6 Ibi templum est. Porta patet.
Hic statuae et monumenta sunt.
Ibi basilicae et tabernae sunt. Portae iam patent.

9 Iulia iam adest. Quid Iulia videt? Claudia et Marcus properant.
Claudia et Marcus gaudent et salutant: „Salve!"
12 Et Iulia gaudet; nam amici adsunt.
Iulia salutat: „Salvete!"
Sed Spurius non adest.
15 Iulia cessat et interrogat: „Ubi est Spurius? Cur Spurius non adest?"

Claudia   Marcus   Iulia

1 a) Bringt die Bilder rechts oben in die Reihenfolge, die in **L** vorgegeben ist.
b) Ordnet jedem Bild einen passenden Satz aus **L** zu.

2 Jetzt kannst du schon ein wenig lateinisch sprechen.
a) Beschreibe in lateinischer Sprache, welche Gebäude du auf dem Foto des Forum Romanum (S. 15) siehst. Verwende ganze Sätze.
Beispiel: Hic basilica est.
b) Erkläre in lateinischen Sätzen, welche Personen auf S. 16–18 abgebildet sind.

I Das Forum Romanum

Das Forum Romanum war das Zentrum Roms. Zum einen war es der Ort der großen Politik: Auf dem Forum sprachen Politiker vor der Volksversammlung, die über wichtige Staatsangelegenheiten abzustimmen hatte. In der Kurie tagte der Senat. Zum anderen war das Forum ein religiöser Treffpunkt: Viele bedeutende Tempel standen dort, z. B. der Saturn- oder der Vestatempel. Außerdem fanden auf dem Forum Gerichtsverhandlungen statt – in großen Hallen, den Basiliken. Bei schlechtem Wetter wurden diese als Markthallen genutzt. Denn auf dem Forum konnte man auch einkaufen; viele Kaufleute betrieben zwischen den Tempeln und öffentlichen Gebäuden ihre Verkaufsstände. Doch damit nicht genug: Auf dem Forum stellte man wertvolle Statuen auf und errichtete Triumphbögen, um damit bedeutende Männer zu ehren.

Nominativ Plural (a-/o-Deklination) – 3. Person Präsens (a-/e-Konjugation) – Subjekt und Prädikat

Ü **1** Bestimme folgende Formen nach Numerus (Zahl) und Genus (Geschlecht):
filii – monumenta – filia – basilicae – templum – statua – servus – filiae

2 Setze die Singularformen in den Plural und umgekehrt; übersetze jeweils beide Formen:
gaudet – interrogant – properat – patent – est – salutant

3 Formenkette
Nenne einem Mitschüler ein Substantiv oder ein Verbum im Singular. Dein Mitschüler bildet die entsprechende Pluralform. Danach nennt er einem weiteren Schüler eine neue Pluralform, die dieser in den Singular setzt usw.

4 Füge zu den folgenden Subjekten das Prädikat im passenden Numerus und übersetze:
Amici (gaudet). – Marcus et Claudia (properat). – Domini (salutat). – Porta (patet).

5 Wo ist Julia?
1. Hier ist das Forum, hier sind Tempel und Statuen.
2. Hier beeilen sich Sklaven, dort beeilt sich eine Dame. 3. Auch Markus ist schon da. 4. Markus fragt: „Wo ist Julia?"

Achte bei deiner Übersetzung genau darauf, ob der Satzgegenstand (das Subjekt) im Singular oder Plural steht, und passe dann das Verb an.

3 Auf dem Forum

L Die Geschäfte beginnen

Nach einigen Minuten hetzt Spurius um die Ecke – er hat verschlafen. Die Freunde lachen: Es ist die fünfte Stunde, also zwischen zehn und elf Uhr vormittags.

Ibi curia est. Portae patent.
Nunc Manlius senator et Cassius senator iam adsunt.
3 Senatores non intrant, sed paulum exspectant.

Prope etiam basilicae sunt.
Hic Alfius mercator sedet et tacet. Alfius nondum laborat.
6 Ubi est populus? Iam diu mercatores exspectant.
Tandem populus accedit. Statim mercatores clamant et laborant.

Etiam amici et amicae accedunt. Alfius mercator salutat:
9 „Salve, Claudia! Salve, Iulia! Salvete, amici!"
Tum interrogat: „Quis vos¹ mittit?"
Amici et amicae: „Nemo. Forum Romanum nobis² placet."

¹vōs *euch*
²nōbīs *uns*

Markus und Claudia erklären Alfius, dass sie sich hier mit den Eltern treffen wollen, die noch Einkäufe erledigen. Sie setzen sich deshalb mit Julia und Spurius auf die Stufen der Markthalle.

³aurifex *Goldschmied*

12 Prope etiam aurifex³ stat et exspectat. Tandem domini et dominae accedunt. Nunc aurifex gaudet et ridet.

1 Überlege dir mögliche Gründe für die folgenden Aussagen in **L**:
a) Alfius nondum laborat. b) Statim mercatores clamant.
c) Nunc aurifex gaudet.

2 „Kauft, Leute!"
Ordne die Verben den dargestellten Kaufleuten zu.

cla **m** ant
gaud **e** nt
labo **r** ant
exspe **c** tant
cess **a** nt
t acent
interr **o** gant
r ident
sed **e** nt
s alutant

I Der Goldschmied

Den Beruf des Goldschmieds (**aurifex**) gab es wie den des Färbers und des Schusters in Rom schon sehr lange. Die Goldschmiede hatten wie die Juweliere ihre Läden meist in der Via Sacra, der Straße, die über das Forum Romanum führte. Sie stellten nicht nur Schmuckstücke aller Art her, sondern sogar Goldplomben für schlechte Zähne. Nicht selten erhöhten die Goldschmiede die Härte und Haltbarkeit des Goldes, indem sie es mit Silber mischten. Den begehrten Rohstoff Gold bezogen die Römer aus ihren Provinzen. In Spanien z. B. konnte man Gold durch Auswaschen des Flusssandes gewinnen, während es in Britannien in Goldbergwerken abgebaut wurde.

Nominativ (3. Deklination) – 3. Person Präsens (konsonantische Konjugation) – Subjekt im Prädikat

Ü 1 Schreibe die folgenden Verbformen ab und füge nach dem Wortstamm eine Schnittlinie ein:

properant   mittit   cessat   vident   accedunt   gaudet   saluta|nt

2 Setze die Singularformen in den Plural und umgekehrt:
sedet – cessant – mittunt – est – accedit – vident – interrogat

3 Füge zu den folgenden Prädikaten das Subjekt im passenden Numerus und übersetze: Ubi (mercator) sunt? – Quid (amicus) vident? – Cur (senator) cessant? – (Porta) iam patet. – (Mercator) non adsunt.

4 Ergänze die Sätze sinnvoll durch die folgenden Verbformen und übersetze dann: exspectant – laborat – ridet – patet – adsunt
a) Etiam domini … b) Senatores paulum … c) Portae nondum …
d) Nunc amica … e) Prope mercator …

5 Ordne die Gefäße den beiden Marktständen zu:

6 Welche Wörter kannst du im 1. Satz an die Stelle von **cur** und im 2. Satz an die Stelle von **non** setzen? Weitere Änderungen sind nicht erlaubt.
a) **Cur** mercator laborat?   b) Iulia **non** laborat.

7 Auf welche lateinischen Wörter lassen sich die im Deutschen häufig gebrauchten Substantive *Markt*, *Portal* und *Gaudi* zurückführen?

8 Soll ich hineingehen?
1. In der Nähe ist ein Wirtshaus. 2. Der Herr Rufus kommt hinzu. Er zögert und schweigt. 3. Er tritt nicht ein, denn das Tor steht nicht offen. 4. Jetzt kommen Händler herbei. 5. Sie treten sofort ein; sie schreien und lachen. 6. Endlich tritt auch Rufus ein und freut sich. 7. Denn sein° Sohn sitzt schon lange hier.

Beachte: Mit einem ° gekennzeichnete Wörter werden nicht übersetzt.

4 Auf dem Forum

L Schmuck zieht an

[1] aurifex *Goldschmied*

[2] armilla *Armreif*
[3] fibula *Gewandspange*

[4] mihī *mir*

Aurifex[1] vocat: „Accedite, Romani!
Intrate, domini et dominae! Intrate, feminae et puellae!
3 Videte: Aurum et argentum!
Hic et catenae et armillae[2] sunt.
Ibi non modo anuli, sed etiam fibulae[3] iacent.
6 Accedite et spectate! Spectate et emite! Emite et gaudete!"

Statim Cynthia et Quintus accedunt.
Cynthia vocat: „Propera, Quinte! Accede et vide!"
9 Tum Quintus accedit; statim aurifex vocat:
„Accede et intra, domine! Accede et intra, domina!
Intrate, videte, gaudete! Nam intus ornamenta sunt!"
12 Quintus et Cynthia intrant; intus ornamenta iacent.
Itaque Cynthia gaudet. Quid quaerunt, quid emunt?

Huc et illuc spectant.
15 Subito Cynthia ridet: „Vide, Quinte!
Hic fibula iacet. Imprimis fibula mihi[4] placet."
Quintus: „Etiam mihi ornamentum placet.
18 Hic est pecunia."
Denique Cynthia et Quintus discedunt.

1 Spielt die Goldschmiedszene in der Klasse.

Römischer Schmuck

ānulus

armilla

catēna

fibula

Imperativ I – Vokativ

Ü 1 Aurifex *(Goldschmied)* clamat: „Domina, accede, intra, gaude, ride!"
a) Setze die Worte des Goldschmieds in den Plural und übersetze.
b) Wandle die Befehle in Aussagen um.

2 Wir üben Imperativ und Vokativ mit dem Spiel „Stummer Diener".
Ein Schüler ist der **dominus**, ein anderer der **servus**. Der **dominus** gibt dem **servus** Befehle, die dieser ausführen muss. Ein dritter Schüler beschreibt lateinisch, was er sieht. Das Gleiche gilt für **domina** und **serva**.
Beispiel: a) „Intra, serve!" – b) (Der Sklave tritt ein.) – c) Servus intrat.

3 Substantiv oder Verb?
Bestimme die Formen und ordne sie richtig zu. Welche Form bleibt übrig?
intra – saluta – vide – porta – accede – serve – propera – amice – este – domina – amica – es – domine – templa – gaude – prope

4 Übersetze:
Aurifex *(Goldschmied)* vocat: „Accede et intra, amica!" Domina accedit et salutat: „Salve, mercator!" Tum intrat. Intus stat et gaudet. Nam hic catenae et anuli iacent.
Nun sind die Damen zu zweit. Was muss sich ändern? Schreibe die geänderten Sätze in dein Heft.

5 Gestalte eine Perlenkette, indem du immer zwei „Verbperlen" aneinander reihst, die inhaltlich zusammenpassen:

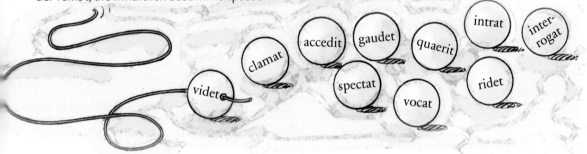

6 Kauft Schmuckstücke!
1. „Damen und Herren, beeilt euch! Kommt herbei und tretet sofort ein!
2. Schaut *(seht)* und freut euch! Denn hier liegen Schmuckstücke. 3. Hier gibt es Gold, hier gibt es Silber. 4. Komm herbei, Cynthia! Komm herbei, Quintus! 5. Warum gefallen euch *(vōbīs)* die Schmuckstücke nicht?"
6. Auch eine Sklavin steht in der Nähe. Was betrachtet sie? Was sucht sie?

Schmuck im alten Rom

Schmuck ist seit jeher beliebt. Das war im alten Rom nicht anders. Für Frauen gab es Ohrringe und Ohrgehänge, Halsketten, Armbänder und Armreife, Fingerringe, golddurchwirkte Haarbänder, Knöchelreife, Hüftketten und sogar Schenkelspangen. Wer es sich leisten konnte, trug echtes Gold, Perlen und Edelsteine. Für weniger wohlhabende Frauen gab es wie heute auch Schmuck aus preiswerteren Materialien. Männer trugen lange Zeit außer einer Fibel (Gewandspange) und einem Siegelring keinen Schmuck. In der Kaiserzeit allerdings gab es Männer, die an jedem Finger einen Ring trugen und zu Hause eigens kleine Kästchen zur Aufbewahrung ihrer Ringe besaßen.

Auf dem Forum

L Der beleidigte Senator

Während die Eltern beim Goldschmied sind, betrachten Claudia und ihre Freundin Julia das Treiben auf dem Forum.

Nemo quiescit: Hic servi monumentum aedificant, procul statuas portant. Prope mendicus¹ stat. Iulia accedit et pecuniam dat.

3 Claudia amicam vocat: „Accede, Iulia, et vide equos!"
Equi frumentum portant, arbores trahunt².
Puellae equos diu spectant, nam equos amant.
6 Iulia equum tangit et gaudet. Nam equus Iuliam non timet.

Subito clamor equos sollicitat. Itaque mercator equos retinet.
Servi vocant: „Date locum! Date locum! Salutate Licinium senatorem!"
9 Servi lecticam³ portant. Turba statim locum dat. Nam Marcus Licinius Calvisius senator curiam petit.
Dum servi lecticam deponunt, populus senatorem salutat:
12 „Salve, senator! Salve!"
Tum senator servos dimittit et mercatores salutat. Subito tacet.
Cur tacet? Videt signa⁴ et verba:

15 Signa et verba senatorem violant. Interea populus clamat:
„Hahahae! Calvisius Calvus⁵! Spectate senatorem! Ubi sunt comae⁶?
Ubi est calva⁷? Senator calvam et comas quaerit!"
18 Licinius Calvisius clamorem non iam sustinet; itaque statim curiam intrat.

¹mendicus *Bettler*
²trahit *er (sie, es) zieht*
³lectica *Sänfte*
⁴signa *n Pl. Zeichnung, Kritzelei*
⁵calvus *Glatzkopf*
⁶coma *Haar*
⁷calva *Gehirn*

> Gib bei der Beantwortung der Fragen zum Inhalt von **L** künftig immer die entsprechenden Zeilen an und / oder zitiere lateinische Wörter und Wendungen als Belege. Wenn die Frage lateinisch gestellt ist, sollst du mit einem lateinischen Satz antworten.

1 a) Woran merkst du, dass es sich bei dem Senator M. Licinius Calvisius um einen vornehmen Römer handelt?
b) Welche Gründe könnt ihr euch dafür vorstellen, dass das Volk den Senator verspottet?

2 Worauf zielt die Kritzelei an der Wand ab? Was hältst du von einer solchen Art des Spottes? Welche ähnlichen Verspottungen gibt es heute?

3 Beantworte: a) Quid servi portant? b) Quem *(Wen?)* populus salutat? c) Quis servos dimittit? d) Quid senator videt? e) Quid senator non iam sustinet? f) Quis curiam intrat?

Akkusativ – Akkusativ als Objekt

Ü 1 1. Aurifex *(Goldschmied)* dominos et dominas videt. 2. Nunc Cynthiam et Quintum salutat. 3. Cynthia et Quintus ornamenta spectant. 4. Tum ornamentum emunt. 5. Amici et amicae Alfium mercatorem salutant. 6. Populus senatores exspectat.

2 Zeichne in deinem Heft drei Spalten mit den Titeln
a) Nominativ   b) Akkusativ   c) Nominativ und Akkusativ.
Schreibe die folgenden Substantive jeweils in die richtige Spalte:
templa – senatores – dominus – amicum – populos – mercatorem – monumentum – filium – aurum – pecuniam – ornamenta – statuas – puella – portae

3 Setze die eingeklammerten Substantive in den Akkusativ und übersetze:
a) Mercator (domini/dominae/amica/senator) salutat.
b) Claudia (monumentum/amici/ornamenta/amicae/mercatores) videt.

4 Sammle in **L** (Z. 7 und 13) alle Wörter, die Sätze einleiten. Lies die Sätze laut ohne diese Wörter. Welche Informationen gehen dabei verloren?

5 FELIX bildet Substantivformen im Akkusativ Plural (vgl. Randspalte). Nicht immer macht er alles richtig. Nenne ihm die fehlerhaften Formen. Gib ihm zusätzlich einen Tipp, welche Art von Fehler er jeweils gemacht hat, z. B. Numerus (N), Kasus (K), Deklinationsklasse (D). So kann er sich selbstständig verbessern und aus seinen Fehlern lernen. Ein Mitschüler spielt FELIX.

6 Auf dem Weg zur Senatssitzung
1. Ein Sklave erwartet seinen° Herrn. 2. Schon kommt der Senator Crispinus herbei; der Sklave grüßt den Senator. 3. Der Senator und der Sklave suchen das Forum auf. 4. Händler rufen den Senator: „Sei gegrüßt, Crispinus! Kaufe Schmuckstücke, kaufe ein Leinentuch (linteum)." 5. Der Senator erträgt das Geschrei nicht lange. 6. Vor allem den Händler Titus mag *(liebt)* er nicht. 7. Nun schickt er den Sklaven weg und eilt zur Kurie. 8. Dort grüßt die Menschenmenge die Senatoren und macht ihnen° Platz.

amicos senatorem
filii mercatores
statua templa
monumentos
dominam equos
ornamenta locos
clamoros puellas
verba portas

Neben dem Satzgegenstand (Subjekt im Nominativ Sg. oder Pl.) und der Satzaussage (Prädikat in der 3. Pers. Sg. oder Pl.) musst du nun auch das Akkusativobjekt auf die Frage „Wen oder was?" beachten. Die Akkusativobjekte sind zur Hilfe unterstrichen.

I Der Senat und die Senatoren

Der Name „Senat" bedeutet eigentlich „Versammlung alter Männer" (senes), und in der Frühzeit Roms waren es wohl tatsächlich ältere Männer, die gemeinsam über die Staatsangelegenheiten berieten. In späterer Zeit konnte Senator werden, wer aus einer reichen oder vornehmen Familie stammte und wichtige Ämter im Staat ausgeübt hatte. Jedoch gab es unter den Senatoren Rangunterschiede: So durfte der Senator, der schon am längsten im Amt war, in der Sitzung als Erster seine Meinung äußern und erst dann streng nach der Rangfolge die anderen. Die Senatsversammlungen fanden entweder in der **curia** oder in bestimmten Tempeln statt, nie im Freien. Die Empfehlungen des Senats hatten großes Gewicht und wurden von den Beamten und der Volksversammlung in der Regel befolgt. Als äußeres Zeichen ihrer Würde trugen die Senatoren eine Toga mit breitem Purpurstreifen, Schuhe aus rotem Leder und einen goldenen Fingerring. Bei Theateraufführungen waren ihnen die besten Plätze vorbehalten.

W1 Lesen und Üben mit FELIX

Die *cūria* auf dem Forum Romanum. Den heutigen Bau ließ Kaiser Diokletian 303 n. Chr. an Stelle der alten Kurie errichten.

[1] cāseus Käse

L Führung durch die Stadt Rom

Karl (Carolus) lernt seit zwei Monaten Latein und möchte seiner Freundin Antonia einiges über das Geschehen rund um die Kurie und die Basilika auf dem Forum Romanum in lateinischer Sprache erzählen. Manche Wörter fallen ihm allerdings nicht ein. Helft ihm, indem ihr in Gruppen einen rein lateinischen und einen rein deutschen Text herstellt.

Carolus: „Hic est die Kurie, Antonia. Porta iam patet. Im Inneren statuae sunt. Ibi senatores accedunt. Senatores suchen die Kurie auf. Populus grüßt
3 senatores und macht Platz. Nunc betreten senatores die Kurie. Coranus senator freut sich und lacht; nam er sieht Calvisium senatorem. Clamor erregt senatores. Itaque schweigt nunc Coranus.

6 Ibi est basilica, Antonia. Die Händler iam adsunt. Nunc etiam dominae und Herren, Sklaven und servae kommen hinzu. Die Händler grüßen dominas und Herren. Ein Herr sucht caseum[1]. Itaque fragt er mercatorem: „Ubi liegt
9 caseus?" – „Ibi liegt caseus, Herr."
Der Herr betrachtet und berührt caseum. Denique kauft er caseum.

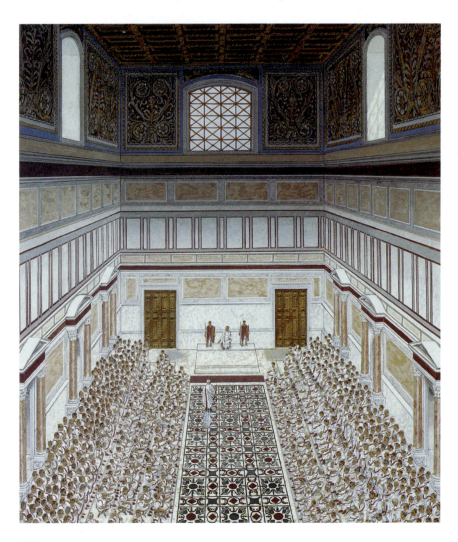

Innenansicht der Kurie

Übersetzungstest

Wo ist mein Sohn?

Dum mercatores iam diu laborant, senatores forum petunt. Ibi dominus filium quaerit. Filium non videt; nunc filium vocat.

3 Tum dominus amicos et senatores interrogat: „Ubi filius est? Accedite, amici, et filium quaerite!"
Subito mercator vocat et ridet: „Accede, domine! Prope taberna est.
6 Porta patet."
Dominus accedit; filium et puellam videt; intus sedent et gaudent; nam filius puellam amat et puella filium amat.

Ü 1 Setze alle Wörter in den Plural:
a) Senator templum petit. b) Accede, domine! c) Mercator servum vocat. d) Puella equum tangit.

2 Ergänze richtige Endungen. Beachte die verschiedenen Möglichkeiten beim Numerus:
a) Servi domin ? saluta ?. b) Domin ? fili ? quaer ?. c) Serv ? statu ? porta ?. d) Acced ?, amic ?! e) Clamor equ ? sollicita ?.

3 Verwandle folgende Aussagesätze in Befehlssätze:
a) Marcus tacet. b) Servae properant. c) Amici gaudent. d) Servi equos retinent. e) Servi dominum salutant.

4 Latein und Italienisch
a) Die folgenden lateinischen Wörter lauten völlig gleich im Italienischen:
amica, statua, serva
b) Die lateinische Endung *-us* bzw. *-um* wurde im Italienischen oft zu *-o*. Nenne also zu den folgenden italienischen Wörtern die lateinischen:
amico, servo, foro, monumento
Sprich alle italienischen und lateinischen Wörter laut.

5 Felix ist ein richtiger Lateinfan und möchte am liebsten alles auf Lateinisch sagen. Da seine Begleiter aber noch nicht allzu viel Latein können, versucht er es mit „Mischlatein". Hier erzählt er zum Beispiel, was er heute Nachmittag vorhat. Versteht ihr, was er meint?

Tandem habe ich meine Hausaufgaben fertig. **Nunc amicus accedit et paulum** mit mir **discedit**. Hoffentlich **properat**! **Nam ihm placet**, in die Stadt zu gehen. Und mir erst! **Ibi sunt** viele interessante **tabernae**. Zuerst muss ich zum Schreibwaren-**mercator**, weil mein Radiergummi seit heute Vormittag **non iam adest** – keine Ahnung, **ubi** der geblieben ist. **Prope est etiam** gleich die Stadtbücherei – ein **locus**, an dem ich mir ohne **pecunia** Lesestoff besorgen kann, so viel ich will. Hoffentlich **portat amicus** seine Schwester **non** mit. **Puella sollicitat** mich. Ah, **amicus adest** – Gott sei Dank, die Schwester **non adest**!

Erzählt auch Erlebnisse im „Mischlatein".

M1 Mit dem Lateinbuch arbeiten

Texte verstehen

Um Informationen über das Leben in der Antike zu erhalten, musst du die Texte unseres Buches sorgfältig lesen und ihren Inhalt erfassen. Du findest
- lateinische Texte, die sog. Lektionstexte, jeweils auf der linken Seite eines Kapitels und
- deutsche Texte, die sog. Sachinformationen, unten auf der linken (oder rechten) Seite eines Kapitels. Manchmal sind auch Doppelseiten eingeschoben (z. B. zum Essen und Trinken der Römer, S. 34 f.) – und auch den Seiten, die in ein neues Sequenzthema einführen (z. B. S. 30 f.), lassen sich hilfreiche Informationen entnehmen.

Erste Hilfen zum Verständnis geben dir die **Überschriften**; versuche dann, den Text in **Sinnabschnitte** zu gliedern und mit eigenen Worten zu sagen, was in jedem Abschnitt steht. Oft geben dir auch die Texterschließungsaufgaben / unter dem Lektionsstück wichtige Hinweise.

■ Stelle aus dem lateinischen Text und der Sachinformation von Kapitel 5 zusammen, welche Aufgabe ein Senator hatte und woran jeder seinen würdevollen Rang erkennen konnte.

Unbekanntes klären

Wenn du in einem Text oder in einer Übung auf lateinische Wörter triffst, deren Bedeutung du nicht mehr parat hast, oder auf dir unbekannte Namen oder Begriffe, besteht die Gefahr, dass du den Inhalt des Textes oder der Aufgabe nicht gleich verstehst. Dann kannst du die folgenden Strategien anwenden:

Im Buch nachschlagen

Am Ende von Text- und Begleitband findest du die folgenden Registerteile, die dir durch ihre alphabetische Anordnung ein schnelles Auffinden der benötigten Informationen ermöglichen. Die bei jedem Stichwort angegebene Zahl verweist auf die Nummer der Lektion, in der es Stoff ist. Dort kannst du dich informieren.

Textband:
- Im **Namenverzeichnis** sind alle Namen erklärt, die dein Lateinbuch enthält.
- Im **deutsch-lateinischen Register** stehen die deutschen Wörter, die in den deutsch-lateinischen Übersetzungsübungen vorkommen, mit der jeweils passenden lateinischen Bedeutung.
- Das **lateinisch-deutsche Register** ist noch wichtiger, da es alle lateinischen Wörter unseres Buches und ihre Bedeutungen enthält.
  Tipp: Beschränke dich bei Wörtern, die du vergessen hast, nicht auf ein schnelles Nachschlagen; sonst ist die Wahrscheinlichkeit groß, dass du dasselbe Wort bald wieder nicht weißt. Notiere dir stattdessen die nachgeschlagenen Vokabeln mit ihrer Bedeutung und lerne sie!
  Wenn du merkst, dass mehrere Vokabeln eines bestimmten Kapitels nicht richtig „sitzen", musst du schnell den ganzen Wortschatz dieses Kapitels wiederholen.

Begleitband:
- Die **Formentabellen** bieten dir eine Übersicht über die verschiedenen Endungen.
- Im **Grammatischen Register** kannst du nachschlagen, wenn du einen Begriff aus der Grammatik nicht verstehst oder wissen willst, in welcher Lektion ein bestimmtes Grammatikthema behandelt wurde.

Solltest du auf dir unbekannte Abkürzungen stoßen, ziehst du einfach das **Abkürzungsverzeichnis** zu Rate, das sich am Beginn des Textbands (S. 11) befindet.

Andere Nachschlagewerke heranziehen
Zum Klären von unbekannten Begriffen kannst du auch Wörterbücher oder Lexika heranziehen.
Wörterbücher erläutern dir knapp das gesuchte Wort; z. B.:

> Senat: Staatsrat als Träger des Volkswillens im Rom der Antike (Duden. Deutsches Universalwörterbuch)

Lexika stellen auch die Zusammenhänge dar; z. B.:

> Senat: (lat. senatus „Rat der Alten"): offizielles Beratungsgremium des röm. Staates. Der S. bestand in der Königszeit aus den Häuptern der patrizischen Geschlechter (patres; Patrizier), wohl vom 5. Jh. v. Chr. an kamen angesehene Plebejer dazu. Die Gesamtzahl der Mitglieder betrug seitdem 300; ... die Zugehörigkeit zum Senat war lebenslänglich. (Brockhaus. Universallexikon)

■ Du willst den Begriff „Attribut" nachschlagen. In welchem Verzeichnis unseres Buches findest du ihn? Nach welchem der folgenden Begriffe steht er im Alphabet? Adversativsätze, Akkusativ, Akkusativ mit Infinitiv, Begehrsätze, Beiordnung

Den Begleitband nutzen

Ein wichtiges Hilfsmittel beim Lateinlernen ist der Begleitband. In ihm findest du zu jeder Lektion die neuen Vokabeln, die neue Grammatik und auch sonst noch allerlei nützliche Hilfen. Einige Tipps zur Verwendung:

- In dem **farbig unterlegten Kasten** vor dem neuen Wortschatz stehen solche Vokabeln, die du schon vor längerer Zeit gelernt hast, die aber im aktuellen Lektionstext wieder auftauchen. Wenn du es dir zur Gewohnheit machst, diesen Kasten zu wiederholen, bevor ihr im Unterricht das Lektionsstück behandelt, erleichterst du dir die Arbeit bei der Lektüre und kannst gut mitarbeiten.

clāmat	er (sie, es) ruft laut, schreit
accēdit	er (sie, es) kommt herbei, kommt hinzu
discēdit	er (sie, es) geht weg, geht auseinander

- Die **Grammatik** ist verständlich formuliert und auf das Wesentliche beschränkt, sodass du ohne große Mühe das nacharbeiten kannst, was ihr im Unterricht behandelt habt. Wenn du merkst, dass du den Grammatikstoff einer früheren Lektion wieder vergessen hast, musst du diesen gezielt wiederholen.
- Auch die farbig unterlegten **Zusatzelemente** wie Wortfamilien oder Kontext solltest du nutzen; diese Kästen verknüpfen nämlich neuen Stoff mit bereits bekanntem, wodurch sich das Neue leichter einprägt.

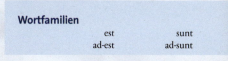

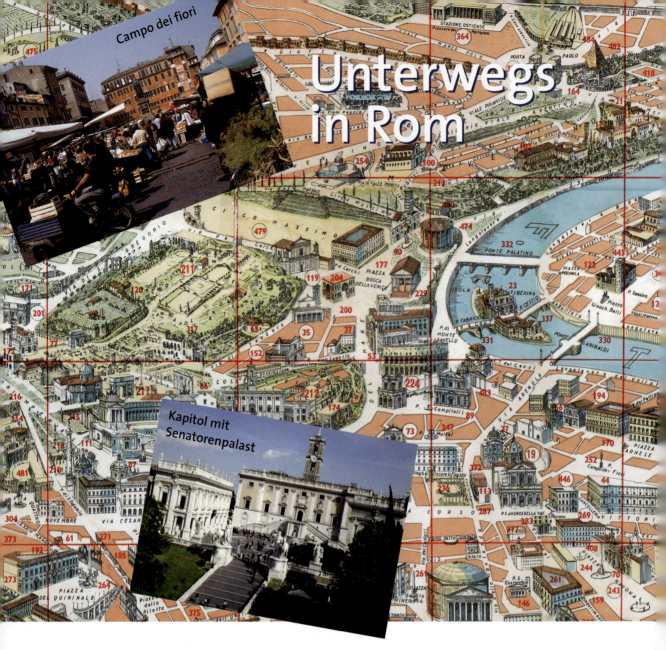

Unterwegs in Rom

Campo dei fiori

Kapitol mit Senatorenpalast

* Können wir nicht einmal eine Pause machen, Felix? Den ganzen Vormittag scheuchst du uns durch Rom, sämtliche Hügel hinauf und hinunter!

Felix Weißt du übrigens noch, wie die berühmten sieben Hügel alle heißen?

* Na klar! Also: Kapitol, Palatin, äh …

Felix Und weiter? Wartet, ich lese euch die Namen noch einmal aus meinem schlauen Reiseführer vor … Moment … Ach ja, da steht's: Kapitol, Palatin, Esquilin, Aventin, Caelius, Viminal und Quirinal. Wir machen bald Mittagspause, versprochen! Aber zuvor will ich euch einen modernen römischen Marktplatz zeigen. Er kann euch eine gute Vorstellung davon vermitteln, wie Märkte im alten Rom ausgesehen haben. **Auf zum Campo dei fiori!**

* Dem Campowas?

Felix Campo dei fiori. Das ist auf unserer Karte die Nummer 252. Campo dei fiori ist italienisch und bedeutet so viel wie „Blumenfeld". Aber hier werden nicht nur Blumen verkauft, sondern alles, was man zum Leben braucht. So müsst ihr euch den Lärm und das Menschengewimmel auf den Märkten im alten Rom vorstellen!

Felix hatte nicht zu viel versprochen. Was gab es nicht alles zu sehen! An Holzgerüsten mit Haken hingen geschlachtete Ferkel, Hühner und Enten, die Marktfrauen priesen lautstark Obst und Gemüse an, natürlich gab es auch Blumen zu kaufen, und Fischhändler boten Sardinen, Thunfisch, Muscheln, Garnelen und Tintenfisch in Spankörben an. Plötzlich hörten wir eine Frau laut schreien. Sie lief hinter ihrem Hund her, der sich von der Leine losgerissen und ein Stück Fleisch von einem Stand geschnappt hatte.

* *Ich kann den Hund gut verstehen. Mir knurrt der Magen schon die ganze Zeit.*

Felix Lasst uns hier eine Kleinigkeit essen, dann besuchen wir das Kapitol! Sucht schon mal auf der Karte die Nummer 152.

Wenig später machen sich Felix und seine Freunde frisch gestärkt auf den Weg. Am Kapitolshügel sehen sie einige schwarz gekleidete Nonnen die lange, breite Treppe hinaufsteigen. Die Leute, die den Schwestern entgegenkommen, machen höflich Platz und grüßen freundlich.

* *Wohin wollen die Nonnen denn, Felix?*

Felix Sie gehen genau wie die Vestapriesterinnen im alten Rom auf das Kapitol, um an einer religiösen Feierlichkeit teilzunehmen – nur dass sie eine Kirche, keinen Tempel aufsuchen. Auf dem Kapitol gibt es aber noch andere Sehenswürdigkeiten, etwa den Senatorenpalast. Dort treffen der Bürgermeister und der Stadtrat von Rom ihre Entscheidungen. Auch das erinnert an das alte Rom: Schon damals war das Kapitol ein wichtiger Ort für Staatsgeschäfte.

* *Ich glaube, ich verstehe langsam, was die Leute meinen, wenn man vom „Ewigen Rom" spricht. Es haben ja nicht nur viele Gebäude, sondern auch Gebräuche aus dem alten Rom bis heute überlebt!*

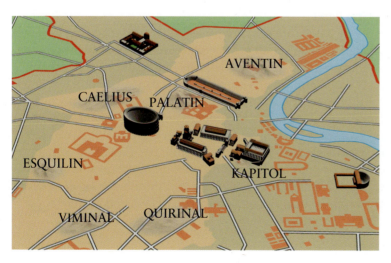

1 Versucht, anhand des modernen Stadtplans herauszufinden, wo die Reisegruppe um Felix zu Mittag gegessen hat und wie sie am schnellsten zum Kapitol findet.

2 Tragt aus dem Internet, aus Lexika oder anderen Nachschlagewerken für die Klasse zusammen, was ihr über die sieben Hügel Roms in Erfahrung bringt. Präsentiert eure Ergebnisse vor der Klasse.

In Rom

L Frische Fische?

Am nächsten Tag gibt Cynthia dem Hausklaven Balbus den Auftrag, auf den Märkten verschiedene Lebensmittel einzukaufen; denn die Familie erwartet Besuch. Balbus macht sich auf den Weg.

Dum senatores in curiā consilia habent, mercatores in foris negotia agunt. Modo populus ad tabernas accedit, modo e foris discedit.

3 Hic domini cum servis ad forum holitorium et ad Velabrum properant. In tabernis frumentum et caseum[1] emunt; semper de pretio agunt. Servi frumentum in umeris domum portant.

6 Ibi coqui[2] cum servis in forum piscatorium descendunt. Etiam Balbus in forum piscatorium descendit. In foro piscatorio mercatores mullos[3] componunt et ita clamant:

9 „Ecce! Mulli, mulli! Emite mullos!" Subito Balbus Syrum coquum videt. Syrus mercatorem a labore prohibet: Ad mercatorem accedit, mullum

12 comprehendit et probat; tum reprehendit: „Mullus olet[4]." Mercator clamat: „Non olet! Ecce! Adhuc spirat[5]!" Mercator mullum comprehendit, retinet mullum coquus.

15 Subito mullus in viā iacet. Profecto: Nunc olet. Tamen mercator sine timore a Syro coquo pecuniam petit.

[1] cāseus *Käse*
[2] coquus *Koch*
[3] mullus *Rotbarbe (Speisefisch)*
[4] olet *(er, sie, es) riecht, stinkt*
[5] spīrat *(er, sie, es) atmet*

1 Kaufmann und Koch streiten sich um die Rotbarbe (mullus):
Mercator mullum comprehendit, retinet mullum coquus.
Schreibe diesen Satz in dein Heft, bestimme alle Satzglieder und verbinde dann mit Linien die Subjekte, Objekte und Prädikate. In welcher Reihenfolge sind die Satzglieder jeweils angeordnet?
Inwiefern gibt diese Wortstellung den Vorgang anschaulich wieder?

2 Bastelt einen Fisch und spielt die kurze Szene zwischen dem Fischhändler und dem Koch Syrus (Z. 10–16) in lateinischer Sprache.

I Die Marktplätze Roms

Lange Zeit diente das Forum Romanum als riesiger Marktplatz mit weit verstreut liegenden Verkaufsständen. 179 v. Chr. wurden allerdings die größten Läden des Forums zu einem großen Markt vereint. Später sorgten zahlreiche Neubauten von Tempeln und öffentlichen Gebäuden dafür, dass die Läden in die umliegenden Straßen ausweichen mussten. Die Römer nutzten zum Einkauf ohnehin auch schon andere, am Tiber gelegene Märkte, die du auf dem Plan erkennen kannst: das **Velabrum** (Großmarkt), das **Forum Holitorium** (Gemüsemarkt), wo es Obst, Gemüse und Gewürze gab, das **Forum Boarium** (Fleischmarkt), auf dem man Hammel-, Rind- und Schweinefleisch, aber auch Würste, Wild und Geflügel bekam, und das **Forum Piscatorium** (Fischmarkt), wo man Fische, Hummer, Muscheln und Austern aus aller Welt kaufen konnte.

Ablativ – Präpositionalausdruck als Adverbiale – Konnektoren

Ü 1 1. Marcus Licinius Calvisius senator in lectica *(Sänfte)* sedet. 2. Servi senatorem a templo ad curiam portant. 3. Etiam mercator cum servo accedit. 4. Servus cum mercatore senatorem exspectat. 5. Senatores cum mercatoribus e basilicis discedunt. 6. Senatores in curiam properant.

2 Ordne den Bildern die folgenden Sätze zu, füge jeweils den Präpositionalausdruck ein und übersetze:
a) Balbus … titubat *(taumelt)*. b) Domina … accedit. c) Servus … sedet. d) Senatores … properant.

ad forum　　in taberna　　e taberna　　ad curiam

3 Zusammen mit …
Bilde die richtige Form der Substantive.
cum (amicus, filia, mercator, domini, servae, senatores)

4 Ergänze die passenden Formen von arbor:
Felix … videt. Statim ad … accedit. Nunc in … sedet. De … non descendit.

5 Ergänze die Substantive im richtigen Kasus:
a) Puellae cum (amici) ad (forum) descendunt. In (via) (equi) vident. Puellae (timor) deponunt. (Equi) sine (timor) tangunt.
b) In (forum) domini ad (mercatores) accedunt. Cum (mercatores) de (pretium) agunt. Mercatores a (domini) pecuniam petunt.

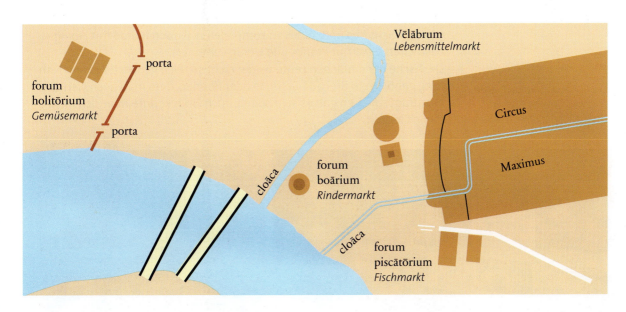

Kochen und Essen mit Felix

Ab ovo ad mala – Vom Ei bis zu den Äpfeln

Rom, am Nachmittag: Der Arbeitstag geht seinem Ende zu, die Handwerker schließen ihre Läden, hohe Beamte machen sich in ihren Sänften auf den Heimweg, Sklaven eilen noch einmal schnell zum Gemüsestand, um die letzten Zutaten zu kaufen.

Der Duft von gebratenem Fleisch und kräftigen Gewürzen verbreitet sich in den engen Gassen. Aus den geöffneten Fenstern der Mietshäuser dringt das Geklapper von Geschirr und Töpfen, aus den Häusern der Reichen hört man die hektischen Rufe und Befehle der Haussklaven: „Los, beeilt euch! Schnell die Vorspeisen! Der Herr wartet nicht gerne!"

Ganz Rom freut sich auf die wichtigste Mahlzeit des Tages, die cena.

Was ist das Besondere an der cena, dem römischen Abendessen? Tagsüber, also bis zur cena, blieb bei den meisten Römern die Küche kalt. Bereits das Frühstück fiel eher bescheiden aus. Manchem genügte morgens ein Becher Wasser; viele aßen dazu ein Stück Brot, getaucht in Wein oder bestreut mit Knoblauch. Auch Käse, Datteln, Honig, Eier und getrocknete Früchte gab es zum Frühstück. Kakao, Kaffee oder schwarzen Tee kannten die Römer noch gar nicht!

Das Mittagessen war ebenfalls nicht gerade üppig und oft waren es die Reste vom Abend vorher, die nun auf den Tisch kamen: Eier, Pilze, Gemüse, Fisch und Fleisch, Obst.

Die cena dagegen ist eine Mahlzeit mit mindestens drei Gängen: Vor-, Haupt- und Nachspeise. Zur cena kam die ganze Familie zusammen, man aß in aller Ruhe und unterhielt sich. Das Abendessen war damit auch der Mittelpunkt des Familienlebens.

Bei keiner Vorspeise durften Eier fehlen. Sie sollten den Appetit anregen und wurden mit verschiedenen leckeren Soßen serviert. Den Hauptgang bildeten Fleisch- und Fischgerichte. Bei den reichen Feinschmeckern standen vor allem Fische, Muscheln und Krustentiere wie Langusten und Hummer hoch im Kurs. Wichtigster Bestandteil der Nachspeise war stets Obst. Viele dieser Gerichte waren zum Teil raffiniert zubereitet und für den heutigen Geschmack recht ungewöhnlich gewürzt. Die Römer liebten es nämlich, Scharfes und Süßes zu kombinieren: Fleisch wurde mit Honig bestrichen, Obst mit Pfeffer und Honig verfeinert.

Die Tische der einfachen Leute waren nicht so reich gedeckt. Zu ihrer Nahrung gehörte ein Brei aus Getreide oder Bohnen, dem man auch Gemüse hinzufügte. Fleisch gab es sehr selten, auch Fisch konnte man sich nicht täglich leisten.

Eine typische Küche aus dem 1. Jh. n. Chr. mit Kochutensilien an der Wand. Die Toilette steht direkt neben dem gemauerten Herd.

Die Römer lagen, nach griechischer Sitte, zu Tisch auf einer Art Sofa (griech. kline).

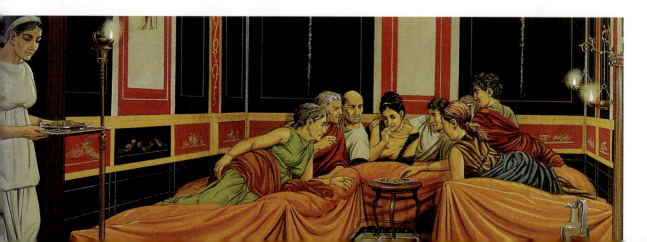

Puls fabata *(Brei aus Emmer und Feldbohnen)*
120 g getrocknete Feldbohnen über Nacht einweichen und am nächsten Tag garkochen. In einem zweiten Topf etwas Olivenöl erhitzen. 20 g gewürfelten Speck und eine gehackte Zwiebel zugeben und kurz anschmoren. 250 g eingeweichte Emmergraupen (du kannst stattdessen auch Hartweizen oder Dinkel verwenden) zugeben, kurz weiterschmoren, dann mit Wasser aufgießen und das Ganze unter Rühren garkochen. Falls nötig, Wasser nachgießen. Die gekochten Feldbohnen zugeben, mit Salz und Essig abschmecken. Das Gericht mit etwas Olivenöl begießen und servieren.

Moretum *(Paste aus Käse, Knoblauch und Kräutern)*
2 ganze Knoblauchknollen schälen, kleinhacken und zu einer Paste zerdrücken. 250 g harten Schafskäse (Pecorino) reiben und dazugeben, ebenso gehackten frischen Koriander, Selleriegrün und ein klein wenig Weinraute. Schließlich mit etwas Essig und Olivenöl zu einer dicken Paste rühren, die man zu frisch gebackenem Brot serviert.

Globi *(Mohnknödel)*
200 g Weizen- oder Dinkelgrieß mit 300 g Frischkäse (oder Quark) verkneten, zu Kugeln formen und in heißem Olivenöl unter häufigem Wenden goldbraun braten. Die Knödel dann in flüssigem, heiß gemachtem Honig wälzen und mit reichlich gemahlenem Mohn bestreuen.

Patina de piris *(Birnenauflauf)*
2 kg feste Birnen schälen, in Stücke schneiden und in einen Topf geben. 3 Gläser Traubensaft, 3 Löffel Honig, etwas gemahlenen Kreuzkümmel, 1 Löffel Olivenöl und eine Prise Salz zugeben. Das Ganze weichkochen und dann zerdrücken. 4 Eier zugeben und die Mischung in eine heiße geölte Pfanne geben. Bei mäßiger Hitze ca. 15 Minuten braten. Mit gestoßenem Pfeffer bestreuen und servieren.

Panis militaris *(Militärbrot)*
Die Feuerstelle mit flachen Ziegeln bedecken. Darauf ein kräftiges Holz- oder Holzkohlenfeuer entfachen, bis die Ziegel heiß sind. Aus 1 kg geschrotetem Dinkel (du kannst auch Weizen oder Roggen verwenden), Salz und ca. 0,5 l Wasser einen zähflüssigen Teig kneten und flache Fladen daraus formen. Glut und Asche von den Ziegeln fegen, die Fladen darauflegen und mit einer umgedrehten flachen Tonschüssel bedecken. Glut und Asche auf die Schüssel häufen. Man kann die Fladen auch in der heißen Asche selbst backen, doch darf der Fladen nicht mit offener Glut in Berührung kommen.

7 In Rom

L Die Hüterin des heiligen Feuers

Endlich sind die Gäste da! Wie lange haben Markus und Claudia auf ihre Freunde Paulina und Sextus gewartet! Beide sind zum ersten Mal in Rom und wollen die Stadt kennenlernen. Die Eltern befehlen dem Hauslehrer und Sklaven Xanthippus, die vier Kinder bei ihrem Spaziergang hinunter auf das Forum zu begleiten und auf sie aufzupassen.

Subito lictor vocat: „Tacete, domini et dominae! Statim tacete, servi et mercatores!" Servi discedunt, mercatores populum non iam auro et
3 argento alliciunt[1]; nunc enim tacere debent: Vibidia Vestalis cum lictore accedit. Populus locum dare properat neque Vestalem salutare dubitat. Etiam Marcus et Sextus, Claudia et Paulina Vibidiam verbis salutant:
6 „Salve, Vibidia!" Vibidia verbis gaudet et ad templum ascendit[2]. Nam in templo esse debet. Ibi flammas in arā servat; in flammis enim Vesta dea adest.
9 Dum Vibidia ad templum ascendit, subito servus accedit et clamat: „Ades, Vibidia! Ades! Fur non sum[3]." Servus Vestalem clamore sollicitat. Sed Vibidia causam ignorat. Dominus iam accurrit[4] et clamat:
12 „Servus fur est!" Tum poscit: „Comprehendite furem! Tenete furem! Ornamenta desunt." Et dominus servum comprehendere studet.

Da läuft aufgeregt ein Mitsklave herbei und berichtet, dass der Schmuck der Herrin im Atrium gefunden wurde.

Vibidia Vestalis servum a domino liberat, dominum verbis monet:
15 „Domine, servus iniuriam timet, nam fur non est. Auxilium petit; itaque ad templum accedit." Servus et verbis et auxilio gaudet. Sine timore domum properat.
18 Dominus parere non dubitat, servum comprehendere non iam studet. Nam Vesta dea non modo Romanos curat, sed etiam servos ab iniuriis servat.

[1] alliciunt *sie locken an*
[2] ascendere *hinaufsteigen*
[3] sum *ich bin*
[4] accurrere *herbeilaufen*

Vestalinnen beim Opfer. Bronzemedaillon. Um 180 n. Chr.

a) Entnimm **L** und **I** Informationen über die Tätigkeiten einer Vestalin.
b) Wie beurteilst du die Reaktion des Herrn in Z. 18?

I Die Göttin Vesta und ihre Priesterinnen

Die Göttin Vesta hatte für die Römer eine besondere Bedeutung. Sie glaubten nämlich, Rom werde nicht untergehen, solange das Feuer im Vestatempel brenne. Sechs Priesterinnen, die Vestalinnen, sorgten dafür, dass das Feuer niemals erlosch. Sie stammten aus den angesehensten Familien und wurden im Alter von 6–10 Jahren vom Vorsteher der Priesterschaft (**Pontifex Maximus**) für diesen Dienst ausgewählt. Die Vestalinnen wohnten wie in einem Kloster im sog. **Atrium Vestae** hinter dem Vestatempel. Sie mussten sich zu dreißig Jahren Dienst verpflichten und durften erst nach dieser Zeit heiraten. Im öffentlichen Leben waren sie sehr angesehen: Sie wurden wie die höchsten Staatsbeamten, die Konsuln, von einem Liktor begleitet. Dieser trug als Zeichen staatlicher Macht ein Rutenbündel mit einem Beil auf seiner linken Schulter und konnte auch polizeiliche Aufgaben wahrnehmen. Außerdem hatten die Vestalinnen das Recht, Personen in Schutz zu nehmen.

Standbild einer Vestalin

Infinitiv Präsens – Ablativ des Mittels und des Grundes

Ü **1** Der Affe Fugax, ein Haustier unserer Familie, ist entlaufen: 1. Marcus simiam *(Affe)* comprehendere properat. 2. Sed simia de arbore descendere cessat. 3. Tum Marcus simiam verbis sollicitat. 4. Xanthippus verbis non gaudet. 5. Itaque Marcus tacere debet *(muss)*.

2 Bilde zu jeder Form den Infinitiv Präsens und speichere die Verben im jeweils richtigen Dateiordner.
clamat – patet – dimittit – petunt – iacet – comprehendit – aedificant – gaudet – tacet – quaerit – agunt – accedit – habet

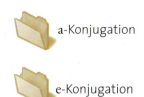 a-Konjugation

 e-Konjugation

konsonantische Konjugation

3 Stelle aus **L** alle Wörter und Ausdrücke zusammen, die mit „Religion" zu tun haben.

4 Füge in die Sätze die angegebenen Ablative und Präpositionalausdrücke ein und übersetze:
auxilio – in tabernā – ab iniuriis – lecticā *(Sänfte)* – verbis
Servi M. Licinium Calvisium [1] portant. – Populus senatorem [2] violat. – Domini [3] sedent. – Vestalis servum [4] servat. – Servus [5] gaudet.

5 Was verstehst du unter einem *verbalen* Angriff, einem *lokalen* Gewitter, einer leicht *entflammbaren* Flüssigkeit, einer *ornamentalen* Bepflanzung und einer *dominanten* Persönlichkeit? Welche lateinischen Substantive stecken in den kursiv gedruckten Adjektiven?

6 Fasst den Dieb!
1. M. Licinius Calvisius senator in lecticā *(Sänfte)* sedet. 2. Servi senatorem lecticā ad curiam portant. 3. Turba ridet et senatorem iniuriis violat. 4. Prope fur clamore gaudet. 5. Nemo furem videt. 6. Itaque tabernam intrare non dubitat. 7. A mercatore ornamenta poscit. 8. Interea servi saccos *(Säcke)* domum portare debent. 9. Subito furem vident. 10. Saccos deponunt et mercatorem a fure servant. 11. Mercator auxilio gaudet.

Der Tempel der Vesta auf dem Forum Romanum. 1. Jh. v. Chr.

In Rom

L Zwei Käufer ohne Geld

Nach so viel Aufregung schauen die Kinder zusammen mit Xanthippus in Ruhe die Geschäfte der Großstadt Rom an. Staunend steht Paulina, die Tochter der Gäste, vor den Auslagen des Händlers Titus.

Subito Gaius Caelius et Aulus Calpurnius accedunt; intrare non dubitant. Gaius et Aulus: „Salve, Tite!"

3 Titus: „Salvete, domini! Quid quaeritis? Quid petitis?"
Gaius et Aulus: „Ornamenta quaerimus, quia amicas donis delectare studemus. Amicas enim amamus et nuptias[1] paramus."

6 Titus: „Recte et bene agitis, domini, si ornamenta donatis et amicas ita delectatis. Nam amicae auro gaudent … et ego item gaudeo. Non modo spectate, sed etiam attingite catenas[2] et fibulas[3]! Quid desideratis,
9 domini? Quid quaeritis? Quid emitis?"
Gaius: „Recte interrogas, Tite. Fibulae placent. Certe amicae fibulis gaudent. Fibulas emimus."

12 Tum Gaius Caelius e Tito pretium quaerit et … cessat et clamat: „Tite, quid poscis? Croesus non sum. Amicam amo, nuptias paro, sed fibulam non emo. Tite, fenerator[4] es!"

15 Titus ridet: „Hahahae! Neque mariti neque domini, sed scelerati estis. Si pecuniam non habetis, valete!"
Ita Gaium et Aulum foras mittit.

[1] nūptiae, nūptiās f Pl. Hochzeit
[2] catēna Kette
[3] fibula Gewandspange
[4] fēnerātor Halsabschneider

1 Versuche bereits bei einem ersten Durchlesen von **L** zu verstehen, worum es geht. Welche Personen treten auf, wo spielt die Handlung und was wird wiederholt erwähnt?

2 Die beiden Männer merken, dass sie sich den Schmuck nicht leisten können. Gajus ruft aus: „Croesus non sum!" Auch wir benutzen den Namen Krösus, um einen besonders reichen Menschen zu bezeichnen.
Stellt mithilfe eines Lexikons fest, warum.

I Römisches Geld

Das Wort pecunia leitet sich ab aus der lateinischen Bezeichnung für „Vieh" (pecus). Das kommt daher, dass die Römer zunächst ohne Münzen Tauschhandel betrieben und sich dabei am Wert eines Schafes oder Rindes orientierten. Später bezahlten sie mit Metallbarren aus Kupfer, auf denen ein solches Tier abgebildet war. Ab dem 4. Jahrhundert v. Chr. wurden dann runde Münzen geprägt (meist mit dem Bildnis eines Gottes, eines historischen Ereignisses oder des gerade regierenden Kaisers), die ebenfalls aus Kupfer, aber auch aus Bronze, Messing, Silber und sogar Gold waren. Je nach Wert und Material hieß eine Münze z. B. As, Sesterz, Denar oder Aureus. Da alles in Münzen bezahlt wurde, war Bargeld für das tägliche Leben sehr wichtig. Der durchschnittliche Römer hatte zwar immer nur ein paar Asse in der Tasche, aber es gab auch Reiche, die ihr Bares zu Hause in einer Truhe (arca) aufbewahren und bewachen ließen.

Römische Geldbörse aus Herkulaneum. 1. Jh. n. Chr. Neapel, Archäologisches Nationalmuseum

1. und 2. Person Präsens – Sachfelder

Ü 1 1. Marcus et Claudia Rufum mercatorem vident. Rufus properat. 2. Marcus: „Salve, Rufe! Cur properas? Quid agis?" 3. Rufus: „Mercator sum. Negotia ago. Frumentum emere studeo. Itaque propero. 4. Quid agitis, Marce et Claudia?" 5. Marcus et Claudia: „Cum amicis forum spectamus."

2 Im Güterverteilungszentrum der Bahn
Verteile die 18 Container in der richtigen Reihenfolge (1. Pers. Sg. ➡ 3. Pers. Pl.) auf die drei Züge (a-Konjug. / e-Konjug. / kons. Konjug.):

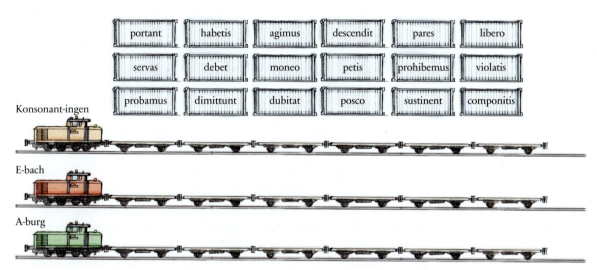

3 Formenstaffel
Wir bilden drei Staffeln. Jeder Staffelführer erhält einen Staffelstab, nennt die Verbform und gibt den Stab an den nächsten Mitstreiter weiter. Dieser bildet die verlangte Form usw. Der Staffelführer notiert die entstehende Formenreihe. Sieger ist das Team, das als erstes alle richtigen Formen beim Lehrer oder der Lehrerin abgibt. Auf die Plätze, fertig, los!

ago ➡ 3. Pers. ➡ Pl. ➡ 1. Pers. ➡ 2. Pers. ➡ Sg. ➡ 1. Pers.

iacet ➡ Pl. ➡ 2. Pers. ➡ Sg. ➡ 1. Pers. ➡ Pl. ➡ 3. Pers. Sg.

servamus ➡ Sg. ➡ 3. Pers. ➡ Pl. ➡ 2. Pers. ➡ Sg. ➡ 1. Pers. Pl.

4 Stelle alle bisher gelernten Substantive zusammen, die Personen bezeichnen. Welche Personen gehen durch welche Tür?

5 Erstelle ein Sachfeld „Einkaufen". Verwende dazu Verben und Substantive, die du bisher gelernt hast.

6 Claudia grillt Rotbarben
1. Claudia: „Ich muss sofort nach Hause gehen (*eilen*) und eine Mahlzeit (*cēna*) vorbereiten. Ich erwarte nämlich eine Freundin." 2. Paulina: „Wenn du nach Hause gehst (*eilst*), Claudia, gehe (*eile*) ich gleichfalls nach Hause. Ich ertrage das Gedränge (*die Menschenmenge*) nicht mehr. Ich sehne mich danach°, ein wenig zu ruhen." 3. Markus: „Ich kritisiere euren° Beschluss nicht. Ihr handelt richtig und gut. Ich kaufe nun Rotbarben (**mullus**) und bereite mit Claudia die Mahlzeit (**cēna**) vor."

Beachte bei den Verben die Endungen für die 1. und 2. Person.

In Rom

L Im verbotenen Stadtviertel

Markus hat eine besondere Idee. Er will Sextus und Paulina die Subura zeigen, einen verrufenen Stadtteil. Die Eltern haben den Kindern streng untersagt, dorthin zu gehen. Unter dem Vorwand, Xanthippus möge ihnen Brot und Würstchen besorgen, schicken sie den gutmütigen Sklaven weg. Schon stehen sie vor den engen und auch dunklen Gassen der Subura.

Marcus: „Audite voces, audite clamorem! Cur non venitis? Iam diu Suburam spectare desidero; nam plebs ibi negotia agit."
3 In Subura tonsores[1] et sutores[2] negotia agunt. Et popina[3] prope est. Senex ad popinam accedit; cibos et vinum appetit. Itaque popinarium[4] orat: „Da cibum et vinum, quaeso!" Senex autem
6 pecuniam non habet. Neque tamen popinarius senem dimittit; nam amicus est.

Nunc Marcus et Claudia, Sextus et Paulina iterum voces et clamorem
9 audiunt; nam potatores[5] accedent et clamant. Marcus monet: „Propera, Claudia! Properate, Paulina et Sexte! Ego periculum sentio. In periculum venimus! Immo in periculo iam sumus. Nonne pericula sentis, Sexte?"
12 Pericula imprimis Claudiam sollicitant. Subito Sextus Marcum retinet et vocat: „Vide, Marce! Ibi Xanthippus servus venit. A Xanthippo auxilium petimus: Heus[6], Xanthippe!"
15 „Marce! Claudia! Paulina! Sexte! Cur in Suburā estis? Nonne pericula scitis? Hic scelerati non modo plebem furtis sollicitant, sed etiam neces parant. Venite!" Tum liberos[7] e Subura educit.

Rasch verlässt Xanthippus mit den vier Kindern die Subura und bringt sie zu den Eltern nach Hause. Die Jungen und Mädchen sind sehr erleichtert, schämen sich aber auch ein wenig, dem treuen Xanthippus einen Streich gespielt zu haben.

[1] tōnsor *Friseur*
[2] sūtor *Schuster*
[3] popīna *Imbissbude*
[4] popīn-ārius *Wirt (einer Imbissbude)*
[5] pōtātor *Betrunkener*
[6] heus *Hallo!*
[7] līberī *Kinder*

1 a) Die Subura war ein berüchtigter Stadtteil Roms. Wer lebte dort? Erkläre, was in der Subura alles geschah oder geschehen konnte.
b) Auf welche Probleme trifft man heutzutage in ähnlichen Stadtvierteln von Großstädten?

2 Verteilt die Rollen aus **L** und spielt das Stück lateinisch vor. Wer muss nichts sagen, wer wenig, wer sagt am meisten?

I Die Subura

Die Subura war das Stadtviertel der wenig angesehenen Leute. Die Häuser waren eng aneinander gebaut, sodass oft Brände auf Nachbargebäude übersprangen. In den Gassen herrschte stets reges Leben und Lärm. Das einfache Volk und die Sklaven kamen hierher, um einzukaufen. Schuster, Wollhändler, Leinenweber, Schmiede und Friseure hatten hier ihre Läden, aber man bekam auch Eier und Hühner, Kohl und Rüben zu günstigen Preisen. Aus den zahlreichen verrußten Wirtshäusern hörte man Geschrei und immer wieder kam es zu wüsten Schlägereien. Vornehmere Einwohner Roms mieden diesen Stadtteil deshalb, nicht zuletzt aber auch wegen der vielen Diebe, die das Viertel vor allem nachts unsicher machten.

ī-Konjugation – 3. Deklination (Wortstamm)

Ü 1 1. Dum Paulina ornamenta spectat, Marcus vocat: „Veni, Paulina! Cur venire dubitas?" 2. Paulina vocem audit et venit. 3. In foro populum vident, voces audiunt.

2 Formenstaffel (vgl. 8 Ü 3)

a) habes
b) venis } ➡ Pl. ➡ 3. Pers. ➡ Sg. ➡ 1. Pers. ➡ Pl. ➡ 2. Pers. ➡ Sg.
c) petis

ORA ET LABORA!

3 Jetzt musst du einen neuen Dateiordner anlegen: i-Konjugation
Speichere die Infinitive der folgenden Verben nach den Konjugationsklassen:
agit – audit – habeo – venio – violo – oro – do – sentiunt – emunt – deponis – scis – retines

a-Konjugation   e-Konjugation   i-Konjugation   konsonantische Konjugation

4 FELIX bildet Verbformen in der 2. Person Plural. Allerdings meint er vorschnell, dass alle Wörter, die auf -tis enden, automatisch Verben in der 2. Person Plural sind. Gebt ihm wieder Hinweise (wie in 5 Ü 5) auf die Art seiner Fehler, z. B. Person (P), Wortart (W):
scitis – petis – habetis – quaeritis – deestis – furtis – portatis – portis – mittis – statis – agitis – maritis – auditis – sentis

5 ornamentum – monumentum – frumentum
a) Was fällt dir beim Vergleich dieser Wörter auf? Welche Wörter leben in der deutschen Sprache weiter?
b) Suche in der deutschen Sprache weitere Wörter auf -ment und schlage in einem lateinischen Lexikon nach, ob es diese Wörter schon in der lateinischen Sprache gab und welche Bedeutung sie hatten.

6 Suche in jeder Wortformenreihe den „Störenfried":
1. da – intra – fora – viola
2. serve – prope – amice – domine
3. quid – dum – ubi – cur
4. stat – dat – sed – sedet
5. estis – scitis – sentis – venitis

7 Claudia hat einen schlechten Traum
1. Nemo ridet, nemo clamat. 2. Neque voces neque clamorem audio.
3. Neque amicum neque amicam video. 4. Timorem sentio, pericula scio.
5. Pericula me *(mich)* sollicitant. 6. Auxilium desidero. 7. Subito femina accedit et interrogat: „Quid audis, quid sentis? Cur periculum times? In periculo non es, filia!" 8. Nunc gaudeo, quia femina Cynthia mater *(Mutter)* est.

10 In Rom

L Aufs Kapitol zu den Göttern

Die Eltern sind besorgt, als Xanthippus erzählt, was passiert ist.

Quintus et Cynthia servo gratias agunt: „Xanthippe, libenter gratias agimus. Tu et comes et custos es."
3 Tum Quintus filium et filiam reprehendit: „Marce, Claudia, quid agitis? Vos[1] iam diu exspectamus. Nunc hic manete!
Cur pericula non timetis? In Suburā non modo mercatoribus occurritis,
6 sed etiam furibus et sceleratis. In foro pericula non sunt. Ibi senatoribus quoque occurritis: Senatori enim non placet in Suburā esse."
Cynthia filiae et filio dicit: „Audite consilium! Paulinae et Sexto non
9 Suburam, sed Capitolium ostendere volumus[2]."

[1] vōs *euch*

[2] volumus *wir wollen*

Gespannt erwarten Paulina und Sextus den nächsten Tag, an dem sie endlich den wichtigsten der sieben Hügel Roms kennenlernen werden.

Mox Cynthia et Quintus, Claudia et Marcus, Paulina et Sextus ad Capitolium ascendunt[3]. Cynthia: „Templa iam videtis." Cynthia
12 Paulinae simulacra et statuas ostendit. Quintus Sexto aram ostendit et narrat:
„Romani Capitolium amant. Hic Romani deis – ut Iovi et Minervae –
15 templa aedificant. In templis deos colunt. Dei quidem populo auxilium promittunt. Romanos a periculis liberant et ab iniuriis servant. Itaque Romani deis gratiam debent."
18 Marcus: „Certe templa comitibus placent. Ego autem templa, simulacra, statuas, aras saepe video. Nunc solem non iam sustineo. Tandem in umbrā esse desidero."

[3] ascendere *hinaufsteigen*

Die Eltern und Kinder genießen den Blick von oben auf das Forum Romanum und gehen schließlich zurück in ihr schattiges Haus auf dem Esquilin.

1 L 10 ist in sechs Abschnitte gegliedert. Nenne aus jedem Abschnitt ein Substantiv, das als Überschrift dienen könnte. Bilde dann mit diesem Substantiv einen lateinischen Satz, der diesen Abschnitt zusammenfasst.

2 Bereitet in Gruppen mithilfe aller Informationen, die ihr bisher über die Stadt Rom erhalten habt, eine Stadtführung vor. Gestaltet dazu ein Merkblatt oder einen Schaukasten für euer Klassenzimmer. Besorgt euch einen modernen Stadtplan der Innenstadt von Rom und zeichnet dort die Gebäude und Plätze ein, die ihr schon kennengelernt habt.

Dativ – Dativ als Objekt

Ü 1 1. Subura Marco et Claudiae non iam placet. 2. Neque amicis turba et clamor placent. 3. Interea Xanthippus in foro mercatori pecuniam dat. 4. Mercatoribus negotia placent. 5. Tandem Xanthippus filio et filiae adest.

2 Gib jeweils Kasus und Numerus an und übersetze:
a) den Freunden – den Freund – die Freunde (!) – dem Freund
b) die Gefahr (!) – den Gefahren – die Gefahren (!)
c) die Frau (!) – die Frauen (!) – der Frau – den Frauen
d) das Mädchen (!) – die Mädchen (!) – den Mädchen – dem Mädchen

3 Setze die eingeklammerten Substantive als Dativobjekte ein:
a) In foro (senatores, mercatores, servi, custos, populus) occurrimus.
b) Auxilium (amicus, amica, senex, feminae) promitto.
c) In Subura (pericula, scelerati, fures, plebs) occurris.
d) Monumenta (amici, amicae, comites, domini) ostenditis.

4 Ordne die folgenden Verben nach den rechts abgebildeten Wortfeldern:
quaerere – dicere – venire – clamare – appetere – desiderare – promittere – interrogare – intrare – petere – monere – vocare – properare – accedere – occurrere

a) sprechen
b) wünschen
c) laufen

5 Dank für die Hilfe der Götter
1. Quintus erklärt <u>seinem° Sohn und seiner° Tochter</u>: 2. „In den Tempeln begegnen wir <u>den Göttern</u>. 3. Wir verehren die Götter mit Statuen und Bildern und danken <u>den Göttern</u> durch Geschenke. 4. Die Götter versprechen <u>den Römern</u> Hilfe. 5. Merkur (**Mercurius**) hilft nicht nur <u>den Händlern</u>, sondern auch <u>den Dieben</u>."

Beachte die Dative. Sie sind (nur hier) unterstrichen.

I Das Kapitol

Das Kapitol ist einer der sieben Hügel Roms, zwar der kleinste, dafür aber der am meisten verehrte. Denn auf ihm stand unter anderem der Tempel des **Iuppiter Optimus Maximus**, des höchsten aller römischen Götter. In seinem Tempel wurden zugleich die Göttin **Iuno**, seine Ehefrau, und **Minerva**, die Göttin der Weisheit, verehrt. Auf dem Kapitol wurden als höchste Auszeichnung für große Staatsmänner Statuen errichtet; auf den Seitenwänden des Tempels der **Fides** (Göttin der Treue) konnten die Besucher des Kapitols in Bronzebuchstaben den Wortlaut der Verträge mit fremden Völkern lesen. So war das Kapitol Wahrzeichen für römische Macht und Religion, es zeigte aber auch, dass die Römer verdienten Männern dankbar waren.
Überlegt, warum die Amerikaner wohl das Parlamentsgebäude in Washington ebenfalls Kapitol nennen.

Die sog. Kapitolinische Trias: Minerva, Jupiter und Juno. Skulpturengruppe aus einem römischen Hausaltar

11 In Rom

Sklaven bei der Hausarbeit. Römisches Relief. Rom, Museo della Civiltà Romana

¹coquus *Koch*
²culīna *Küche*
³garrīre *schwatzen*
⁴cōn-servus *Mitsklave*
⁵titubāre *schwanken*
⁶linguā haesitāre *mit der Zunge hängen bleiben*

L Wer zuletzt lacht …

Endlich sind Claudia und Markus mit den Eltern und den Gästen wieder zu Hause. Im Atrium der Villa empfängt sie wohltuende Kühle. Die Sklavin Barbara hält dort gerade ein Schwätzchen mit der Mitsklavin Lydia.

Subito Barbara ad Lydiam: „Audi! Syrus coquus[1] nos vocat. Claudia et Marcus ludunt et rident, nos autem
3 laborare et hospitibus cenam parare debemus."
Servae ad culinam[2] properant, sed Syrus servis iam occurrit: „Ah, hic vos invenio. Ego cibos paro, et vos, vos
6 garritis[3]! Cur mihi hodie non adestis? Cur me sollicitatis? Venite statim mecum in culinam! Neque ridere neque garrire vobis permitto."

9 Nunc Balbus et Flavus servi intrant. Balbus vasa portat: „A-a-a-quam p-porto, Syre!" Dum vasa portat, Flavus conservum[4] pellit. Balbus titubat[5], cadit, vasa frangit.
12 Flavus ridere non desinit: „Videte! Balbus non modo linguā[6], sed etiam pede haesitat[6]!"
Subito dominus in culinā stat. Balbus orat: „Da mihi
15 veniam, domine!" Sed dominus: „Non te, Balbe, sed Flavum reprehendo. Cur Balbum semper verbis violas, Flave? Vitium ridere non oportet. Itaque tibi ignoscere
18 dubito. Tu in silvis mecum laborare debes."

Am späten Nachmittag nimmt die Familie gemeinsam mit den Gästen die cena ein (vgl. S. 34 f.).
Am nächsten Morgen verabschieden sich die Gäste wieder in Richtung Etrurien, der heutigen Toskana.

1 Balbus ist ein Missgeschick passiert, jedoch ohne Schuld.
a) Warum bittet er seinen Herrn trotzdem um Verzeihung?
b) Warum bestraft der Herr Flavus und nicht Balbus?
c) Wie kann man das Verhältnis des Herrn zu seinen Sklaven beschreiben?

2 In der römischen Gesellschaft spielten Sklaven eine wichtige Rolle.
a) Welche ihrer Aufgaben wurden in den vorangegangenen Lektionen erwähnt? Welche Aufgaben kannst du den Abbildungen rechts entnehmen?
b) Die Sklaven haben oft „sprechende Namen", z. B. bedeutet Flavus „Blonder" und Balbus „Stotterer". Was bezeichnen wohl die Namen Barbara, Lydia, Syrus? Sucht in einem lateinisch-deutschen Wörterbuch.

3 Vergleiche das Aussehen einer römischen Villa (vgl. S. 16 f.) mit Villen aus heutiger Zeit.

Personalpronomen

Ü 1 1. Marcus: „Puellae pericula timent. Ego periculum non timeo."
2. Statim Sextus vocat: „Nos pericula non timemus." 3. Quintus: „Vos reprehendo, Marce et Sexte, quia mihi non paretis." 4. Marcus et Sextus: „Nunc tibi paremus. Tecum et cum puellis Capitolium petimus."

2 Setzt im Partnergespräch in den folgenden Sätzen alle Wörter in den Plural. Bildet weitere Beispiele in der 1. und 2. Person Singular und Plural:

Partner A: Ego te video.   Partner B: Tu me vides.
         Ego tibi pareo.   Tu mihi pares.
         Ego tecum rideo.   Tu mecum rides.

3 Einladung zum Essen
FELIX lädt seine Freunde zu einem Abendessen ein. Er schreibt sich deshalb einen lateinischen Stichwortzettel (mit Nominativen und Infinitiven), um nichts zu vergessen. Bildet mit seinen Stichwörtern kleine Sätze:
hodie amici exspectare/coquus *(Koch)* forum descendere/mulli *(Rotbarben)* vinum emere/cibi culina *(Küche)* parare/interea vasa atrium *(Atrium)* portare/ non modo vinum sed etiam aqua hospites dare

4 Erstelle ein Sachfeld „Küche/Kochen". Geeignete Substantive kannst du auch **L** entnehmen.

5 Jetzt machen wir einen Staffellauf mit Substantiven.
Bildet acht Staffeln!

hospes	periculum	vox	cibus
custos	fur	via	negotium

Bildet von jedem Substantiv die entsprechenden Formen zu:
dominum – domini – domino – dominos – dominis

6 Ergänze sinnvoll durch Personalpronomina:
a) ? properamus, ? dubitatis.
b) ? ? voco, ? ? audis.

Sklaven in der Antike

Den Sklaven in **L** geht es vergleichsweise gut. Das war zur Zeit der Römer alles andere als selbstverständlich. Denn Sklaven galten dem Recht nach als eine Sache, mit der man umgehen konnte, wie man wollte. Körperliche Züchtigungen wie Ohrfeigen und Fußtritte, Strafen wie Essensentzug und Einsperren, ja sogar Folter und Tötung waren den Herren erlaubt. Sklave wurde man als Kriegsgefangener oder als Bürger, der aufgrund schwerer Vergehen oder großer Schulden alle Rechte verloren hatte – oder man hatte das Pech, als Kind eines Sklaven auf die Welt gekommen zu sein. Dabei erging es den Sklaven in der Stadt meistens besser als denen auf dem Land, weil sie als Sänftenträger, Köche, Sekretäre, Musiker, Lehrer, Dichter und Ärzte täglichen Umgang mit ihrem Herrn hatten. Die Sklaven in der Landwirtschaft dagegen litten unter der Strenge des Gutsverwalters, der täglich härteste Arbeit auf den Feldern forderte. Am schlimmsten ging es wohl den Sklaven in den Steinbrüchen und Bergwerken.
Erst seit dem 2. Jh. n. Chr. gingen die Herren menschlicher mit den Sklaven um.

Lesen und Üben mit Felix

Spielen wie die alten Römer

Wie heißen die neuesten Computerspiele? Das wisst ihr sicher. Aber habt ihr auch noch Spielsachen wie Murmeln?

Vor 2000 Jahren hatten die Kinder zwar noch keine Computerspiele, aber sie langweilten sich keineswegs. Sie kannten bereits Brettspiele, z. B. Mühle, sie spielten mit Würfeln (mit Knöchelchen: Man warf sie in die Höhe und zählte dann die Punkte, die oben sichtbar waren), mit Puppen aus Ton, Stoff oder Holz und mit hölzernen Tieren, außerdem mit Nüssen, Reifen, Kreiseln und Bällen. Gelegentlich spielten sie auch Blinde Kuh und sagten: „Muscas captamus!" – „Wir fangen Fliegen!" – Warum nannten sie dieses Spiel wohl so?

Besonderen Spaß machte es römischen Kindern, Reifen und Scheiben übers Pflaster zu treiben.

Spielende Kinder. Die einen spielen mit Nüssen, die anderen treiben Kugeln mit Rutenbündeln um die Wette vorwärts.

Kinder beim Reiterkampf. Sarkophag um 250 n. Chr. Vatikanische Museen

[1] lūdibrium *Spott*

Lest diese Spielszene laut und spielt sie anschließend mit verteilten Rollen in lateinischer Sprache:

So könnten Kinder heutzutage miteinander sprechen. Dies ist natürlich keine Übersetzung des lateinischen Spiels, aber ihr werdet Übereinstimmungen erkennen. An welchen Stellen?

Früher
Amici et amicae adsunt.

Itaque Marcus amicos interrogat:
„Ego libenter muscas capto.
Et vos? Nunc ego muscas capto.
Ego vos capto."

Amici gaudent. Non dubitant, sed mox Marcum verbis violant:
„Tu nos non captas. Tu nos non invenis, nam voces non iam audis. Hahahae! Nos non audis, nos non vides. Sed nos te videmus, nos te pellimus."
Marcus: „Vos non video, sed nunc propero et vos capto."

Claudia: „Me neque captas neque comprehendis."
Amici: „Gaudemus, te videmus, sed tibi non adsumus."

Marcus: „Cur ridere non desinitis? Cur ludibrio[1] me violatis? Ludibrium non iam sustineo. Ego vobiscum non iam ludo."

Heute
Drei Jungen und drei Mädchen treffen sich.
Daniel fragt seine Freunde:
„Ich schlage vor, wir spielen ‚Blinde Kuh'. Habt ihr Lust? Verbindet mir die Augen! Lauft weg! Ich fange euch."

Susanne, Andrea, Nicole, Bernd und Peter ärgern Daniel:
„Okay. Aber du fängst uns nicht. Du findest uns nie, denn du hörst uns nicht und siehst uns nicht. Wir sind ganz leise. Aber wir – wir sehen dich und schubsen dich."
Daniel: „Klar, ich seh' euch nicht, aber jetzt fang' ich euch. Ich bin schneller als ihr."

Nicole: „Mich fängst du nicht."
Alle Freunde: „Wir finden das cool. Wir sehen dich, aber wir verraten nichts. Wir ärgern dich."

Daniel: „Warum lacht ihr über mich? Warum ärgert ihr mich? Ich mag nicht mehr. Ich finde das gar nicht lustig. Ich spiele nicht mehr mit euch."

Das Treiben auf dem Forum – auch eine Verlockung für Diebe

Senatores ad curiam properant; domini comitibus templa et monumenta ostendunt; mercatores negotia agunt. Etiam senes in foro laborant.
3 Vestalis cum lictore ad templum ascendit[1]; in viis sutores[2] et tonsores[3] videmus. Servi vinum et frumentum ad forum et ad basilicam portant. In basilica mercatores iam laborant. Feminae fruges[4] probant; neque
6 fruges tangere neque pretium quaerere dubitant. Tum fruges emunt et mercatoribus pecuniam dant.
Subito fur accedit. Ornamenta quaerit. Iam sine timore ornamenta
9 tangit. Statim custodes adsunt et mercatorem a furto servant. Furem comprehendunt et retinent.

Übersetzungstest

[1] ascendere *hinaufsteigen*
[2] sūtor *Schuster*
[3] tōnsor *Friseur*
[4] frūgēs *Früchte*

Ü 1 Bildet wieder Staffeln! Wer gewinnt?

sentire — frangere — ridere — parare

→ 3. Pers. Sg. → Pl. → 2. Pers. → Sg. → 1. Pers. → Pl.

2 Wortarten
Ordne die folgenden Wörter den Amphoren zu und finde je ein weiteres Beispiel: plebs – mox – nex – interea – comes – audire – ad – adesse – dum – intus – dare – fur – cum – tibi – subito

3 Bilde sinnvolle Sätze, indem du die passenden Endungen suchst.
1. servus in taberna laborare 2. custos dominus a furtum servare
3. ego vitium non ridere, sed tu vitium semper ridere. 4. femina pretium a mercator quaerere. 5. ego clamor non sustinere, tu semper clamare

4 Der Sprachexperte
Ordne die lateinischen Fachausdrücke den deutschen Entsprechungen zu:
Plural – Subjekt – Präsens – Imperativ – Prädikat – Dativ – Infinitiv – Kasus – Genus – Attribut
Fall – Beifügung – Befehlsform – Grundform – 3. Fall – Geschlecht – Satzaussage – Mehrzahl – Gegenwart – Satzgegenstand
Welche Begriffe beziehen sich nicht auf die Wortart Verb?

5 a) Im Lateinischen und Italienischen sind die folgenden Infinitivformen gleich: amare, salutare, stare, dare, portare. Lies laut.
b) Im Französischen wird das lateinische -are zu -er (Aussprache: ē). Viele Verben der lateinischen i-Konjugation (-ire) enden im Französischen auf -ir.
Bilde demnach die französischen Infinitive zu portare, violare, liberare, venire, sentire und lies sie laut.
c) Welche lateinischen Infinitive stecken in den französischen Infinitiven *interroger, donner, aimer*?

Schafskäse, Oliven und Brot

* *Bin ich froh, dass wir eine Pause machen! War auch kaum mehr auszuhalten in dem stickigen Bus!*
* *Und dazu die holprige Landstraße und der Staub!*
* *Hier ist es herrlich! Ein schattiger Baum, unter dem wir uns ausruhen können, ein plätscherndes Bächlein nebenan, zwitschernde Vögel und ein herrlicher Blick auf Olivenbäume, weidende Schafe, ein paar Bauerngehöfte und Weinberge in der Ferne!*
* *Da hast du Recht; aber noch schöner wäre es, wenn wir etwas zu trinken hätten. Was trinken denn die Bauern und Hirten da?*
* *Wahrscheinlich Wein. Dürfen wir natürlich nicht.*
* *Und woraus trinken sie? Ich sehe keine Flaschen und Gläser!*
* *Das sieht aus wie Lederbeutel; und die Tassen heißen Trinkschalen, glaube ich.*
* *Willst du damit sagen, das sind alte römische Bauern?*
* *Ja, natürlich. FELIX hat uns doch versprochen, wir würden die alten Römer persönlich kennenlernen. Und bisher haben wir nur welche aus der Stadt getroffen.*

Die Bauern kommen näher und bieten uns kühles Wasser aus ihren Lederschläuchen an, weißen Käse, in Blätter gewickelt, dazu Oliven und Brot. Dabei schauen sie uns neugierig, aber freundlich an. Wir greifen zu und lächeln zurück.

* *Hm, schmeckt etwas scharf, aber gar nicht schlecht.*

FELIX Das ist frischer Schafskäse; am besten esst ihr ihn zusammen mit etwas Brot.

* *Worüber sprichst du die ganze Zeit? Ich habe nur „domini" und „servi" verstanden.*

FELIX Die Hirten sind wütend auf die Wölfe, die gestern einige Schafe aus der Herde gerissen haben. Ihr Herr behauptet, sie hätten nicht genügend aufgepasst. Die Hirten sind nämlich Sklaven, müsst ihr wissen, und haben Angst vor Bestrafung.

* *Und die Bauern?*

FELIX Die klagen darüber, dass ihre Söhne und Töchter keine Lust mehr haben, die Höfe später einmal zu übernehmen und auf den Feldern zu arbeiten. Sie zieht es nach Rom, wo das Leben interessanter sein soll. Viele Familien haben ihre Höfe deshalb schon aufgegeben.

1 Was haben die Römer vor allem angebaut?

2 Welche Gefäße haben sie zum Lagern ihrer Erzeugnisse benutzt?

3 Warum sind die Bauern in unserer Szene unzufrieden? Vergleiche damit die Situation, in der Bauern heute leben.

4 Projekt: Veranstaltet in Gruppenarbeit eine Umfrage in der Schule oder bei euren Freunden und Bekannten zum Thema „Stadt oder Land". Sammelt die Vor- und Nachteile und tragt sie in eurer Klasse vor.

5 Projekt: Besorgt euch ein römisches Kochbuch (z. B. das von Apicius) oder benutzt die Rezepte von S. 35 und kocht einige Gerichte. Worin unterschied sich der Geschmack der Römer von unserem?

12 Auf dem Land

Rekonstruktion eines römischen Reisewagens. Köln, Römisch-Germanisches Museum

[1] vehiculum *Wagen*
[2] sepulcrum *Grabmal*
[3] rāmus *Zweig*

Grabmal an der Via Appia

L Eine Fahrt mit zwei PS

Der Großvater lädt die Familie in einem Brief ein, während der heißen Sommermonate einige Tage auf dem Landgut der Großeltern in den Albanerbergen zu verbringen. Wie gewohnt, begleitet sie der Sklave Xanthippus und zum ersten Mal dürfen auch die Sklavin Barbara und ihre neunjährige Tochter Anna mitfahren. Zwei Pferde ziehen den unbequemen Reisewagen. Wird die Fahrt von 30 Meilen (ca. 44 km) auf schlechten Wegen zu einem Vergnügen werden?

Epistula avi Marcum et Claudiam delectat. Nam Aemilius avus Marcum et Claudiam et Annam, filiam Barbarae servae, in villa exspectat.
3 Imprimis Anna gaudet, quia primum cum Marco et Claudia Romam relinquit.
Xanthippus servus et Quintus equos ducunt. Cynthia, Claudia, Marcus,
6 Barbara serva, Anna filia in vehiculo[1] sedent. Marcus et Claudia cum Anna ludunt. Haud raro rident. Iam templa deorum, aedificia et vicos Romae, umbram insularum relinquunt. Iam campos vident. Nunc in
9 via Appia sunt. Hic Anna muros videt et vocat: „Claudia, specta muros!" Statim Claudia amicae narrat: „Non muros tectorum, sed muros monumentorum vides, Anna. Monumenta sunt sepulcra[2] Romanorum.
12 Nam familiae sepulcra hic aedificant."
Paulo post Cynthia monet: „Quinte, aquam desideramus. Retine equos!" Quintus et Xanthippus sine mora equos retinent: „Descendite,
15 puellae! Descende et tu, Marce!"
Dum Xanthippus equos ad silvam ducit, Marcus puellaeque in umbra arboris sedent. Aura ramos[3] arborum movet. Anna naturam loci laudat.
18 Nemo clamorem lictorum et turbam mercatorum desiderat.

Nach dieser kurzen Erfrischung geht die Fahrt mit zwei PS weiter.

1 Annas erste Reise
a) Quis est Anna? b) Cur Anna gaudet? c) Ubi Anna sedet? d) Quid Anna videt? e) Quis Annae monumenta ostendit? f) Quid Anna laudat?

2 Lies die Zeilen 7–8 und die Zeilen 16–18 von **L** ohne die Genitive. Welche Informationen gehen verloren?

I Reisen mit der Kutsche

In der Antike war das Reisen mit einer Kutsche alles andere als bequem. Denn weder kannte man ebene, geteerte Straßen noch Stoßdämpfer wie heute: Die eisenbeschlagenen Holzräder der Kutsche ließen die Passagiere jeden Stoß des Steinpflasters spüren. Es gab zwei Arten von Reisekutschen: Die einfache Version war nicht überdacht und wurde von zwei oder vier Pferden gezogen. Auf ihr fanden vier bis sechs Personen Platz, auf Bänken, die meist hintereinander angeordnet waren. Die Luxusversion hatte ein Dach aus Leder oder Leinen. In ihr konnten nur zwei Personen befördert werden. An einem Tag kam man mit solchen Kutschen ungefähr 24 römische Meilen (ca. 36 km) weit. Wenn unsere Familie also in die 30 Meilen (ca. 44 km) entfernten Albaner Berge bei Rom reiste, war sie länger als einen Tag unterwegs.

Genitiv – Genitiv als Attribut

Ü 1 1. Dominus verba Flavi servi reprehendit. 2. Vitia amicorum ridere non oportet. 3. Cibi Lydiae servae hospites delectant. 4. Gratia hospitis servam delectat. 5. Marcus et Claudia donis hospitum gaudent.

2 Balbus stolpert, fällt hin und der Krug der „Fälle" zerbricht. Gieße die Genitive in die bereitstehenden Deklinationskrüge.
vitiorum – pedis – silvae – hospitum – solis – dearum – custodum – comitis – furti – ciborum – doni – iniuriae – viarum – consilii – dominae

3 Übersetze:
servi avi – labores servorum – negotia mercatoris – umbra tectorum – clamor puellarum – gratia hospitis – voces comitum – timor senis

4 Eine Freundin für alle Fälle?
Bilde vier Sätze, in deren Mitte immer amicae steht, und übersetze dann:

Vocem ... villam ostendit.
Nunc ... adsunt.
Venite, ..., ad villam!
Claudia ... audimus.

5 Ersetze discedere durch venire und quaerere durch scire:
a) discedo – discedunt – discede – disceditis
b) quaerit – quaerimus – quaero – quaeris

6 Im Reich der Jagdgöttin Diana
1. Heute spiele ich mit dir im Wald. 2. Liebst du etwa nicht die Natur? 3. Im Schatten der Bäume freuen wir uns über° die Geschenke (Abl.) der Natur. 4. Oft steigt ein alter Mann aus dem Dorf hierher herab. 5. Er trägt Holz (lignum) nach Hause. 6. Wir hören auch die Stimmen von° Frauen (Gen.). 7. Sie schmücken (ōrnāre) den Altar der Göttin Diana.

Römische Straße in Pompeji. Die höheren Trittsteine dienten bei nasser oder verschmutzter Straße als „Zebrastreifen" für die Fußgänger. Im Vordergrund erkennt man Spuren von Wagenrädern.

13 Auf dem Land

L In den Weinbergen

Die Familie hat erst 20 Meilen (ca. 30 km) im Schritttempo zurückgelegt und die Reise durch lange Pausen für die Kinder und Pferde unterbrochen. Inzwischen ist es fast schon dunkel geworden.

Vesper iam diu adest. Procul ab urbe familia villam avi petit. Pericula tenebrarum puerum et puellas sollicitant. Liberi noctem et tenebras
3 timent.
Subito vir e tenebris procedit; timorem liberorum videt et vocat: „Deponite timorem! Ego minister Vibii Maximi vinitoris¹ sum. Vos ad
6 villam Vibii ducere possum. Venite mecum!" Mox Quintus et Cynthia cum liberis tectum Vibii intrant.
Vibius: „Salvete, domine et domina! Salvete, liberi! Primo nobiscum
9 cenate! Cras² mecum vineas³ spectare potestis. In vineis et in agris et in silvis montium ministri laborant." Quintus et Cynthia cum puero et puellis Vibio vinitori gratias agunt. Deinde Vibius cenam praebet;
12 hospites cum familia Vibii cenant. Fabulae familiarium imprimis liberos delectant. Liberi ridere non desinunt. Sed denique Quintus poscit: „Nunc quiescite, liberi!"

¹ vīnitor *Winzer*

² crās *morgen*
³ vīnea *Weinberg*

Am nächsten Morgen besichtigen sie die Weinberge und kehren gegen Mittag zum Landgut des Vibius zurück.

15 Quintus Vibium vinitorem interrogat: „Nonne nobis vinum vendis?"
Vibius: „Scilicet! Vinum autem vobis non vendo, vinum vobis libenter dono." Quintus: „Gratias tibi ago. Nunc diutius⁴ manere non possumus;
18 cessare non debemus. Nam Aemilius avus nos iam exspectat. Vale, vinitor! Vale, minister!" Statim Xanthippus equos a fonte arcessit. Paulo post ad villam avi discedunt.

⁴ diūtius *länger*

1 Suche für die vier Absätze von **L** je eine deutsche Überschrift. Belege deine Entscheidung durch lateinische Wörter, die für diese Abschnitte typisch sind.

2 Beschreibt die Personen auf der Vase (links). Findet mithilfe des Internet heraus, was diese Vase mit dem Thema dieser Lektion zu tun hat.

I Wein und Weinbau in Rom

Zunächst ließen sich die Römer über den Seeweg griechischen Wein von den Inseln Lesbos, Chios und Kos kommen, schon bald aber bauten sie eigene Weine an. Berühmt waren vor allem die Weine Süditaliens, wie der sog. Falerner- oder der Massikerwein. Wein aus Italien war in der ganzen Welt bis nach Indien gefragt. In Rom war der Preis für Wein niemals übertrieben hoch, sodass alle Bevölkerungsschichten ihn sich leisten konnten – mit zwei Ausnahmen: Jugendlichen und Frauen war es lange Zeit verboten, Wein zu trinken. Der Wein aus der Gegend um Alba, wohin unsere Familie reist, zählte übrigens zu den guten Sorten.

Die sog. „Blaue Vase" aus Pompeji. 1. Jh. n. Chr. Neapel, Archäologisches Nationalmuseum

o-Deklination auf -(e)r – 3. Deklination (Gen. Pl. -ium) – posse

Ü **1.** 1. Marcus puer et puellae rident. 2. Liberi gaudent; nam vicos Romae relinquunt. 3. Monumenta et agros et silvas montium vident. 4. Claudia Annae imprimis de monumentis narrare potest. 5. Claudia: „Ego tibi de monumentis narrare possum, Anna."

2 Mache in jedem Satz das Subjekt zum Objekt und umgekehrt und übersetze die neu entstandenen Sätze:
a) Puer puellam videt. b) Domina liberos vocat. c) Pueri senem salutant. d) Mercatores populum exspectant. e) Liberi avo adsunt.

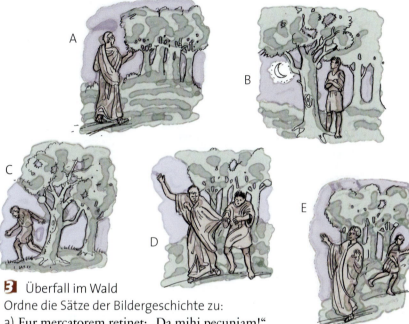

3 Überfall im Wald
Ordne die Sätze der Bildergeschichte zu:
a) Fur mercatorem retinet: „Da mihi pecuniam!"
b) Fur e tenebris arborum procedit.
c) Mercator ad silvam accedit.
d) Fur discedit. Mercator auxilium quaerit.
e) Fur mercatorem in silva exspectat.

4 Stelle alle Wörter zusammen, die zum Sachfeld „Natur" gehören.

5 Ersetze in den folgenden Sätzen die unterstrichenen Substantive durch die eingeklammerten und bringe debere oder posse in die jeweils richtige Form. Übersetze dann:
a) Servus in silvis (ager) laborare (debere). b) Servi (minister) aquam fontium e silvis (mons) in agros ducere (debere). c) Vinum (cibus) emere (debere/ 1. Pers. Pl.). d) Negotia in basilica (forum) agere (posse/2. Pers. Pl.). f) In Subura manere non (debere/2. Pers. Sg.). e) Filii (puer) avo adesse (posse).

6 Ein Unfall
1. Tenebrae silvae pueros et puellas sollicitant. 2. Liberi viam invenire non iam possunt. 3. Puer cadit. Neque pedem neque umerum movere potest. 4. Liberi statim auxilium arcessere debent. 5. Voces virorum audiunt, sed viros videre non possunt; nam viri procul in agris laborant. 6. Denique Marcus amicos in silva relinquit. 7. Procedit et tandem lignatori *(einem Holzfäller)* occurrit.

14 Auf dem Land

L Straßensperre

Iterum sol ardet. Iterum Quintus et Xanthippus equos ducunt. Iterum liberi laeti et contenti sunt; nam Barbara fabulas pulchras narrat.
3 Subito media in via nonnullos viros vident. Viri arenam et saxa varia portant, parvas fossas¹ ducunt. Quintus equos retinet et unum e viris interrogat: „Quis es? Quid agitis?" – „Habinnas sum, curator viarum².
6 Cum paucis fabris et nonnullis servis viam antiquam renovare³ debeo."

¹fossa *Graben*
²cūrātor viārum *Straßenmeister*
³renovāre *erneuern*

Liberi labores duros servorum miserorum spectant. Iterum atque iterum Habinnas servis magna voce imperat: „Properate! Laborare, non cessare
9 debetis!" Servi probi sunt, non resistunt: Statim curatori viarum parent et laborare pergunt.

Paulo post Habinnas et fabri et servi familiae Quinti viam dant. Sol adhuc
12 ardet. Nulla aura arbores movet. Itaque liberi non iam rident, sed iterum atque iterum interrogant: „Ubi tandem est villa rustica avi?" Denique Cynthia vocat: „Ecce montes Albanos! Ecce agrum Albanum! Eo via nos
15 ducit. Ibi avus nos exspectat."

Gaudeo, quia primum cum Marco et Claudia urbem Romam relinquo. Xanthippus servus et Quintus equos ducunt. Ego in vehiculo (Wagen) sedeo. Marcus et Claudia mecum ludunt. Ridemus et ...

1 Erzähle in lateinischer Sprache, was die folgenden Personen in **L** tun: Xanthippus, Barbara, Habinnas, servi

2 Anna schreibt ein Tagebuch über die wichtigsten Eindrücke, die sie während der Fahrt in die Albanerberge sammelt. Versuche, ihre Gedanken (vgl. **L** 12–14) in lateinischer Sprache fortzusetzen.

3 Sicher gibt es in eurer Nähe eine Straße, die aus Kopfsteinpflaster gebaut ist. Erkundigt euch, welche Schichten sich unter den Steinen befinden, und vergleicht den Aufbau dieser Straße mit der Abbildung rechts unten.

Adjektive der a-/o-Deklination – Adjektiv als Attribut und als Prädikatsnomen

Ü 1 1. Xanthippus, servus probus, equos ducit. Liberi laeti sunt. 2. In via Appia monumenta antiqua spectant. 3. Mox umbram paucarum arborum desiderant.

2 Passe die eingeklammerten Adjektive an die Substantive an:
a) pueri, puellae, liberi, seni, mercatores (!), vocibus   (laetus)
b) servum, amicam, senatori, liberi, mercatoribus   (probus)
c) villae, vasa, simulacra, deorum, urbes (!)   (antiquus)
d) hospites (!), arboribus, ministros, dona, comitum   (pauci)

3 Bringe die folgenden Formen in die richtige Reihenfolge der Kasus von Nominativ bis Ablativ und bilde dann die entsprechenden Pluralformen:
amici – amicum – amico – amicus – amico – amice
senatori – senatore – senator (Vok.) – senatorem – senator – senatoris
puellam – puellae – puella – puellae – puellā – puella (Vok.)

4 Stellt euch vor, Felix fährt mit uns in die Albanerberge. An der Via Appia machen wir einen kurzen Halt. Felix sorgt für Unterhaltung.
a) Felix viam Appiam antiquam ostendit. b) Ibi monumenta videmus.
c) Dum sol ardet, in via Appia stamus. d) Nonnulli iam fessi *(müde)* sunt et media in via sedent. e) Subito Felix non iam adest. Ubi est Felix? f) Felix in monumento parvo sedet. Tandem vocat: „Nemo me invenit. Hic sum. Me quaerite!" g) Felix fessus non est et ridet: „Videte montes Albanos! Venite! Montes nos exspectant."

> MULTUM, NON MULTA

5 Die Arbeit der Sklaven
1. Der Kaufmann Lucius bewirtschaftet einige Felder in den Albanerbergen.
2. Oft kritisieren die Freunde und Gäste des Kaufmanns die harten Arbeiten seiner° wenigen Sklaven. 3. Die tüchtigen Sklaven müssen mit Steinen eine Mauer bauen. 4. Manchmal führen sie die Pferde auf (**in** m. Akk.) die Felder, manchmal holen sie Wasser aus der Quelle.

I Straßen und Straßenbau

„Alle Wege führen nach Rom" – dieses Sprichwort habt ihr sicher schon gehört. Es hatte seinen Ursprung darin, dass ausgehend von Rom, dem Mittelpunkt des römischen Reiches, gepflasterte Straßen bis in die entferntesten Provinzen führten. Auf ihnen sollten die Soldaten schnell zu ihren Einsatzorten gelangen – und zurück. Für Ausbesserungen bzw. Erweiterungen des Straßennetzes waren in späterer Zeit staatliche Wegebeauftragte (curatores viarum) im Einsatz. Welch hervorragende Straßenbaumeister die Römer waren, lässt sich daran erkennen, dass viele Römerstraßen noch über zwei Jahrtausende nach ihrem Bau zumindest teilweise erhalten sind, etwa die Via Appia (im Jahre 312 v. Chr. begonnen), die über 363 römische Meilen (ca. 537 km) von Rom nach Brundisium (Brindisi) führte.

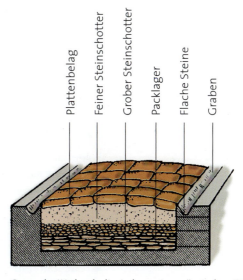

Querschnitt durch die Anlage einer römischen Straße

15 Auf dem Land

L Ein rätselhafter Fall im Stall

Nach der anstrengenden Reise, dem fröhlichen Empfang auf dem Landgut des Großvaters und einem guten Abendessen sind alle müde in die Betten gefallen. Am nächsten Morgen laufen die Kinder sofort zum Großvater.

Avus: „Salvete, liberi! Quid facitis? Quid cupitis?" Statim liberi orant: „Ave, ostende nobis equos! Boves quoque spectare cupimus."
3 Avus liberis narrat: „Ego iam senex sum, ut scitis. Multa facere non iam possum. Itaque multi servi servaeque mihi adsunt: In villa laborant, equos bovesque curant, agros vastos colunt, frumentum secant¹. – Venite
6 nunc mecum!"

¹secāre *schneiden*
²stabulum *Stall*

Tandem ad stabula² pergunt. Ibi liberi boves attingere cupiunt. Imprimis Anna pecus
9 attingere vult, quia primum boves tam pulchros videt.
Subito autem avus puerum puellasque
12 retinet. Quid est? Magnum clamorem pecoris audiunt; clamor liberos terret.
Subito e latere sinistro stabuli flammae
15 incendium indicant. Statim avus et Quintus et nonnulli servi ad aedificium properant. Alii servi boves et equos foras educere, alii
18 cetera pecora servare volunt; alii aquam vasis arcessunt, denique flammas exstinguunt. Avus causam incendii ignorat, sed
21 suspicionem habet: Paulum dubitat, tum Eudoxum servum comprehendit et reprehendit. Eudoxus autem crimen acerbum avi comprehendere non potest: „Quid vis, domine? Ego semper tibi parere volo. Numquam resisto.
24 Meo corpore multos labores sustineo. Specta corpus meum! Specta vulnera corporis! Malas condiciones laboris non timeo."
Nunc Quintus accedit et avo causam incendii ostendit: „Haud raro, ut
27 scis, sol fenum aridum³ incendit. Eudoxus servus probus est; nam multa onera et munera suscipit."

³fēnum āridum
trockenes Heu

Der Großvater ist froh, dass sich sein Verdacht nicht bestätigt hat. Eudoxus bedankt sich bei Quintus.

1 Lies den Text aufmerksam durch und versuche vor der Übersetzung, Folgendes herauszufinden:
a) An welcher Stelle von **L** wird die Handlung besonders spannend? Woraus kannst du das erschließen?
b) Der Großvater hat einen falschen Verdacht bezüglich des Brandes (Z. 23 ff.). Welchen?
c) Welche Erklärung für den Brand gibt Quintus im letzten Absatz?

2 Gestaltet in eurer Klasse (z. B. für den Schaukasten) eine Bildergeschichte zu **L** 15 und schreibt zu jedem Bild einen lateinischen Satz.

Konsonantische Konjugation (i-Erweiterung) – 3. Deklination (Neutra) – velle

Ü 1 1. Servi avi quiescere non cupiunt, sed avo adsunt. 2. Avus: „Servi, hospitibus cenam dare cupio. Parate cenam!" 3. Munus servis placet. Etiam servi hospites cena delectare volunt. 4. Munera servorum varia sunt: Pecus curant et magna onera portant.

2 Setze die folgenden Verbformen in den Plural:
discedit – sentit – colit – componit – cupit – audit – agit – scit

3 Konjugiert und dekliniert zu viert:
a) cupio – volo – possum – ago
b) venio – accedo – sustineo – duco
c) faber – arbor – munus – saxum
d) crimen – vir – onus – mons

4 Leider sind wegen eines Computerfehlers die folgenden Wörter mit den letzten Buchstaben -is plötzlich alphabetisch angeordnet. Versuche, die drei Tabellen zu finden, denen sie entnommen wurden, und ordne jeweils acht Wörter zusammen mit ihrer Lernform wieder ein (z. B. **agis**: Verb in der 2. Pers. Sg., **agere**):

agis	furtis	pueris	venis
agris	liberis	scis	verbis
corporis	muneris	senis	viris
cupis	muris	tectis	vis
facis	noctis	urbis	vocis
frangis	oneris	vendis	vulneris

5 Felix möchte Verbformen bilden, die mit vi- bzw. vo- beginnen. Er hat viele Einfälle. Leider sind insgesamt nur vier Formen richtig. Erkläre ihm, inwiefern die anderen Formen nicht passen.

vi- { tio / ris / s / cis / is / des / ros }   vo- { lo / s / bis / ces / co }

6 Sklavenhandel
1. Haud raro domini in foris etiam servos emere et vendere volunt.
2. Munera servorum varia sunt. 3. Labores duros suscipiunt, sed domini numquam contenti sunt. 4. Condiciones laboris saepe malae sunt.
5. Verba et crimina nonnullorum dominorum acerba sunt. 6. Itaque servi haud raro dominos relinquere volunt.

I Feuerwehr in Rom

Lange Zeit gab es in Rom nur privat finanzierte Löschtrupps. Erst im Jahr 6 n. Chr. wurde eine 7000 Mann starke staatliche Feuerwehr eingerichtet, die wie eine Polizeipatrouille dafür sorgen sollte, dass die Feuerschutzbestimmungen eingehalten wurden. Die Brandbekämpfung wurde mit Eimern, speziellen Wasserspritzen, Feuerpatschen und getränkten Matten zum Ersticken des Feuers durchgeführt. Da Lumpensammler über viele Decken und Tücher verfügten, betätigten gerade sie sich in vielen Städten als Feuerwehr. Durch die zahlreichen offenen Herdfeuer in Wohnhäusern waren Brände nämlich sehr häufig, und Rom brannte mehrfach fast vollständig nieder.

16 Auf dem Land

L Ungleiche Nachbarn

Einige Tage nach dem glimpflich verlaufenen Brand im Stall strolchen Markus, Claudia und Anna ziemlich weit entfernt von Wohnhaus und Stallungen am Waldrand herum. Dort gibt es eine Quelle.

Marcus et Claudia et Anna ad fontem ludunt. Vident puerum, qui nonnullas capras[1] in campos agitat. Claudia
3 accedit et puerum interrogat: „Salve! Quis tu es? Veni et lude nobiscum!"
Puer: „Ego Aulus sum. Raro ludo, quia
6 capras, quas hic videtis, curare debeo."
Marcus: „Cur non unus e servis tibi adest et laborem suscipit, quem tu
9 suscipis?" Aulus: „Pater meus, cui neque servi neque equi adsunt, vitam duram agit. Iam diu familia nostra, quam unus ager alit, misera est.
12 Neque tamen labores multorum annorum nos frangunt."
Anna: „Cur pater tuus auxilium non petit ab avo Marci et Claudiae?"
Marcus: „Avus noster, cuius campos ibi vides, superbus non est – homo
15 bonus est. Proinde petite auxilium ab avo nostro!"
Aulus: „Avum vestrum, de quo narratis, non ignoramus. Saepe pater meus etiam in agris laborat, quos avus vester possidet. Saepe multa
18 munera suscipit, quae avus vester sustinere non iam potest. Itaque parentibus meis frumentum aliaque bona donat. Tamen vitam duram et miseram agimus. Vestra vita non tam dura est quam nostra."
21 Anna: „Hic manete, pueri! Manete! Ego cum Claudia ab avo auxilium petere volo. Nam tecum ludere volumus, Aule."

[1] capra *Ziege*

1 Lest **L** mit verteilten Rollen für Aulus, Markus, Claudia und Anna.

2 Untersuche die Äußerungen von Aulus: Was erfahren wir über die Lebensbedingungen seiner Familie? Welche mehrfach wiederholte Wendung fasst die Lebensbedingungen lateinisch zusammen?

I Landleben und Landflucht

Die Landwirtschaft war bei den Römern die Lebensgrundlage für viele Menschen. Sie wurde zunächst von Kleinbauern, später unter dem Einsatz zahlreicher Sklaven von Großgrundbesitzern betrieben. Diese landwirtschaftlichen Großbetriebe wuchsen zum Teil zu dorfähnlichen Gutshöfen (Latifundien) an, in denen die Produkte auch gleich weiterverarbeitet wurden. Kleinbauern, die ihre Arbeit selbst erledigen mussten, hatten es viel schwerer: Sie wurden durch viele Kriege, an denen sie teilnehmen mussten, stark geschwächt. Sie mussten ihre Höfe allein lassen; nicht selten waren sie gezwungen, sie an einen Großgrundbesitzer zu verkaufen und in die Stadt zu ziehen. Da sie nichts mehr besaßen außer ihren Nachkommen (lat. **proles**) und nicht einmal Steuern bezahlen konnten, nannte man ihre Bevölkerungsgruppe „Proletarier".

Relativpronomen – Relativsatz als Attribut

Ü 1 1. Avus multos labores suscipit; avus iam senex est. 2. Avus, qui iam senex est, multos labores suscipit. 3. Servi, qui in agris laborant, avo adsunt. 4. Trudetia serva, quae cibos parat, in culina *(Küche)* est. 5. Trudetia, cuius laborem avus laudat, profecto proba est. 6. Avus, cui multi servi adsunt, liberis boves ostendit. 7. Boves, quos servi curant, Marco placent. 8. Servi munera suscipiunt, quae avus suscipere non iam potest.

2 Ein glückliches Mädchen
a) Setze die folgenden Formen des Relativpronomens richtig ein und übersetze dann: quam – cuius – a qua – cui – quae

Puella,
… puerum videt, contenta est.
… auxilium petis, amicos exspectat.
… fabulae placent, gaudet.
… avus agros vastos habet, ad fontem ludit.
… hic vides, ridet.

b) Setze **puella** in den Plural. Welche weiteren Veränderungen ergeben sich dadurch in den Sätzen?

3 Schreibe Z. 5–11 von **L** in dein Heft. Unterstreiche alle Relativpronomina und das jeweilige Bezugswort im Hauptsatz. Bestimme Kasus, Numerus und Genus des Relativpronomens.

4 Nenne das Genus der folgenden Substantive und bilde den Nominativ und Genitiv Plural:
ager – mons – condicio – munus – senex – custos – onus – urbs – hospes

5 Buchstaben im doppelten Einsatz
Schreibe diese Buchstabenkette in dein Heft und unterstreiche die 21 Buchstaben, die du doppelt lesen musst, weil du diese – bis zu drei Buchstaben – sowohl am Ende als auch am Anfang eines Wortes brauchst, z. B. **I** oder **UM** für ubi, iterum und umeri.

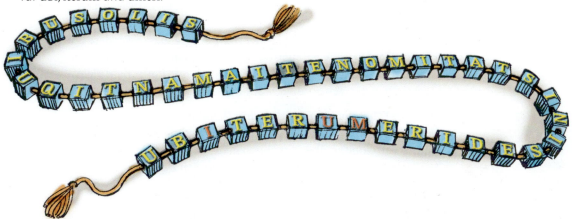

6 Von welchen lateinischen Wörtern kannst du die kursiv gedruckten deutschen Wörter ableiten?
FELIX ist beim Radfahren vom *Pedal* gerutscht, weil er seinen *Körper* nicht trainiert hat. FELIX hat eine *miserable Kondition*. Zunächst *ignorierte* er die Schmerzen, aber dann musste er während der *stationären* Behandlung im *Hospital* die *Fraktur* des rechten Knöchels aus*kurieren*.

17 Auf dem Land

L Ursachen der Armut

Anna et Claudia ad avum properant; Claudia interrogat: „Cur Aulus nobiscum ludere non potest, ave? Cur familia Auli vitam miseram agit? Vita dura et calamitas familiae me movent."

Avus puellis narrat: „Quondam populus Romanus multa bella gerebat. Non solum in Italia iterum atque iterum pugnabamus, sed etiam in Hispania et Africa et Graecia milites nostri multos annos pugnabant. Imprimis rustici[1] onera belli suscipiebant; diu a patria aberant. Interea familiae rusticorum agros colere studebant. Saepe autem agros, quos sine auxilio patrum colere non poterant, vendere debebant. Tum multas nationes alias superabamus, sed rustici nostri nullum agrum possidebant. Pauci enim divites[2] agros rusticorum miserorum emere cupiebant. Itaque multae familiae agros posteris relinquere non poterant."

Anna: „Cur tu campos et silvas vendere non debebas?"

Avus: „Tum etiam parentes mei, quos magna onera opprimebant, in calamitate erant; neque tamen in urbem Romam discedere volebant, ut multi alii. Vitam parcam agebamus, sed numquam agros colere desinebamus. Tum patri Auli semper aderam; etiam nunc adesse volo."

Anna: „Dona, quaeso, patri Auli servum, ave! Fac finem vitae durae Auli! Ita Aulus nobiscum ludere potest. Cum Aulo ludere volumus."

Avus respondet: „Servum quidem non dono, sed unum e servis meis iubeo capras[3] Auli nonnullas horas curare. Vos, Claudia et Anna, arcessite Aulum et Marcum et ludite in aula[4]!"

[1] rūsticus *Bauer*
[2] dīvitēs *die Reichen*
[3] capra *Ziege*
[4] aula *Hof*

Die Kinder erleben herrliche Tage auf dem Landgut der Großeltern. Doch irgendwann gehen auch die schönsten Ferien zu Ende und die Familie muss wieder nach Rom zurückkehren.

1 Erkläre mithilfe der Schlüsselwörter **pugnare, abesse, vendere** und **relinquere**, warum viele Bauern verarmten und in die Großstadt Rom ziehen mussten. Welche Gründe findest du heute dafür, dass viele Menschen in die Nähe großer Städte umziehen?

2 L 12–17 behandeln inhaltlich drei Themen.
Welche Gliederung schlägst du vor? Gib jeder Einheit eine Überschrift.
Welche Einzelheiten über das Leben in der Antike kannst du finden?
Welche Vergleiche zur heutigen Zeit lassen sich ziehen?

Ein römischer Bauer geht mit einem Hasen und einem Korb mit Früchten zum Markt. Detail eines römischen Reliefs. München, Glyptothek

Imperfekt – Akkusativ der zeitlichen Ausdehnung

Ü 1 1. Aulus: „Adhuc miser eram; nunc gaudeo, quia vos adestis. 2. Adhuc semper cum patre laborabam, hodie vobiscum ludere volo. 3. Tamen contentus non sum, quia familia vitam duram agit; olim *(einst)* familia nostra vitam duram non agebat. 4. Etiam nos multos annos agros vastos possidebamus. 5. Denique autem multae familiae in magnum periculum veniebant."

> UBI BENE, IBI PATRIA.

> PATER PATRIAE

2 Der Zeitenwürfel
Auf den gegenüberliegenden Seiten dieser Würfel stehen die entsprechenden Imperfektformen. Wie lauten diese?

3 Das Formentelefon
Ein Schüler übernimmt die Leitung als Telefondienst. Ein anderer Schüler schreibt eine dreistellige Telefonnummer, z. B. 142, an die Tafel und ruft einen Mitschüler auf, der die richtige Form **agebam** nennt. Dieser wählt dann die nächste Telefonnummer, z. B. 221. Die Antworten kontrolliert der Telefondienstleiter, der bei einem Fehler nicht nur mit „falsch verbunden" antwortet, sondern einen genauen Hinweis auf die Art des Fehlers gibt, z. B. auf Person (P) oder Tempus (T).

1 ich	2 du	3 er/sie	4 wir	5 ihr	6 sie
1 curare	2 sustinere	3 petere	4 agere	5 sentire	6 facere
1 Präsens			2 Imperfekt		

4 Aulus blickt zurück und erzählt noch einmal.
„Multos annos capras *(Ziegen)* in agros agitabam. Raro ludebam, quia capras curare debebam. Pater meus etiam in agris laborabat. Saepe multa munera suscipiebat. Vitam duram et miseram agebamus. Nostra vita dura erat."

5 Verlangst du (**cupere**), willst du (**velle**), kannst du (**posse**), musst du (**debere**), hörst du auf (**desinere**) oder machst du weiter (**pergere**)? Übersetze die folgenden Beispiele und bilde ein ähnliches Frage- und Antwortspiel mit deinem Nachbarn, z. B. mit **fabulam narrare, cenam parare** und **amicam exspectare**:
A: „Ego laborare desino – et tu?"   B: „Ego laborare pergo."
A: „Nos ludere volumus – et vos?"   B: „Nos …"

6 Bilde die passende Form des Prädikatsnomens und übersetze:
a) Trudetia et Chrysanthus (servus) sunt. b) Trudetia semper (probus) est, Chrysanthus saepe (probus) est. c) Avus iam (senex) est, sed (contentus) est.
d) Avus agros et aedificia ostendit; agri (vastus) sunt, aedificia (magnus) sunt.
e) Claudia et Anna (amica) sunt. f) Liberi (laetus) sunt et ludunt.

Stadtmaus und Landmaus

Eine bekannte Fabel erzählt von der Begegnung einer Stadtmaus (mūs urbānus, mūris urbānī) mit einer Landmaus (mūs rūsticus, mūris rūsticī).

Was ist nun passiert? Eine andere Maus hat an diesem Text geknabbert. Vervollständige deshalb den Abschluss der Fabel im Präsens:

Übersetzungstest

Der Besitzer eines Landguts unterhält sich mit seinem Verwalter

Dominus interrogat: „Quid facis? Quid servi
3 agitant? Ubi laborabant?"
Vilicus[1] respondet:
„Scilicet semper bonus
6 eram, domine. Non solum negotia agebam, sed etiam a servis multa munera poscebam.
9 Sed nonnulli servi haud raro mihi resistebant; saepe mihi non parebant. Modo sine causa[2] aberant, modo labores duros facere non poterant, modo cessare volebant. Unus e servis etiam villam rusticam relinquere
12 studebat, quia labores duros et malas condiciones vitae non iam sustinebat.
Neque tamen laborare desinebamus: Et agros vastos colebamus et
15 frumentum ex agris ad villam portabamus et boves foras pellebamus."
Dominus: „Gratias tibi ago. Contentus sum. Bene agis.
Nunc te oro: Vende servos, qui labores non faciunt, qui tibi non parent!
18 Vende servum senem[3]! Dominus etiam mercator bonus esse debet."

[1]vilicus *Verwalter*

[2]causa *hier: Grund*

[3]senex *(hier Adj.) alt*

1 Ergänze jeweils das passende Relativpronomen:

a) Puella,   … mecum ludit,   amica Claudiae est.
              … video,
b) Negotium,   … mercatores agunt,   mihi non placet.
              … gaudetis,
c) Homo,   … in foro occurrimus,   senator est.
              … multa promittit,

Ersetze **puella**, **negotium** und **homo** durch die entsprechende Pluralform. Welche Veränderungen ergeben sich dadurch in den Hauptsätzen und in den Relativsätzen?

2 Formenstaffel
1. Pers. Sg. ➞ Imperfekt ➞ Pl. ➞ Präsens ➞ 3. Pers. ➞ Imperfekt ➞ 2. Pers. Sg. ➞ Präsens

vocare – facere – velle – gerere – tenere – posse – audire

3 Felix hat die Genitiv- und Dativendungen durcheinander gebracht. Hilf ihm und sortiere sie. Die Anfangsbuchstaben der Wörter im Genitiv ergeben ein Bauwerk in Rom, die Wörter im Dativ einen der sieben Hügel Roms:

comiti – custodum – onerum – arboribus – laborum – ornamenti – plebi – incendio – senum – tenebris – senatoris – oneri – loco – epistularum – iniuriis – urbium – montium – umbrae – mercatori

Eine Stadt voller Geheimnisse

* *Wo sind wir denn jetzt gelandet, FELIX?*

FELIX Habt ihr nicht vorhin das Hinweisschild „Pompeji" gesehen?

Wir steigen aus dem Bus und folgen den vielen Touristen, die Pompeji durch das große Stadttor betreten. Schon nach wenigen Metern führt uns FELIX plötzlich in eine Seitenstraße – doch wo sind die Touristen mit ihren Fotoapparaten und Videokameras geblieben? Wir sehen viele Menschen mit merkwürdiger Kleidung und hören, wie sie lateinisch reden! Außerdem sehen die Häuser dieser Straße wie neu gebaut aus!

Felix Folgt mir auf den Holzbalkon dort oben. Von da aus kann ich euch alles in Ruhe erklären.

Kaum stehen wir auf unserem erhöhten Platz, klärt uns Felix auf, dass wir nicht nur in eine andere Straße, sondern auch in eine andere Zeit gewechselt sind. Wir befinden uns im Pompeji des Jahres 79 n. Chr. – also fast zweitausend Jahre vor unserer Zeit!

Felix Schaut euch an, wie lebendig und betriebsam diese Stadt ist. Seht ihr zum Beispiel die Kinder, wie sie mitten auf der Straße spielen?

* *Woher kommen denn diese länglichen Vertiefungen auf der Straße, Felix?*

Felix Das sind Spurrinnen, die die Lastkarren und Kutschen im Lauf der Zeit hinterlassen haben. Ihr müsst wissen, dass Pompeji eine sehr geschäftige Stadt ist, in der der Handel blüht. In den Straßenläden, die ihr da unten seht, werden Oliven, Obst und Wein verkauft, die man auf den fruchtbaren Hängen des Vesuvs erntet.

* *Du, Felix, ist der große Berg dort hinten der Vesuv?*

Felix Ja, genau, und leider war er nicht nur fruchtbar, sondern auch furchtbar: Am 24. August 79 n. Chr. brach der Vulkan Vesuv aus und vernichtete die ganze Stadt.

* *Sagtest du nicht vorhin, wir wären jetzt im Jahr 79 n. Chr.?*

Felix Stimmt genau, deshalb wollte ich euch gerade vorschlagen, wieder in unsere Zeit zurückzukehren!

Kaum waren wir vom Balkon gestiegen und den Weg zurückgelaufen, den wir gekommen waren, sahen wir Menschen mit Hüten und Jeans, Schirmen und Kameras – das beruhigte uns doch sehr …

1 Ein Vulkanausbruch ist ein gewaltiges Naturereignis. Versuche herauszufinden, wie ein solcher Ausbruch abläuft.

2 Projekt: Gestaltet eine Ausstellung mit Bildern und Anschauungsmaterial zu den archäologischen Funden in Pompeji und Herkulaneum.

3 Projekt: Erstellt eine Radioreportage zu einem Vulkanausbruch. Die Reportage sollte Nachrichten, Hintergrundgeräusche und Interviews mit betroffenen Bewohnern enthalten.

18 Pompeji

L Eine Naturkatastrophe

Überall in der Stadt Rom treffen beunruhigende Nachrichten aus den kleinen Städten und Dörfern am Golf von Neapel ein. Der Vulkan Vesuv ist ausgebrochen.
Auf dem Forum Romanum begegnet Quintus dem Viehhändler Lucius Epillius, der in Kampanien ein Landgut besitzt.

Quintus: „Salve, Luci! Sed quid est? Quid te sollicitat?"
Lucius: „Vae[1]! Audi nunc nuntium malum! Ut video, nihil de calamitate
3 nova audivistis. Vae! Vesuvius mons multa oppida, in quibus multos
annos negotia agebam, delevit. Cinis et lapides[2] homines, qui sub tectis
salutem petebant, texerunt. Alios, quos flammae ex insulis pellebant,
6 sulpur[3] in viis angustis torsit et exstinxit. Mons saevus neque aedificiis
neque hominibus temperavit.
Nox erat. Nubes et tenebrae nos terruerunt. Extra oppida flammas
9 spectavimus, quia multi vici multaeque villae iam multas horas
ardebant. Terra marique homines calamitatem effugere cupiebant.
Quam saevus est Vesuvius mons!"

12 Quintus: „Mala narravisti. Et tu? Quomodo[4] tu periculum effugere potuisti?"
Lucius: „Ego cum servis in villa rustica fui. Servi mei periculum mox
15 senserunt. Statim e villa discessimus. Ita nos servavimus. Sed flammae
villam meam deleverunt; boves, quos servare volui, mons saevus necavit.
Nunc scimus: Etiam multi amici ibi de vita decesserunt."

[1] vae! *O weh!*
[2] lapidēs *Steine*
[3] sulpur *Schwefel(geruch)*
[4] quōmodo *wie?*

a) Die Naturgewalten sind stärker als der Mensch.
Untersuche, wie diese Bedrohung in **L** sprachlich zum Ausdruck kommt, indem du entsprechende Substantive und Verben zusammenstellst.
b) Überlege, warum die Menschen im Jahr 79 n. Chr. durch eine Naturkatastrophe noch mehr überrascht wurden, als dies heute der Fall ist.

I Der Untergang der Stadt Pompeji

Der Ausbruch des Vesuvs am 24. August des Jahres 79 n. Chr. löschte in der Stadt Pompeji am Golf von Neapel alles Leben aus. Schwere Felsblöcke wurden auf die Dächer Pompejis geschleudert, bevor Millionen kleiner Steinchen niederprasselten. Dann folgte ein Aschenregen, der die ganze Stadt unter sich begrub. Wer nicht von den Gesteinsbrocken oder den einstürzenden Häusern erschlagen wurde, erstickte an den giftigen Schwefeldünsten. Der Strom mit glühend heißer Lava bahnte sich seinen Weg zur Nachbarstadt Herkulaneum; bis zum Abend war auch diese Stadt völlig vernichtet. Die Fluchtversuche vieler Einwohner scheiterten, da der Weg über das Meer durch ein gleichzeitiges Seebeben versperrt war. Gipsabgüsse zeigen Menschen und Tiere im Todeskampf (vgl. S. 69). Sie belegen auf erschütternde Weise, wie die Einwohner von der Katastrophe überrascht wurden.

Gipsabguss von einem Opfer des Vesuvausbruchs

Perfekt (v-, u-, s-Perfekt)

Ü **1** 1. Felix vobiscum monumenta Romae et montes Albanos spectavit.
2. Felix: „Iam multa vobis narravi; monumenta Romae spectavistis, boves ab incendio servavimus." 3. Unus e comitibus: „Sed de Vesuvio monte nondum nobis narravisti." 4. Comites iam multa audiverunt: Magna calamitas in Campania *(Kampanien)* fuit. Calamitas homines terruit; multi homines e Campania discesserunt. 5. Felix: „Iam diu vobis Campaniam ostendere volui. Audite!"

> Videre nostra mala non possumus.

2 Der Vesuv spuckt hier „saxa verborum" – „Verbgesteinsbrocken" aus. Setze sie wieder richtig zusammen und übersetze sie.

- audi, deb, mon, f, libera, lauda, terr, vol, disce
- u, u, u, v, v, v, u, u, ss
- erunt, istis, i, it, isti, erunt, imus, i, erunt

3 Überprüfe die Vergangenheitstempora in **L**. Überlege dabei jeweils, ob ein einmaliges Ereignis erzählt, ein Zustand beschrieben oder eine Hintergrundinformation gegeben wird.

4 Wir telefonieren wieder (wie in 17 Ü 3). Vergesst nicht: Der Telefondienstleiter muss jeden Fehler genau bestimmen.

1 ich	2 du	3 er/sie/es	4 wir	5 ihr	6 sie
1 liberare	2 tegere	3 studere	4 esse	5 scire	6 posse
1 Präsens		2 Imperfekt		3 Perfekt	

5 Den Kräften der Natur gegenüber sind wir manchmal machtlos.
1. Non modo pericula timere debemus, quae nobis mala bella faciunt.
2. Item calamitatem, quam nobis aquae et flammae parant, timemus.
3. Olim *(einst)* Vesuvius oppidum antiquum cinere et saxis texit et templa insulasque delevit. 4. Homines in agris vastis laborabant; tum clamorem *(Getöse)* montis saevi audiverunt. 5. Multi homines, qui periculum sero *(zu spät)* senserunt, effugere non iam potuerunt et de vita decesserunt.

Vesuvausbruch. Illustration aus einem Jugendbuch

L Ein Naturwissenschaftler in Gefahr

Lucius Epillius berichtet vom Schicksal des Flottenkommandanten und Naturwissenschaftlers Plinius.

Plinius, vir nobilis, non modo terram et caelum, sed etiam omnem naturam cognoscere studebat. Itaque nubem atram, quae erat super
3 Vesuvium montem, ex loco opportuno spectare voluit. Statim vir fortis navem paravit et comites iussit: „Venite mecum! Nubes atra, quae magnae arbori similis est, me non terret; immo studium meum
6 incendit. Locum opportunum peto."
Subito autem nuntius animo tristi ad Plinium accessit: „Rectina a te auxilium petit, quia montem saevum timet." Plinius, qui magnam
9 classem regebat, non diu dubitavit, sed clamavit: „Ascendite[1] naves! Amicos e periculo servare volo. Familiaribus non adesse turpe est. Fortes fortuna adiuvat[2]."

[1] ascendere *besteigen*
[2] adiuvāre *unterstützen*

Als sich das Schiff, nachdem es den Hafen von Misenum verlassen hatte, etwa in der Mitte des Golfs von Neapel befand, wurde der Ascheregen immer dichter und selbst die nahegelegene Küste konnte von Plinius nicht mehr angesteuert werden.

12 Quia cinis et sulpura[3] navem texerunt, Plinius litus Stabiarum petivit,
15 ubi Pomponianus, amicus familiaris, vivebat. Ibi homines
18 periculum sentiebant; sed periculum nondum aderat. Plinius in villam Pomponiani properavit, familiam amici salutavit. Tum in villa amici cenavit, postea studuit, denique quievit. Alii non tam fortes erant, sed
21 animo tristi sub caelo sedebant. Nox atra omnes terruit.
Subito autem omnia aedificia nutaverunt[4], omnes homines ex oppido ad litus discesserunt. Sed in litore sulpura multos homines necaverunt.
24 Ibi etiam Plinius de vita decessit.

[3] sulpura *n Pl. Schwefelbrocken*
[4] nūtāre *schwanken*

1 Lies **L** vor der Übersetzung laut; überlege dabei, welche Informationen in den Verbformen stecken, zu denen Plinius das Subjekt ist. Gib damit einen knappen Überblick über den Ablauf der Handlung.

2 a) Plinius galt bei seinen Zeitgenossen als ein Mann der Wissenschaft, aber auch als ein Mann der Tat. Belege beides anhand von **L**.
b) Was wollte Plinius bezwecken, wenn er auf See sagte „Fortes fortuna adiuvat *(unterstützt)*" oder wenn er bei seinem Freund Pomponianus in aller Ruhe noch aß und sich entspannte?

Adjektive der 3. Deklination (zweiendige)

Ü **1** 1. Plinius, qui vir nobilis erat, narrat: 2. „Vesuvius mons nonnulla oppida calamitate tristi exstinxit. 3. Nobilia erant oppida, ut omnes sciunt."
4. Omnes homines, qui amicos invenire non iam poterant, tristes erant.
5. Ruinas *(Ruinen)* oppidorum nobilium adhuc videmus.

2 Stelle fest, welche Adjektivformen jeweils passen; insgesamt gibt es zehn mögliche Lösungen:
(omne/omnem/omnium) periculum – nox (omni/omnes/omnis) – senum (tristem/tristium/triste) – viri (nobilis/nobiles/nobili) – (magnos/magnas/magnae) arbores – familiae (nobiles/nobilis/nobili)
Erkläre, warum die restlichen acht Adjektivformen nicht zu den Substantiven passen (z. B. Genus, Numerus, Kasus).

3 Wer anderen eine Grube gräbt ...
Nenne einem Mitschüler zu den eingeklammerten Verben ein Tempus; er muss die richtige Form bilden. Aber Vorsicht: Zum Übersetzen bist wieder du an der Reihe.
a) In magno periculo (esse, 1. Pers.). b) Auxilium (petere, 3. Pers.).
c) Nuntii (accedere, 3. Pers.). d) Periculum (timere, 2. Pers.).
e) Voces tristes (audire, 1. Pers.). f) Amicos invenire (velle, 2. Pers.).
g) Homines ad montes (discedere, 3. Pers.).

4 Übermut oder Wissensdurst?
1. Viri fortes magnam calamitatem e loco opportuno spectare studuerunt.
2. Quia pericula varia non cognoscebant, e villis nobilibus decesserunt et litus petiverunt. 3. Iam animo tristi caelum atrum spectaverunt. 4. Denique etiam homines familiares relinquere debuerunt, qui periculum effugere non iam potuerunt.

I Plinius der Ältere

Gajus Plinius Secundus, der zur Zeit des Vesuvausbruchs Oberbefehlshaber der römischen Flottenabteilung in Misenum war, betätigte sich auch als Schriftsteller und Wissenschaftler. Er soll dabei so wissbegierig gewesen sein, dass er sich sogar während des Essens und Badens Bücher vorlesen ließ, um keine Zeit ungenutzt verstreichen zu lassen. Von seinen zahlreichen Schriften ist uns die 37 Bände umfassende „Naturkunde" erhalten, die das gesamte Wissen seiner Zeit über Erd- und Menschenkunde, Tiere, Pflanzen- und Gesteinsarten enthielt.

NON OMNIA POSSUMUS OMNES.

Pompeji

L Schlimme Nachrichten

Non modo homines Campaniae, sed etiam urbis Romae et orbis terrarum tristes sunt, quia Vesuvius, mons crudelis, tot homines necavit; existimant etiam amicos de vita decessisse. Raro nuntii dicunt nonnullos homines litus petivisse et navibus periculum effugere potuisse.

Lucius Epillius mercator, qui multos annos in regione Vesuvii vivebat, narrat etiam Plinium de vita decessisse:

„Scio Plinium primo nubem atram et miram aspexisse. Nonnulli dicunt Rectinam deinde nuntium misisse et a Plinio auxilium petivisse. Constat Plinium Rectinam et familiares servare voluisse. Brevi tempore cinerem etiam navem Plinii texisse audivi. Puto Plinium tum consilium mutavisse et Stabias petivisse. In villa Pomponiani familiaris Plinium cenavisse, studuisse, quievisse audivi. Plinium familiaribus etiam auxilium promisisse scio.

Existimo odorem sulpuris[1] virum nobilem necavisse. Amici, qui post calamitatem corpus viri in litore quaesiverunt, contendebant corpus non mortuo[2] simile fuisse; nam Plinium quiescere existimabant. Adhuc nuntios, quos audivi, comprehendere non possum …"

[1] odor sulpuris *Schwefeldunst*

[2] mortuus *ein Toter*

1 In **L** 19 hast du erfahren, dass auch Plinius gestorben ist. In **L** 20 erfährst du, wie er wahrscheinlich ums Leben gekommen ist. Erkläre die Todesursache.

2 Formt die Augenzeugenberichte des Viehhändlers L. Epillius in **L** 19 und **L** 20 in einen deutschen Zeitungsbericht über die letzten Stunden des Plinius um. Gestaltet eine wirkungsvolle Schlagzeile.

Luftaufnahme eines Teils von Pompeji. Die Stadt, die beim Vesuvausbruch 79 n. Chr. untergegangen ist, wird seit 1860 ausgegraben.

Infinitiv Perfekt – Akkusativ mit Infinitiv (AcI)

Ü 1 1. Plinius videbat: Viri et feminae ad litus discedunt. 2. Plinius viros et feminas ad litus discedere videbat. 3. Plinius Vesuvium montem spectavit. 4. Scimus Plinium Vesuvium montem spectavisse. 5. Etiam Plinium magno in periculo fuisse audivimus. 6. Plinium virum fortem fuisse non ignoramus.

2 Ich sehe alles!
Insulae ardent. – Video insul<u>as</u> arder<u>e</u>.
Mache auch die folgenden Sätze von video abhängig und notiere sie. Unterstreiche dann – wie im Beispiel – die Veränderungen.
a) Mercator laborat. b) Viri equos tenent. c) Homines in viis stant.
d) Puer ludit. e) Puellae discedunt. f) Nuntius accedit. g) Amici litus petunt.
h) Familiares in villam properant.

3 Wirf die Verben als „Infinitiv-Perfekt-Briefe" in den richtigen Briefkasten:

4 Unsere Reisegesellschaft besucht das Ausgrabungsgelände in Pompeji. FELIX hat einen Führer bestellt.
a) FELIX nobiscum Pompeios *(Pompeji)* spectare cupit. b) Dux *(Reiseführer)* noster, qui nos salutat, oppidum pulchrum ostendit. c) In vicis et viis multas tabernas et popinas *(Imbissstuben)* fuisse contendit. d) In nonnullis aedificiis etiam nunc opulentiam *(Reichtum)* hominum nobilium cognoscimus.
e) Iterum atque iterum existimamus homines adhuc in oppido negotia agere et in aedificiis vivere. f) FELIX dicit: „Multa nunc spectavimus; certe vinum et aquam et cibos appetitis. Et ego item tabernam peto."

5 Du kennst bereits die Verben mittere und ducere. Die folgenden Komposita kannst du erschließen, wenn du die Bedeutung der Präfixe (Vorsilben) beachtest:
im-mittere – e-mittere – re-mittere
ab-ducere – ad-ducere – de-ducere – in-ducere – pro-ducere

6 Was haben wir gehört, was wissen wir?
1. Scimus nubem *(Wolke)* atram animos hominum subito mutavisse.
2. Constat Plinium nubem e loco opportuno spectavisse. 3. Plinius existimavit pericula varia homines miseros opprimere. 4. Itaque servos fortes iussit nonnullas naves parare. 5. Multi homines contendunt Plinium in villa amici cenavisse et quievisse. 6. Scimus cineres etiam virum nobilem texisse et necavisse.

21 Pompeji

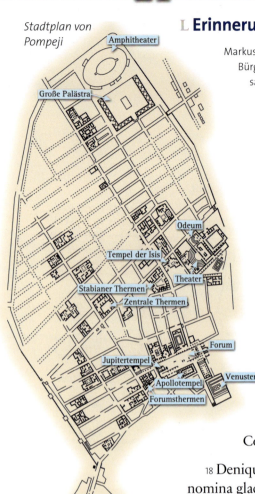
Stadtplan von Pompeji

L Erinnerungen an Pompeji

Markus und Claudia interessieren sich sehr für die Stadt Pompeji und das Leben der Bürger. Da sie wissen, dass ihre Eltern dort viele Freunde hatten, hören sie aufmerksam zu, als der Vater erzählt. Quintus hat nämlich erst vor kurzer Zeit in Pompeji Freunde besucht, ist mit ihnen durch die Stadt geschlendert und kann kaum glauben, dass sie nicht mehr existiert.

„Tristis sum, quia cognovi tam pulchrum oppidum cecidisse et tot familiares occidisse. Nuper in oppido
3 Pompeis fui:
In omnibus vicis aedificiisque homines laetos inveniebam. Descendi ad theatrum, ubi Faustinum
6 amicum vidi. Faustinus auxilium a me petivit; nam filiam quaerebat. Itaque amico adfui. Per vias angustas huc et illuc cucurrimus. Denique ad forum
9 venimus. Brevi tempore filiam ibi repperimus; in turba mercatorum stetit, cum amicis lusit et risit. Nunc per nuntios scio etiam familiam Faustini
12 occidisse.
Tum ad thermas perveni. Hic Cornelio Rufo occurri, qui villam pulchram post thermas possidebat. Diu apud
15 Cornelium mansi. Sub caelo cenavimus, risimus, longos sermones de negotiis communibus habuimus. Nunc Cornelium calamitatem item non effugisse constat. Vae[1]!

18 Denique ludi omnium animos movebant: In pariete[2] amphitheatri nomina gladiatorum nobilium vidi:
‚Amamus Murranum et Cycnum, qui ter[3] vicerunt!'
21 ‚Publius Ostorius quinquagies[4] vicit.'
Verba gloriam gladiatorum auxerunt.
Nunc etiam multos gladiatores occidisse audivi."

[1] vae! *O weh!*
[2] pariēs, -etis *Wand*
[3] ter *dreimal*
[4] quīnquāgiēs *fünfzigmal*

1 a) Vergleiche den Stadtplan des antiken Pompeji mit der Luftbildaufnahme (S. 70). Welche wichtigen Bauwerke erkennst du auf dem Luftbild?
b) Beschreibe anhand des Stadtplans den Weg, den der Vater Quintus mit seinem Freund Faustinus gelaufen ist.

I Graffiti in der alten Welt

So wie man heute große Flächen mit Farbspray „verziert", wurden im Altertum Karikaturen und Texte in die Wände geritzt. Sicher habt ihr noch die Spottinschrift auf den Senator Calvisius vor Augen.
Das Original zur Felix-Kritzelei in Ü 5 (S. 73) fand sich tatsächlich an einer Hauswand in Pompeji. Neben Spötteleien gab es richtige Liebeserklärungen und sogar Wahlaufrufe an den Hauswänden. Diese Inschriften sind in einem großen wissenschaftlichen Werk gesammelt und damit für alle Zeiten aufbewahrt.

Perfekt (Reduplikation, Dehnung, ohne Stammveränderung)

Ü 1 1. Calamitas tot hominum nos tangit; calamitas etiam animos Romanorum tetigit. 2. Plinius Vesuvium montem diu spectavit, magnam calamitatem vidit. 3. Constat multos homines ad litus descendisse, periculum autem non effugisse.

2 BVZ – Briefverteilungszentrum
Beschrifte in deinem Heft sechs Briefkästen für die sechs Arten der Perfektbildung. Suche aus den Briefen alle Perfektformen heraus und wirf sie in den richtigen Briefkasten. Wie viele Briefe bleiben übrig? Welche Aufschrift müsste ein Briefkasten haben, in den du diese werfen kannst?

3 Bewegt euch!
Stelle alle dir bekannten lateinischen Verben der Bewegung zusammen. Führe davon einige deinen Klassenkameraden als Pantomime vor. Diese müssen dir das lateinische Verbum zurufen. Oder umgekehrt: Ein Mitschüler ruft dir ein lateinisches Verbum zu und du führst es vor.

4 Wer hält sich an den folgenden Orten auf? Erkläre auch, warum.
Aquarium – Terrarium – Solarium – Hospital – Laboratorium

5 Ist er's oder ist er's nicht?   FELIX CVM
                                          FORTVNATA

a) Iam diu per vias Pompeiorum cucurrimus, nunc in pariete *(an der Wand)* villae signa *(Kritzeleien)* videmus. b) Subito Paulus noster nomen „FELIX" invenit. c) „Ecce, FELIX, nomen tuum hic in pariete esse video. d) Et Fortunatam nomen amicae tuae esse existimo." e) Dum alii rident et gaudent, FELIX: „Constat Fortunatam amicam FELICIS *(Gen. zu FELIX)* fuisse. f) Sed de amica mea nihil dico."

6 Ein Überlebender des Vesuvausbruchs erzählt
1. „Audivistis Cornelium Rufum villam pulchram possidere. 2. Etiam scitis Cornelium et multos amicos de vita decessisse. 3. Itaque liberis familiae adesse volui, qui ad tectum avi cucurrerunt. 4. Statim ad litus descendi, sed tectum non repperi. 5. Nox iam erat. In agris frumentum ardebat. 6. Huc et illuc cucurri, media in via etiam cecidi. 7. Paulo post familiaribus occurri, qui mihi voce tristi narraverunt liberos numquam ad tectum avi pervenisse et omnem familiam de vita decessisse."

22 Pompeji

Tragische Maske, Detail aus einem römischen Mosaik, 1. Jh. n. Chr.

L Theater oder Gladiatorenspiele?

Beim Stichwort „Gladiatoren" vergisst Markus völlig die Katastrophe, die sich am Fuße des Vesuv abgespielt hat, und bittet seinen Vater, ihn endlich einmal mit ins Amphitheater zu den Gladiatorenspielen zu nehmen. Davon sind jedoch die Eltern nicht begeistert und die Mutter schlägt vor, eine Theateraufführung zu besuchen. Auch Anna darf mitgehen. Im prächtigen Marcellus-Theater sehen sie das lustige Stück „Ein prahlerischer Soldat" (Miles gloriosus). Vor Beginn des Stücks erklärt die Mutter den Kindern:

„Ii homines, qui ludos gladiatorum laudant, in amphitheatro sedent. Ii autem, qui crudelitatem caedium videre non cupiunt, in theatro
3 fabulas spectant."
Primo actor[1] scaenam[2] theatri intrat. Is spectatores[3] salutat, personas[4] ostendit, argumentum[5] fabulae narrat. Nam ii, qui adsunt, libellos non
6 habent de ea fabula, quam actores agunt. Deinde actor signum dat, personam induit[6].

Nun beginnt das Stück, aber Markus ist nicht begeistert; weil er lieber ins Amphitheater gehen wollte, fragt er eher gelangweilt:

„Actoresne verba et sententias e memoria sciunt? An id solum dicunt,
9 quod eis in mentem venit?" Cynthia: „Discunt ea, quae dicunt. Omnem fabulam discunt." Anna: „Discuntne profecto omnes sententias?" Cynthia: „Constat actores haud raro mille sententias discere et
12 personam mutare. Per multos annos id ultro faciunt; eo modo[7] tot verba et sententias memoria tenere possunt. Ita actores alios homines ea arte superant." Marcus: „Rideo. Eiusmodi labores non amo. Memoria
15 actorum ad me non pertinet. Nunc ego quoque personam muto; cum amicis amphitheatrum petere volo."
Subito puella, quae prope sedet, Marcum reprehendit: „Ignosce mihi!
18 Nisi taces, sermones actorum audire non possum; eorum actiones video, sed sine verbis fabulam non intellego. Nihil audivi, nihil comprehendi. Tu, quaeso, tace!"

Natürlich kann Markus heute nicht mehr ins Amphitheater gehen …

[1] āctor *Schauspieler*
[2] scaena *Bühne*
[3] spectātor *Zuschauer*
[4] persōna *Maske*
[5] argūmentum *Stoff (eines Theaterstücks)*
[6] persōnam induere *eine Maske aufsetzen*
[7] eō modō *auf diese Weise*

1 Was erfährst du in **L** über den Beginn einer Theateraufführung (Z. 4–7) und über die Schauspieler (Z. 8–14)?

2 Halte ein kurzes Referat über den Unterschied zwischen einem Theater und einem Amphitheater. Stütze dich bei deinen Erklärungen auch auf die Abbildungen und Informationen von S. 75–77.

3 Führt in eurer Klasse eine Abstimmung zu den folgenden Themen durch und sammelt die Gründe, warum ihr euch jeweils für a) oder b) entschieden habt:
1. a) Sportstadion   oder   b) Theater
2. a) Rockkonzert   oder   b) Oper
3. a) Radiosendung   oder   b) Kino
4. a) Fernsehsendung   oder   b) Buch

Pronomen is

Ü 1 1. Is vir, qui fabulam componit, auctor *(Schriftsteller)* est. 2. Populus eius nomen non ignorat. 3. Ii viri, qui in scaena *(Bühne)* agunt, actores *(Schauspieler)* sunt. 4. Populus eorum nomina ignorat. 5. Nam populus gladiatores amat. Imprimis puellae iis dona mittunt, eos colunt.

2 Füge zu den folgenden Substantiven die richtige Form des Demonstrativpronomens is, ea, id:
litus – fortunam – studio (!) – naves (!) – animi (!) – tempora – sermones (!) – gladiatorum – suspicionem – oneri – condicionibus – de homine

3 Lege in deinem Heft eine Tabelle an mit jeweils einer Spalte für den typischen Wortschatz zu **theatrum** bzw. **amphitheatrum**.

4 Erkläre folgende Fremdwörter und nenne jeweils das lateinische Verbum, das ihnen zugrunde liegt:
a) Komposition – Komponist – Kompost
b) Porto – exportieren – importieren – Transport
c) Prozession – Prozess
d) Rektor – Regent – Regierung
e) Student – Studium

5 Schüler spielen Theater
1. Nuper fabulam agere voluimus. 2. Actionem paravimus. 3. Lusimus et risimus, quia ii pueri, qui sermones furum discere studebant, verba memoria non tenuerunt. 4. Etiam eae puellae, quae de furtis narrabant, haud raro sententias mutaverunt. 5. Eo modo nemo suspiciones et crimina intellexit.

6 Die lateinische Abkürzung „i. e." entspricht im Deutschen der Abkürzung „d. h.". Versuche, die Abkürzungen aufzulösen.

Zwei komische Schauspieler, Tonstatuette aus der Kaiserzeit

Theater in Rom

Theateraufführungen fanden bei den Römern im Rahmen öffentlicher Feste statt. Die Stücke wurden zunächst unter freiem Himmel auf holzgezimmerten Bühnen gespielt; denn es gab lange Zeit keine festen Theatergebäude. Erst 55 v. Chr. ließ Pompejus das erste steinerne Theater in Rom erbauen. Anders als heute mussten sich die Schauspieler die Aufmerksamkeit der Zuschauer hart erkämpfen, denn gleichzeitig versuchten Jongleure und Seiltänzer das Interesse auf sich zu lenken. Die Schauspieler waren Sklaven oder Freigelassene, denn für frei geborene Römer galt es als unpassend, sich öffentlich zur Schau zu stellen. Übrigens spielten Männer auch die Frauenrollen, was dadurch erleichtert wurde, dass die Schauspieler Masken trugen. Beliebt waren vor allem die Komödien (Lustspiele) der Dichter Plautus und Terenz (2. Jh. v. Chr.).

Rekonstruktion des von Augustus erbauten Marcellus-Theaters in Rom. 1 Jh. v. Chr.

Pompeji

L Krawall im Amphitheater

... aber auf dem Heimweg erzählt Vater Quintus den Kindern zum Thema Amphitheater eine abschreckende Geschichte, die er selbst miterlebt hat.

„Nuper e parvis vicis et oppidis multi homines ad ludos Pompeianos venerunt. Etiam magna multitudo e municipio Nuceria[1] aderat. Ii, qui
3 in amphitheatro erant, ludos praeclaros exspectabant.
Dum gladiatores in arena ad caedem et necem se parant, paucos Pompeianos iuvabat Nucerinos[2] deridere[3]. Itaque verba turpia in
6 Nucerinos faciebant. Unus autem ex iis verba Pompeianorum non iam sustinuit. Dum is vir Pompeianos verbis duris violat, alii e Nucerinis suum comitem clamore sollicitabant, alii eum retinebant.
9 Brevi tempore Pompeiani Nucerinos resistere cognoverunt. Modo libelli, modo pulvini[4], modo saxa per auram et arenam volabant. Nonnulli etiam arma secum habebant, quibus se defendebant aut alios
12 temptabant ... et necabant.
Pompeianos vicisse constat; nam eorum numerus magnus erat. Tum et Pompeiani et Nucerini magno cum dolore suos flebant. Nucerini
15 suos iuvenes violatos[5] Romam portare decreverunt. Ibi senatores eos audiverunt. Nucerini dixerunt se initium caedis non fecisse. Denique senatores Pompeianos damnaverunt poenaque affecerunt: Ludos non
18 iam permiserunt. Pompeianos per decem annos nullos ludos facere iudicaverunt. Senatores se bene decrevisse putabant."

[1] mūnicipium Nūceria *die Landstadt Nuceria (in Süditalien)*
[2] Nūcerīnī *Einwohner von Nuceria*
[3] dērīdēre *verspotten*
[4] pulvīnus *Sitzkissen*
[5] violātus *verwundet*

1 a) Mit welchen Erscheinungen bei heutigen Massenveranstaltungen kann man das in **L** dargestellte Ereignis vergleichen? Erkläre, wie es zur Eskalation der Gewalt kommt. b) Wie versucht man heute, derartige Probleme in den Griff zu bekommen?

Kämpfendes Gladiatorenpaar

I Im Amphitheater ...

... wurden zur Unterhaltung des Publikums Gladiatorenkämpfe oder Tierhetzen ausgetragen. Gladiatoren waren Kämpfer, die in eigenen Schulen trainiert wurden und nach festen Regeln und mit genau vorgeschriebenen Waffen gegeneinander oder gegen wilde Tiere kämpften. Die Amphitheater waren so gebaut, dass die Zuschauer auf einer Tribüne saßen, die rund um den Kampfplatz, die Arena, gebaut war. Lange Zeit waren Amphitheater nur Gerüste aus Holz, die man für die Dauer eines Schauspiels errichtete. Das bedeutendste Amphitheater der Antike aus Stein bauten die Kaiser Vespasian und Titus später in Rom (72–80 n. Chr.). Es ist unter dem Namen Kolosseum bekannt (vgl. die Zeichnung) und fasste 50 000 Zuschauer. Das sind etwa so viele Menschen, wie heute in ein Bundesligastadion passen.

Reflexivpronomen – Pronomina im AcI – Pronomen suus

Ü **1** 1. Gladiator gladio *(vgl. Abb.)* suo se servare vult. 2. Nam gladiator se virum fortem esse existimat. 3. Omnes gladiatores se viros fortes esse existimant. 4. Etiam populus eos fortes esse existimat.

gladius

2 Überlege genau, ob du in den folgenden Wendungen das Pronomen „sich" mit se übersetzen musst oder nicht:
sie freut sich – er rettet sich – sie bemühen sich – sie nimmt eine Gefahr auf sich – er pflegt sich – sie bewegt sich nicht – sie beeilt sich

3 Merke dir die folgende Eselsbrücke:
Alle reflexiv gebrauchten Pronomina beginnen im Lateinischen mit dem Buchstaben **s** und beziehen sich auf das **S**ubjekt des Satzes. Erkläre, auf welches Substantiv sie sich in **L** jeweils beziehen.

4 Bei der Besichtigung von Pompeji hat FELIX die anderen Teilnehmer der Reisegruppe aus den Augen verloren. Was nun?

a) FELIX, qui ruinas *(vgl. Fw.)* oppidi spectat, subito quaerit: „Ubi sunt amici et amicae?" a) <u>Eos</u> non iam invenit. b) FELIX miser ad thermas currit et a viro, quem hic videt, auxilium petit. c) Is vir timorem pueri cognoscit; <u>eum</u> iuvare cupit. d) Puerum nonnullas horas per vias angustas ducit. e) FELIX <u>eius</u> auxilio gaudet. f) Interea etiam amici et amicae FELICEM *(Akk. zu FELIX)* quaerunt, quia <u>eum</u> desiderant. g) Tandem FELIX <u>eos</u> reperit: Ecce, hic est FELIX, hic sunt amici! h) Amici viro, qui FELICEM iuvit, gratias agunt. i) Tum vir bonus non modo FELICEM, sed etiam amicos per oppidum ducere cupit. j) Iterum atque iterum scientiam *(Wissen)* suam ostendit. k) FELIX et amici scientiam <u>eius</u> laudant.
Übersetze und ersetze dann die unterstrichenen Pronomina durch die Substantive, für die sie stehen.

OMNIA MEA MECUM PORTO.

5 Das Schicksal der Gladiatoren
1. Gladiatores, qui in amphitheatro pugnant, armis suis adversarios *(Gegner)* temptant aut se defendunt. 2. Ii iuvenes fortes sciunt se semper in periculo esse. 3. Constat eos vincere aut occidere. 4. Magnus numerus hominum in foro eorum corpora tangit et probat. 5. Eum, qui in arena vicit, haud raro ex ea mala condicione liberant.

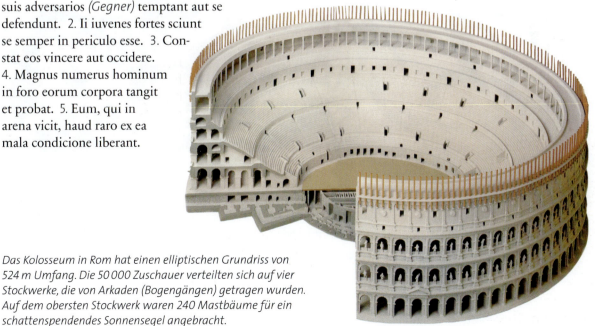

Das Kolosseum in Rom hat einen elliptischen Grundriss von 524 m Umfang. Die 50 000 Zuschauer verteilten sich auf vier Stockwerke, die von Arkaden (Bogengängen) getragen wurden. Auf dem obersten Stockwerk waren 240 Mastbäume für ein schattenspendendes Sonnensegel angebracht.

Lesen und Üben mit Felix

L Ein Sportler gibt an

Aus der Antike kennt man nicht nur Gladiatoren- und Theaterspiele.
Auch sportliche Wettkämpfe wurden gerne besucht – denke nur an die Olympischen Spiele.
Das Verhalten des Sportlers im folgenden Text ist euch sicher auch aus eigener Erfahrung nicht ganz unbekannt.

[1]ōlim *einst*

Olim[1] iuvenis diu a patria sua aberat. Vitam in aliis terris agebat. Tamen post longum tempus iterum in patriam suam venit. Ibi statim homines eum
3 cognoverunt. Nam sciebant eum semper multa dixisse et pauca fecisse. Neque eum fortem esse existimabant.
Iuvenis autem in foro magna voce narravit: „Fortuna mihi semper aderat.
6 In aliis terris multos et praeclaros labores suscipiebam. Nunc vir nobilis sum, quia etiam nonnullos Olympionices[2] vici. Audite: Rhodi[3] nuper ita saltavi[4], ut nemo saltare potest. Testes[5] sunt omnes, qui aderant – omnes, qui me
9 saltare viderunt."
Subito unus ex iis, qui iuvenem audiebant, clamavit: „Amice, testes tui non adsunt; testes tuos audire non possumus.
12 Hic Rhodus, hic salta!"

[2]Olympionīcēs *Olympiasieger*
[3]Rhodī *auf Rhodos (griech. Insel)*
[4]saltāre *springen*
[5]testis, -is *Zeuge*

1 In welcher Sportart hat der **iuvenis** angeblich selbst Olympiasieger übertroffen? Wähle aus den folgenden Abbildungen (griechische Vasenbilder) aus.

Ein Scherz mit dem Alter
Der berühmte Redner und Politiker Cicero soll manchmal auch nicht alles ganz ernst gemeint haben. Verstehst du seinen Witz?

[1]trīgintā *dreißig*

Femina in turba contendebat: „Ego triginta[1] annos vivo."
Sed homines, qui aderant, de verbis eius dubitaverunt.
Tum Cicero: „Ego non dubito. Nam decem iam annos id dicit – decem iam annos id audio."

Übersetzungstest

Machtlos gegen die Natur

Ein junger Mann erlebte den Vesuvausbruch in Misenum (vgl. Karte S. 68).
Er beschreibt in einem Brief, was er gesehen hat:

Cum patre meo in oppido manebam. Pater sub caelo extra villam
sedebat. Paulum quiescebam; nuntios enim novos exspectabam.
3 Subito amicus accessit et iussit:
„Currite statim ad litus! Servate vos! Adhuc pericula effugere potestis!
Oppidum relinquite!"
6 Profecto extra oppidum magnae multitudini hominum occurrimus.
Tum nubem atram super Vesuvium vidimus. Brevi tempore nox
erat. Tenebrae turbam sollicitabant. Omnes homines malam fortunam
9 fleverunt. Feminae liberique tristes clamaverunt. Puellae puerique
per oppidum et vias angustas cucurrerunt.
Alius patrem, alius filium et filiam quaesivit. Nonnulli autem
12 contenderunt eam calamitatem omne oppidum exstinxisse.

Vale!

1 Wirf die folgenden Verben nach der Art ihrer Perfektbildung in den richtigen Briefkasten und bilde anschließend jeweils den Infinitiv Perfekt:
flere – currere – cadere – studere – petere – manere – vincere – defendere – tangere – videre – intellegere – cognoscere – descendere – habere – iubere – timere – sentire – aspicere – audire

2 Zu jeder Substantivform passt nur eine Adjektivform. In der richtigen Reihenfolge ergeben die Anfangsbuchstaben der Adjektive eine lateinische Verbform als Lösungswort:
actionibus – crimen – tempore – homines – villae – noctem – virorum – verba
nobilium – rusticae – omnes – tristia – brevi – atram – longis – acerbum

3 FELIX rätselt.
Bilde wenigstens <u>sechs</u> verschiedene lateinische Wortformen, indem du die Fragezeichen durch Buchstaben ersetzt:

| ? | O | ? | T | ? | S |

4 Durch welche Buchstaben musst du die Fragezeichen ersetzen, um sechs verschiedene lateinische Wortformen zu erhalten? Wer findet mehr?

| ? | ? | R | U | M |

M2 Archäologische Quellen nutzen

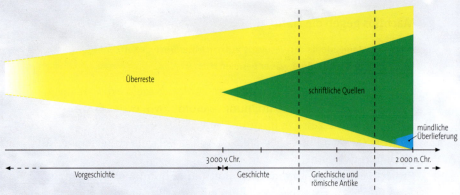

Wir verdanken unsere Kenntnisse über vergangene Zeiten allem, was von der Vergangenheit übrig geblieben ist:
- der schriftlichen Überlieferung von Ereignissen, wie z. B. dem Brief des Plinius über den Vesuvausbruch, der Kapitel 19 als Vorlage diente,
- den Überresten, wie z.B. den Ruinen von Pompeji (vgl. S. 70), Statuen und Statuetten (vgl. S. 75), Mosaiken (vgl. S. 74) oder Vasenmalereien (vgl. S. 78).

Die Wissenschaft von den sichtbaren Überresten alter Kulturen, die vor allem durch Ausgrabungen erschlossen werden, ist die **Archäologie**.

Wie arbeiten Archäologen?

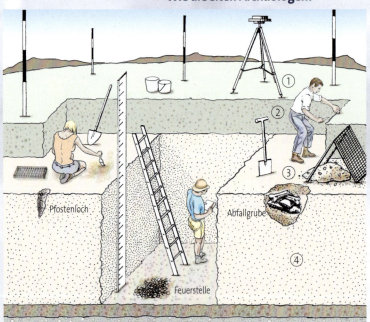

Das Grabungsgelände wird vermessen (1), gekennzeichnet und in Quadrate eingeteilt. Die oberen Erdschichten werden Zentimeter für Zentimeter abgetragen (2), bis erste Funde auftauchen. Die gelockerte Erde wird gesiebt (3), um auch besonders kleine Gegenstände nicht zu übersehen. Gräbt man tiefer, zeigen sich an den Wänden unterschiedliche Farben der Erde, die genau untersucht werden (4). Alle Funde werden mit feinen Werkzeugen wie Spitzkellen, Zahnarzthaken, Pinseln und Kehrblechen vorsichtig freigelegt, fotografiert, in ein Grabungstagebuch und eine Grabungskarte eingetragen sowie zur Auswertung ins Labor gebracht. Ist die Grabung beendet, gilt es, die einzelnen Funde zu datieren, d.h. ihr Alter festzustellen. Dazu gibt es verschiedene Methoden. Erste Hinweise auf das Alter der Funde gibt uns die Folge der Schichten im Boden.

Im Allgemeinen liegen ältere Funde tiefer im Boden als jüngere. Erdforscher (Geologen) helfen dabei, das Alter der Erd- bzw. Gesteinsschichten zu bestimmen. Biologen können aus aufgefundenen winzigen Blütenstaubkörnern (Pollenkörnern) feststellen, welche Bäume, Sträucher, Gräser und Blumen in der jeweiligen Zeit wuchsen.

Wie können wir die Erkenntnisse der Archäologie nutzen?

Kunst- und Bauwerke verstehen

Kunst- und Bauwerke zeigen uns, welche Vorstellungen man zur Zeit ihrer Entstehung hatte. Uns interessieren ihre Gestaltung und ihre Funktion sowie die Aussageabsicht des Künstlers. Versuche jeweils Antworten auf die folgenden Fragen zu finden:
- Welche Informationen gibt uns der Bildtitel?
- Wie ist das Kunstwerk / Bauwerk aufgebaut?
- Bauten: Welchem Zweck sollte das Bauwerk dienen? Wer ließ das Gebäude errichten? Welche Interessen mag der Auftraggeber gehabt haben?
- Gemälde und Statuen: Welche Personen und Gegenstände sind zu sehen? Wie sind sie dargestellt, wie groß, aus welcher Sicht? Welche Materialien und Farben wurden verwendet? Aus welchem Anlass entstand das Kunstwerk? Was sollte es dem Betrachter sagen? Was sagt dir das Kunstwerk?

▪ Wende diese Frage für die Beschreibung der beiden Abbildungen auf dieser Seite an.

Schaubilder erklären

In einem Schaubild lassen sich wichtige Zusammenhänge übersichtlich darstellen; bei der Beschreibung helfen dir folgende Überlegungen:
- An welcher Stelle des Schaubilds beginne ich am besten?
- Welche Reihenfolge der Beschreibung ist sinnvoll?
- Welche Beziehungen bestehen zwischen den Teilen des Schaubilds?
- Welche Zeichen (z. B. Pfeile) kommen vor?

▪ Mithilfe dieser Hinweise kannst du beispielsweise das Schaubild oben auf S. 80 erklären.

Karten auswerten

Karten dienen der anschaulichen Darstellung von historischen und geografischen Zusammenhängen; bei ihrer Auswertung können die folgenden Leitfragen hilfreich sein:
- Worüber informiert die Karte? Was zeigt sie nicht?
- Auf welche Zeit(en) und Region(en) bezieht sie sich?
- Zeigt sie einen Zustand oder eine Entwicklung?
- Welche Bedeutung haben ggf. die Zeichen, die der Karte beigefügt sind?

▪ Erkläre mithilfe dieser Fragen die Karten auf S. 68 und 72.

Ein rätselhaftes Pferd

* *Seht! Ein riesiges hölzernes Pferd!*

* *Vielleicht haben wir uns verlaufen und stehen vor einer Schreinerei, die große Holztierspielzeuge herstellt!*

FELIX Nein, nein, wir sind hier schon richtig. Habt ihr wirklich noch nie etwas vom Trojanischen Pferd gehört?

* *Doch, jetzt fällt's mir wieder ein! Mein Papa hat einmal davon gesprochen, dass sich ein Trojanisches Pferd in unseren Computer eingeschlichen hat. Und dann hat er erklärt, dass man so den Trick nennt, mit dem jemand unbemerkt im Computer eines anderen herumstöbern kann. Aber was hat das mit diesem Riesenpferd zu tun?*

Felix Eine ganze Menge. Hört gut zu! In einem solchen Pferd aus Holz haben sich vor über 3000 Jahren griechische Soldaten versteckt, um heimlich in eine Stadt zu kommen, die sie gerade belagerten.

❋ *Welche Stadt war das? Erzähl' bitte von Anfang an, Felix!*

Felix Also gut, wenn ihr wollt. Alles begann damit, dass Paris, der Sohn des Trojanerkönigs Priamos, die damals schönste Frau der Welt, Helena, nach Troja entführt hatte. Ihr Mann, der griechische Fürst Menelaos, ließ sich das nicht bieten und segelte mit vielen griechischen Helden hierher, um die Entführung zu rächen.

❋ *Bevor du weitererzählst: Was heißt „hierher"? Wo sind wir denn überhaupt?*

Felix In Troja, im Nordwesten der heutigen Türkei. Also: Zehn Jahre lang belagerten die Griechen Troja vergeblich, bis der Klügste unter ihnen namens Odysseus ein riesiges hölzernes Pferd bauen ließ, in dessen Bauch sich griechische Soldaten versteckten. Als die Trojaner das angebliche Geschenk in die Stadt zogen, war es um diese geschehen. Nachts verließen die Soldaten nämlich ihr Versteck und öffneten heimlich die Tore Trojas, das nun ohne Probleme von den Griechen erobert werden konnte.

❋ *Und was wurde mit Helena und Paris?*

Felix Menelaos bekam sie wieder. Paris und die meisten Trojaner waren gefallen, als der Krieg zu Ende war. Nur Äneas konnte sich im letzten Moment mit einigen Gefährten aus der zerstörten Stadt retten. Mit ihnen zusammen, seinem Vater Anchises und seinem Sohn Askanius machte er sich auf die Suche nach einer neuen Heimat. Aber das erzähle ich euch ein andermal …

1 Findet mithilfe eines Lexikons heraus, was die Redewendungen „Achillesferse" und „Danaergeschenk" bedeuten und wo sie herkommen.

2 Tragt aus dem Internet, aus Lexika oder anderen Nachschlagewerken für die Klasse zusammen, was ihr über Heinrich Schliemann findet.

3 Bastelt ein Trojanisches Pferd; überlegt euch dazu geeignete Materialien.

24 Rom – Wille der Götter

L Der Untergang Trojas

Der Trojaner Äneas erlebt den Untergang seiner Heimatstadt auf besonders schmerzliche Weise.

[1] ligneus *hölzern*
[2] tōtus, a, um *ganz*

Nox erat, cuncti quiescebant; subito Aeneas clamorem audivit. Qui non diu cessavit, sed statim in viam cucurrit, dum aedificia urbis iam ardent.
3 Amici ei dixerunt nonnullos iuvenes Graecos ex equo occulte descendisse, sociis portas urbis aperuisse, aedificia incendisse. Quo modo Aeneas intellexit equum ligneum[1] non signum pacis, sed dolum
6 Graecorum fuisse.
    Aeneas multas horas frustra pugnabat. Troianorum feminas, quas Graeci capiunt atque abducunt, flere et clamare audit. Quia multos
9 viros Troianos cecidisse videt, denique ad familiam suam properat. Quamquam periculum magnum erat, tamen pietas Aeneam movit: Familiam comitesque collegit et dixit: „Graeci urbem nostram ceperunt.
12 Imperium nobis non iam est. Graeci nunc imperium tenent. Etiam regem nostrum necaverunt. Si Minerva et Apollo et Venus mater adsunt, salutem petere possumus. Proinde venite mecum ad locum tutum, nisi
15 occidere vultis!" Quibus verbis Aeneas familiares suos monuit.
    Dum milites Graeci iam magno clamore accedent, filium secum duxit et Anchisem patrem umeris ex urbe portavit. Postquam Aeneas comites
18 ad locum tutum extra urbem eduxit, uxorem abesse intellexit. Ubi erat uxor? Amor maritum movit: Quia uxorem toto[2] pectore amabat, urbem iterum intravit et eam quaesivit …

In der Stadt werden die Häuser geplündert und gehen in Flammen auf. Plötzlich erscheint dem Äneas ein Schattenbild: Es ist seine Frau, die bei den Kämpfen ums Leben gekommen ist. Sie tröstet ihn und sagt ihm die Zukunft voraus: Er soll nach dem Willen der Götter für seinen Sohn und seine Gefährten eine neue Heimat finden.

Äneas und Anchises. Skulpturengruppe von Gian Lorenzo Bernini. 1618–1619. Rom, Galleria Borghese

1 Welcher Satz aus **L** spiegelt die in der Skulpturengruppe dargestellte Szene wider?

2 Die wesentlichen Handlungsschritte stehen in **L** im Perfekt. Begründe, weshalb an einigen Stellen der Erzählung Imperfekt, an anderen Präsens steht.

I Vergils Äneis

Die Irrfahrten des Äneas und seine Suche nach einer neuen Heimat hat der römische Dichter Vergil in seinem Epos „Äneis" erzählt. Unter einem Epos versteht man eine lange Erzählung in Versen. Vergil hat für seine „Äneis" berühmte Vorbilder: die beiden Epen des griechischen Dichters Homer, die „Ilias" und die „Odyssee". Der römische Dichter erzählt von den Abenteuern, die der Trojaner Äneas nach dem Untergang Trojas auf der Suche nach einem neuen Zuhause erlebt. Nach abenteuerlichen Irrfahrten siedeln sich die Trojaner in Italien an. Sie setzen sich in harten Kämpfen gegen die Einwohner Italiens durch. Schließlich vereinigen sich die ehemaligen Feinde zu einem Volk. Der Sage nach wurde Äneas so zum Stammvater der Römer. Noch in später Zeit wollten viele vornehme Familien Roms ihre Herkunft von den Trojanern herleiten, z. B. der berühmte römische Feldherr und Politiker Cäsar.

Satzgefüge – Gliedsätze – Dativ des Besitzers – Relativer Satzanschluss

Ü 1 1. Postquam Troiani *(Trojaner)* et Graeci *(Griechen)* decem annos pugnaverunt, Graeci denique vicerunt. 2. Dum Troiani quiescunt, classis Graecorum litus relinquit. 3. Troiani laeti sunt, quia Graecos non iam vident. 4. Quamquam Laocoon *(Laokoon)* eos monet, Troiani equum Graecorum in urbem ducunt. 5. Quo modo Graeci Troianos vicerunt. 6. Denique Graeci urbem tenebant; urbs Graecis erat.

2 Ein Grieche, der etwas verspätet aus dem grellen Sonnenlicht in das dunkle hölzerne Pferd klettert, kann seine Kameraden nicht richtig sehen.
Da er sich mit ihnen nur flüsternd unterhalten kann, sind einige Subjunktionen nicht mehr hörbar.

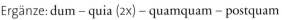
Rekonstruktion des antiken Troja

Ergänze: dum – quia (2x) – quamquam – postquam
„Vos non video, ? hic atrum est."
„Omnes adsumus, ? spectare nos non potes.
? corpus equi intravimus, nos quoque nihil spectavimus.
Sed ? iam diu adsumus, te videre possumus."
„Pst! ? Troiani equum in urbem ducunt, tacere debemus."

3 Übersetze die Adverbialsätze, bestimme die Sinnrichtung und führe die lateinischen Satzanfänge sinnvoll auf Deutsch weiter:
a) Quamquam diu didicimus …
b) Si familiares in via video …
c) Dum cenamus, subito …
e) Postquam Troiani equum in urbem duxerunt, …
f) Quia sol ardet …

> GLADIATOR IN ARENA CAPIT CONSILIUM.

4 Bestimme die Sinnrichtung der Adverbialsätze in **L**.

5 Ergänze die relativen Satzanschlüsse und übersetze dann.
quem – cuius – qui – qui
Troiani Graecos non iam viderunt. ? navibus litus relinquebant.
Magnus equus in litore stabat. ? Troiani in urbem ducere cupiebant.
Laocoon id prohibere voluit. ? consilio Troiani non parebant.
Ita iuvenes Graeci in urbem venire poterant. ? cunctas portas Troiae aperuerunt.

6 FELIX ist immer gut gelaunt und auch zu seinen Freundinnen hilfsbereit. Mache die folgenden Sätze abhängig von FELIX contendit:
1. Ego semper probus et contentus sum. 2. Semper amicas meas iuvo et iuvi. 3. Amicas per vias oppidi duco. 4. Amicae auxilio gaudent. 5. Ego quoque gratia amicarum gaudeo.
Ersetze in den Sätzen 3–5 die Formen von *amica* durch die des Demonstrativpronomens *ea*.

25 Rom – Wille der Götter

L Die Wölfin – Wahrzeichen Roms

Die Prophezeiungen erfüllten sich. Askanius, der Sohn des Äneas, gründete die Stadt Alba Longa. Einer seiner Nachkommen hatte zwei Söhne. Dem älteren, Numitor, vererbte er die Herrschaft. Doch der jüngere Sohn Amulius entriss diese seinem Bruder. Numitors Tochter Rea Silvia musste eine Vestalin werden. So durfte sie nicht heiraten und keine Kinder bekommen. Nun glaubte Amulius, alle möglichen Thronnachfolger ausgeschaltet zu haben. Doch eines Nachts hatte Rea Silvia einen Traum …

Die Kapitolinische Wölfin. Bronzestatue aus dem 5. Jh. v. Chr. Die Figuren der Zwillinge wurden im 15. Jh. hinzugefügt. Rom, Museo Capitolino

Mars deus virgini in somno dixit:
„Nunc tuam vitam futuram cognosces;
3 futura tibi demonstrabo. Omnia, quae sustinebis, tibi dicam.
Quamquam virgo Vestalis es, filios duos paries.
Amulius autem, qui licentia tyranni reget, servos iubebit te in vincula
6 dare filiosque tuos in Tiberim mittere[1]. Ita diu vitam miseram in vinculis ages.
Sed Tiberis filios tuos servabit et iuvabit; quos lupa[2] inveniet et alet.
9 Postea Faustulus pastor[3] eos Larentiae uxori dabit. Quae eis pro matre erit.
Romulus et Remus – ea nomina filiis erunt – apud pastores vivent et
12 ceteros adulescentes virtute vincent. Non modo magno cum studio bestias[4] capient, sed etiam cum furibus et sceleratis contendent; quorum praedam inter socios divident. Fures autem scelerati Remum rapient et
15 ad Amulium ducent; falso contendent fratrem Romuli agros Numitoris delere cupivisse. Amulius deinde Remum Numitori ad supplicium dabit. Sed Numitor intelleget Remum esse nepotem suum. Tum
18 Romulus et Remus fratres magna cum ira Amulium necabunt et te e vinculis liberabunt. Denique Romulo placebit urbem Romam condere. Quae urbs caput orbis terrarum erit."

[1] in Tiberim mittere *in den Tiber werfen*
[2] lupa *Wölfin*
[3] pāstor *Hirte*
[4] bēstia *Tier*

1 a) Was wollte Amulius durch seine brutalen Maßnahmen erreichen?
b) Welche Weissagungen konnten Rea auf eine glückliche Zukunft hoffen lassen?
c) Welche Sätze in **L** beziehen sich auf die Bilder dieser Seite?

2 Gliedert **L** in Sinnabschnitte und gestaltet in Anlehnung daran einen Comic, der sich als bunter Klassenzimmerschmuck eignet.

Hirten entdecken Romulus und Remus. Detail eines römischen Altarreliefs aus dem 2. Jh. n. Chr.

Futur I

Ü 1 1. Troiani Aeneam ad litus exspectant: „Aeneas uxorem servabit."
2. Nonnulli timent: „Graeci eum necabunt." 3. Aeneas adest: „Patriam relinquere debemus; sed dei nobis aderunt." 4. Anchises pater: „Tu nobis imperabis, vos filio meo parebitis!" 5. Aeneas: „Ita erit. Ego vobis imperabo; patriam novam quaeram et reperiam. 6. Ibi urbem condemus."

2 Ein lustiges Kombinationsspiel! Gib deinem Banknachbarn eine beliebige Verbindung aus den unten abgedruckten Buchstaben und Nummern vor, etwa A5 (sollicita-bis). Er bildet und übersetzt diese Form. Dann gibt er dir eine neue Kombination vor, die du nun bildest und übersetzt.

> SERVA ME, SERVABO TE.

sollicita-A	tempta-D	-bitis 1	-bimus 4
damna-B	habe-E	-bunt 2	-bis 5
ride-C	place-F	-bo 3	-bit 6

3 Übersetze und bilde die entsprechenden Präsensformen:
cessabunt – ridebant – cenabat – iubebit – iudicabatis – poterunt – parebo – parabamus – indicabitis – ero – eratis – eris – eram – aberimus – deerat – potero

4 Formenball
Der Lehrer wirft einem Schüler einen Ball zu, der dann das erste Wort der folgenden Wörterkette in die entsprechende Futurform setzt und übersetzt. Nun darf er den Ball einem Mitschüler zuwerfen …
terret – debes – audio – ducunt – deletis – caditis – faciunt – facis – sunt – descendo – frangitis – ignoramus – aperis – contendit – fuimus – existimo – exstinguunt – deest.

5 Setze Vokale ein, sodass richtige Futurformen entstehen.
appet?t – rideb?nt – al?mus – narrab?tis – er?s – aedificab?nt

Die Anfangsbuchstaben ergeben das lateinische Wort für Spinne.

6 POSSEDIX sagt: „Ego aurum possideo." HABENIX sagt: „Ego aurum non habeo." ESSEFIX sagt: „Mihi aurum est."
a) Übersetze die drei Sätze. Bestimme dann die Satzglieder des Satzes von POSSEDIX. Zu welchem Satzglied werden **ego** und **aurum** im Satz des ESSEFIX?
b) Übersetze folgendes Gespräch zwischen POSSEDIX (P) und HABENIX (H). Forme die Sätze dann so um, wie ESSEFIX sich jeweils ausdrücken würde.
H: „Senatores villas pulchras habent. Mercatores semper pecuniam habent."
P: „Ego neque villam neque pecuniam possideo."
H: „Quid habes?"
P: „Multum possideo: Nihil peto."

7 Erkläre die folgenden im Text kursiv gedruckten Fremdwörter und gib die lateinischen Wörter an, von denen sie abgeleitet sind.

> VENI, VIDI, VICI

Im Fußball*finale* liegt eine Mannschaft im Rückstand. In der Halbzeitpause ermuntert der Trainer seine Spieler: „Seid nicht *frustriert*; ihr dürft nicht so *defensiv* spielen. Zeigt mehr Sieger*mentalität* und ergreift endlich die *Initiative*!" Tatsächlich gewinnt die Elf das Spiel noch und erntet in der Umkleidekabine ein dickes Lob des Trainers: „Ihr habt feine Ball*artistik* demonstriert. Das Spiel müssen wir unbedingt noch einmal in einer *Video*aufzeichnung ansehen!"

87

26 Rom – Wille der Götter

L Streit unter Brüdern

Aus Rea Silvias Traum wurde Wirklichkeit. Der Gründung der Stadt Rom schien nichts mehr im Wege zu stehen.

¹pāstor *Hirte*
²lupa *Wölfin*

Nunc fratres, postquam Amulium auxilio pastorum¹ necaverunt, urbem novam condere cupiunt. Itaque quaerunt eum locum, ubi lupa² eos
3 invenit. Romulus: „Ecce, hic – ad Tiberim – lupa nos aluit." Et Remus: „Hic moenia turresque urbis ingentis aedificabimus." Romulus: „Profecto is locus idoneus est. Hic caput regni potentis condere volo."

³certāmen, -inis *Streit*

6 Sed certamen³ vehemens inter eos erat: Quis urbi novae nomen dabit? Quis eam imperio suo reget? Fratres diu verbis acribus contendebant; neque enim pacem servaverunt. Denique eis placuit iudicium deorum
9 appetere.

Romulus cum amicis suis ad Palatium contendit, Remus suos in Aventino collegit. Dum Romulus signum deorum exspectat, nuntius

⁴vultur, -uris *Geier*

12 celer accessit et dixit Remum sex vultures⁴ super se vidisse. Nunc autem socii Romuli se duodecim vultures aspexisse contendunt. Itaque Romulus felix est et omine gaudet; postea ad Remum: „Dei
15 mihi victoriam concesserunt; urbem nostram meo nomine nominabo."

Primo adulescentes verbis tantum de victoria contendunt, deinde
18 ut hostes arma corripiunt et pugnant.

Livius narrat Remum in eo certamine vehementi cecidisse. Ita frater fratrem ira recenti necavit. Romulus autem urbi novae
21 nomen suum dedit.

Romulus und Remus bei der Vogelschau. Buchillustration aus dem 14. Jh. Paris, Bibliothèque Ste Geneviève

1 Versucht, anhand des vergrößerten Landkartenausschnitts im hinteren Buchdeckel zu erklären, wie Romulus zu der Aussage kam: profecto is locus idoneus est (Z. 5).

2 Worum geht es im Streit zwischen Romulus und Remus (Z. 6 – 8)? Erklärt, welche Rolle Romulus und Remus den Vögeln in Z. 10 – 20 zuweisen.

Welche vergleichbare Geschichte eines Streits unter Brüdern kennt ihr?

Augur

I Die Vogelschau

Romulus und Remus führten die erste Vogelschau der römischen Geschichte durch. Darunter verstanden die Römer die genaue Beobachtung des Fluges von Vögeln in einem bestimmten Himmelsabschnitt. Sie glaubten, daraus ablesen zu können, ob die Götter einer geplanten Handlung zustimmten oder nicht. Dafür gab es eigene Priester (Auguren), die vor wichtigen Staatsentscheidungen, z. B. über Krieg und Frieden, aus dem Vogelflug den Willen der Götter erschlossen (vgl. Abbildung). Aber auch vor Hochzeiten nutzte man diesen Brauch, um herauszufinden, ob die angestrebte Ehe den Segen der Götter erhält. „Auguri" *(„Viel Glück!")* sagen die Italiener übrigens noch heute, wenn sie sich Glück wünschen.

Adjektive der 3. Deklination (drei- und einendige)

Ü 1 1. Ingens multitudo Romulum et Remum laudat; clamor pastorum *(der Hirten)* ingens est. 2. Nam fratres ingens periculum a populo prohibuerunt. 3. Romulus, vir acer, cum fratre et pastoribus *(Hirten)* Amulium necavit. 4. Acris fuit ira eorum, acre fuit supplicium.

2 Finde die im jeweiligen Zusammenhang treffende Übersetzung des Adjektivs acer.
sol acer – ira acri – vox acris – equi acres – supplicia acria

3 Bilde die passenden Adjektivformen und übersetze dann:
vulnera (vehemens) timemus – adulescentes (celer) video – multi homines vitam (miser) agunt – puella in equo (celer et pulcher) sedet – regi (magnus et potens) placuit fabulam in theatro spectare – clamor puerorum (felix) magnus est – equi (acer) aquam appetunt – iniuriae (recens) nos violant

> VOX POPULI VOX DEI

4 Bilde eine Tempusreihe (Präsens, Imperfekt, Futur, Perfekt) in der jeweils angegebenen Form.
regere (3. Pl.) – augere (2. Sg.) – dividere (1. Sg.)
Übrigens: Auch mit dieser Aufgabe lässt sich – wie mit verschiedenen anderen Übungen der folgenden Kapitel – „Formenball" spielen (vgl. 25 Ü 4).

5 Übersetze das Verb contendere mit der jeweils passenden Bedeutung:
a) FELIX Romam contendit.
b) Nam amici eius contendunt ibi templa pulchra esse.
c) Profecto FELIX fora et templa spectat. Sed subito magnus clamor eum terret: Puerum cum puero contendere videt.
d) Nunc FELIX accedit et vocat: „Desinite pugnare! Contendite domum!"

6 FELIX schreibt seinem ehemaligen Schulfreund, der mit seiner Familie in eine andere Stadt gezogen ist, folgenden Brief. Er will, dass alle Sätze auch in der Zukunft gültig sind, weiß aber nicht, wie das geht. Hilf ihm, indem du alle kursiv gedruckten Verbformen in das Futur setzt. Übersetze dann den Brief.

Salve, Marce!
Tu mihi *dees*. Nisi *ades*, laetus non *sum*. Diu amici *sumus*, semper tibi *adfui*, saepe mihi *adfuisti*. Nunc vos *abestis*, sed amicitia *(Freundschaft)* numquam *abest*.
Vale!

7 Amulius blickt in die Zukunft
1. Postquam Amulius imperium rapuit, servis imperavit: 2. „Filium Numitoris fratris necabitis et filiam eius in vincula mittetis. 3. Cuius filios in Tiberim mittetis." 4. Tum sibi dixit: „Aliae nationes imperium meum non capient. 5. Per multos annos regnum *(Königsherrschaft)* tenebo et omnes nationes vincam. 6. Vitam contentam agam, quia cuncti mihi parebunt."

Lesen und Üben mit FELIX

L Ein Lehrer verrät seine Schüler

Nach ihrer Gründung breitete sich die Stadt Rom schnell nach allen Himmelsrichtungen aus. Die Eroberungen im Umland waren natürlich mit Kämpfen verbunden, so zum Beispiel gegen den Volksstamm der Falisker.

Scimus apud Faliscos servum Graecum ludum habuisse. Liberi libenter ibi discebant. Sententias memoria tenere et artes varias intellegere contendebant.
3 Quamquam Romani tum bellum acerbum contra[1] Faliscos gerebant, tamen servus Graecus ludum saepe extra moenia habebat. Liberi ridebant et ludebant; pericula belli non timebant. Milites Romani iam ad portas oppidi
6 accesserunt, sed servus liberos non retinuit. Immo Romanis occurrit, ducem[2] Romanorum salutavit et dixit:
„Salve, dux! Salvete, milites Romani! Vos iam diu cum Faliscis pugnatis.
9 Nunc ego vobis dolo victoriam parabo: Ego servus Graecus sum; Faliscis parere non iam cupio. Filios eorum ex oppido eduxi. Abducite eos! Parete consilio meo! Ita magnam victoriam habebitis."
12 Sed Camillus, dux Romanorum, verbis duris servum interrogavit: „Cur id agis, serve? Tu non es vir bonus. Tuum consilium turpe non probo. Nos arma habemus contra viros, non contra liberos. Romani semper armis hostes
15 superabant. Faliscos non dolo, sed armis superabimus. Numquam tu amicus noster eris. Milites, comprehendite sceleratum!"
Tum Camillus liberis virgas[3] dedit et eos iussit: „Liberi, statim agitate servum
18 virgis in oppidum. Certe Falisci eum damnabunt."

[1] contrā *m. Akk. gegen*

[2] dux, ducis *Anführer*

[3] virga *Rute*

Der Raub der Sabinerinnen

Um Frauen für die vielen Männer in Rom zu gewinnen, nahm Romulus mit den benachbarten Sabinern Kontakt auf und trug ihnen das Problem der Römer vor. Natürlich wollten die Sabiner ihre Töchter und Frauen nicht verlieren und lehnten deshalb weitere Verhandlungen in dieser Sache ab. Da ließ sich der enttäuschte und auch erboste Romulus eine List einfallen: Er veranstaltete prächtige Spiele und lud die Sabiner zusammen mit ihren Kindern und Frauen als Zuschauer ein.

Profecto multi Sabini cum uxoribus et filiis suis Romam venerunt. Cuncti animo laeto ludos spectaverunt. Subito autem iuvenes Romani
3 virgines Sabinorum ceperunt et abduxerunt.

Virgines Sabinae, quia intellexerunt se captivas[1] esse, Romanis paruerunt. Sed patres et mariti et fratres bellum paraverunt et magna
6 cum multitudine virorum fortium ad moenia Romae accesserunt. Occulte Tarpeiam Vestalem, quae aquam extra urbem petebat, rapuerunt. Sabini ei aurum et argentum promiserunt. Itaque virgo
9 eis adfuit et portas urbis aperuit. Denique Sabini contenderunt: „Felices sumus, quia hospites superbos vicimus. Nunc etiam nostras virgines liberabimus."
12 Sed eae virgines, quae interea adulescentes Romanos amabant, id consilium non probaverunt; itaque Sabini cum Romanis pacem fecerunt.

[1]captīva, -ae *die Gefangene*

Übersetzungstest

1 Was man nicht alles machen kann!
Übersetze das Verbum **facere** nur einmal wörtlich und sonst mit einem der folgenden Verben:
schließen – bahnen – verrichten – begehen – bauen – veranstalten
a) Fabri murum fecerunt. b) Tibi viam fecisti. c) Fures magnam praedam facient. d) Ego labores duros faciebam. e) Furtum fecit. f) Adulescentes ludos faciebant. g) Populi pacem fecerunt.

2 Fülle den Fächer mit lateinischen Formen:
1. ich raube 2. ich wünsche
3. Gerichtsverhandlung
4. Volksstamm 5. ich muss
6. ich befehle 7. ich bleibe
8. ich halte 9. ich laufe
10. ich erzähle 11. ich trete ein
12. freiwillig 13. Mädchen
14. ich mache weiter
15. ich berühre 16. lang
(Adj./Dat. Sg. *m*)

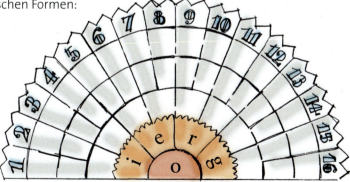

Zum Wohnsitz der Götter

Eine Fähre hat uns und unseren Bus von Italien nach Griechenland gebracht. Von der Schnellstraße Athen-Thessaloniki biegen wir nach Westen in eine kleinere Straße ab, die aber bald zu Ende ist.

Felix Los Leute, alles aussteigen! Ab hier geht's zu Fuß weiter!

* Da sollen wir rauf? Das ist mir zu steil!
* Seit wann ist denn Bergsteigen eine olympische Disziplin?

Felix Seid nicht so faul! Heute steht der Olymp auf dem Programm. Ich zeige euch den Weg.

Wir nehmen unsere Rucksäcke und gehen los. Zum Glück haben wir Schuhe mit festen Sohlen angezogen; denn der Weg ist steinig und manchmal auch steil. Einige von uns singen beim Wandern, und zwar ziemlich laut. Als wir um eine Biegung kommen, sehen wir einen Hirten mit seiner Ziegenherde am Wegesrand stehen. Mit der einen Hand stützt er sich auf seinen Stock, die andere streckt er uns entgegen, so als wolle er uns zurückhalten. Überrascht bleiben wir stehen; der Gesang verstummt.

* *Felix, geh doch mal hin und frag' ihn , was er will!*

Wir beobachten, wie Felix sich lebhaft mit dem Hirten unterhält, wohl auf Griechisch. Nach einigen Minuten kommt er zurück.

Felix Das war ein merkwürdiges Gespräch. Er sagt, er hüte hier fast das ganze Jahr hindurch seine Ziegen. Dann sprach er von „Zeus, dem Wolkenversammler, dem Herrscher im Donnergewölk". In dessen Bereich sollten wir besser nicht eindringen. Und wir sollten auch nicht singen, um nicht die Musen herauszufordern. Das hätten die nämlich gar nicht so gern. – Aber nun kommt, weiter geht's! – He, was ist denn mit euch auf einmal los? Ihr seht ja aus, als ob euch die alten Götter tatsächlich ein bisschen Angst eingejagt hätten ... Also gut, lasst uns eine Rast machen.
In der Zwischenzeit kann ich euch ja etwas über die griechische Sagenwelt erzählen.

Wir setzen uns im Kreis um Felix und packen unsere belegten Brote aus.

Felix Die Griechen glaubten, die Welt sei voller Götter. Unter den vielen göttlichen Wesen des griechischen Mythos – so nennt man die Sagenwelt auch – sind die olympischen Götter um den Göttervater Zeus am bekanntesten. Und vor ihnen braucht ihr auch keine Angst zu haben. Oft waren sie Helfer und Beschützer der Menschen. So besiegte Apollo die Riesenschlange Python und schenkte den Menschen das Orakel und die Musik. Herkules, einer der vielen Söhne des Zeus, besiegte mehrere schreckliche Ungeheuer und half damit den Menschen. So, jetzt habe ich genug geredet. Wenn wir uns gestärkt haben, geht's auf zum Gipfel des Olymp! Übrigens: Die wichtigsten Götter, die dort wohnen, findet ihr auf S. 98 f.

1 Besorge dir ein Buch mit griechischen Mythen und Sagen und erzähle eine dieser Sagen deinen Klassenkameraden.

2 Stelle mithilfe einer Karte fest, wo der Olymp liegt und wie hoch er ist.

3 Projekt:
Bereitet eine Reise zum Olymp vor. Beschafft euch Material und Informationen (Reiseroute, Verkehrsmittel, Preise, Witterung, Ausrüstung).

27 Griechische Mythen

L Ringen und singen – ein vielseitiger Gott

Zeus, der höchste Gott der Griechen, war auch der Vater vieler Göttinnen, Götter und Halbgötter. So hatte ihm Leto das Zwillingspaar Apollon und Artemis auf der heiligen Insel Delos geboren. Einst traf Apollon auf dem Berg Parnass mit den Musen, den Göttinnen der Künste, zusammen.

Antiquis temporibus Musae Apollinem salutaverunt: „Salve, frater! Cur cursu tam celeri montem nostrum petis? Quid egisti?"
3 Apollo libenter respondit: „Gaudete mecum, sorores! Nuper enim magna perfeci. Manibus meis cum Pythone serpente pugnavi. Initio vultu atro animal me aspexit; tum magna vi me temptavit,
6 spiritu acri me violare voluit. Tamen vis Pythonis me non movit. Impetu vehementi eum vici.
Nunc tandem homines sine metu Delphos[1] venire possunt. Ibi
9 Pythia oracula[2] eis dabit; quae a Pythone serpente nomen habet."
Cunctae Musae gaudebant: „Ita homines contra casus adversos se defendent, si auxilio tuo oracula intellexerint. Nam sententiae
12 deorum plus valebunt quam sensus hominum. – Sed quid manibus tuis tenes?"
Apollo Musis lyram[3] ostendit: „Ecce! Mercurius noster magnus artifex[4]
15 est. Lyram invenit, cuius usu homines deosque delectabo atque omnium sensus movebo."
Brevi tempore deus vultu laeto Musas ad deos duxit, qui in Olympo
18 monte erant. Ibi dei deaeque convivium paraverunt; cenaverunt et biberunt; sermones de artibus miris Apollinis habuerunt. Post cenam Apollo carminibus animos eorum iuvit.

[1] Delphōs *nach Delphi*
[2] ōrāculum *Orakel(spruch)*
[3] lyra *Lyra, Leier*
[4] artifex, -ficis *Künstler*

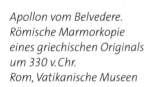

Apollon vom Belvedere. Römische Marmorkopie eines griechischen Originals um 330 v. Chr. Rom, Vatikanische Museen

1 a) Welche beiden Wirkungsbereiche des Gottes Apoll könnt ihr aus **L** ableiten? b) Schlagt in einem Lexikon oder Sachbuch weitere Geschichten über Apoll nach und stellt sie euren Mitschülern kurz vor.

2 Überlege, welche Grundstimmung in den beiden Abschnitten Z. 3–12 und Z. 14–20 vorherrscht. Untersuche dazu jeweils die verwendeten Adjektive und Verben: Stelle sie in zwei Spalten zusammen und markiere diejenigen Wörter, die auf eine Stimmung hinweisen.

I Die Musen

Wisst ihr, woher die Wörter „Musik" oder „Museum" ihren Ursprung haben? Sie haben ihren Namen von den Göttinnen der Künste, den sog. Musen. Diese sollen die Kinder von Zeus und Mnemosyne, der Göttin der Erinnerung, gewesen sein. Die Menschen in der Antike stellten sich vor, dass die Musen mit dem Gott Apoll auf dem Parnass, ihrem Heimatberg in Mittelgriechenland, sangen und tanzten. Außerdem glaubte man, dass sie die Künstler beschützten und die Dichter mit guten Einfällen versorgten. So ist z. B. Erato die Muse der Liebesdichtung, Klio die Muse der Geschichtsschreibung und Polyhymnia die Muse des Gesanges.

u-Deklination – Futur II – Ablativ der Zeit

Ü 1 1. Felix comites vultu laeto salutat: „Salvete! Mihi quoque vultus laetos ostendite! 2. Nam eo anno iam multa de Romanis audivistis. 3. Brevi tempore vobis de deo praeclaro narrabo. 4. Manibus meis vobis signum do: Tacete et audite!"

2 Deklinieren mit der Stoppuhr – der Lehrer nimmt die Zeit:
amicus felix – vultus pulcher – magna manus

3 Passe folgende Zeitangaben sinngemäß in die Lücken ein und übersetze dann:
multas horas – temporibus antiquis – brevi tempore – paucos annos – eo anno

___?___ laborem perficiam. Iam ___?___ vos exspectamus. ___?___ Roma caput orbis terrarum erat. ___?___ multa discebatis. Reges mali ___?___ regunt.

Apollon mit Lorbeerkranz und Lyra beim Trankopfer. Griechische Trinkschale. Um 480 v. Chr. Delphi, Museum

4 Übersetze folgende Wendungen und bestimme die kursiv gedruckten Formen:
cursum teneo – *manibus* meis statuam tetigi – Graeci *usu* doli Troianos vicerunt – *casus* tristes hominum miserorum nos movent – Apollo deus *vultum* laetum habet – equus *impetu* vehementi currit

5 „Wechsstaben verbuchselt" – oder nicht?
Hier erscheint jedes Wort mehrfach – mit kleinen Veränderungen. Unterscheide die einzelnen Wörter voneinander.

vulnus – vultus – vultis   volui – volavi – vocavi
caput – capit – cepit   moves – mones – montes
deles – debes – dees   videt – vivet – vicit

6 Wenn das Wörtchen „wenn" nicht wär' ...
a) Si corpus in thermis curavero, domum properabo.
b) Si fabula mihi placuerit, actores *(Schauspieler)* laudabo.
c) Si dona mihi dederis, gratias tibi agam.

7 Erkläre die im Text kursiv gedruckten Fremdwörter und gib die lateinischen Wörter an, von denen sie abgeleitet sind:

Anno Domini (A.D.)

Rudi, der Radrennfahrer, hat bei der diesjährigen Tour de France die Start*lizenz* bekommen. Der *Kurs* ist wegen der vielen *Serpentinen* in den Bergen sehr schwer und erfordert einen *sensiblen* Umgang mit der Schaltung.

8 Durch welche Sinnrichtung wird eine Begründung, eine Bedingung, eine Einschränkung oder ein zeitliches Verhältnis angegeben? Ordne zu:
konditional – kausal – temporal – konzessiv
Welche Sinnrichtung haben die folgenden Subjunktionen:
1. dum – 2. quia – 3. postquam – 4. nisi – 5. quamquam – 6. si

9 Do you speak English?
Welche lateinischen Wörter verbergen sich in den folgenden englischen Wörtern?
mount – to response – peace – class – extinguish – empire – name – terror – nation – narration – condition

95

Griechische Mythen

L Herkules als Gebäudereiniger

Eurystheus, der König von Tiryns, verlangte schwere Dienstleistungen von seinen Untertanen, auch von Herkules. Ihm trug er zwölf Arbeiten auf, von denen hier erzählt wird.

Scimus Herculem antiquis temporibus duodecim labores perfecisse. Primus iam labor Herculis praeclarus erat: Neque enim telo, sed manibus suis leonem[1] ferum interfecerat. Ita caput leonis praeda Herculis fuit. Etiam nostris diebus homines laborem secundum non ignorant: Hydram serpentem vincere potuit, postquam eius centum capita igne exstinxit. Hercules numquam spem deposuerat.
In rebus adversis semper magna virtus ei erat. Ita etiam tertium et quartum laborem perficere potuit:

Herkules erlegte die Kerynitische Hirschkuh, ein Wundertier mit goldenen Hörnern, und schließlich brachte er den gefürchteten Erymanthischen Eber zur Strecke. Eine weitere Arbeit löste Herkules mit besonderem Geschick:

Eurystheus, rex potens, Herculi rem difficilem et indignam mandavit: „Augias", ait, „mille boves possidet; itaque magna copia stercoris[2] in stabulo[3] eius est. Te id stabulum purgare[4] volo. Tum Augias tibi pro labore tuo decimam partem rei familiaris suae reddet. Sed multos dies aestu laborare debebis, dum id perfeceris!" Statim Hercules Augiae auxilio venit. Stabulum, quod boves iam reliquerant, ita purgavit: Primo latus dextrum et sinistrum stabuli aperuit; deinde aquam Alphei fluminis in stabulum derivavit[5], denique auxilio aquae stercus foras volvit.
Ita uno die quintum laborem Hercules perfecerat. Qui non solum vi corporis, sed etiam vi animi et magna fide rem gesserat. Etiam Eurystheus cognovit: „Profecto Hercules plus valebat, quam putaveram."

Herkules reinigt den Stall des Augias. Fragmente eines Reliefs vom Zeustempel in Olympia. Um 460 v. Chr.

[1] leō, -ōnis m Löwe

[2] stercus, -oris Mist
[3] stabulum Stall
[4] purgāre reinigen

[5] dērīvāre umleiten, umlenken

1 a) Versuche zu erklären, warum König Eurystheus dem Herkules ausgerechnet die Aufgabe aufträgt, einen Stall zu reinigen.
b) Herkules wird in modernen Comics und Zeichentrickfilmen oft als bloßer Muskelprotz gezeigt. Kannst du diese Vorstellung von Herkules nach den Eindrücken von **L** bestätigen? Begründe deine Meinung.

2 Informiert euch über alle zwölf Arbeiten des Herkules und arbeitet zu zweit oder zu dritt an je einem Bild zu einer Heldentat des Herkules. Sprecht euch untereinander so ab, dass am Ende alle Arbeiten des Herkules auf Bildern an den Wänden des Klassenzimmers erscheinen.

I Herkules

Herkules (griechisch: Herakles) galt als Halbgott, da er das Kind des Zeus und einer menschlichen Frau war. Schon als Baby zeigte sich seine übermenschliche Kraft: Mit bloßen Händen erwürgte er zwei Schlangen, die zu ihm gekrochen waren. Später galt er als Wohltäter der Menschen, da er sie von manch furchtbarem Ungeheuer befreite. In der Kunst wird Herkules meist mit einem Bart, einem muskulösen Körper, einer Keule und einem Löwenfell dargestellt.

FELIX, QUI POTUIT RERUM COGNOSCERE CAUSAS.

e-Deklination – Plusquamperfekt

Ü 1 1. Omnis dies Herculi labores novos parabat. 2. Herculi difficile non erat labores suscipere. Res difficilis non erat labores suscipere. 3. Rem difficilem (de re difficili) auditis, quam Hercules perfecit. 4. Hercules multas res perfecit, quas Eurystheus rex ei imperaverat. 5. Etiam in rebus difficilibus Hercules fortis erat. 6. Constat Herculem semper dominum rerum fuisse.

2 Entdecke den jeweiligen „Störenfried":
a) res – fles – tenes
b) dei – rei – diei
c) re – custode – te – die
d) dierum – iterum – rerum
e) fontium – filium – hostium

3 Übersetze und kläre, in welchem Zeitverhältnis jeweils Haupt- und Nebensatz zueinander stehen.
a) Coquus *(der Koch)*, qui cum mercatore de pretio egerat, cibos domum portavit.
b) Ibi cibis, quos paraverat, hospites delectavit.
c) Hospites coquum, quia cenam bonam paraverat, laudabant.

4 Setze bei der folgenden kleinen Geschichte die eingeklammerten Substantive in den richtigen Fall und übersetze dann.
Mercator (res) pulchras habet. Semper custos (res) suarum esse debet. Tamen (dies) tristi fures duodecim ornamenta rapuerunt. Mercator multos (dies) tristis erat. Sed numquam sine (spes) erat. Magnam (fides) amicorum in (res) angustis non ignorabat. Qui profecto post paucos (dies) furem comprehenderant.

5 Erkläre die im Text kursiv gedruckten Fremdwörter und gib die lateinischen Wörter an, von denen sie abgeleitet sind.

Der Leiter eines Supermarktes lobt seine Mitarbeiter nach der abendlichen Abrechnung der Tageseinnahmen: „Wir haben heute ein *Plus* von zehn *Prozent* erzielt – ein tolles *Fazit*, obwohl die Belegschaft durch Krankheitsausfälle stark *dezimiert* ist!"

6 FELIX staunt, als er das Wort „Reliefpfeiler" rückwärts liest. Ebenso erstaunt ist er, als er folgende Vokabeln aus dem Wortschatz rückwärts liest. Kannst du erklären, warum er sich wundert?
omen – emit – animo – eram

Ausschnitte von griechischen Vasenbildern zu den Taten des Herkules

Ein Kanon auf Lateinisch

Ne-mo du-bi-tat gau-de-re, ho-mo lae-tus rex est ve-re![1]

[1] vērē *wirklich*

Götter der Römer

Die Römer kannten viele Götter

Die meisten römischen Götter entsprechen den Göttern der Griechen, von denen die Römer in ihren Sagen das meiste übernommen haben. Die antike Mythologie, d. h. die Kunde von den antiken Sagen, spielt in der darstellenden Kunst (Malerei, Plastik) und der Literatur bis heute eine große Rolle. Versuche, mithilfe dieser Übersicht die dargestellten Gottheiten zu identifizieren.

Ordne die Namen den Statuen zu:

röm. Name	Iuppiter	Iūnō	Mārs	Neptūnus	Minerva	Diāna
griech. Name	Zeus	Hera	Ares	Poseidon	Athene	Artemis
Zuständigkeit	Vater der Götter und Menschen	Göttermutter	Krieg	Meer	Weisheit, Beschützerin der Helden	Jagd
Kennzeichen	Blitz in der Hand	Diadem, langes Gewand	Rüstung	Dreizack	Helm, Schild und Lanze	Bogen, kurzer Rock

Apollō	Venus	Amor	Mercurius	Vulcānus	Cerēs	Bacchus
Apollon	Aphrodite	Eros	Hermes	Hephaistos	Demeter	Dionysos
Künste, Weissagung	Liebe, Schönheit	Liebe	Götterbote, Handel, Reise, Diebstahl	Feuer, Schmiedekunst	Fruchtbarkeit	Wein, Fruchtbarkeit
Leier, Pfeil und Bogen	nackt	Flügel, Pfeil und Bogen	Flügelschuhe, Heroldstab, Flügelhaube	Hammer	Ähren und Früchte	Weintrauben und Becher

29 Griechische Mythen

Wandmalerei aus Pompeji. 1. Jh. n. Chr. Neapel, Archäologisches Nationalmuseum

[1] taurus *Stier*
[2] īn-silīre *hineinspringen*
[3] vae *ach*
[4] capillī *Haare*
[5] ir-rigāre *bespülen*

L Europa wird entführt

Zeus hatte sich in Europa, die Tochter des Königs von Phönizien, heftig verliebt. Als sich das Mädchen einmal mit ihren Freundinnen auf einer Wiese in der Nähe des Meeres aufhielt, erschien dort ein wunderschöner weißer Stier. Er war so sanft, dass die Mädchen friedlich mit ihm spielten und Europa sich sogar auf seinen Rücken setzte. Doch dann …

Europa clamat: „Quo me ducis, taure[1]? Cur a te ducor ad mare? Verte cursum tuum!" Sed frustra sperat; cursus a tauro non vertitur. Nunc
3 taurus in mare insilit[2]. Puella misera: „Vae[3], perniciem mihi paras! Terram non iam conspicio. Mari vasto circumdamur, undas maris timeo!" Et profecto ambo undique undis circumdantur. Infelix Europa
6 iterum clamat: „Cur a te rapior? Cur me a patria abducis, taure crudelis? O pater, o mater, vos magno timore sollicitamini! Me non iam reperietis."
9 Dum Europa ea verba facit, taurus tacet. Capilli[4] puellae vento moventur, dum a tauro per mare vastum portatur. Vestes aqua irrigantur[5], cum taurus corpus in undas demittit. Europa voce tristi clamat: „O me
12 miseram! A nullo homine audior, a nullo homine videor! In mari vitam amittam." Animum demittit et de salute desperat; multas lacrimas fundit. Tandem litus procul conspicit.
15 Postquam taurus terram tetigit, subito in deum convertitur. Ante Europam Iuppiter stat! Conspectu dei Europa terretur. Iuppiter autem dicit: „Aures mihi da! Te sollicitari necesse non est,
18 Europa. Nam a Iove, patre deorum, amaris. Magna erit gloria tua, quia homines tertiae parti terrae nomen tuum dabunt."

Europa auf dem Stier. Rotfigurige Vase aus Süditalien. 4. Jh. v. Chr.

1 In L wechseln sich Erzählung und direkte Rede ab. Welche Personen reden? Welche Satzarten (Fragesatz, Aussagesatz, Ausrufesatz) verwenden die Sprecher vorwiegend? Warum sind die verwendeten Satzarten für die Situation des jeweiligen Sprechers typisch?

2 Wie viele Erdteile waren laut L in der Antike bekannt? Überlege, welche es waren. Welche Erdteile kannte man in der Antike noch nicht?

I Woher kommt unsere Schrift?

Die Sage von Europa erinnert daran, dass viele Errungenschaften unserer Kultur aus dem Orient stammen. So geht auch unsere heutige Schrift in ihren Anfängen auf die Zeichen der Phönizier zurück.

phönizisch

griechisch (linksläufig)

griechisch (rechtsläufig)

lateinisch

Passiv (Präsens)

Ü 1 1. Python serpens Apollinem vultu atro aspicit et temptat. 2. Apollo a Pythone vultu atro aspicitur et temptatur. 3. Apollo: „Serpens me non terret; a serpente non terreor. 4. Serpens me superare non potest; a serpente superari non possum." 5. Musae gaudent: „Libenter te laudamus, Apollo; a nobis laudaris. 6. Nam carminibus tuis delectamur."

2 Ermittle jeweils die Passivform und übersetze sie.
a) Wir werden gerettet. Wir werden retten.
b) Du wirst treiben. Du wirst getrieben.
c) Ihr werdet gehört. Ihr werdet hören.
d) Er wird gefunden. Er wird finden.
e) Sie werden befreien. Sie werden befreit.
f) Ich werde berührt. Ich werde berühren.

> TEMPORA MUTANTUR ET
> NOS MUTAMUR IN ILLIS[1].
>
> [1]in illīs *in ihnen*

3 Im Güterverteilungszentrum der Bahn
Verteile die zwölf Container in der richtigen Reihenfolge
1. Pers. Sing. ➡ 3. Pers. Pl. auf die zwei Züge (Aktiv / Passiv):

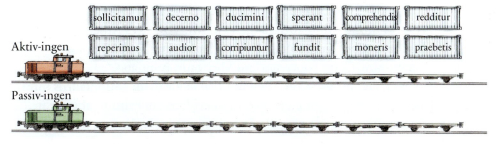

Aktiv-ingen: sollicitamur, decerno, ducimini, sperant, comprehendis, redditur, reperimus, audior, corripiuntur, fundit, moneris, praebetis

Passiv-ingen:

4 Von nichts kommt nichts
In welchen der folgenden Sätze ist eine handelnde Person genannt, in welchen steht eine Ursache und in welchen werden weder eine handelnde Person noch eine Ursache erwähnt?
Europa a Iove conspicitur. Iuppiter amore capitur. Europa timore terretur, quia taurus *(Stier)* cursum non vertit. Europa: „Quo portor?" Europa a patre desideratur, sed ab eo nusquam *(nirgends)* invenitur. Itaque nuntii in multas partes orbis terrarum mittuntur.

5 Eine Aktiv-Passiv-Maschine

Apollo Musas delectat.  Musae ab Apolline delectantur.

Verwandlung ins Passiv

Wie lautet das Ergebnis, wenn folgende Sätze von der Aktiv-Passiv-Maschine bearbeitet werden?
a) Taurus *(Stier)* Europam rapit. b) Amicae Europam non iam conspiciunt.
c) Verba puellarum patrem Europae terrent. d) Magnus timor patrem sollicitat.

6 Eine Freundin sorgt sich um Europa
1. Conspectu tauri *(Stier)* amica Europae magno timore sollicitatur.
2. Puella infelix clamat: „Quo portaris? 3. Ventis et undis vastis circumdaris.
4. Sed animum non demitto. Mox te reperiam."

30 Griechische Mythen

L Im Labyrinth des Todes

König Minos, der über die Insel Kreta herrschte, hatte einst die griechische Stadt Athen besiegt. Seither mussten die Athener alle neun Jahre jeweils 14 Kinder zu Minos nach Kreta schicken. Da diese nie mehr nach Athen zurückkehrten, glaubten die Athener, dass sie auf Kreta dem Menschen fressenden Ungeheuer Minotaurus vorgeworfen werden. Davon erfuhr Theseus, der durch viele Heldentaten berühmt war, bei seinem Aufenthalt in Athen. Er sprach den Athenern Mut zu:

Labyrinth mit dem stiergestaltigen Minotaurus

„Ego a Minotauro non perterreor. In Cretam navigabo et Minotaurum occidam." Ab Atheniensibus, qui ea verba audiverant, virtus Thesei
3 laudabatur: „Tu vir fortis es. Saepe animalia fera et scelerati crudeles a te vincebantur. Saepe ab hominibus laudabaris! Etiam nos libenter te laudabimus."
6 Sed Aegeus, rex Atheniensium, Theseum retinere studuit: „Si contra Minotaurum pugnabis, necaberis. Omnes enim contendunt Minotaurum vinci non posse." Theseus autem iterum atque iterum
9 confirmavit: „Minotaurum non metuo. Certe ab eo animali non necabor. Immo Minotaurus a me vincetur. Vos, cives Athenarum, liberorum causa iam multas lacrimas fudistis; nunc ab eo dolore
12 liberabimini. Certe vobis mortem Minotauri nuntiabo."
In Creta autem Minos rex Theseum risit eique dixit: „Minotaurus intra labyrinthum¹ vivit. Aut a Minotauro occideris aut exitum labyrinthi
15 non iam invenies. Neque patriam salvus videbis." Theseus, ut id audivit, paene animum demisit.

¹labyrinthus *Labyrinth*

²adamāre *m. Akk. sich in jmd. verlieben*
³filum *Faden*
⁴ligāre ad *m. Akk. festbinden an*

Sed Ariadna, filia Minois, quae Theseum adamaverat², animum eius
18 confirmavit: „Scio dolum, quo conservaberis. Corripe id filum³, quod utile tibi erit!"
Et profecto Theseus non modo intra labyrinthum pugna acri
21 Minotaurum superavit, sed etiam exitum labyrinthi invenit. Nam alteram partem fili extra labyrinthum ad saxum ligaverat⁴, alteram partem fili secum habebat. Postea Ariadnae gratias egit.

1 Welcher Unterschied besteht zwischen der Reaktion des Königs Ägeus und der Reaktion der übrigen Athener? Informiere dich über die Person des Theseus und erkläre dann diese unterschiedlichen Reaktionen.

2 Minotaurus wird von den verschiedenen Personen unterschiedlich beurteilt: von Theseus, von den Athenern, von Ägeus und von Minos. Vergleiche die Einschätzung des Ungeheuers anhand der lateinischen Aussagen.

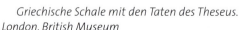

Griechische Schale mit den Taten des Theseus.
London, British Museum

Passiv (Imperfekt, Futur I)

Ü 1 1. Europa patriam desiderabat. Ab Europa patria desiderabatur.
2. Iuppiter Europae dixit: „Homines tertiae parti terrae nomen tuum dabunt. Tertiae parti terrae nomen tuum dabitur." 3. Europa dixit: „A patre desiderabor. 4. Pater me quaeret. Sed ab eo numquam reperiar.
5. Patria a me non iam conspicietur."

2 Der Faden der Ariadne
Für diese Übung benötigt ihr ein Wollknäuel.
Eure Lehrkraft nimmt das eine Ende des Fadens in die Hand und wirft dann das Wollknäuel einem von euch zu. Dabei ruft sie eine Passivform von **nominare** (z. B. **nominabar**). Der Fänger muss diese Form übersetzen. Bei falscher Übersetzung muss er das Wollknäuel zurückgeben. Bei richtiger Übersetzung darf er den Faden festhalten, das Wollknäuel einem Mitschüler zuwerfen und selbst eine Passivform von **nominare** rufen.
Versucht auf diese Weise ein möglichst dichtes Fadennetz zu erstellen, in das alle eure Mitschüler eingebunden sind.

3 Die Athener fürchten um ihre Kinder
Ergänze die lateinischen Formen und übersetze:
Iterum atque iterum pueri et puellae ab Atheniensibus in Cretam ❓
(sie wurden geschickt). Athenienses: „Liberi in labyrinthum *(Labyrinth)* ❓
(sie werden geführt werden). Ibi a Minotauro ❓ *(sie werden gefunden werden)* et ❓ *(sie werden ergriffen werden)* et ❓ *(sie werden getötet werden)*. Quis nobis ❓ *(er wird zu Hilfe kommen)*?" Postquam Theseus in Cretam navigavit, Aegeus Atheniensibus ❓ *(er hat versprochen)*:
„Minotaurus a Theseo ❓ *(er wird besiegt werden)*. Ita ab eo animali crudeli ❓ *(wir werden befreit werden)*."

> VIVITUR PARVO BENE.

4 Latein im Alltag: *Konserve, Ventil, Alternative, konvertieren*
Erklärt die Bedeutung dieser Fremdwörter. Welche lateinischen Wörter verbergen sich darin? Bildet mit jedem Fremdwort einen sinnvollen deutschen Satz.

Szenen aus der Theseussage. Gemälde aus dem 16. Jh. Avignon, Musée du Petit Palais

31 Griechische Mythen

L Der Traum vom Fliegen

Einer der berühmtesten Künstler und Erfinder des Altertums war der Athener Dädalus. Er soll z. B. Figuren konstruiert haben, die sich von selbst bewegten. Auch das Labyrinth, in dem Minotaurus auf Kreta gelebt hat, soll von ihm auf Befehl des Minos erbaut worden sein. Minos war von den Künsten des Dädalus begeistert und wollte verhindern, dass auch andere dieses Können ausnutzten. So hielt er ihn und seinen Sohn Ikarus mit Gewalt auf Kreta fest.

Frederic Leighton:
Dädalus und Ikarus.
Um 1869.
The Faringdon Collection

Daedalus (ad filium): „Ut captivi in Creta retinemur.
Undique mari vasto clausi sumus! Una modo via nobis patet: via per
3 aerem. Volare igitur necesse est. Aliter tyrannum non effugiemus."
Itaque filium multas pennas colligere iussit. Daedalus pennas, quae ab
Icaro collectae erant, cera[1] ligavit[2]. Quo modo ingenio Daedali alae
6 factae sunt. Primum pater alis volare temptavit; deinde filium eam
artem docuit.
Icarus: „Ecce, pater", inquit, „ego quoque in aere pendeo. Certe alae
9 nobis utiles erunt. Captivi non iam erimus." Daedalus respondit:
„Tandem natura ab hominibus superata est. Cretam per aerem
relinquemus et ut aves per caelum volabimus! Ita ad magnum honorem
12 perveniemus." Daedalus et Icarus, postquam omnia paraverunt, Cretam
per aerem reliquerunt.
Daedalus: „Nunc Creta relicta est! Tyrannum crudelem effugimus!"
15 Icarus, dum in aere pendet, ad terram respexit: „Quot insulas in mari,
quot naves in undis video! Me iuvat per caelum volare ut avis." Puer
vehementi laetitia captus erat. Quamquam pater eum monuerat, altius
18 altiusque[3] volavit. Vi autem solis cera tabuit[4]. Ita alae deletae sunt –
et Icarus infelix in mare cecidit. Postea homines contenderunt Icarum
non solum laetitia, sed etiam superbia captum esse.

Nahe bei der Unglücksstelle liegt eine kleine Insel. Zur Erinnerung an das Schicksal des Ikarus trägt sie bis heute den Namen Ikaria.

[1] cēra Wachs
[2] ligāre verbinden, zusammenfügen

[3] altius altiusque höher und höher
[4] tābēscere (Perf. tābuī) schmelzen

1 Beschreibe die auf dem Relief dargestellten Szenen mithilfe der Informationen aus **L**.

Die Geschichte des Ikarus auf einem römischen Relief

Passiv (Perfekt, Plusquamperfekt)

Ü **1** 1. Theseus Ariadnae narravit: „Minotaurus a me necatus est. 2. Quamquam Minotaurus a me necatus erat, tamen in periculo fui. 3. Sed filo (filum *Faden*) tuo conservatus sum. 4. Scio me consilio tuo conservatum esse. Itaque gratias tibi ago."

2 Wie lauten die deutschen Formen im Perfekt Passiv?

du holst	➡	du bist	?	worden
ich mahne	➡	?	?	worden
wir retten	➡	wir sind	?	?
ihr ergreift	➡	?	?	worden
sie rauben	➡	sie sind	?	?

3 Würfelspiel
Nehmt zwei Würfel und klebt auf jede der sechs Seiten einen Zettel, auf dem jeweils eine der folgenden Formen steht:
a) Würfel (blaue Zettel): laudatus, laudati, laudata *(f)*, laudatum, laudatae, laudata *(n)*
b) Würfel (rote Zettel): sum, estis, sunt, eramus, esse, erant
Würfelt mit beiden Würfeln gleichzeitig. Wenn blau-rot eine richtige lateinische Form ergibt, notiert und übersetzt sie.

4 An dem Text in der Randspalte hat der Zahn der Zeit genagt. Vervollständige die Wörter und übersetze.

Daedalus et Icarus servati ␣unt.
Mult␣ insul␣
Ica␣ conspexi␣.
Eo conspect␣ Icarus delectatus ␣st.
Constat alas Icari sole deleta␣ esse.

5 Ordne zu und übersetze:
laudatus est, necatus est, liberati sumus, clausus erat, servati sunt

a) Minotaurus in labyrintho *(Labyrinth)* ? . b) Animus Thesei ab Aegeo ? .
c) Liberi Atheniensium a Theseo ? . d) Postquam Minotaurus ? , Theseus cum Ariadna Cretam reliquit. e) Athenienses: „A magno dolore ? !"

6 Übersetze die folgenden Sätze. Verwende für **afficere** mit Ablativ jeweils ein einziges deutsches Verb.
a) Lictores sceleratos supplicio afficiebant.
b) Mater puerum poena affecit, quia in theatro non tacuerat.
c) Avus liberos muneribus afficit, quia in villa rustica diu laborabant.

7 Ordne richtig zu:
laudatus eram, relicta sum, delebatur, capieris, audimini
Perf. Pass. – Fut. Pass. – Impf. Pass. – Präs. Pass. – Plqupf. Pass.

Aus der Geschichte des Fliegens

450 Meter über dem Erdboden, zehn Minuten Flugzeit, 2,5 km Flugdistanz – dies sind die Daten des ersten unbemannten Ballonflugs am 5. Juni 1783. Am 19. September folgte eine Ballonfahrt mit einem Hahn, einer Ente und einem Schaf als Passagieren und am 21. November wagte sich der erste Mensch mit einem Ballon in die Luft. Als Erfinder des Heißluftballons gelten die Brüder Joseph-Michel und Jacques-Étienne Montgolfier, die dem ersten Ballonmodell ihren Namen gaben.

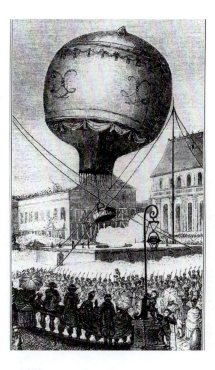

Start einer sog. Montgolfière am 19.9.1783 in Versailles bei Paris

Griechische Mythen

L In der Höhle des einäugigen Riesen

Nach dem Sieg über Troja landete Odysseus auf der Heimreise mit seinem Schiff an einer unbekannten Insel. Voll Neugier brach er mit einigen Begleitern sofort zur Erkundung auf.

Brevi tempore a Graecis spelunca[1] ampla inventa est. Aditus difficilis non erat. Intra speluncam cibos – velut caseum[2] et varios fructus – conspexerunt. Ulixes: „Puto", inquit, „homines hic vitam contentam agere. Eos cognoscere volo!" Quia nemo aderat, Graeci in spelunca consederunt et paulum exspectaverunt. Subito autem clamor ingens a Graecis auditus est – et statim animal vastum speluncam intravit. Cuius conspectu Graeci perterriti sunt: Membra animalis fuerunt tam longa quam altae arbores! Media in fronte unus oculus fuit!

Bleich vor Schrecken flüsterte einer der Gefährten des Odysseus: „Von Ungeheuern dieser Art habe ich schon gehört! Sie werden Kyklopen genannt und sollen furchtbar grausam sein. So, wie dieser Riese aussieht, ist er sicher der Schlimmste von allen. Wenn ich mich richtig erinnere, heißt er Polyphem." Zusammen mit dem Riesen kam auch dessen Schafherde in die Höhle herein.

Polyphemus, ut Graecos conspexit, magnas manus ad eos tetendit et duos comites Ulixis corripuit: alterum manu dextra, alterum manu sinistra. Velut ab hominibus parva saxa tolluntur, ita a Polyphemo ambo Graeci, qui correpti erant, sublati sunt. Denique Polyphemus eos devoravit[3]. Ulixes speravit se Polyphemum verbis lenire[4] posse: „Ingens vir, tibi infesti non sumus!" Polyphemus autem eius verbis motus non est, sed magnum saxum ante exitum speluncae volvit: „Captivi estis!" Tum consedit et fructus cenavit. Iussu Ulixis Graeci saxum, quod a Polyphemo ante exitum volutum erat, movere tetenderunt. Saxum autem nullo modo moveri potuit. Tamen Graeci non desperaverunt, quia dolis Ulixis iam saepe e magnis periculis liberati erant. Ulixem interrogaverunt: „Quomodo[5] Polyphemum effugere possumus?"

1 Erkläre, warum Polyphem ruhig zusehen konnte, als die Griechen versuchten, aus der Höhle zu fliehen.

2 Zeichnet mithilfe der Informationen aus L die Höhle des Polyphem.

Plastik: Kopf des einäugigen Polyphem

[1] spēlunca *Höhle*
[2] cāseus *Käse*
[3] dēvorāre *verschlingen*
[4] lēnīre *beschwichtigen*
[5] quōmodo *wie*

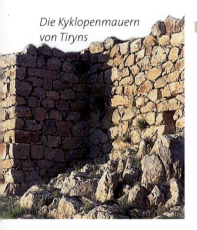

Die Kyklopenmauern von Tiryns

I Kyklopen

Erzählungen aus der Antike berichten, dass es außer Polyphem noch viele andere Kyklopen gegeben hat. Diese hatten nur ein einziges kreisförmiges Auge mitten auf der Stirn. Sie waren vor allem als Schmiede berühmt und sollen in der Unterwelt für die Götter Rüstungen hergestellt und den Dreizack des Poseidon (lat. **Neptunus**) angefertigt haben. Auch als Baumeister gingen sie in die Sage ein, wie ein antiker griechischer Reiseführer aus dem 2. Jahrhundert n. Chr. zu berichten weiß: „Die Mauern von Tiryns sind ein Werk der Kyklopen, von rohen Steinen gebaut. Ein jeder dieser Steine hat eine solche Größe, dass selbst der Kleinste von ihnen durch ein Mauleselgespann nicht von der Stelle bewegt werden könnte." Noch heute nennt man diese Mauern „Kyklopenmauern".

Stammformen (Zusammenfassung)

Ü 1 1. Icarus, dum alas movet, in aere pependit. 2. Magna arte alae ab Icaro motae sunt. 3. Clamor Icari laeti a Daedalo auditus est. 4. Quia Icarus altius altiusque *(höher und höher)* volavit, Daedalus perterritus est.

2 Formenstaffel
➡ Perf. Akt. ➡ Perf. Pass. ➡ Plusqpf. Pass. ➡ Pl. ➡ Perf. Pass. ➡ Perf. Akt.

audis — respicio — doceo — laudat

3 Suche aus **L** 31 und 32 alle PPP-Formen. Bilde zu diesen Formen jeweils den Infinitiv Präsens Aktiv und den Infinitiv Perfekt Aktiv.

4 Ein Brettspiel aus der Antike
Die Spielbretter waren oft mit lateinischen Sätzen beschriftet. Was steht auf den drei abgebildeten Spielfeldern A, B und C? Satzzeichen fehlen, wie dies bei antiken Inschriften üblich ist.

Spielfeld A
```
IBIGRAECICON
SEDERUNTETEX
SPECTAVERUNT
```

Spielfeld B
```
TUMMANUSADCO
MITESINFELIC
ESTENTAESUNT
```

Spielfeld C
```
NUNCMAGNUMSA
XUMAPOLYPHEM
OSUBLATUMEST
```

Die Römer spielten nach ähnlichen Spielregeln wie wir heute Backgammon.

5 Odysseus und seine Gefährten in Not
Ulixes tam ingens animal quam Polyphemum adhuc non [?] *(er hatte erblickt)*. Ingentibus membris [?] *(er ist erschreckt worden)*. Statim ad exitum speluncae *(spelunca Höhle)* [?] *(er hat zurückgeblickt)*. [?] *(er hat überlegt)*: „Quomodo *(wie)* speluncam [?] *(verlassen)* possumus?" Tum duo comites a Polyphemo [?] *(sie sind ergriffen worden)* et [?] *(sie sind getötet worden)*. Saxum ante exitum [?] *(ist gewälzt worden)*. Nunc Graeci [?] *(sie haben gewusst)*: [?] *(wir sind eingeschlossen worden)*.

6 Irrläufer gesucht
a) audiebam – agebam – vocabo – capiebam
b) vocabunt – monebo – audient – capiunt – agam
c) vocas – mones – audis – ages – capis
d) veni – dei – tetigi – laudavi – monui
e) consedi – tetendi – movi – claudi – feci
f) movetis – volvitis – speratis – cepistis – tollitis

7 Ein Angeber
1. Comes Ulixis confirmat: „Postquam Polyphemum conspeximus, non perterritus sum. 2. Manus tetendi et animal vastum corripui. 3. Velut a liberis penna tollitur, ita a me Polyphemus sublatus est. 4. Denique id animal saevum deletum est. 5. Tum a comitibus laudatus sum. 6. Fructus Polyphemi cenavimus; mox insula a nobis relicta est."

33 Griechische Mythen

L Die List des Odysseus

Graeci a Polyphemo in spelunca¹ clausi erant. Ulixes autem comitibus in spelunca clausis dixit: „Polyphemus a mortalibus pugna vinci non
3 potest. Vires eius nimis magnae sunt. Sed eum stultum esse puto. Credite mihi: Dolo igitur eum vincemus." Ita Ulixes comitibus spem fecit. Comites igitur dolo Ulixis saepe servati magnam spem habebant.
6 Paulo post Polyphemus Ulixem interrogavit: „Quis es? Unde venis? Cur venis ad me, qui sum Polyphemus, filius Neptuni?" Ulixes autem Polyphemum decepit: „Ego Nemo nominatus sum. A Graecia veni,
9 quia Polyphemum a Graecis semper laudatum cognoscere volui! Fidem tibi do: Tibi infestus non sum – ecce: donum dulce tibi praebeo." Et statim Polyphemo vinum bonum ac dulce dedit. Qui dono delectatus
12 vinum libenter bibit. Deinde somno alto se dedit. Nunc Ulixes comites iussit ingentem palum², quem in spelunca invenerat, tollere et ad Polyphemum movere. Tum Graeci magna spe adducti oculum, qui
15 media in fronte animalis vasti erat, exstinxerunt.
Polyphemus dolore vehementi commotus magna voce a ceteris Cyclopibus³ auxilium petere coepit: „Nemo me laesit. Nemo oculum
18 meum exstinxit." Et clamare perrexit: „Dolores vix sustinere possum. Amici, adeste mihi contra Neminem! Quando tandem mihi aderitis?" Cyclopes autem eis verbis perturbati putaverunt Polyphemum mentem
21 amisisse. Itaque Polyphemo ab Ulixe decepto non adfuerunt.

Odysseus vor Polyphem. Marmorstatuette. 2. Jh. n. Chr. Rom, Vatikanische Museen

¹spēlunca *Höhle*
²pālus *(spitzer) Pfahl*

³Cyclōps, Cyclōpis *Kyklop*

Rasend vor Wut und Schmerz stürzte Polyphem zu dem Stein, der den Höhleneingang verschloss, stieß ihn beiseite und stürmte nach draußen. Dennoch war der Weg zur Flucht für die Griechen noch nicht frei: Polyphem blieb nämlich vor dem Höhleneingang sitzen und versperrte den Weg. Welche List Odysseus jetzt eingefallen ist, kannst du dem Vasenbild entnehmen.

1 Erkläre, warum die Kyklopen auf Polyphems Hilferufe nicht reagiert haben.

2 Beantworte mithilfe von **L**: Welche zeitlich nacheinander liegenden Szenen des Abenteuers hat der Künstler auf der Vase S. 109 oben dargestellt?

3 Informiert euch über weitere Abenteuer des Odysseus und berichtet darüber. Formuliert zu jedem Abenteuer drei kleine lateinische Sätze.

Griechisches Vasenbild, um 500 v. Chr. Karlsruhe, Badisches Landesmuseum

Partizip Perfekt Passiv (PPP)

*Die Blendung des Polyphem. Darstellung auf einer etruskischen Vase.
6. Jh. v. Chr. Rom, Museo Nazionale di Villa Giulia*

Ü 1 1. A Polyphemo duo Graeci correpti sunt. 2. Graeci correpti a Polyphemo sublati sunt. 3. Nemo Graecos a Polyphemo correptos servare potuit. 4. Ii patriam ante multos annos relictam non iam viderunt.

2 Wer findet mehr als zwölf sinnvolle Zettelkombinationen (aus mindestens zwei Zetteln)?

3 Übersetze die Partizipien zunächst wörtlich und dann mit einem Relativsatz. Welche der Partizipien kannst du auch mit einem Adverbialsatz übersetzen?
Daedalus pennas a filio collectas ligavit *(Verband)*. Daedalus et Icarus Cretam undique mari vasto clausam per aerem reliquerunt. Icarus laetitia captus magna voce clamavit: „Alis a patre inventis in aere pendeo." Alae sole deletae in mare ceciderunt.

(Zettel: gaudebat, laudatus, Graeci, gaudent, Ulixes, servati, est, liberati, sunt)

4 Forme die folgenden Sätze um, indem du den kursiv gedruckten Satz als Partizipialkonstruktion in den anderen Satz einfügst; übersetze dann:

Beispiel: ***Graeci** ab Ulixe servati sunt.* **Graeci** insulam reliquerunt.
➡ ***Graeci** ab Ulixe servati* insulam reliquerunt.

a) ***Ulixes** a Graecis saepe laudatus est.* **Ulixes** comites e periculis liberavit.
b) ***Saxum** a Polyphemo ante exitum volutum est.* Graeci **saxum** movere non potuerunt.
c) ***Graeci** crudelitate Polyphemi perterriti sunt.* Ulixes **Graecis** spem fecit.

NUMQUAM PERICULUM SINE PERICULO VINCITUR.

5 AcI auf dem Götterberg
Scitis montem Olympum in Graecia esse. Graeci putaverunt deos ibi vitam agere. Quia senserunt deos hominibus adesse, eis dona dabant. Existimaverunt se deos donis delectare posse.

Griechische Mythen

L Überwindet die Liebe den Tod?

Musik gehörte schon immer zum Leben der Griechen. Sie glaubten, dass musikalisches Talent eine Gabe der Musen, der Töchter des Zeus, sei. Orpheus, ein Sohn der Muse Kalliope, war besonders musikalisch. Sein Musikinstrument war die siebensaitige Lyra, auf der er seinen schönen Gesang meisterhaft begleitete.

Orpheus bezaubert die Menschen mit seinem Gesang. Rotfigurige Vase aus Sizilien. Um 440 v. Chr. Berlin, Antikensammlung

Orpheus canens non modo homines, sed etiam alia animalia ad se alliciebat[1]. Etiam saxa et arbores vocem dulcem audientes ad eum
3 accedere temptabant.
Sed ne Orpheus quidem fortunam malam effugit. Eurydice enim, quae amore mota ei nupserat, forte serpentem tetigit – et statim ab ea
6 serpente interfecta est. Ita Eurydice divisa est a marito amanti.
Orpheus uxorem desiderans solus in Tartarum ad Eurydicen descendere decrevit. Ibi uxorem inter umbras mortuorum ambulantem vidit. Voce
9 dulci canens studuit animos Plutonis Proserpinaeque commovere:

   A saeva serpente necata est uxor amata!
   Reddite nunc nuptam[2] mihi carmina multa canenti.
12 Eurydicen nuper mihi raptam semper amabo.

Pluto et Proserpina Orpheum canentem audiebant et eius precibus commoti sunt. Neque rex neque regina Tartari Orpheo restiterunt:
15 „Tibi uxorem reddemus, sed audi nostram condicionem: Oculos tuos ab uxore avertere[3] debes, dum eam e Tartaro educis." Orpheus magno gaudio commotus statim fidem dedit. Sed – Eurydicen amans – tamen
18 condicionem neglexit. Nam uxorem adeo desiderans oculos ad Eurydicen vertit, antequam[4] lucem solis vidit. Ita Orpheus fidem servare non potuit – uxorem iterum amisit.

[1] al-licere *heranlocken*
[2] nūpta *Ehefrau*
[3] avertere *abwenden*
[4] antequam *Subj.* *bevor*

1 Welche Szene aus **L** ist auf den beiden Abbildungen unten dargestellt? Vergleiche die Haltung der Eurydike auf beiden Bildern.

2 Spielt die Geschichte von Orpheus in der Unterwelt nach – auf Deutsch oder Lateinisch, mit oder ohne Musik.

Hermes als Geleiter von Orpheus und Eurydike. Relief aus dem 5. Jh. v. Chr. Neapel, Archäologisches Museum

Orpheus, Eurydike und Hermes. Grafik von Gerhard Marcks, 1947

Partizip Präsens Aktiv (PPA)

Ü 1 1. Polyphemus magna voce clamavit. Polyphemus clamans auxilium petivit. 2. Verba Polyphemi clamantis ceteros Cyclopes *(Kyklopen)* perturbaverunt. 3. Cyclopes clamorem Polyphemi audientes riserunt. 4. Ridentes dixerunt: „Nemo Polyphemum laesit." 5. Magna fuit laetitia Graecorum dolum Ulixis laudantium.

2 Wie lautet das fehlende Partizip Präsens in den folgenden Ausdrücken?

Beispiel: Ulixes a Graecis <u>laudatus</u> Graeci Ulixem **laudantes**

a) exitus a Polpyhemo <u>clausus</u>   Polyphemus exitum ?
b) saxum ante exitum a   Polyphemus saxum ante
   Polyphemo <u>volutum</u>   exitum ?
c) Polyphemus stultus ab Ulixe   Ulixes Polyphemum stultum
   <u>deceptus</u>   ?

3 Ordne zu und übersetze; verwende dabei mehrere Möglichkeiten der Wiedergabe: de salute desperantem – leonem interficiens – per caelum volantis – cursum non vertente – Polyphemum conspicientium – carmina canentis – Minotaurum non timenti

a) Hercules ? magnam virtutem demonstravit. b) Europa a tauro *(Stier)* ? abducitur. c) Taurus Europam ? per mare portavit. d) Ariadna Theseo ? filum *(Faden)* dedit. e) Laetitia Icari ? magna fuit. f) Timor Graecorum ? magnus fuit. g) Gloria Orphei ? magna est.

4 Forme die folgenden Sätze um, indem du die kursiv gedruckten Satzteile durch Partizipialkonstruktionen ersetzt:

Beispiel: Orpheus, *quia uxorem desiderabat*, in Tartarum descendit.
➡ Orpheus *uxorem desiderans* in Tartarum descendit.

a) Orpheus, *quamquam arte sua animos animalium movebat*, fortunam malam non effugit.
b) Uxor Orphei, *quae a serpente interfecta erat*, ad umbras mortuorum descendit.
c) Ab Orpheo, *qui carmina canebat*, multi mortales delectati sunt.
d) Arbores saxaque ad Orpheum, *quia voce dulci canebat*, accesserunt.

5 Stelle alle bisher gelernten Wörter zusammen, die zur Wortfamilie „regere" gehören.

6 Wie schnell lernt ein Esel?
Quondam tyrannus magistro *(Lehrer)* praeclaro imperavit: „Doce asinum *(Esel)* carmina canere." Magister iram tyranni timens: „Concede mihi multos annos." – „Quot annos?" – „Decem annos." Tyrannus id concessit. Amici magistri ea verba audientes clamaverunt: „Numquam docebis asinum carmina canere. Tyrannus te necabit." Magister ridens: „Periculum non est. Post decem annos unus mortuus erit: aut tyrannus aut asinus aut ego."

I Orpheus und Eurydike
Die Geschichte um Orpheus und Eurydike faszinierte Künstler durch alle Jahrhunderte. So entstanden bis heute nicht nur zahllose Gemälde wie links die Grafik von G. Marcks, sondern auch Dramen, Opern und sogar Filme, die den Orpheusmythos weiterleben lassen.

Orpheus als Titelbild der kulturellen Monatsschrift DU. Grafik von Jean Cocteau. 1960

Lesen und Üben mit Felix

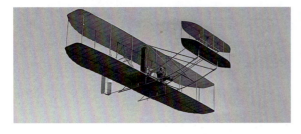

Fliegen heute
1903 gelang der erste Motorflug eines Menschen. Zum hundertsten Jubiläum war der „Traum vom Fliegen" aktueller denn je und kaum eine Zeitung ließ es sich entgehen, über die Bedeutung von Flugzeugen oder anderen Fluggeräten im Leben der Menschen zu berichten.

Homines artem a Daedalo inventam postea iterum invenerunt

Nunc multa *aeroplana*[1] per aerem volant. Multi homines *aeroplanis* celeribus ad alias urbes *transportantur*.

Astronautae etiam ad lunam[2] mittebantur. Quondam astronauta, dum pede lunam tangit, vocavit: „Parvum gradum[3] facio, sed muto vitam hominum."

Multos homines iuvat per aerem volare. Antiquis temporibus Daedalus pennas collectas cera ligavit[4], nos autem *machinis* variis iuvamur. Nonnulli vitam suam *machinis*, quae *dracones* dicuntur, committunt[5]. In aere pendentes existimant se in aves mutatos esse. Sed saepe in periculo sunt. Quot homines – vento capti – ceciderunt et interfecti sunt!

[1] *Die kursiv gedruckten Wörter hast du bisher noch nicht gelernt. Sie sind aber mithilfe der Abbildungen oder der Nähe zu deutschen oder englischen Wörtern leicht erschließbar.*
[2] lūna *Mond*   [3] gradus, gradūs m *Schritt*   [4] cērā ligāre *mit Wachs verbinden*   [5] committere *anvertrauen*

Übersetzungstest

Wie Sisyphus den Tod täuschte

Sisyphus, der König von Korinth, wurde zwar wegen seiner Schlauheit berühmt, machte aber durch sein arrogantes Verhalten die Götter zornig. Jupiter beschloss daher, dass Sisyphus sterben müsse, und befahl dem Tod (Mors, Mortis f), Sisyphus zu den Toten in die Unterwelt zu bringen.

Mors ad Sisyphum properavit, sed is Mortem verbis superbis risit. Sisyphus dixit: „Tu a Iove ad me missa tamen me in Tartarum ducere non poteris." Mors respondit: „Nemo me effugiet!" Sisyphus eis verbis non perterritus Mortem subito corripuit et vinxit[1]. Deinde clamavit: „Nemo de vita decedet, dum Mors vincta sedebit in tecto meo." Mors autem a Marte e vinculis liberata est. Iterum Mors temptavit Sisyphum in Tartarum deportare[2]. Nunc a Sisypho alio modo superata est. Dum in Tartarum descendunt, Sisyphus orans dixit: „Mors, constat homines deis dona dare, cum amici vitam amittunt. Scio uxorem meam dona non dedisse. Itaque permitte me ad uxorem properare et eam admonere[3]." Profecto Mors dolum non intellegens id permisit. Sisyphus autem iterum inter homines vitam egit.

Itaque Mors tertium[4] ad Sisyphum venit. Qui Mortem non iam effugit.

[1] vincīre, vinciō, vinxī, vinctum *fesseln*

[2] dē-portāre

[3] admonēre *ermahnen, erinnern*

[4] tertium *zum dritten Mal*

---

1 Aus zwei mach eins! Bilde jeweils einen einzigen Satz, indem du den zweiten Teil als AcI vom ersten Teil abhängig machst.
Beispiel: Scis: Romulus Romam aedificavit ➡ Scis Romulum Romam aedificavisse.
a) Romani narraverunt: Lupa *(Wölfin)* Romulum et Remum aluit.
b) Constat: Romani multis populis imperaverunt.
c) Scimus: Romani saepe contra Germanos pugnaverunt.
d) Audivistis: Multa aedificia pulchra in urbe Roma sunt.

2 Wer erkennt die Verben?
Wie du weißt, ändert sich bei vielen Verben im PPP der Stammauslaut. Auf den Zetteln siehst du PPP-Formen, die du bisher noch nicht gelernt hast. Überlege dir, welches gelernte lateinische Verb jeweils dazu passen könnte, und ordne dann der PPP-Form ihre deutsche Bedeutung zu.

3 Übersetze zunächst wörtlich und dann mit einem treffenden Adverbialsatz.
a) Ulixes dolis saepe servatus ad insulam Phaeacum *(der Phäaken)* pervenit.
b) Ulixes auxilio Phaeacum gaudens tamen decrevit non diu in eorum insula manere. c) Ulixes patriam desiderans ab eis in patriam portatus est. d) Ulixes audiens adulescentes in tecto suo esse decrevit: e) „Adulescentes in meo tecto vitam agentes vincam. g) Adulescentes me aedificium intrantem non cognoscent." f) Tum Ulixes cum filio adulescentes vires suas verbis superbis laudantes superavit.

Vasen, Spielzeug und

Unsere Reisegruppe besucht mit Felix ein Museum, in dem Funde aus der Römerzeit gezeigt werden. Während sie noch auf die Museumsführerin warten, blicken sie gespannt in die Vitrinen ...

✳ Du, schau mal da, ein römischer Spiegel! Eine etwas eigenartige Form ...

✳ Kannst du nicht lesen? Das ist doch ein Rasiermesser. Komisch sieht es schon aus, ganz anders als der Rasierer meines Papas. Mit so einem Ungetüm haben sich die Römer die Stoppeln aus dem Gesicht gekratzt. In einem Buch hab' ich gelesen, dass die Kelten und Germanen nicht so gut gepflegt waren: Fast alle hatten struppige Vollbärte, igitt. Da sieht doch ein Römer viel besser aus, viel zivilisierter – na, wie heutzutage eben.

Felix Weil du gerade von „zivilisiert" sprichst – die Römer waren ganz schöne Leckermäuler. Hier in der Vitrine liegen Austernschalen! Die gibt's bloß am Meer. Ich glaube fast, dass diese Austern extra hierher gebracht worden sind. Wie die Römer das wohl gemacht haben?

✳ Viel mehr als dieses Meeresgetier interessiert mich das lange Rohr hier. Hört mal, was da steht: „Bleirohr (2. Jh. n. Chr.), gefunden bei Grabungsarbeiten auf dem Gelände der römischen Thermen. Die dicke Kalkschicht auf der Innenseite des Rohres belegt, dass die Badeanlage über lange Zeit mit Wasser versorgt wurde." Die Römer hatten für ihre Bäder also schon perfekte Wasserleitungen!

✳ Das Ding hier wurde auch in den Thermen gefunden. Die Form erinnert mich irgendwie an ein Kuhhorn aus Metall, mit Griff. He, lass mich mal lesen! Aha, das ist also eine **strigilis**, ein „Schaber", und sie diente zur „Körperreinigung". Jetzt verstehe ich gar nichts mehr: Die Römer hatten doch Wasser. Oder haben sie etwa so lange gewartet, bis sie sich den Schmutz am Stück herunterschaben konnten?

Rasiermesser

* Das kann ich mir nicht vorstellen. Leute, die sich täglich rasieren, waschen sich auch. Das muss eine andere Erklärung haben. Bin schon gespannt, was uns die Führerin dazu erzählen wird.

FELIX Aber die Römer hatten auch ein Herz für Kinder: Schaut mal, hier kann man Spielzeug sehen, das sie für ihre Kleinen gebastelt haben.

* Diese Glasgefäße hier sehen toll aus – und ziemlich teuer. Oh, diese Kanne kommt aus Italien, lese ich gerade. Die hat einen ganz schön weiten Weg hinter sich gebracht, bevor sie hier in den Laden kam. Aber die Römer hatten ja ein hervorragendes Straßensystem. Erinnert ihr euch noch an letztes Jahr, als …

FELIX Schaut, gerade kommt die Dame, die uns führen wird. Sie wird uns alles ganz genau erklären. Also kommt!

1 Informiert euch, ob in eurer Gegend ebenfalls Römer gelebt haben und welche Spuren sie hinterlassen haben. Bereitet einen Klassenausflug zu diesem Thema vor.

2 Schlagt in Sachbüchern nach, mit welchen Hilfsmitteln die Römer Bauten wie die Thermen ohne moderne Maschinen errichten konnten.

3 Kurzreferat: Was erzählt wohl die Museumsführerin über das seltsame Gerät namens **strigilis**? Besorge Informationen über Körperpflege und Kosmetik der Römer und stelle deine Ergebnisse in der Klasse vor.

4 Sammelt möglichst viele Abbildungen von römischem Geschirr und schmückt damit euer Klassenzimmer.

L Soldaten und ihr Lohn

¹ante Chrīstum nātum
vor Christi Geburt

Primo saeculo ante Christum natum¹ Romani multis in regionibus domini erant. Toto imperio gentibus imperabant, gentes morem Romanum docebant.

Romani tota Italia milites conscripserunt. Qui etiam extra Italiam pugnaverunt et multis locis castra collocaverunt. Nonnullae cohortes Romā etiam in Raetiam missae sunt. Bellum enim acre ibi erat. Denique nuntius Romam missus est: „Provincia nova nobis est: provincia Raetia!" Quem nuntium Romae omnes libenter audiverunt.

²līmes *der Limes*
³barbarus *Barbar*

In finibus provinciae Romani ingentem munitionem aedificaverunt; quae munitio limes² dicitur. Ita barbari³ ab impetu impediebantur. Sed omnibus, qui sine armis in Raetia negotia agere volebant, aditus in provinciam erat.

Um die Grenze der neuen Provinz vor Übergriffen durch die Germanen zu schützen, errichteten die Römer entlang des Limes eine Reihe von Militärlagern. So waren z. B. in Biriciana, dem heutigen Weißenburg, berittene Einheiten stationiert. Die Soldaten, die in diesen Lagern ihren Dienst taten, waren keine geborenen Römer, sondern kamen aus allen Teilen des Reiches nach Rätien. Einer von ihnen, Mogetissa, war vor einigen Monaten mit seiner Kohorte ins Feindesland aufgebrochen. Voller Sehnsucht wartete seine Frau Verecunda auf ihn.

Soldaten der Hilfstruppen

Tandem Verecunda in agmine militum, quod Biricianam venit, maritum aspexit et ad Mogetissam contendens dixit: „Mogetissa, quam gaudeo te salvum videre! Iter multorum mensium fecisti. Tu multos labores suscepisti! Te miserum duco."

Mogetissa: „Ego me felicem duco. Mox enim mihi dabitur praemium, quod iam diu desidero. Omnes me civem Romanum appellabunt. Praemium enim civitas est. Nemo civem Romanum sine poena violat, nemo civem Romanum capitis damnat sine iudicio. Imperator etiam liberos nostros cives faciet. Nemo eos barbaros putabit. Immo ad rem publicam accedere et cursum honorum transcurrere⁴ poterunt, si praeclarae virtutis erunt."

⁴trāns-currere *durchlaufen*

Paulo post Verecunda laeta deis gratias egit et Mogetissae vasa magni pretii donavit, quae Romae quondam emerat.

1 Finde mithilfe der Karte im hinteren Buchdeckel heraus, welche römischen Provinzen auf dem Gebiet der heutigen Bundesrepublik Deutschland liegen. In welcher dieser Provinzen liegt dein Heimatort?

2 Ermittle aus L, welche Vorteile der Erwerb des römischen Bürgerrechts verschaffte. Suche in dem Militärdiplom (rechts unten) die Namen Mogetissa und Verecunda.

3 Die castra, welche die Römer erbauten, sind auch heute noch in vielen Ortsnamen Deutschlands und Englands zu erkennen: Kastel, Bernkastel, Chester, Leicester. Sucht weitere Ortsnamen, die das lat. castra noch heute erkennen lassen. Ihr könnt dazu z. B. das Ortsregister eines Atlas benutzen.

Feldzeichenträger   Zenturio

Doppelter Akkusativ – Genitiv der Beschaffenheit

Ü 1 1. Romani regiones, in quibus imperabant, provincias *(Provinzen)* dicebant. 2. Romani se dominos orbis terrarum dicebant. 3. Romani saepe domini orbis terrarum dicebantur. 4. Romani orbem terrarum imperium suum putabant. 5. Romani enim homines magnae virtutis fuerunt: 6. Germani *(die Germanen)*, qui item erant magnae virtutis, Romanis resistebant. 7. Germani Romanos dominos orbis terrarum non ducebant.

2 Jeder hat seine Qualitäten. Ergänze die fehlenden Endungen.
Titus, qui erat praeclar [?] virtut [?], feminam amavit. Cui multas res magn [?] preti [?] donavit. Iulia autem eum non amavit: Eum senem putabat – hominem mult [?] ann [?].
Iulia Publium adulescentem amavit. Publius quidem ei res parv [?] preti [?] donavit, sed semper ment [?] laet [?] erat.

3 Mutationsmaschine

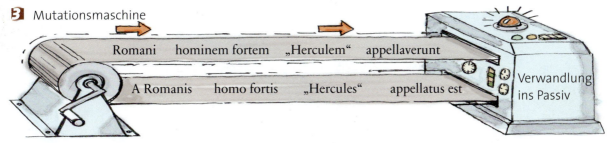

Verwandle die unterlegten Satzteile ins Passiv.

a) Romani eos, qui civitas nondum erat, barbaros *(Barbaren)* vocaverunt.

b) Postea imperator *(Kaiser)* Caracalla omnes, qui neque servi neque servae erant, cives Romanos fecit.

4 Unmenschliche Strenge
Inter milites, quos T. Manlius Torquatus contra hostes ducebat, imprimis filius eius laudatus est, quia omnes virtute superavit.
Is – ab hoste ad pugnam lacessitus *(herausgefordert)* – non cessavit, sed statim e castris discessit. Postquam hostem vicit, animo superbo in castra Romanorum properavit; sed Torquatus filium verbis acribus reprehendit: „Miles Romanus semper parere debet! Tu autem imperium meum non exspectavisti; sine imperio meo pugnavisti." Deinde milites iussit filium suum necare.

Bronzenes Militärdiplom vom 30. Juni 107 n. Chr., Weißenburg, Museum

Das römische Bürgerrecht
Nicht jeder, der im Herrschaftsgebiet der Römer lebte, war damit auch ein römischer Bürger. Das Bürgerrecht (**civitas**) hatten ursprünglich nur die in Rom geborenen freien Männer, also nicht Frauen und Sklaven. Damit waren Rechte und Pflichten verbunden: Bürgerliche Pflicht war u.a. der Dienst als Soldat. Zu den Rechten eines Bürgers zählte z.B., dass er Beamte wählen, aber auch selbst in die Verwaltung und Regierung gewählt werden konnte. Als ab dem 1. Jh. n. Chr. die Wehrpflicht immer weniger von Römern wahrgenommen wurde, eröffnete sich für die Bewohner der Provinzen eine Möglichkeit, das Bürgerrecht zu erwerben: Sie dienten in der Armee und erhielten am Ende der 25-jährigen Dienstzeit für sich und ihre Nachkommen die **civitas**.

Thermen

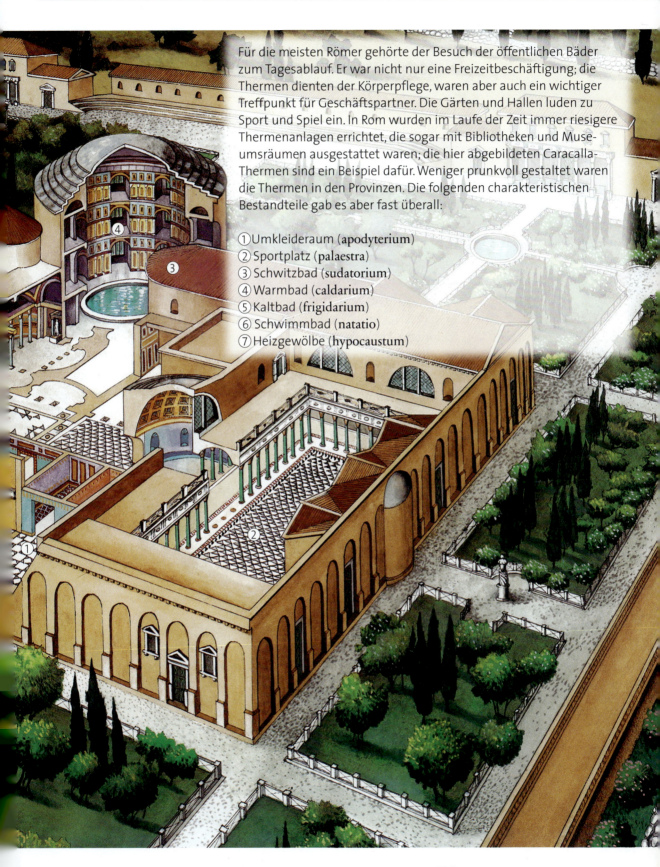

Für die meisten Römer gehörte der Besuch der öffentlichen Bäder zum Tagesablauf. Er war nicht nur eine Freizeitbeschäftigung; die Thermen dienten der Körperpflege, waren aber auch ein wichtiger Treffpunkt für Geschäftspartner. Die Gärten und Hallen luden zu Sport und Spiel ein. In Rom wurden im Laufe der Zeit immer riesigere Thermenanlagen errichtet, die sogar mit Bibliotheken und Museumsräumen ausgestattet waren; die hier abgebildeten Caracalla-Thermen sind ein Beispiel dafür. Weniger prunkvoll gestaltet waren die Thermen in den Provinzen. Die folgenden charakteristischen Bestandteile gab es aber fast überall:

① Umkleideraum (apodyterium)
② Sportplatz (palaestra)
③ Schwitzbad (sudatorium)
④ Warmbad (caldarium)
⑤ Kaltbad (frigidarium)
⑥ Schwimmbad (natatio)
⑦ Heizgewölbe (hypocaustum)

36 Leben in der Provinz

L Erlebnisbäder der Antike

Mogetissa muss einige Zeit später mit einem Trupp Soldaten einen hohen römischen Offizier nach Augsburg begleiten. Am Abend hat er frei und besucht eine Weinschenke. Dort lernt er Titus Claudius Satto aus Kempten kennen.

Satto de Camboduno narrat: „Omnes dicunt Cambodunum loco opportuno conditum oppidum praeclarum esse. Illuc veniens etiam
3 thermas videbis, quae vitam nostram iucundam faciunt.
Thermae, quae „magnae" nominantur, milites delectant. Qui in eis thermis otio se dant. Aliae thermae centurionibus[1] solum patent.
6 Ambae thermae – magna pecunia aedificatae – non tam grandia opera sunt quam thermae urbis Romae. Sed earum dispositio[2] similis est: Etiam in thermis nostris caldarium[3] est; id clarum est lumine solis. Sub
9 solo[4] hypocausta[3] sunt. Quorum flammis totae thermae brevi tempore calefiunt[5]. Et sudatorium[3] illic est et frigidarium[3]. Aqua aquaeductu in oppidum ducitur, unde etiam ad thermas pervenit."
12 Mogetissa: „Omnia ea nullo modo nova duco! Quondam apud Coloniam Agrippinensem[6] magnum aquaeductum aspexi. Prope trecenti arcus[7] sub aquaeductu sunt. Totus aquaeductus paene centum
15 milia passuum longus est! Praeterea Biricianae duae thermae sunt – equidem puto eas tam praeclaras esse quam thermas Romae aedificatas. Sed verum est, quod dicis: Mihi quoque gratum est in thermis esse. Illic
18 more Romanorum me otio dare possum et labores neglegens liber a curis sum. Amicos conveniens sermonibus variis delector et semper res novas cognosco. Etiam cultus corporis me delectat. Interdum me iuvat
21 in palaestra[3] socios cursu celeri superare. Currens etiam corpus meum exerceo. Thermas saepe visitans[8] caelum asperum[9] Raetiae sustinere possum. Profecto Romani nos multas artes docuerunt: Didicimus
24 cultum agrorum; praeterea didicimus aedes et pontes ponere vel vias latas facere. Nunc etiam nobis cultus Romanorum est."

[1] centurio, -onis *Zenturio (milit. Anführer)*
[2] dispositio *Anordnung*
[3] *vgl. S. 118 f.*
[4] solum *Boden*
[5] calefiunt *sie werden aufgeheizt*
[6] Colōnia Agrippinēnsis *Köln*
[7] arcus, ūs *m Bogen*
[8] vīsitāre *besuchen*
[9] caelum asperum *hier: raues Klima*

1 a) Wenn jemand „zu dick aufträgt", dann nennt man dies in der Literatur eine Hyperbel (griech. „Übertreibung"). Wo in **L** findet sich ein Beispiel?
b) Was machte den Besuch einer Therme so attraktiv? Was konnte man dort alles unternehmen? Suche dazu Belege aus **L**.

Römischer Aquädukt in Vussem, einem Ortsteil von Mechernich in Nordrhein-Westfalen. Er ist Teil der sog. Eifelwasserleitung, die im 2. Jahrhundert n. Chr. auf 95,4 km Länge zur Versorgung der Stadt Köln gebaut wurde.

Partizip als Adverbiale (Überblick)

Ü 1 1. Mogetissa domum veniens Verecundam aspexit. 2. Verecunda maritum aspiciens gaudebat. 3. Mogetissam e periculis servatum animo laeto salutavit. 4. Mogetissa manus uxoris comprehendens Verecundam salutavit. 5. Verecunda autem verbis laetis salutata (tamen) timore sollicitatur: Quando (wann) Mogetissa pericula nova suscipiet?

2 Bilde jeweils zu dem in Klammern stehenden Verb eine Partizipform (PPP oder PPA), die sinnvoll in den Satz passt. Übersetze dann den Satz zur Kontrolle.
a) Europa a Iove (terrere) clamavit. b) Sol alas a Daedalo (facere) delevit. c) Polyphemus comites (corripere) Ulixem terruit. d) Pluto Orpheo uxorem (desiderare) condicionem dedit. e) Milites in provinciam (mittere) fines imperii defenderunt. f) In thermis magna pecunia (aedificare) etiam hypocausta *(n Pl. Heizgewölbe)* sunt.

3 De Nymphis
Übersetze in den folgenden Sätzen zunächst das Partizip mit einem passenden Gliedsatz (temporal, konditional, kausal, konzessiv, modal) und spiele dann die anderen Möglichkeiten der Übersetzung des Partizips durch (Beiordnung, Präpositionalausdruck).
a) Antiquis temporibus homines putaverunt deas in fontibus adesse. Quas nymphas appellaverunt. b) Homines ad fontem quiescentes aestum diei effugerunt; voces avium audientes munera naturae laudaverunt. c) Iterum atque iterum Nymphae ad mortales sub arboribus sedentes accesserunt et eorum sermonibus aures dederunt. d) Haud raro Nympha adulescentem pulchrum aspiciens amore ardebat. e) Haud raro dea iuvenem item amore ardentem secum duxit. f) Sed interdum Nymphae iuvenes resistentes rapuerunt.

John William Waterhouse: Ein Jüngling und Quellnymphen. 1896. Manchester, City Art Gallery

4 Ordne die Satzteile zu einem sinnvollen Satz und unterstreiche die geschlossene Wortstellung (Partizip und Bezugswort).
a) a Romanis – visitare *(besuchen)* – thermas – omnes cives – aedificatas – iuvat
b) amicos – cives – thermas – salutant – intrantes
c) etiam mercatores – vident – in thermis – agentes – negotia

> NON EST TUUM, FORTUNA
> QUOD FECIT TUUM.

5 Suche aus **L** alle Adjektive heraus. Welche sind drei-, welche zweiendig? Welche sind der a-/o-Deklination zuzuordnen, welche der 3. Deklination?

6 Einfallsreiche Badegäste
Imperator Hadrianus, postquam thermas intravit, veteranum *(ehemaliger Soldat)* conspexit, quem iam multos annos cognoverat. Quia vidit eum dorsum *(Rücken)* et umerum et ceteras partes corporis in muro terere *(reiben)*, causam eius rei intellegere voluit. Veteranus dixit: „Id facio, quia servus mihi non est." Itaque Hadrianus ei et servum et pecuniam donavit. Sed alio die imperator, dum in thermis est, nonnullos senes item dorsa in muro terentes conspexit; tum Hadrianus risit et iussit alium ab alio defricari *(defricare abreiben)*.

37 Leben in der Provinz

L Wer ist schuld?

Mogetissa: „Satto, dic mihi, quaeso: Quis in imperio Romano ius dicit?"
Satto: „Toto imperio Romano magistratus ius dicunt. Qui praetores
3 nominantur magnamque auctoritatem habent. In Raetia unus praetor
ius dicit. Romae autem a duobus magistratibus ius dicitur: Alter praetor
urbanus[1], alter praetor peregrinus[2] vocatur. Ille iudicat de sceleribus,
6 quae a civibus Romanis commissa sunt. Hic omnia scelera, quae ad
peregrinos[3] pertinent, curat."
Mogetissa: „Ius Romanum praeclarum esse constat. Certe etiam
9 praetores honore afficiuntur."
Satto: „Sic est, sed interdum difficile est iudicare. Exemplum tibi
narrabo. Nuper Romae haec evenisse audivi:
12 Nonnulli homines in via pila[4] luserunt. Unus ex illis pilam impetu
vehementi iactavit; illa pila autem manus tonsoris[5] pulsa est, qui prope
servum radebat[6]. Tonsor autem cultro[7], quem manu tenebat, illum
15 servum infelicem necavit.
Subito undique erat clamor hominum, qui illud aspexerant.
Alii dixerunt: ‚Hoc forte evenit! Nemo in culpa est!'
18 Alii contenderunt scelus esse commissum: ‚Ille, qui auctor huius sceleris
est, in ius vocari debet!'
Sed quis horum trium in culpa est?
21 Num homo, qui pilam iactavit? Nonne ille magna cum cura pilam
iactare debuit?
An culpa est in illo servo a tonsore necato? Nonne ille scire debuit se
24 magno in periculo esse?
An culpa est in tonsore, qui foris servum radebat?
Equidem iudicium praetoris numquam audivi. Et profecto munus
27 iudicis in tali causa difficile est. Quid tu sentis?"

Die Zeit vergeht wie im Fluge. Die beiden verabschieden sich. Mogetissa sucht am nächsten Tag auf dem Marktplatz noch nach einem Geschenk für Verecunda.

Accessit ad mercatores, qui varia vasa Romanorum ante tabernas
posuerant. Vas pulchrum emere voluit et pretium e mercatore quaesivit.
30 Postquam diu de pretio egerunt, mercator vas parvo vendidit. Et
profecto Verecunda hoc dono gaudebat.

[1] praetor urbānus *der für die Römer zuständige Prätor*
[2] praetor peregrīnus *der für die Nicht-Römer zuständige Prätor*
[3] peregrīnus *Nicht-Römer*
[4] pila *Ball*
[5] tōnsor *Friseur, Barbier*
[6] rādere *rasieren*
[7] culter, cultrī *Rasiermesser*

Römisches Rasiermesser (Rekonstruktion)

Römischer Beamter auf seinem Amtssessel, röm. Münze, 95 v. Chr.

1 In Z. 12–15 finden sich zwei verschiedene Tempora der Vergangenheit. Was drücken sie jeweils aus?

2 Das Klassenzimmer wird zum Gerichtssaal
Bestimmt einen „Staatsanwalt", der in seinem Plädoyer darlegt, wen er für schuldig hält. Der „Staatsanwalt" findet in **L** wertvolle Hinweise für seine Rede. Der Ballspieler und der Friseur müssen die Punkte der Anklage entkräften. Alle anderen Schüler sind die Geschworenen, die entscheiden müssen, wer schuldig ist.

Demonstrativpronomina (hic, ille)

Ü 1 1. Satto: „Ecce ostrea *(Auster)*! Haec ostrea donum deorum est. Omnes has ostreas tecum cenabo. Profecto hoc oppidum altera Roma est!"
2. Mogetissa: „Hae ostreae recentes sunt. Hic caupo *(Wirt)* cibos bonos nobis parat. Ostreae huius cauponis bonae sunt. 3. Haec audi: Ille caupo, cui Biricianae taberna est, ostreas tam recentes numquam mihi praebuit.
4. Ille saepe negotia sua neglegit, hic autem probus est."

2 haec und illa
Haec puella novem *(neun)* annorum est – illa puella octo *(acht)* annorum est.
Sed haec nobilis est – illa serva est.
Haec ludit – illa laborat.
Vultus huius laetus est – vultus illius tristis est.
Hanc magister *(Lehrer)* Graecus docet – illam dominus opprimit.

3 Ergänze die passende Form von hic, haec, hoc bzw. ille, illa, illud.
Marcus und Publius halten sich in der Gerichtshalle am Forum auf und beobachten die Rechtsanwälte bei ihrer Tätigkeit:
a) Marcus: „Quis *dieser* patronus *(Anwalt)* est?
b) Publius: „Tune *diesen* ignoras? *Diesem* nomen Gaius est. *Dieser* vir magnae artis est: Orator *(Redner)* praeclarus est. *Jener berühmte*° Plinius eum *diese* artem docuit."
c) Marcus: „Nomen *jenes* viri iam audivi. Nam libellos *jenes* omnes non ignorant. *Jenem* avunculus *(Onkel)* fuit, qui sub monte Vesuvio decessit."

Austernschalen, gefunden in Cambodunum (Kempten)

4 Die Stoppuhr läuft
Wählt zunächst ausschließlich Substantive der a- und o-Deklination und dekliniert sie zusammen mit hic, haec, hoc oder ille, illa, illud. In der nächsten Runde werden nur Substantive der 3. Deklination zusammen mit diesen Pronomina dekliniert. In der dritten und letzten Runde werden Substantive der u- und der e-Deklination mit den Pronomina verbunden.

poena, terra, provincia; murus, faber, numerus; saeculum, telum

gens, nox, virtus; iudex, nepos, auctor; scelus, corpus, munus

magistratus, manus, casus, sensus; dies, res

5 Übersetze und beachte dabei die jeweils angegebene(n) Sinnrichtung(en) der Partizipien.
a) Serva a domino vocata multis de rebus interrogata est. (temporal)
b) Homines novum theatrum aedificantes a civibus laudantur. (konditional, kausal)
c) Pater liberis magna voce clamantibus non adfuit. (konzessiv, temporal)
d) Hospites ad cenam vocati non venerunt. (konzessiv)
e) Cives e periculo servati militibus gratias egerunt. (temporal, kausal)
f) Amicus iterum atque iterum clamans furem perterruit. (modal, kausal)
g) Homines Herculem res difficiles perficientem laudaverunt. (kausal)

Lesen und Üben mit FELIX

Bronzestatuette des Gottes Apollo, gefunden in Weißenburg (Bayern), 2. Jh. n. Chr.

¹Druidēs, -um *Druiden (keltische Priester)*
²plācāre *besänftigen*

³Chrīstiānus *Christ*

⁴morbus *Krankheit*

L Im Tempel des Apollo Grannus

Auf seiner Heimreise nach Weißenburg beschließt Mogetissa, einen Abstecher nach Faimingen zu machen, zum Tempel der Heilgottheit Apollo Grannus. In diesem Gott vereinigten sich der römische Apollo und der keltische Gott Grannus; er war also eine Art „Mischgottheit". Von ihm erhofften sich die Menschen vor allem Hilfe bei Krankheiten.

Im folgenden Text sind dir durch das Druckbild Hilfen gegeben: Gliedsätze und Relativsätze sind eingerückt, die satzwertigen Konstruktionen AcI und Participium coniunctum sind kursiv gedruckt.

Mogetissa,
    dum iter facit,
locum conspexit,
3   ubi Druides¹ antiquis temporibus multa scelera commiserant.
Ibi illi hostes occiderant,
    ut Mogetissa e fabulis parentum cognovit.
6 Nam tum homines deos timebant,
    quia putabant
    eos caedibus tantum placari² posse.
9 Mogetissa
tristem locum conspiciens
secum dixit:
12 Tum cultus deorum crudelis erat.
Nostris diebus tales res non iam eveniunt.
Nam deos timere non debemus.
15 Nuper audivi
homines,
    qui Christiani³ vocantur,
18 *unum deum colere.*
Dicunt
illum deum ab omnibus haec poscere:
21 „Alter alterum amare debet."
Tum Mogetissa iter perrexit et paulo post templum Apollinis Granni intravit.
Hunc deum orabant homines,
24   si morbo⁴ laborabant:
„Nostris precibus aures tuas da! Ades nobis, Granne!"

Teilrekonstruktion des Apollo-Grannus-Tempels in Faimingen (Bayern), dem größten römischen Tempelbau nördlich der Alpen. Seit 1987 ist die Tempelanlage, mit deren Freilegung man bereits im Jahr 1888 begonnen hat, ein Freilichtmuseum.

Übersetzungstest

Laura hat einen merkwürdigen Traum

Laura iam multa de aedificiis operibusque Romanorum didicit. His rebus commota quondam in somno haec vidit:
3 Cum parentibus Romam venit et ibi reliquias[1] thermarum grandium, pontes, moenia munitionesque urbis spectavit, quibus Romani auctoritatem demonstraverant.
6 Sed tum res mira evenit. In via lata ambulantes forte aedes nobiles, quae more Romanorum antiquorum aedificatae erant, aspexerunt. Laura ad parentes:
9 „Vos certe hoc tectum novum ducitis. Equidem contendo id a Romanis antiquis factum esse!" Subito ante aditum aedium feminam conspexerunt. Quae veste
12 antiqua induta[2] erat. Ea: „Quaeso", inquit, „intrate! In aedibus meis liberi a curis eritis – per multa saecula! Praeterea…" Sed eius verbis et conspectu perterriti statim feminam
15 miram effugerunt.

[1] reliquiae, -ārum *Reste*

[2] indūtus, a, um *bekleidet*

1 Übersetze und bilde im Lateinischen den entsprechenden Singular bzw. Plural:
illa verba (!) – his causis (!) – illae provinciae – harum aedium – illarum avium – illum captivum – hae cohortes – hoc animal (!) – hos dolores – haec frons – hi fructus – illos auctores – illius luminis – his auribus (!) – huius membri – hoc oculo – illam pennam – illo scelere – illius diei

2 Übersetze die deutschen Gliedsätze mit einer lateinischen Partizipialkonstruktion. Die lateinischen Wörter, die du hierfür benötigst, findest du im „Wort-Automaten". Beachte beim Übersetzen die geschlossene Wortstellung.
a) Liberi, weil sie von den Eltern gelobt worden waren, **gaudebant**.
b) Corinna et Anna, während sie draußen spielen, **matrem aspiciunt**.
c) Non omnes homines, obwohl sie oft von uns „Freunde" genannt worden sind, in rebus adversis amici veri sunt.
d) Felix liberis, wenn sie schwierige Dinge nicht verstehen, **consilium dat**.

ludere	a parentibus
intellegere	laudare
difficiles	appellare
foris	res
amici	a nobis
non	saepe

3 Die gestohlene Kette
Übersetze die folgenden Ausdrücke; beachte dabei, dass du bei jedem neuen Verb den vorausgehenden Akkusativ noch einmal verwenden musst.

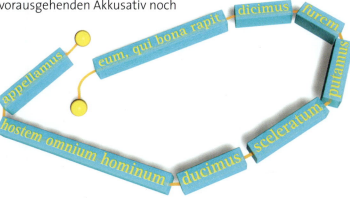

Gefahr für Rom!

Nanu, wer steigt denn da bei Nacht und Nebel hoch?

FELIX Das sind gallische Krieger, die aus dem heutigen Frankreich hierher gekommen sind und unseren Römern noch ganz schön zu schaffen machen werden. Sie haben nämlich den Plan, die Römer im Schlaf zu überfallen und das Kapitol zu erobern!

Und was machst du da oben auf dem Gänsestall?

FELIX Ihr werdet's nicht glauben: Die Gänse waren die Alarmanlage auf dem Kapitol.

Die spinnen echt, die Römer!

FELIX Im Gegenteil, die Römer hatten solche Alarmsysteme bitter nötig. Die Gallier waren nämlich nicht die Einzigen, gegen die sich die Römer verteidigen mussten.

Ach so? Hatten die Römer denn so viele Feinde?

FELIX Sehr viele sogar. Der berühmteste von ihnen war Hannibal, ein Feldherr aus Karthago, einer reichen und mächtigen Stadt in Nordafrika. Als Hannibal mit seinen Soldaten nach Italien kam, machten viele Römer zum ersten Mal Bekanntschaft mit afrikanischen Elefanten – Kriegselefanten!

Das müssen ja riesige Schiffe gewesen sein, auf denen man Elefanten von Afrika bis nach Italien transportieren konnte!

FELIX Nein, nein, Hannibals Truppen sind auf dem viel längeren und anstrengenderen Weg gekommen, womit die Römer nie gerechnet hätten. Als die Karthager in Italien auftauchten, stand der Kampf auf Messers Schneide, denn die Römer waren ja völlig unvorbereitet. Zum Glück haben da die Soldaten nicht gestreikt, wie es früher schon einmal vorgekommen war.

Was? Die Soldaten haben gestreikt?

FELIX Ja, und nicht nur sie. Die Leute aus dem einfachen Volk, die Plebejer, wollten damals mehr Rechte und sind deshalb einfach in den Streik getreten. Wenn ein gewisser Menenius Agrippa nicht eine eindrucksvolle Geschichte erzählt hätte ...

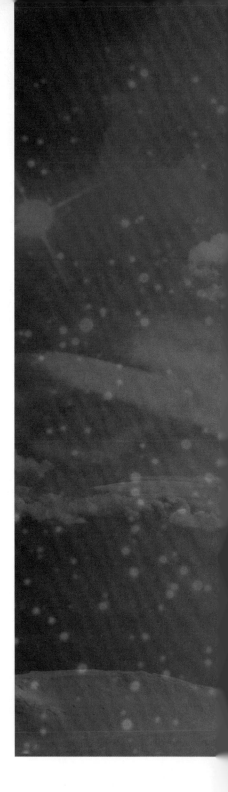

1 Informiert euch, wie in der Antike Städte belagert und verteidigt wurden.

2 Besorgt euch Material über die Ausrüstung eines römischen Soldaten und die Anlage eines römischen Lagers (z. B. in Büchern von Marcus Junkelmann oder in Asterix-Bänden).

3 Geht auf die Suche nach Jugendbüchern über Hannibal und seinen Kampf gegen Rom. Stellt ihren Inhalt euren Mitschülern vor.

Aus der Frühzeit Roms

L Streik in Rom

Nach der Vertreibung der Könige (um 510 v. Chr.) wurde die römische Republik gegründet. Von nun an hatten die Bürger Einfluss auf das, was im Staat geschehen sollte – allerdings nicht alle: Die Macht lag in den Händen der adeligen und reichen Patrizier, die seit der Stadtgründung in Rom beheimatet waren. Die zweite, weitaus größere Bevölkerungsgruppe bildeten die Plebejer. Diese arbeiteten zumeist als Handwerker und waren von den Entscheidungen der Patrizier abhängig.

[1] patriciī, -ōrum *Patrizier*
[2] plēbēiī, -ōrum *Plebejer*
[3] postulātiō, -ōnis *Forderung*
[4] venter, ventris *Magen*
[5] dēficere *abnehmen*
[6] iūre *zu Recht*
[7] concordia *Einigkeit*

Imperium et magistratus patriciis[1] tantum erant, patricii civitati praeerant. Plebeiis[2] autem non licebat ad rem publicam accedere. 3 Denique plebeii haec non iam sustinebant; itaque poposcerunt: „Nisi patricii nos ad rem publicam admiserint, e civitate cedemus, patriciorum imperia neglegemus, alteram 6 urbem condemus!" Patricii autem postulationem[3] plebeiorum parvi fecerunt. Plebeii igitur patricios fugerunt, urbem reliquerunt, in Montem sacrum 9 convenerunt. Tum unus e patriciis his verbis senatores movit: „Patres conscripti! Plebeii ira incensi Romam reliquerunt. Itaque vos de hac re consulo: Quam diu auxilio eorum carere poterimus? 12 Plebeios cogere non possumus – illis persuadere debemus."
Itaque Menenius Agrippa, vir honestus, ad plebeios missus est, qui verbis inimicis eum exceperunt. Denique hanc fabulam eis narravit:
15 „Quondam partes corporis contentae non iam erant; contenderunt se omnia facere, ventrem[4] autem nihil agere. Immo coniciebant se a ventre opprimi: ‚Labore nostro venter cibum accipit et otio se dat. Nos quidem 18 parvi aestimat. Hoc non iam permittemus.' Itaque nonnullos dies nihil agebant. Sed quia cibus defuit, vires totius corporis defecerunt[5]. Tum partes corporis haec intellexerunt: Venter iure[6] pars corporis est, iure 21 cibos accipit. Nam sine labore eius totum corpus viribus caret. Venter nobis consulit et omnia bene temperat. Itaque venter magni est." Qua fabula Menenius Agrippa plebeiis persuasit et concordiam[7] civium 24 restituit.

Bronzestatue eines römischen Redners. Um 80. v. Chr. Florenz, Archäologisches Museum

1 a) Überlege, was Menenius mit seiner Erzählung beabsichtigt.
b) Welche Bevölkerungsgruppe ist mit dem Magen gleichzusetzen, welche mit den rebellischen Gliedern?
c) Wo in der Geschichte findet sich der Höhepunkt und damit auch der Wendepunkt? Welche Erkenntnis haben die Glieder?

I Das Ergebnis der Ständekämpfe

Im Verlauf des 5. und 4. Jahrhunderts v. Chr. kam es noch häufig zu Auseinandersetzungen zwischen den Patriziern und Plebejern, den sog. Ständekämpfen. Schließlich konnten die Plebejer sich durchsetzen und erlangten ein politisches Mitbestimmungsrecht: Ab 494 v. Chr. durften sie eigene Beamte (Volkstribunen) wählen, die ihre Interessen gegenüber den Patriziern vertraten, und erhielten Zugang zur Ämterlaufbahn, dem **cursus honorum**. Außerdem durfte dann zwischen Patriziern und Plebejern auch geheiratet werden.

Verben mit abweichender und unterschiedlicher Kasusrektion – Genitiv des Wertes

Ü 1 1. Antiquis temporibus reges Romanorum irae atque licentiae temperaverunt; etiam hostibus superatis temperaverunt. 2. Hoc modo civitatem bene temperaverunt. 3. Praeterea viros, qui magnae virtutis erant, consuluerunt. 4. Sed Tarquinius Superbus omnibus virtutibus caruit. 5. Romanis praeesse voluit, sed Romanis non consuluit. 6. Itaque Romani eum parvi putabant (faciebant); denique eum pepulerunt.

2 Schau beim Übersetzen genau hin!
a) Consules *(Konsuln)* civibus consuluerunt. b) Etiam consules consilio aliorum non caruerunt; itaque senatores consuluerunt. c) Consules irae temperare debent, dum rem publicam temperant.

3 Übersetze aus dem Brief eines Augenzeugen, der Menenius zu den Plebejern begleitet hat. Achte dabei auf die unterschiedliche Bedeutung der kursiv gedruckten Substantive.
Plebeii, ut scis, nos patricios reliquerunt. Tum senator in curia dixit: „Patres conscripti! Precibus *suppliciis*que deos placare *(besänftigen)* temptavimus. Nihil perfecimus. Una est salus: Plebeiis persuadere debemus. Tuum est hoc *munus*, Meneni." Tum Menenius, postquam parvam *manum* coegit, nobiscum ad Montem sacrum iter fecit. Brevi tempore plebeii nos circumdederunt. Comprehendi nos in *manibus* civium inimicorum esse; *supplicium* metui!
Sed id, quod tum evenit, mihi semper in memoria erit. Menenius dixit: „Neque vos reprehendam neque vobis *munera* dabo. Solum hanc fabulam narrabo." Tum …

4 Das magische Auge
Mithilfe des magischen Auges könnt ihr zu den angegebenen Verben alle Komposita bilden, die ihr schon kennt. Bildet dazu auch jeweils die Stammformen. Beachtet, dass beim „Zusammenbauen" die Vorsilbe assimiliert (angeglichen) werden kann.

5 Knobelaufgabe
Überlege jeweils, nach welchem System die Zeilen angeordnet sind, und ergänze die fehlende Form.

decessit	decedit	decesserat	?	decesserit	decedet
decipior	decipimur	?	decipiuntur	deciperis	decipimini
adducis	adduxisti	adducebas	adduxeras	adduces	?
perfecerant	?	perfecerunt	perficiunt	?	perficient
?	promiserant	promiserunt	?	promittebant	promittent

6 Ein Gespräch unter Geschwistern
a) Claudia: „Cur parentes familiae praesunt? Imperia eorum fugiam."
b) Marcus: „Irae tempera! Nonne parentes tibi bene consuluerunt? Auxilio eorum nondum carere potes." c) Iulia: „Saepe eos consuluimus. Numquam coacti sumus. Immo persuadere nobis semper volebant." d) Quintus: „Parentes semper magni aestimo, quamquam interdum nobis imperant."

Aus der Frühzeit Roms

L Ein Bauer als Diktator

Viele Jahre lang mussten sich die Römer gegen mächtige Nachbarn zur Wehr setzen. Im Krieg gegen die Äquer geriet Rom in große Bedrängnis. Die Senatoren suchten deshalb nach einem „starken Mann", der Rom aus der Notsituation retten konnte.

Senatoribus placuit L. Quinctium Cincinnatum adire et eum dictatorem[1] facere. Nam in illo omnis spes senatorum posita erat;
3 nemini talis virtus erat qualis illi.

Tum Cincinnatus trans[2] Tiberim agros colebat. Senatores eum adierunt dicentes: „Salve, Cincinnate! Senatores consilium inierunt tibi miseram
6 condicionem rei publicae demonstrare: Nos omnes peribimus, nisi tu Romam redieris et hostibus restiteris."

Quinctius eis respondit: „Equidem iam ante duos annos consulatu abii[3].
9 Tamen hoc negotium omnibus viribus meis subibo. Statim vobiscum Romam abibo."

Multi Romani, postquam Cincinnatum arcessitum esse audiverunt,
12 timore affecti sunt; nam illum virum durum esse cognoverant. Dictator autem in forum iit et oratione acri populum movit. Deinde iuventutem arma capere iussit. Paulo post omnes ad proelium parati erant et ex
15 urbe abierunt.

Mox proelium contra hostes initum est. Utraque parte[4] multi occisi sunt; denique Romani Aequos superaverunt. Cincinnatus eis dixit:
18 „Vos superati estis. Tamen non necabimini, quod Romani modum numquam transeunt."

Cincinnatus autem Romam rediens dictaturam[5] statim deposuit, ex
21 urbe abiit, agros suos iterum coluit.

[1] dictātor *Diktator*
[2] trāns *m. Akk. jenseits*
[3] cōnsulātū abīre *aus dem Konsulat ausscheiden*
[4] utrāque parte *auf beiden Seiten*
[5] dictātūra *Diktatorenamt*

1 a) „Ein Bauer als Diktator" – Entnimm dem folgenden Gemälde Hinweise auf die beiden „Berufe" des Cincinnatus.
b) Was für ein Mensch war Cincinnatus? Belege seine Charaktermerkmale anhand von **L**.

Alexandre Cabanel: Cincinnatus empfängt die Gesandten des Senats. 19. Jh. Privatsammlung

ire (mit Komposita)

Ü 1 Auf dem Schulweg 1. Marcus: „In ludum ire interdum mihi non placet. Si quidem magister *(Lehrer)* fabulas narrat, libenter in ludum eo." 2. Publius: „Hahahae! Tu libenter in ludum is, quia Cornelia quoque in ludum it. Tu eam amas!" Marcus: „Ego te …!" 3. Subito alii liberi vocant: „Nos in ludum imus. Cur cessatis, amici?" 4. Statim Publius: „Vobiscum ibimus!" 5. Deinde omnes in ludum ierunt.

2 adire – abire – adesse – abesse
Ordne die folgenden Formen jeweils dem richtigen Infinitiv zu.
Finde die „schwarzen Schafe".
aderas – adieras – adeuntis – abeunt – aberat – adsunt – aedes – abierit – aditus – adite

3 Formentelefon

1 ich	2 du	3 er/sie/es	4 wir	5 ihr	6 sie
	1 perire	2 redire	3 inire	4 subire	
1 Präsens	2 Imperfekt	3 Futur I	4 Perfekt	5 Plusqpf.	6 Futur II

4 Bilde von dem in Klammern angegebenen Verb eine Form, die in den Satz passt.
a) Romani proelium (inire). Proelium a Romanis (inire). b) Vos consilium (inire). c) Mater liberos tectum ineuntes verbis laetis (excipere). d) Verecunda gaudet Mogetissam tandem (redire). e) Cincinnatum multi (adire). f) Numquam modum (transire) oportet. g) Hercules duodecim labores (subire). Hercules quoque Alpes (transire). h) Si duodecim annos in ludum (ire), vos omnes manibus vestris hoc (tenere): „Abitur!"

5 Bilde zu den folgenden Verben in einem ersten Schritt den Plural bzw. den Singular; im zweiten Schritt bildest du die entsprechende Form des Präsens- bzw. des Perfektstammes.
periit, inibimus, adieras, adibam, subierit, redit

6 Welche Bedeutung haben die Verben jeweils?
a) Milites in provinciam *contenderunt*. Deinde cum hostibus *contenderunt*. Nonnulli *contendunt* hostes fortes fuisse. b) Nuper amicum *conveni*. Multi familiares *convenerant*. c) Si Laura *aderit*, mihi *aderit*. d) Mare vi ventorum *agitatur*. e) Publius pretium e mercatore quaesivit. Hic autem pretium mente *agitavit* et respondit: „Emere non poteris!" f) Temporibus antiquis Romani deos *coluerunt*. g) Ii, qui agros *colunt*, agri-colae *(Bauern)* vocantur.

7 Hast du schon gehört?
a) Darius forum transiens amicum videt. b) Dicit: „Audivi Cincinnatum Romam redisse. c) Senatores eum adierunt. Et statim consilium iniit e suo vico abire." d) Amicus: „Negotium difficile subit. Sed omnem spem in illo ponam."

8 Verwandle die folgenden Verbformen nach dem angegebenen Schema:
vendidit, accipiet, servavit, credet, accepi
➡ Passiv ➡ entsprechende Form des Präsens-/Perfektstammes ➡ Aktiv
Beispiel: posuerat ➡ positus erat ➡ ponebatur ➡ ponebat

Aus der Frühzeit Roms

L Gänse retten Rom

Ab 390 v. Chr. eroberten Gallier aus dem Norden weite Teile Italiens und brachten auch den Römern eine empfindliche Niederlage bei. 387 v. Chr. ziehen sie dann gegen Rom.

Galli ipsi, quamquam Romanos proelio superaverant, insidias Romanorum timebant. Postquam autem nullo loco hostes
3 animadverterunt, ad urbem ipsam processerunt.
Itaque Romani a viribus Gallorum oppressi cum coniugibus liberisque in Capitolium abierunt; illic se ipsos atque suos defendere studuerunt.
6 Postquam a Gallis circumdati sunt, per multos dies maximum impetum exspectabant et hostes magna cum diligentia observabant[1]. Sed Galli diu sub Capitolio manebant, moenia non adierunt.
9 Mox Romanis summa inopia erat; tum crediderunt se consilium Gallorum perspexisse: „Certe Galli impetum non facient. Nos peribimus, quia cibis caremus!"

Doch die Gallier hatten einen anderen Plan:

12 Nocte Galli maximo silentio[2] Capitolium occupare student. Ita Romanos decipiunt, ne canes quidem excitant. Sed anseres[3], qui Iunonis ipsius sacri erant, non decipiuntur. Iidem strepentes[4] M. Manlium,
15 virum fortem, e somno excitant. Qui statim omnia perspicit et ex aedibus exiens ceteros ad arma vocat. Gallum videt, qui iam in muro stat; eundem
18 statim occidit. Gallus de muro cadens corpore suo proximos quoque Gallos sternit[5]. Manlius:
21 „Temptate Gallos, amici! Res gestas populi nostri memoria tenete!" Et profecto eadem nocte Galli a
24 Romanis superati sunt.

Gallischer Krieger. Farbrekonstruktion von 1880. Berlin, Archiv für Kunst und Geschichte

[1] observāre beobachten
[2] silentium Stille, Ruhe
[3] ānser, ānseris m Gans
[4] strepere laut schnattern
[5] sternere umwerfen

Die heiligen Gänse der Juno. Marmorrelief aus der Basilika von Ostia. 2. Jh. n. Chr.

1 a) Welche Wirkung hat es, dass das Erzähltempus im zweiten Abschnitt von **L** in das Präsens wechselt? b) Sammle aus **L** die Wörter und Wendungen, an denen man erkennen kann, dass die Römer in der Defensive sind.

I Vae victis

In den Geschichtsbüchern ist keine Rede von den Gänsen: Nachdem die Gallier zuerst am Fluss Allia einen großen Sieg gegen die Römer errungen hatten, zogen sie gegen Rom selbst und eroberten es bis auf das Kapitol. Nur gegen ein hohes Lösegeld (Gold) konnten sich die Römer den Abzug der Gallier erkaufen. Beim Abwiegen des Goldes soll Brennus, der gallische Anführer, mit den höhnischen Worten „Vae victis" (Wehe den Besiegten!) zusätzlich auch noch sein Schwert in die Waagschale geworfen haben, um das Gewicht des abzuliefernden Goldes zu erhöhen und die Rechtlosigkeit der Besiegten zu demonstrieren. Nach sieben Monaten in Rom zogen die Gallier dann ab.

Pronomina ipse und idem – Pronomina als Pro-Formen

Ü 1 1. Cincinnatus ipse consilium iniit dictaturam *(Diktatorenamt)* deponere.
2. Romani auxilio Cincinnati ipsius e periculo servati erant. 3. Omnes Cincinnato ipsi gratias egerunt. 4. Cincinnatus vir fortis erat. Sed idem erat vir durus.

2 Wer dekliniert am schnellsten?
Dekliniert idem, eadem, idem bzw. ipse, ipsa, ipsum zusammen mit einem Substantiv.
regina, inimicus, simulacrum; mos; civitas, cohors, oratio; animal, iter, opus; casus, fructus; dies

3 Übersetze:
a) Alii dixerunt tonsorem (tonsor *Friseur*) in culpa esse, alii dixerunt servum in eadem culpa esse.
b) Puellae cum amicis ludunt, sed eaedem studia non neglegunt.
c) Cincinnatus vir animi acris fuit, sed idem hostibus veniam dedit.

4 Übersetze folgende Sätze in zwei Schritten:
Schritt 1: Übersetzung von ipse mit „selbst" (BLAU)
Schritt 2: Übersetzung durch eine andere Bedeutung (GRÜN), falls nötig

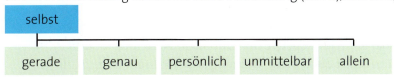

a) Te ipsam semper laudas – virtutem aliorum hominum non vides.
b) Christus ipse dixit: „Dilige *(liebe)* proximum tuum sicut *(wie)* te ipsum."
c) Ego ipse haec omnia perfeci. d) Anseres *(Gänse)* strepuerunt *(schnatterten)*. Hac re ipsa Manlius e somno excitatus est. e) Cincinnatus post victoriam ipsam dictaturam *(Diktatorenamt)* deposuit. f) Pauci Gaium virum honestum ducunt. Sed huic ipsi Claudia nubere cupit.

> DUO CUM FACIUNT IDEM, NON EST IDEM.

5 Roms tapfere Greise
Postquam populus in Capitolium abiit, senes honesti crediderunt Romanis indignum esse hostes effugere. Dixerunt se in suis tectis Gallos exspectare et mortem ipsam subire velle.
Paulo post Galli neque impetu neque vi urbem ceperunt. Eidem autem dolum metuentes praedam neglexerunt neque tecta intraverunt, sed per vicos ierunt et monumenta urbis spectaverunt. Quod portae patebant, in vestibulis *(Eingang)* aedium senes conspexerunt, qui immoti *(unbewegt)* velut simulacra ibi sedebant. Itaque Galli senes deos ipsos putaverunt.
Postquam autem unus e Gallis barbam *(Bart)* M. Papirii senatoris tetigit, magno dolore affectus est: Senex enim caput eius scipione *(scipio Stock)* pepulit. Tum Galli intellexerunt senes deos non esse. Ira incensi omnes necaverunt.

6 Tatort Klassenzimmer
1. Nonnulli liberi pila *(Ball)* ludunt. 2. Unus ex illis pilam impetu vehementi iactat. 3. Hac pila manus puellae pellitur, quae stilum *(Stift)* habet. 4. Illo stilo autem puella oculum amicae violat.

Aus der Frühzeit Roms

L Hannibals Hass auf die Römer

Wer war Hannibal, der einst die Römer das Fürchten lehrte? Bei dem folgenden Erlebnis ist er ein kleiner Junge von neun Jahren, später wurde er einer der berühmtesten Feldherrn der Weltgeschichte.

Hamilcar, pater Hannibalis, imperator Carthaginiensium erat. Idem magnum exercitum in Hispaniam traducere volebat. Hannibal autem,
3 puer novem annorum, domi manere noluit, sed patrem interrogavit: „Cur me tecum ducere non vis? Nam in castris esse malo quam domi. Semper comes tuus esse malebam. Tu et milites tui, nolite me
6 relinquere in patria nostra!"
Hamilcar respondit: „Scio te mecum abire malle quam domi manere. Id sinam, si mihi fidem tuam dederis."
9 Tum Hamilcar puerum ad aram adduxit, in qua sacra faciebat. Hannibal secum cogitavit: Cur pater mecum aram petit? Cur vultus patris tam severus et tristis est? Quid promittere debeo?" Sed Hannibal patrem
12 interrogare noluit. Denique Hamilcar ad Hannibalem dixit: „Tange nunc, mi fili[1], aram et iura hoc iusiurandum: Semper hostis populi Romani ero. Necari malo quam amicus Romanorum esse."
15 Hannibal illa verba repetere non dubitavit. Nam idem odium in Romanos sensit quod pater. Deinde pater filium monuit: „Noli umquam confidere[2] verbis Romanorum! Noli umquam pacem facere
18 cum Romanis!"
Deinde Hannibal pede pulverem movit[3] et clamavit: „Inter Carthaginem et Romam finis belli tum erit, cum urbs altera in pulverem conversa erit."

Hannibal (247–183 v. Chr.), Sohn des Hamilkar Barkas. Feldherr Karthagos im Zweiten Punischen Krieg

[1] mī filī: *Vokativ zu* meus filius

[2] cōnfīdere *vertrauen*

[3] pulverem movēre *Staub aufwirbeln*

1 Gliedere den Text in drei Sinnabschnitte und gib jedem eine geeignete Überschrift.

2 Überlege:
a) Wie fühlte sich Hannibal, als ihn sein Vater zum Altar führte?
b) Warum wagte es Hannibal nicht, seinen Vater nach dessen Vorhaben zu fragen?

3 Wenn Sätze oder Satzteile mit demselben Wort beginnen, nennt man diese sprachliche Erscheinung Anapher. Suche aus **L** Textstellen mit Anaphern. Welche Wirkung wird mit der Anapher an diesen Textstellen jeweils erreicht?

I Hannibal

Hannibal (247–183 v. Chr.) stammte aus einer vornehmen Familie Karthagos. Mit 26 Jahren wurde er Oberbefehlshaber des karthagischen Heeres und bereitete sogleich einen großen Krieg gegen Rom vor. Mit einem Heer von ungefähr 40 000 Soldaten und 37 Kriegselefanten brach er zu einem Zug über die Pyrenäen und die Alpen nach Italien auf. Als er unter großen Verlusten 218 v. Chr. Italien erreicht hatte, breiteten sich in Rom Angst und Schrecken aus.

nolle, malle – noli(te)

Ü 1 1. Hannibal cum patre in Hispaniam transire vult. 2. Hannibal ad patrem: „Cur non vis, pater, me tecum in Hispaniam transire? 3. Carthagine *(in Karthago)* manere nolo. 4. Noli me relinquere in patria!" 5. Puer in Hispaniam transire mavult quam in patria manere.

2 Bilde die entsprechenden Formen von **nolle** und **malle**:
vis – volebatis – voluerunt – vultis – voluisti – volueramus – voluisse – vult

3 Hamilkar fordert zunächst Hannibal, dann seine Soldaten auf. Bilde Sätze und übersetze sie: **Noli / Nolite …**
pacem cum Romanis facere – pecuniam ab hostibus accipere – hostes fugere – mortem timere

4 Formenwürfel
Auf den gegenüberliegenden Seiten der Würfel stehen die entsprechenden Formen von **nolle**. Wie heißen sie?

NOLENS VOLENS.

5 Lieber ein kleines Haus!
Quondam vir clarus parvum tectum sibi aedificari voluit. Architectus (!) autem, quem tectum aedificare iusserat, secum cogitavit: „Cur vir tam clarus parvum tectum possidere mavult quam magnum?" Itaque dixit: „Cur magnum tectum possidere non vis? Tu vir clarus es; itaque magnum tectum tibi esse debet." Vir respondit: „Magnum tectum parvi est. Nam in magnum tectum non semper amici veri veniunt."

6 Wer hat aufgepasst?
a) Salvete, liberi! E vobis haec quaerere volumus: b) „Quo Hamilcar exercitum ducere volebat? c) Cur Hannibal in castris esse maluit quam domi manere? d) Cur iusiurandum iurare non dubitavit?" e) Nolite abire! Respondete, quaeso!

Giovanni Battista Pittoni: Der Schwur Hannibals. 18. Jh. Mailand, Pinacoteca di Brera

42 Aus der Frühzeit Roms

L Hannibal ante portas

Hannibal imperator iam omnes gentes Hispaniae bello vicerat. Etiam Saguntum[1], civitatem cum Romanis amicitia coniunctam, cepit. Deinde Pyrenaeum saltum[2] transiit. Quacumque[3] iter fecit, hostes pepulit et victor abiit.

Tum Hannibal Carthaginiensium copias et multos elephantos[4] Alpes traduxit. Imperator, quamquam ipse interdum animum demittebat, milites itinere laborantes iterum atque iterum convocabat et monebat: „Nolite desperare! Mox in Italia erimus."

Postquam Hannibalis exercitus Alpes superavit et in Italiam pervenit, multis in regionibus Romanos vicit. In Apulia duo consules Hannibali restiterunt. Quorum exercitus ad Cannas uno proelio victi sunt; plurimi milites Romanorum ceciderunt.

Tum Hannibal copias Romam duxit et in montibus urbi propinquis castra collocavit. Romae autem cives de salute desperantes clamaverunt: „Hannibal ante portas!" Mulieres frequentes templa adibant, tristes ad caelum manus tollebant, supplices deos implorabant[5]: „Dei immortales, nolite nos deserere! Nolite Romam perdere! Nisi quis nobis aderit, Roma peribit."

Sed aliqua ex causa, quam nescimus, Hannibal urbem ipsam non oppugnavit, sed hanc regionem cum exercitu reliquit. Notum est aliquos Carthaginienses Hannibalem nolentem domum revocavisse. In Africa autem copiae Hannibalis a Publio Scipione imperatore victae sunt. Scipio laetus Romam rediit. Sed post nonnullos annos Carthaginienses a Romanis coacti Hannibalem in exilium[6] miserunt. Tum ille de salute desperans in portu navem aliquam quaesivit atque in Syriam[7] fugit.

Karthagische Münze. 3. Jh. v. Chr. Die Rückseite der Münze zeigt das Porträt Hannibals.

[1] Saguntum *Sagunt (span. Stadt)*
[2] Pȳrēnaeus saltus *die Pyrenäen*
[3] quācumque *wohin auch immer*
[4] elephantus: *vgl. Fw.*
[5] implōrāre *anflehen*
[6] exilium: *vgl. Fw.*
[7] Syria *Syrien*

1 Beantworte lateinisch: Ubi Hannibal exercitus Romanorum vicit? Ubi Hannibal castra collocavit? Quid cives Romani de salute desperantes clamaverunt? Quis copias Hannibalis in Africa vicit? Quo Hannibal fugit?

2 Verschaffe dir einen Überblick über Hannibals Zug von Sagunt bis Rom. Benutze dazu die Karte am Ende des Buches.

Hannibals Übergang über die Alpen. Kolorierter Holzschnitt aus dem 19. Jh.

Indefinitpronomen (ali)quis – Prädikativum

1 1. Hannibal puer iuravit: „Numquam amicus Romanorum ero."
2. Hannibal senex clamavit: „Hostis populi Romani de vita decedam.
3. Captivus Romanorum perire nolo." 4. Itaque venenum *(Gift)* bibit, quod ab aliquo amico acceperat. 5. Hannibal semper confirmaverat: „Si quis putat me amicum Romanorum esse, errat *(irrt er sich)*."

2 Wer dekliniert am schnellsten?
aliqui puer – aliqua puella – aliquod donum – aliqui imperator – aliquod scelus – aliqui magistratus – aliqua res – aliqua multitudo – aliquod lumen – aliqui iudex – aliqua condicio

3 Suche aus **L** je zwei Beispiele für ein attributiv und ein prädikativ verwendetes Adjektiv.

4 Füge zu den folgenden Substantiven die jeweils richtige Form des Indefinitpronomens **aliqui, aliqua, aliquod** hinzu:
amicitiam – consulis – templo *(Dat.)* – exercitui – itinerum – operibus – consilia – conspectu – rerum – pontes *(Akk.)* – gentem – hominibus – itineris – iudicum

5 Setze die jeweils passende Form von **aliquis** bzw. von **aliqui** ein und übersetze:
Hamilcar Hannibalem ad ? aram duxit. Hannibal scivit patrem sibi ? dicere velle. ? Hannibali adfuit; ita in Syriam fugere potuit. In Syria Hannibal ab ? proditus est *(wurde verraten)*. Num ? audivit Hannibalem Romam cepisse?

Hannibal im Jugendbuch – ein Tipp zum Weiterlesen

„Gleich haben wir ihn, den verfluchten Pass", keuchte Hannibal. Er führte den Zug an und trug Waffen und Gepäck wie der letzte seiner Söldner. Wenn Treiberrufe verrieten, dass ein Elefant stehen blieb, war Hannibal wenig später beim Elefanten, der nicht mehr konnte. Er redete ihm zu, bis er weiterging. Wir alle wussten, dass wir verloren waren, wenn die Nacht auf dem Steilhang über das Heer hereinbrach. Hannibal kreiste um die Elefanten wie ein Hund um die Herde. Einmal stieß er auf mich, als ich auf der Erde lag und mich mit Händen am Hang festkrallte. Er kniete neben mir und versuchte, mich aufzuheben. „Lass los", verlangte er, „ich halte dich."
Mein Gesicht lag an der Erde. „Ich kann nicht mehr", flüsterte ich. – „Du irrst dich", hörte ich ihn sagen. „Du kannst noch, mein kleiner Karthager!" Er nahm mich an den Schultern und drehte mich um. Ich blickte ihm ins Gesicht; er versuchte zu lächeln, aber das gelang nicht einmal ihm. Da stand ich auf.
Und nun blieb ich neben ihm, und es war nicht nötig, dass er mich hielt.

Und dann war auf einmal der Weg nicht mehr steil. Hannibal erkundete ein Stück weit ins Flache hinein. Er kam zurück und brüllte den Hang hinab: „Der Pass! Wir haben ihn!"
Der Schrei wurde weitergegeben. Hannibal horchte ihm nach, viele Male wurde der Schrei wiederholt. „Hörst du", keuchte er, „die alle haben nicht aufgegeben." Er presste mich in wilder Erregung an sich. „Die Elefanten und wir! Wir waren die Ersten."
Der Pass war erreicht. Es war ein geräumiger Sattel, das wurde selbst im Schnee deutlich. Ein Elefant um den andern rückte an Hannibal vorbei.
Die Tiere setzten die Schritte verwundert, als könnten sie nicht fassen, dass es noch eine Stelle auf der Welt gab, die nicht steil war.

(aus: Hans Baumann, Ich zog mit Hannibal, München 1991, S. 118f.)

Welche Situation wird in dem Textausschnitt beschrieben?

Wie verhält sich Hannibal? Nenne einige seiner Eigenschaften.

Mit Felix auf Hannibals Spuren

Felix lädt seine Freunde zu einer Rundreise auf Hannibals Spuren ein – allerdings rückwärts. Mit einem Reiseprospekt planen sie die Route.

Die Römerinnen und ihr Schmuck

Weil die Kriege gegen Hannibal viele Opfer erforderten, hatte man in Rom ein „Anti-Luxus-Gesetz" beschlossen, von dem auch die Frauen betroffen waren: Sie durften unter anderem keinen Schmuck mehr tragen und nicht in einem Wagengespann fahren. Als 195 v. Chr. Karthago längst besiegt war, sollte dieses Gesetz wieder abgeschafft werden, was in Rom zu hitzigen Diskussionen führte; vor allem die Frauen selbst demonstrierten in der ganzen Stadt öffentlich für die Abschaffung dieses Gesetzes. Der Konsul Marcus Porcius Cato trat vor der Volksversammlung in einer Rede energisch für die Beibehaltung des Gesetzes ein, für dessen Aufhebung sprach sich dagegen der Volkstribun Valerius aus:

„M. Porcius Cato, vir clarus et probus, oratione longa et acri irae vix temperavit, quia feminae medio in foro aliquos magistratus adierant.
3 Num quod scelus mulieres commiserant? Nullo modo. Nam illae ad rem publicam admitti nolebant. Illae feminae in consulibus aliisque magistratibus spem ponebant; iis persuadere studebant hanc legem[1] necessariam[2]
6 non iam esse. Ante multos annos Hannibal in Italia bellum gerebat atque urbem Romam opprimere volebat; itaque res publica Romana – inopia oppressa – pecuniā omnium civium egebat[3]. Sed nunc cuncti homines
9 condiciones vitae mutatas esse sentiunt.
Cur ad coniuges nostras fructus pacis non perveniet? Nonne animadvertitis coniuges sociorum auro et argento ornatas[4] per vias urbis portari,
12 nostras autem coniuges sine ornamentis pedibus ire? Concedite nostris feminis idem ius, quod sociorum feminis conceditis!"

Porträt einer reichen römischen Dame. Malerei auf Holz. Um 180 n. Chr.

[1] lēx, lēgis *f* Gesetz
[2] necessārius notwendig
[3] egēre *(m. Abl.)* brauchen
[4] ōrnāre schmücken

1 Setze die Substantive im richtigen Kasus ein. Übersetze dann.
a) Consules (senatores) consulunt. b) Magistratus (res publica) temperant. c) (Amica) persuasi. d) Consules (cives) consulunt. e) Plebeii (ira) non iam temperabant. f) Patricii (auxilium) plebeiorum carere non poterant. g) Imperator (exercitus) praeest.

2 Setze die passenden Verbformen ein und übersetze:
a) Senatores consilium ? . b) Hannibal Alpes ? . c) Cives labores ? . d) Multi milites ? . e) Hannibal in patriam ? .

3 Formentelefon im Aktiv

1 ich	2 du	3 er/sie/es	4 wir	5 ihr	6 sie
1 subire	2 malle		3 nolle		4 posse
1 Präsens	2 Imperfekt		3 Perfekt		4 Plusqpf.

4 Ersetze die Formen von **desiderare** durch die entsprechenden von **velle**. Bilde anschließend die entsprechenden Formen von **nolle**.
Mit dieser Übung lässt sich auch Formenball spielen.
desideras – desiderant – desiderabas – desideraveratis – desideraverimus – desidero

IDEM VELLE ATQUE IDEM
NOLLE AMICITIA EST.

Alle Mann an Bord!

* Hallo, FELIX, was willst du da oben auf dem Schiff?

FELIX Ich warte auf euch. Kommt an Bord! Wir machen eine Reise.

* Wohin willst du mit uns reisen? Wohin soll es denn gehen?

FELIX Wir begleiten eine römische Familie von Rom in den Süden Italiens bis nach Sizilien. Wir brechen von Ostia, Roms Hafenstadt am Tiber, auf.

* Das Schiff schaut aber nicht wie ein Passagierschiff aus.

Felix Da habt ihr Recht. Luxuriöse Passagierschiffe oder Fähren, wie wir sie heute kennen, hatten die Römer nicht. Sie bauten aber große Handelsschiffe und Lastschiffe, die auch Passagiere mitnahmen. Auf diesen Schiffen wurden Waren aus allen Teilen der römischen Welt in die Hauptstadt transportiert. Und eine Millionenstadt wie Rom benötigte – wie ihr euch denken könnt – viele Güter, die auf Schiffen schneller herbeigeschafft werden konnten als mit Fuhrwerken. Weizen wurde z. B. aus Ägypten oder Sizilien eingeführt; aus Ostafrika, Persien und Indien holte man Luxusgüter, z. B. Elfenbein, Papyrus, Gold oder erlesene Gewürze. Auch Sklaven schaffte man mit Schiffen in die Hauptstadt. Und die großen Lastschiffe dienten sogar zum Transport von schweren Steinen für die Bauten in Rom.

* *Hoffentlich werden wir auf der Reise nicht alle seekrank.*

Felix Ja, stürmisch kann es schon einmal werden. Aber wir hoffen, dass Äolus, der Gott der Winde, sich zurückhält und das Meer nicht zu sehr aufwühlt. Außerdem haben wir einen guten Kapitän, der unser Schiff sicher durch das Mittelmeer steuert. Er hat zwar kein Radar und keine computergesteuerte Navigation, und auch der Kompass ist ihm unbekannt. Doch unser Kapitän ist darin geübt, den Kurs tagsüber nach dem Sonnenstand und nachts nach den Sternbildern zu bestimmen.

* *Wie lange sind wir denn überhaupt unterwegs?*

Felix Schon ein paar Tage. Die Reisegeschwindigkeit unseres Segelschiffes beträgt bei günstigem Wind 5 Knoten, das sind etwa 9 km pro Stunde, ein heutiger Frachter schafft etwa 15 Knoten, moderne Containerschiffe bis zu 25 Knoten, also etwa 45 km pro Stunde.
Wir legen zuerst in Pästum an, einer herrlichen Stadt in Süditalien, und besichtigen sie zusammen mit unserer römischen Familie.

* *Und wohin geht's dann weiter?*

Felix Unser Reiseziel ist Syrakus, eine große, berühmte Stadt auf Sizilien, die wir uns natürlich auch ansehen werden. Aber jetzt kommt an Bord, damit die Matrosen die Anker lichten können.

1 Erläutere die Unterschiede zwischen der römischen und der heutigen Passagierschifffahrt.

2 Diskutiert in der Klasse: Welche Gründe sprechen heute für eine Flugreise, welche für eine Schiffsreise (z. B. von Genua aus) nach Sizilien?

3 Projekt: Informiert euch in Fachbüchern oder im Internet über die Bauweise römischer Handelsschiffe. Bastelt mit geeigneten Materialien ein römisches Handelsschiff.

4 Projekt: Gestaltet eine Wandtafel über Süditalien und Sizilien (Geschichte, Sehenswürdigkeiten usw.). Beschafft euch dazu auch Prospekte in Reisebüros.

43 Reise nach Sizilien

L Ein gefährlicher Sturm

Eine Getreidelieferung wird im Hafen umgeladen. Wandmalerei aus Ostia. Rom, Vatikanische Museen

Der Senator Publius und seine Frau Silvia warten mit ihren Kindern Corinna (14 Jahre) und Titus (12 Jahre) in Ostia auf die Abfahrt ihres Schiffes nach Sizilien. Die Familie will in Syrakus Onkel Cornelius besuchen.

Familia navem ascendit et a Licinio, magistro navis, salutatur. Multi servi navem aliquibus rebus complent,
3 velut vino et sale[1]. Magister navis servos ad labores impellit: „Nolite cessare! Properate! Nam ventus secundus
6 est." Publius: Licinius optimus magister navis est. Salus nostra Licinio cordi est. Paucis nautis tanta diligentia est quanta illi."
Paulo post navis mercibus[2] completa est. Nunc nautae ancoras tollunt et
9 navis sine ulla mora portum relinquit. Corinna et Titus felices ineunt iter, quod multos dies exspectaverunt.
Mox familia Publii per mare Tyrrhenum navigat. Titus: „Navis nostra
12 pulchra est. Estne Licinii haec navis?" Publius: „Non Licinii est, sed mercatoris divitis."
Subito gaudium liberorum perturbatur. Nam in caelo nubes atrae
15 imminent[3]. Mater: „Hae nubes mihi curae sunt. Brevi tempore maxima tempestate vexabimur." Tum deos orat: „Noli delere, Aeole, navem nostram ventis adversis! Iuppiter, pater deorum, provide saluti nostrae
18 et veni nobis auxilio!" Paulo post navis undis ingentibus iactatur. Titus metu adductus lacrimas retinere non potest. Itaque pater eum reprehendit: „Noli timere! Viri vere Romani est se fortem praebere. Hoc
21 semper tibi usui erit." Mater autem Publium patrem monet: „Cur Tito timorem crimini das? Patris non est timorem liberorum reprehendere. Multum enim interest inter pueros et viros. Praeterea video te ipsum
24 tempestatem timere." Publius respondere cessat; denique haec concedit: „Ego quoque timore affectus sum."
Denique Licinius navem summa cum diligentia per maris fluctus
27 gubernat[4]. Post duas horas tempestas remittit et omnes laeti iter pergunt.

[1] sāl, salis *Salz*
[2] merx, mercis *Ware*
[3] imminēre *drohen*
[4] gubernāre *lenken, steuern*

1 Welche Wörter und Ausdrücke im Text zeigen, dass Silvia sehr besorgt ist und Titus Angst hat (ab Z. 14)?

2 „Viri vere Romani est se fortem praebere. Hoc semper tibi usui erit." (Z. 20 f.) Was erwartet Publius von Titus? Beurteile die Reaktion des Vaters und vergleiche sie mit deinen Erfahrungen.

I Ostia

Ostia, an der Mündung des Tiber gelegen, war die Hafenstadt Roms. Dort wurde die Ladung der Schiffe auf Kähne umgeladen und den Tiber aufwärts nach Rom transportiert. Im Laufe der Jahrhunderte entwickelte sich Ostia zu einer blühenden Handelsstadt mit etwa 50 000 Einwohnern. Straßen, Wohnhäuser, Theater, Thermen, Verwaltungsgebäude, Tempel, Lagerhallen und Gasthäuser vermitteln uns noch heute einen Eindruck vom geschäftigen Leben in dieser Stadt.

Genitiv der Zugehörigkeit – Dativ des Zwecks und des Vorteils

Ü **1** 1. Mercatoribus Romanis naves sunt. Naves mercatorum Romanorum sunt. 2. Mercatorum est res varias vendere. 3. Variis rebus mercatores civibus provident. 4. Civibus pretia cordi sunt.

2 Ordne die folgenden Ausdrücke richtig zu und übersetze:
mercatorum est – parentum est – nobilium Romanorum erat – magistri navis est
… saluti liberorum consulere
… ad rem publicam accedere
… magna cum diligentia navem gubernare *(lenken)*
… negotia agere

3 Stelle aus **L** die Genitive der Zugehörigkeit, die Dative des Zwecks und die Dative des Vorteils in einer Tabelle zusammen.

4 Wem gehört was?
Bilde Sätze mit dem Genitiv des Besitzers, die zu den Abbildungen passen. Verwende dazu die folgenden Wörter: toga *(die Toga)* – taberna – villa – navis; magister navis – senator – mercator – parentes

Toga senatoris est.

5 Übersetze:
Dum navis Ostiam relinquit, mater liberis dicit: „Numquam tot dies a Roma aberatis quot in itinere nostro." Corinna: „Numquam talem navem vidi qualem nostram." Nunc Titus patrem interrogat: „Cur, pater, naves, quibus merces *(Waren)* in Tiberi flumine Romam portantur, non tantae sunt quantae illae, quas hic vidimus?" Pater respondet: „Tiberis flumen non tam altum est quam mare. Itaque non eaedem naves in Tiberi videri possunt quae in portu Ostiae."

6 Fleißiger FELIX?
FELIX puellis et pueris linguam Latinam *(die lateinische Sprache)* discentibus providet. Itaque eos monet: „Nolite cessare vocabula (!) saepe repetere! Quod vobis magno usui erit. Magistrorum est liberos bene docere iisque adesse; liberorum est in ludo labores subire et magna cum diligentia discere." Nunc autem FELICEM interrogamus: „FELIX, tune semper magna cum diligentia didicisti? Narra nobis! … FELIX, cur nihil dicis? Cur taces?"

7 Wir wiederholen den Wortschatz durch Bilder:
Zeichne zusammen mit einem Klassenkameraden zu acht neuen Vokabeln passende Bilder auf Folien. Neben die Zeichnungen schreibt ihr die lateinischen Wörter. Dann stellt ihr eure Bilder der Klasse am Tageslichtprojektor vor. Dabei verdeckt ihr das geschriebene Wort und lasst es eure Mitschüler nennen. Wer hat die originellsten Ideen?

44 Reise nach Sizilien

L Pästum – Stadt der Griechen

Das Schiff legt im Hafen von Pästum, einer Stadt südlich von Neapel, an. Während ein Teil der Fracht an Land gebracht und das Schiff mit neuen Waren beladen wird, besichtigt die Familie die Stadt.

Der Heratempel von Pästum. Um 450 v. Chr.

Per portam marinam[1] familia Paestum intrat. Pater: „Haec urbs ad parvum flumen sita est. Graeci hanc urbem, quae antea Posidonia nominata est, condiderunt." Titus: „Id scio. In ludo magister Graecus nobis narravit multas urbes in iis regionibus Italiae, quae a Neapoli usque ad Siciliam pertinent, a Graecis conditas esse. Itaque eas regiones Magnam Graeciam appellamus." Mater Titum laudat: „Id bene memoria tenuisti." Sed Corinna ridet: „Si Titus magistro nostro semper aures daret, plus disceret." Titus: „Nisi tu iterum atque iterum cum amicis garrires[2], non semper a magistro monereris." Mater: „Nolite rixari[3]! Etiam ego vos reprehendere possem. Sed nunc aedificia Paesti spectare volumus."

Postquam familia ad maximum templum accessit, pater summa admiratione[4] commotus: „Spectate id templum summa cum diligentia perfectum, quod Iunonis deae sacrum est." Etiam matri et liberis templum Iunonis placet.

Pater: „Non solum architecti[5], sed etiam scriptores, mathematici[6], philosophi Graecorum maxima laude digni sunt. In Graecia etiam magistri clari et egregii discipulos[7] artes docent. His de causis iam maiores nostri in Graecia studuerunt.

Etiam ego adulescens Athenis fui ibique litteris studui. Hodie quoque libenter libros lingua Graeca scriptos legerem, si mihi tempus esset."

Familia, postquam multa aedificia pulchra spectavit, in taberna vires recreat. Silvia: „Libenter diutius[8] vobiscum per vias Paesti irem et plus de templis Graecorum comperirem."

[1] marīnus *am Meer gelegen*
[2] garrīre *schwätzen*
[3] rīxārī *streiten*
[4] admīrātiō, -ōnis *f* *Bewunderung*
[5] architectus: *vgl. Fw.*
[6] mathēmaticus: *vgl. Fw.*
[7] discipulus *Schüler*
[8] diutius *Adv. länger*

Doch die Familie muss zum Hafen zurückkehren, um das Schiff noch zu erreichen. Am Abend sticht es von Pästum aus wieder in See.

1 Welche Einstellung hat Publius gegenüber den Leistungen der Griechen? In welchen Bereichen haben die Römer von den Griechen gelernt?

2 Schreibe aus **L** alle Wörter heraus, die zum Sachfeld „Wissenschaft" gehören.

Rekonstruktion einer Tempelbaustelle. Die Tempel von Pästum waren so stabil gebaut, dass sie sogar das schwere Erdbeben 69 n. Chr. überstanden, durch das die Tempel im nahe gelegenen Pompeji stark beschädigt wurden.

Konjunktiv Imperfekt – Irrealis (Gegenwart)

Ü 1 1. Quia nubes atrae in caelo sunt, Corinna et Titus delphinos (!) non iam vident. 2. Si Corinna et Titus delphinos viderent, gauderent. 3. Nisi nubes atrae in caelo essent, mater non timeret. 4. Silvia: „Si Iuppiter nobis auxilio veniret, tempestate non vexaremur." 5. Publius: „Nisi Licinius navem bene regeret, periremus."

2 Verwandle in die entsprechende Konjunktivform: eratis – volebas – aedificabatur – poteram – remittebatis – retinebantur – nolebam

3 „Modus-Schiffe"
Die drei Schiffe transportieren Indikativ-, Konjunktiv- und Imperativformen. Belade die Schiffe mit den entsprechenden Formen.
eratis – sciretis – augent – sine – es (!) – oppugnaretur – nollemus – noluimus – docerentur – conspiciunt – bibe – comprehendor – itis – complete

4 Heimweh
Corinna: „Romam redire mallem quam in Siciliam navigare. Si nunc Romae essem, meas amicas convenirem. Tum per forum ambularemus multosque homines negotia agentes videremus; etiam tabernas peteremus et nonnullas res emeremus. Domi libros meos legerem, nubibus atris non terrerer." Mater: „Cornelius avunculus (Onkel) autem tristis esset, nisi iter pergeremus."

5 Wenn das Wörtchen „wenn" nicht wär', ...
würde Felix jetzt mit uns nach Italien reisen.
Ergänze die fehlenden Verbformen (iter facere, esse, petere, spectare)
Si nunc feriae (!) ___?___, in Italiam ___?___.
In Italia multa aedificia antiqua ___?___.
Nos non solum Romam ___?___, sed etiam alias urbes praeclaras.

6 Lateinlehrer haben Reisepläne
a) „Si mihi tempus esset, cum familia Ostiam viserem (besuchen). Imprimis forum huius urbis Romanae spectaremus." b) „Ego Athenas navigarem. Otio me darem, librum scriberem, carmina scriptorum clarorum legerem."

7 Setze ein: tot ... quot, tam ... quam, ita ... ut, tanta ... quanta
Nemo ___?___ pulchra voce canebat ___?___ Orpheus.
Romani nullum imperatorem ___?___ timuerunt ___?___ Hannibalem.
Nulla urbs imperii Romani ___?___ erat ___?___ Roma.
In nullo amphitheatro ___?___ homines ludos spectabant ___?___ in Colosseo.

Die Griechen in Italien

Im 7. Jahrhundert v. Chr. gründeten Griechen viele Städte in Unteritalien, darunter die Stadt Posidonia, das spätere Pästum, und Neapel (griech. Neapolis „Neustadt"). Diesen südlichen Teil Italiens von Neapel bis Sizilien mit seinen griechischen Kolonien nannte man **Magna Graecia** (Großgriechenland). Die Tempel von Pästum können wir heute noch besichtigen.
In der **Magna Graecia** und später in Griechenland selbst kamen die Römer mit der griechischen Kultur in Berührung. Sie erkannten, dass die Griechen ihnen in vielen Bereichen überlegen waren, z.B. in der Architektur, Kunst, Literatur, Mathematik und Medizin. Nach anfänglichen Vorurteilen beschäftigten sich viele Römer intensiv mit der griechischen Kultur und begaben sich – wie der Vater von Titus – sogar zum Studium nach Griechenland.

Reise nach Sizilien

L Ein seltsamer Passagier

Am nächsten Morgen kommt die Familie mit einem neuen Passagier, einem einfach gekleideten älteren Mann mit Namen Eugippus, ins Gespräch. Sie erzählt ihm begeistert von ihrem Besuch in Pästum.

SILVIA: „Si nonnullos dies Paesti mansissemus, etiam montes propinquos petivissemus, quorum aere iucundo incolae delectantur."

EUGIPPUS: „Si prius Paesti fuissetis et ad forum issetis, etiam meas orationes audivissetis."

PUBLIUS: „Cur tu orationes in foro Paesti habuisti?"

EUGIPPUS: „Quia philosophus sum. Et philosophi est homines monere et docere. Etiam in Sicilia homines instituere volo. Inde in Graeciam, patriam meam, navigabo."

TITUS: „Numquam putavissem te philosophum esse."

EUGIPPUS: „Cur non? Num me philosophum putavisses, si vestibus pulchris indutus essem?" (Titus tacet.)

EUGIPPUS: „Te non reprehendo. Profecto habitus meus mirus est: Cynicus enim sum. Nos Cynici ut canes in viis et in foris vitam simplicem agimus. Et canis Graeca lingua ‚kyon' appellatur. Cynici vitam simplicem pluris aestimant quam divitias et voluptates."

PUBLIUS: „Cynicus clarus Diogenes fuit. Visne tu, Eugippe, liberis de illo philosopho narrare? Eos facta dictaque Diogenis noscere volo."

EUGIPPUS: „Hoc libenter faciam. Quondam Alexander, rex Macedonum[1], qui iam multa de Diogene compererat, hunc virum adiit. Diogenes ante dolium[2], in quo habitabat, sedit. Postquam Alexander cum philosopho de rebus variis disputavit[3], dixit: ‚Libenter beneficium tibi dabo. Omnia, quae a me optaveris, accipies.' Diogenes autem respondit: ‚Abi paulum a sole!' Certe Diogenes propter illa verba a comitibus regis reprehensus vel expulsus esset, nisi Alexander statim clamavisset: ‚Vellem esse Diogenes, nisi essem Alexander.'"

Diogenes im Gespräch mit Alexander dem Großen. Gemälde aus dem 18. Jh.

[1] Macedonēs, -um
  die Makedonier

[2] dōlium *Fass*

[3] disputāre *diskutieren*

1 Lest L mit verteilten Rollen oder spielt die Szene.

2 Was wollte Alexander der Große mit seinem Satz „Vellem esse Diogenes, nisi essem Alexander" (Z. 25) zum Ausdruck bringen?

3 Welche Menschen gibt es heute, die bewusst ein ähnliches Leben wie Diogenes führen?

4 Was versteht man unter Philosophie und einem Philosophen? Sucht in L die Stelle, die die Aufgabe eines Philosophen definiert. Informiert euch dann in Lexika und stellt eure Ergebnisse in der Klasse vor.

5 Wie wird der Philosoph Diogenes auf den Zeichnungen (S. 147) im Vergleich zu L dargestellt? Überlegt, wie die Bildergeschichte enden könnte. Schlagt in einer Ausgabe von Wilhelm Busch nach.

Konjunktiv Plusquamperfekt – Irrealis (Vergangenheit)

Ü **1** 1. Mater: „Nisi Iuppiter nobis auxilio venisset, navis deleta esset."
2. Pater: „Si diutius *(länger)* per vias ambulavissemus, multa alia aedificia spectavissemus." 3. Corinna: „Si Titus magistro aures dedisset, plus didicisset." 4. Titus: „Non iam ad navem redire potuissem, nisi vires in taberna recreavissem." 5. Corinna: „Si tacuisses, philosophus mansisses."

2 Konjunktivpaare
Konjugiere zusammen mit einem deiner Mitschüler. Du nennst die Verbform im Konjunktiv Imperfekt, dein Mitschüler die entsprechende Form im Konjunktiv Plusquamperfekt:
emerem et emissem – dividerem et divisissem – scriberem et scripsissem

3 Verwandle in den Konjunktiv Plusquamperfekt:
tollerent – mallem – iremus – moneretur – posceretis – esses – crederemus – cuperes – arcesserentur – nesciret – resisterem

4 Formentelefon
Beachtet: Ihr habt jetzt fünfstellige Telefonnummern,
z. B. 13221 – coniunxissem

1 ich	2 du	3 er, sie	4 wir	5 ihr	6 sie
1 condere	2 neglegere	3 coniungere	4 terrere	5 relinquere	6 superare
1 Indikativ			2 Konjunktiv		
1 Imperfekt			2 Plusquamperfekt		
1 Aktiv			2 Passiv		

5 Wenn ich einmal reich wär' ...
a) Paula narrat: „Numquam putavissem me conspectu urbis antiquae adeo commoveri. b) Libenter quondam incola Romae fuissem. c) Divitias pluris aestimavissem quam vitam simplicem. d) Mihi gratum fuisset vestes pulchras induere aedesque amplas possidere."

Wilhelm Busch: Diogenes und die bösen Buben von Korinth

Kyniker

Diogenes, der aus der Stadt Sinope am Schwarzen Meer stammte, lebte in Athen und später in Korinth. Er trat für ein äußerst einfaches Leben ein. So trug er nur einen verschlissenen Mantel, war mit einfachen Speisen zufrieden und lebte in einer Tonne, genauer gesagt in einem Vorratsgefäß aus Ton. Oft provozierte er seine Mitmenschen. Wegen dieser Lebensweise nannte man Diogenes auf Griechisch **kyon** (Hund), was er allerdings nicht als Schimpfwort empfand. Er soll sogar einmal einige Leute, die ihm während eines Empfangs Knochen hinwarfen wie einem Hund, angepinkelt haben – eben wie ein Hund. Menschen, die sich Diogenes zum Vorbild nahmen, bezeichneten sich als Kyniker. Wie Diogenes kritisierten sie mit oft bissigen Worten das Verhalten vieler Menschen, vor allem ein luxuriöses Leben. Diese spöttische Ausdrucksweise der Kyniker lebt in unserem Wort „zynisch" weiter.
Eine der vielen Anekdoten, die über Diogenes überliefert sind, erzählt Folgendes: Als Diogenes mitten am Tag mit einer Lampe über den Marktplatz ging, lachten ihn die Menschen aus. Schließlich fragte ihn einer, was er denn mit seiner Lampe suche. Diogenes' kurze Antwort lautete: „Einen Menschen."

46 Reise nach Sizilien

L Das Schwert des Damokles

Die Familie des Publius hält sich nun schon seit mehreren Tagen bei Onkel Cornelius in Syrakus auf. Cornelius hat der Familie bereits einige Sehenswürdigkeiten der Stadt gezeigt und erzählt Corinna und Titus immer wieder Anekdoten, die mit der Geschichte von Syrakus zu tun haben. Als sie das „Ohr des Dionysios" besichtigen, eine Höhle in den Steinbrüchen, in der der Tyrann seine Gefangenen belauschen konnte, wollen die Kinder mehr über diesen Herrscher erfahren.

Schülerkarikatur

Avunculus[1] de Dionysio tyranno haec narrat:
„Tite et Corinna", inquit, „audite! Ante multos annos Dionysius, tyrannus
3 crudelis, civitatem Syracusanorum[2] opprimebat. Qui multis sceleribus
effecerat, ut a plurimis civibus timeretur. Nonnulli incolae invidia
commoti sunt, quod divitias eius cum divitiis suis composuerunt. Etiam
6 Damocles tyrannum beatum esse dicebat et optabat, ut eandem vitam
viveret quam ille. Dionysius, postquam id audivit, servis mandavit, ut
Damoclem in domum amplam arcesserent. Tum Dionysius: ‚Visne
9 eandem vitam agere quam ego? Visne iisdem voluptatibus delectari?'
Damocles laetus respondit: ‚Libenter volo.' Deinde Dionysius imperavit,
ut lectus aureus collocaretur et in mensis auro argentoque ornatis cibi
12 optimi ponerentur. Damocles in lecto aureo iacens se beatum putabat.
Id tantum optavit, ne umquam finis huius vitae esset; adeo hanc vitam
diligebat.
15 Subito autem perterritus est: Gladium acrem supra caput suum e
lacunari[3] pendentem vidit. Nunc Damocles cibis non iam delectabatur;
timebat, ne gladius – saeta equina[4] tantum fixus – in caput caderet.
18 Statim ab ea vita beata desistere cupivit. ‚Talem vitam, o tyranne',
inquit, ‚qualis tibi est, agere nolo. Vitam tuam non iam cum mea
comparabo.' Deinde tyrannum rogavit, ut domum redire sibi liceret.
21 Et Dionysius ei permisit, ut abiret. Sic voluptates antea desideratae
compositae sunt."
Corinna: „Tyrannus profecto vir miser erat."

[1] avunculus *Onkel*
[2] Syrācūsānī, -ōrum *die Syrakusaner (Bewohner der Stadt Syrakus)*
[3] lacūnar, -āris *n Zimmerdecke*
[4] saeta equīna *Pferdehaar*

1 Schreibe acht Wörter bzw. Ausdrücke aus **L** heraus, die für den Inhalt des Textes von entscheidender Bedeutung sind.

2 Gliedere **L** in Sinnabschnitte. Gib jedem eine geeignete Überschrift.

3 a) Was wollte Dionysios gegenüber Damokles bei dem festlichen Essen verdeutlichen?
b) Was meint Corinna mit ihrer Feststellung „Tyrannus profecto vir miser erat"?
c) Nenne Herrscher, die sich heute in ähnlicher Weise verhalten wie Dionysios.

4 Was versteht man heute unter einem Damoklesschwert? Nenne einige Beispiele für den Gebrauch dieses Ausdrucks.

Das sog. „Ohr des Dionysios" in den Steinbrüchen von Syrakus, wo der Tyrann seine Gefangenen belauscht haben soll

Objektsätze (Begehrsätze)

Ü 1 1. Liberi parentes oraverunt, ut in taberna vires recrearent. 2. Liberi orabant, ut sibi liceret tabernam adire. 3. Liberi a parentibus petiverunt, ne omnia aedificia Paesti spectarent. 4. Mater liberos monuit, ut ad portum redirent. 5. Nam timebat, ne navis portum brevi tempore relinqueret.

2 Schreibe aus **L** alle Satzgefüge heraus, die einen Gliedsatz mit Konjunktiv enthalten. Unterstreiche die Gliedsätze, die einen Wunsch ausdrücken, grün, die Gliedsätze mit einer Aufforderung blau. Markiere mit denselben Farben die Verben im Hauptsatz, die einen Hinweis auf den Wunsch bzw. die Aufforderung geben.

3 Äolus, der Gott der Winde, hat hier sein Unwesen getrieben. Fügt in Gruppenarbeit die Sätze wieder richtig zusammen.

Damocles optabat	ut	Roma deleretur.
Damocles timebat		umquam amicus Romanorum esset.
Hamilcar optabat	ne	vires in taberna recrearentur.
Mater liberos monuit		eandem vitam viveret quam Dionysius.
Magister navis imperavit		gladius in caput caderet.
Hamilcar Hannibalem monuit		nautae ancoras tollerent.
Cives de salute desperantes timebant		saluti familiae provideret.
Mater Iovem oravit		Hannibal iusiurandum iuraret.
Liberi optabant		ad portum properarent.

4 Die Germanen übernahmen, wie einige andere Völker, nicht nur viele Arbeitstechniken von den Römern, sondern auch häufig die Bezeichnungen, die damit im Zusammenhang standen. Die folgenden lateinischen Wörter rund um das Bauwesen finden sich leicht abgewandelt im Deutschen. Wie lauten die Begriffe wohl heute?
postis, murus, fenestra, porta, caminus, cellarium, tegula, caementum, calx, via strata

5 Wo ist der Störenfried?
malui – mavult – maluistis – malum
eo – imus – iis – ieratis – istis
vult – volat – volunt – volebas – volueras

Syrakus

Auch auf Sizilien ließen sich die Griechen nieder und erbauten bedeutende Städte wie Syrakus. Bis zur Eroberung durch die Römer regierten in dieser Stadt immer wieder Alleinherrscher, die die Griechen als Tyrannen bezeichneten. Während manche Tyrannen beim Volk durchaus beliebt waren, unterdrückten andere ihre Untertanen und übten ihre Herrschaft – wie der uns aus **L** bekannte Dionysios I. – auf grausame Weise aus.

L Der Sänger Arion und der Delfin

Corinna und Titus haben ihrem Onkel begeistert erzählt, dass sie während der Schifffahrt nach Sizilien Delfine gesehen haben. Onkel Cornelius kennt eine eindrucksvolle Geschichte von einem Sänger und einem Delphin:

¹Arīōn, Arīōnis *Arion*
²poēta *m Dichter*

Arion¹, poeta² clarus, diu plurimos incolas Siciliae carminibus pulchris delectaverat. Nemini umquam poetae tot homines in foris oppidorum aures
3 dederant quot Arioni. Nemo umquam poeta tam dives erat quam Arion. Qui multos annos ibi homines delectavisset, nisi patriam Graecam adeo desideravisset. Quod domum redire volebat, portum Syracusarum³ petivit et

³Syrācūsae, -ārum *f Pl. Syrakus (Stadt auf Sizilien)*

6 aliquem magistrum navis oravit, ut sibi liceret cum eo in Graeciam navigare. Magister navis respondit: „Tua salus mihi magnae curae erit. Libenter te nave mea recipiam⁴. Summa cum diligentia navem per fluctus maris regam."

⁴recipere, recipiō *(m. Abl.) aufnehmen (in)*

Erfreut ging Arion an Bord des Schiffes, das bald darauf den Hafen von Syrakus mit Kurs auf Griechenland verließ. Der Kapitän steuerte zwar das Schiff, wie er versprochen hatte, sicher durch das Mittelmeer, hetzte aber nach einiger Zeit voller Neid auf Arions Reichtum seine Matrosen auf: „Wenn wir so reich wären wie Arion, müssten wir nie mehr arbeiten. Ich habe einen Plan, wie wir uns Arions Geld verschaffen. Wir werden Arion über Bord werfen und behaupten, dass er bei einem Sturm ins Meer gestürzt ist." Die Matrosen stimmten dem grausamen Plan zu. Als Arion sah, dass sich die Mienen der Matrosen immer mehr verfinsterten, bekam er Angst.

Delfinreiter. Silbermünze aus Tarent. Um 330 v. Chr.

9 Arion timebat, ne a nautis necaretur; itaque magistro navis dixit: „Magistri navis est providere saluti hominum, qui nave iter faciunt; sed tibi mea salus cordi non est."

12 Magister navis Arionem risit: „Numquam in Graeciam redibis. Nam te in mare mittemus. Tuae divitiae nobis erunt." Metu adductus Arion secum cogitavit: „Si in Sicilia mansissem, nautae mihi nunc necem parare non
15 possent."
Subito autem hoc poetae in mentem venit: „Fortasse⁵ ars mea me servabit." Tum magistrum navis rogavit, ut carmen ultimum⁶ canere sibi liceret.
18 Magister navis iterum risit; sed Arioni permisit, ut carmen caneret. Deinde Arion voce pulchra carmen cecinit. Brevi tempore delphinus⁷ ad navem accessit, quia carmen ei
21 placebat. Statim Arion medias in undas se misit. Delphinus autem Arionem ex undis servavit et poetam in tergo⁸ sedentem ad litus portavit.

Die Quellnymphe Arethusa, umgeben von vier Delfinen. Silbermünze aus Syrakus. Um 400 v. Chr.

⁵fortasse *vielleicht*
⁶ultimus *der letzte*
⁷delphīnus: *vgl. Fw*
⁸tergum *Rücken*

Übersetzungstest

Zwei berühmte griechische Dichter

Corinna und Titus unterhalten sich über die zwei berühmten griechischen Dichter Äsop und Homer:

Corinna: „Mihi nomina nonnullorum poetarum[1] Graecorum nota sunt. Iam multas fabulas Aesopi poetae legi."
3 Titus: „Certe tot fabulas legi quot tu. Estne tibi notus Homerus poeta?"
Corinna: „Iam multa de illo poeta[1] audivi. Si nomen illius poetae ignorarem, a magistro nostro reprehenderer. Homerus poeta in libris suis
6 narravit Troiam urbem decem annos a Graecis oppugnatam et dolo captam esse."
Titus: „Etiam de erroribus[2] Ulixis narrat. Corinna, estne tibi notus ille
9 dolus, quo Ulixes Polyphemum Cyclopem vicit?"
Corinna: „Cur me iterum rogas? Discipuli[3] est nomina et libros scriptorum clarorum non ignorare. Ulixi salus comitum magnae curae erat.
12 Itaque Ulixes comitibus imperavit, ut Polyphemo vinum pararent. Tum dixit se Neminem appellari."
Titus: „Illum dolum bene memoria tenuisti."
15 Quod Titum semper iuvat Corinnam terrere, nunc dicit: „Nisi Ulixes Polyphemum superavisset, nostra navis fortasse[4] a Cyclope[5] deleta esset."
Corinna ridet: „Tite, noli putare me tuis verbis perterreri."

[1] poēta *m* Dichter
[2] error, -ōris *Irrfahrt*
[3] discipulus *Schüler*
[4] fortasse *vielleicht*
[5] Cyclōps, -ōpis *Kyklop*

1 Bilde zu den folgenden Verbformen jeweils den Konjunktiv Imperfekt und Plusquamperfekt:
scribunt – figebatis – rogatur – ascendent – quaero – vendunt – poteramus – vultis – arcessebamur – imus – nolebam – mansistis

2 Italienisch und Latein
Durch deine Lateinkenntnisse verstehst du auch die folgenden italienischen Wörter. Nenne jeweils die lateinische Wurzel.
leggere – tempesta – libro – morte – semplice – scrivere

3 Erkläre die folgenden Fremdwörter, indem du sie auf ihre lateinische Wurzel zurückführst. Informiere dich ggf. in einem Fremdwörterlexikon über die Bedeutung der dir unbekannten Wörter.
Optimist – Navigation – Gaudi – Visite – Laudatio – Provision – fixieren – Impuls – simpel – Domizil – Option – Mensa – Skript – Lektüre – dozieren – Literatur – Qualität – komplett – identisch
Bilde mit jedem Fremdwort einen sinnvollen Satz.

4 Der Sprachexperte
Ordne die lateinischen Fachausdrücke den deutschen Entsprechungen zu:

Konjunktiv – Irrealis – Passiv – Imperfekt – Indikativ – Imperativ – Infinitiv – Demonstrativpronomen – Possessivpronomen

hinweisendes Fürwort – Leideform – Wirklichkeitsform – Möglichkeitsform – Nichtwirklichkeit – besitzanzeigendes Fürwort – Grundform – Befehlsform – 1. Vergangenheit

M3 Informationen beschaffen – Textquellen benutzen

Immer wenn du dich vertieft mit einem Thema beschäftigst – z. B. für eine Projektarbeit (vgl. etwa die Aufgaben 2 und 3 auf S. 127) –, musst du dir Fachliteratur besorgen und diese auswerten.

Bücher finden

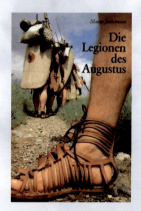

Die verlässlichsten Informationen entnimmst du Büchern. In der Schul- oder Stadtbücherei sind die Bücher auf zwei verschiedene Arten alphabetisch verzeichnet: in einem Verfasser- und einem Sachkatalog. Wenn du also bereits einen Buchtipp erhalten hast (wie in Aufgabe 2 auf S. 127: Bücher von Marcus Junkelmann), kannst du einfach über den Verfasser (Junkelmann, Marcus) auf die Suche gehen. Wenn du verschiedene Bücher zu Rate ziehen willst, empfiehlt sich die Suche nach Stichwörtern (z. B. Römer, Militär, Ausrüstung, Lager).

Suchen kannst du in der Bücherei entweder in einem Verzeichnis aus Karteikarten oder mit einem bibliothekseigenen Computerprogramm. Wenn du erfolgreich warst, erhältst du Angaben über Verfasser, Erscheinungsort und -jahr des Buches sowie seine Signatur – das ist eine Folge von Buchstaben und Zahlen, die seinen Standort in der Bibliothek verraten.

Im Internet recherchieren

Dem Internet lassen sich ohne Mühe die vielfältigsten Informationen entnehmen; da aber weltweit jeder seine Angebote ganz unkontrolliert ins Netz stellen kann, sind diese von unterschiedlichster Qualität.

Wenn du nicht nach einer bestimmten Adresse suchst, empfiehlt sich die Recherche über eine Suchmaschine (z. B. www.google.de). Hier führt die Eingabe von Stichwörtern zu den einschlägigen Websites. Nach dem Öffnen dieser Seiten musst du nun jeweils überprüfen, ob dir die gegebenen Informationen nützen – aber auch, ob sie stimmen, z. B. mithilfe neuerer Nachschlagewerke.

Textquellen interpretieren

Um die Glaubwürdigkeit einer Textquelle zu ermitteln und die hinter ihr stehende Absicht zu erkennen, solltest du dir die folgenden Fragen stellen:
- Stammt der Text aus der Zeit, über die er berichtet, oder wurde er später verfasst?
- Handelt es sich z. B. um einen sachlichen Text, eine Erzählung, eine Rede oder einen Brief?
- Was weißt du über den Autor des Textes? Hat er selbst erlebt, worüber er schreibt?
- Mit welcher Absicht / zu welchem Zweck wurde der Text verfasst?

In jedem Fall lohnt es sich, mehrere Texte zu einem Thema zu vergleichen.

■ Wer war Hannibal? Vergleiche die Informationen, die die Lektionstexte 41 und 42 geben, mit dem Auszug aus dem Jugendbuch auf S. 137, der folgenden Übersetzung aus dem Werk des römischen Geschichtsschreibers Livius (59 v. Chr. – 17. n. Chr.) und dem Wikipedia-Artikel. Nimm die oben angeführten Fragen zu Hilfe.

Hannibal

Man erzählt auch, Hannibal habe, als er ungefähr neun Jahre alt war, auf jungenhafte Art seinem Vater Hamilcar das Versprechen entlockt, ihn mit nach Spanien zu nehmen. Als dieser nach Beendigung des Afrikanischen Krieges zur Vorbereitung der Überfahrt seines Heeres dorthin eine Opferhandlung vollzog, habe er den Jungen an den Altar herangeführt, ihn das Opfer berühren und schwören lassen, dass er – sobald er könne – als Feind des Römischen Volkes auftreten werde. (Livius XXI,4)

Texten Informationen entnehmen

Text bearbeiten

Kopiere dir am besten die Texte, denen du Informationen entnehmen willst, damit du sie aktiv – d. h. „bewaffnet" mit Bleistift und Textmarker – lesen kannst.

Hannibal

Hannibal (247–183 v. Chr.) stammte aus einer vornehmen Familie Karthagos. Mit 26 Jahren wurde er Oberbefehlshaber des karthagischen Heeres und bereitete sogleich einen großen Krieg gegen Rom vor. Mit einem Heer von ungefähr 40 000 Soldaten und 37 Kriegselefanten brach er zu einem Zug über die Pyrenäen und die Alpen nach Italien auf. Als er unter großen Verlusten 218 v. Chr. Italien erreicht hatte, breiteten sich in Rom Angst und Schrecken aus.

Unterstreiche beim ersten Lesen alles, was dir wichtig erscheint. Verwende dazu einen Bleistift; Bleistiftstriche fallen kaum auf und die Übersicht leidet nicht, wenn du etwas Falsches anstreichst. Gliedere anschließend den Text in Sinnabschnitte und markiere in jedem die wichtigsten Schlüsselbegriffe mit Textmarker; je weniger du hier anstreichst, desto genauer hast du erfasst, was wichtig ist.

Informationen ordnen

Um die in den Texten markierten Erkenntnisse zu ordnen, kannst du z. B. Karteikarten anlegen. Die wichtigsten Merkmale einer guten Karteikarte sind:
- wenige zentrale Begriffe, möglichst mit eigenen Worten
- grafische Verdeutlichung der Beziehungen zwischen den Begriffen

Mithilfe einer übersichtlichen Karteikarte kannst du dir die Zusammenhänge leicht einprägen. Wenn du die Ergebnisse deiner Recherche der Klasse vorstellen sollst, benutzt du die Karte als Gedächtnisstütze.

Größere Zusammenhänge lassen sich durch die Anlage einer **Mind-Map** gut strukturieren. Verwende einen großen Bogen Papier und notiere in der Mitte dein Thema. Zu diesem Thema bildest du dann Oberbegriffe, die als „Äste" davon ausgehen; diese lassen sich dann noch beliebig in „Zweige" aufspalten.

Cäsar, Augustus und der Sommer

Wer weiß schon, dass zwei berühmte Römer die Namensgeber für die beiden wichtigsten Monate des Sommers sind? Die Kalenderblätter informieren euch über Cäsar und Augustus, jene beiden Herrscher, nach denen man die Monate Juli und August benannt hat.

Juli

mensis Iulius – Juli – July – Juillet – Luglio

Gaius Iulius Caesar (100–44 v. Chr.) war ein außergewöhnlicher Mensch. Als genialer Feldherr schlug er viele erfolgreiche Schlachten und eroberte u. a. in wenigen Jahren ganz Gallien, das heutige Frankreich.
Aber auch als Schriftsteller und Redner war Cäsar bedeutend; noch Jahrhunderte später rühmte man seine Werke. Welche Begabung in ihm steckte, erahnt man aus einem antiken Bericht, wonach Cäsar sogar auf Reisen mehrere Schreiber neben sich reiten ließ und ihnen abwechselnd verschiedene Schriftstücke diktierte.
Dass ein solches Ausnahmetalent auch nach politischer Macht strebte, scheint nur folgerichtig: Cäsar erhob sich zum Alleinherrscher Roms.
Unter seiner Regierung wurden viele Reformen durchgeführt. Eine davon ist besonders erwähnenswert, weil sie bis in die heutige Zeit wirksam ist: die Einführung des sog. Julianischen Kalenders. Da der alte Kalender der Römer sehr ungenau und kompliziert war, bestimmte Cäsar den 1. Januar zum ersten Tag des Jahres und legte die Anzahl der Tage auf 365 fest.
Dass Cäsar aber auch viele Feinde hatte, darf nicht unerwähnt bleiben: Am 15. März 44 v. Chr. fiel er einem Mordanschlag zum Opfer.
Noch im selben Jahr benannte man ihm zu Ehren den alten Monat **Quintilis** um. Dieser Monat wurde zu „seinem" Monat, zum Juli.
Ewig sollte man an Gaius Julius Cäsar denken, dessen Name in den römischen Cäsaren, in den Kaisern der nachfolgenden Jahrtausende und im russischen Zar weiterlebt.

März April Mai Juni **Juli** August September Oktober November Dezember

1 Stellt möglichst viel Bildmaterial und Informationen darüber zusammen, wie Rom zur Zeit des Augustus aussah und welche Bauten der Kaiser errichten ließ.

2 Kurzreferat: Informiere die Klasse darüber, welche Rolle Augustus im Evangelium spielt.

August

mensis Augustus – August – August – Août – Agosto

Imperator Caesar Augustus (63 v. Chr. – 14 n. Chr.), Roms erster Kaiser. Seine Regierungszeit gilt als eine der glücklichsten Perioden der gesamten römischen Geschichte. Warum?

Augustus sah sich als Kaiser des Friedens. Obwohl er eine Armee von über 300 000 Soldaten aufbaute, die ständig einsatzbereit war, zog er es vor, Verhandlungen zu führen, ehe unnötig Blut fließen musste. Die lange Friedenszeit ermöglichte, dass Handel und Wirtschaft im gesamten Imperium Romanum aufblühten und dass die Menschen zu Wohlstand gelangten, wie man ihn vorher nur sehr selten kannte.

Nach Kräften förderte Augustus aber auch Kunst und Literatur. Roms berühmteste Dichter und Schriftsteller waren seine Freunde und wurden von ihm finanziell unterstützt.

Augustus ließ viele Städte des Reiches ausbauen und mit prächtigen Gebäuden schmücken, aber seine besondere Aufmerksamkeit galt der Millionenstadt Rom. Er richtete die erste Feuerwehr der Stadtgeschichte ein – angesichts der vielen Brände damals eine unbedingte Notwendigkeit.

In seinem Auftrag wurde die Stadt am Tiber zur Großbaustelle. Endlich sollte Rom, das seit langem Mittelpunkt der Welt war, mit Bauten ausgestattet sein, die seinem Rang angemessen waren. Zu Recht konnte Augustus von sich selbst sagen: „In Marmor lasse ich die Stadt zurück, die ich als Backsteinhaufen übernahm."

Wen wundert es da, dass man im Jahre 8 v. Chr. den alten Monat **Sextilis** zum Monat August umbenannte?

Januar Februar März April Mai Juni Juli **August** September Oktober November Dezember

Von Cäsar und Augustus

L Cäsar unter Seeräubern

Mit 25 Jahren unternahm Cäsar eine Fahrt auf die griechische Insel Rhodos, um dort bei berühmten Professoren Rhetorik zu studieren. Doch die Reise mit einem Schiff war zur damaligen Zeit keineswegs gefahrlos.

Illis temporibus piratae[1] maxima audacia erant; varia scelera committebant. Multos homines obsides faciebant, ut magnam
3 pecuniam sibi pararent. Navibus celeribus navigabant, ne a militibus Romanis caperentur.
Caesar quoque iter Rhodum faciens ab eis captus est. Is autem
6 conspectu piratarum saevorum perterritus non est. Immo tam fortem se praestitit, ut omnia pericula neglegeret.
Tanta virtute erat, ut piratas non supplex imploraret[2]. Immo unum in
9 locum eos convocavit et vultu severo hanc orationem habuit: „Vos, scelerati, omnibus hominibus odio estis. Omnes vos timent. Equidem bono animo sum: Nam mox vos omnes supplicium subibitis, laus mea
12 autem crescet. Nunc vero vos docebo, dum vivere vobis licebit."
Tum Caesar per omnes dies carmina poetarum clarorum et carmina, quae ipse fecerat, recitabat. Tandem piratae ita desperaverunt, ut
15 Caesarem retinere desinerent. Postquam magnas opes acceperunt, eum statim dimiserunt.
Caesar autem sine ulla mora naves militesque conduxit, ut ipse in
18 piratas animadverteret. Denique piratae capti et in vincula coniecti sunt, ne fugere possent. Caesar nemini ex eis pepercit: De omnibus supplicium sumpsit.
21 Sic adulescens ipse demonstravit se non solum summa virtute esse, sed etiam summa crudelitate.

Gaius Julius Cäsar. Römisch-ägyptische Porträtbüste aus grünem Schiefer. 1. Jh. n. Chr. Berlin, Staatliche Antikensammlung

[1] pīrāta *m* Pirat
[2] implōrāre *anflehen*

1 Welche Charaktermerkmale Cäsars kannst du **L** entnehmen? Betrachte dazu seine Handlungsweise und seine Rede (Z. 9–12).

2 Untersuche die Substantive und Adjektive, die in Zusammenhang mit den Piraten vorkommen (Z. 1–7): Welchem Sachfeld kann man sie zuordnen? Welcher Eindruck wird so von den Piraten erweckt?

3 Stellt euch vor, ihr gehört zu den Piraten. Wie würdet ihr die Rede des jungen Cäsar aufnehmen? Wie würdet ihr über sein Verhalten denken?

I Seeräuber

Seeräuber gab es zu allen Zeiten – auch heute noch ist die Piraterie auf den Weltmeeren verbreitet.
Im 1. Jh. v. Chr. nahm das Seeräuberunwesen jedoch solche Ausmaße an, dass ein geordneter Handels- und Warenverkehr im Mittelmeer nicht mehr möglich war. Aus diesem Grunde sollte 67 v. Chr. der Feldherr Pompejus diesem Missstand ein Ende setzen. Mit einer Flotte von 500 Schiffen und einer Armee von 125 000 Soldaten befreite er in nur drei Monaten den gesamten Mittelmeerraum von dieser Plage. Viele der gefangenen Seeräuber siedelte er in Dörfern und Städten, fernab vom Meer, an.

Adverbialsätze (konsekutiv, final) – Ablativ der Beschaffenheit

Ü 1 1. Dionysius tam dives erat, ut multi vitam eius beatam putarent.
2. Damocles eius divitias ita desiderabat, ut miseram condicionem tyranni non perspiceret. 3. Itaque Dionysius Damoclem arcessivit, ut ei condicionem vitae suae demonstraret. 4. Dionysius gladium supra caput Damoclis fixerat, ne is vitam suam beatam putaret. 5. Profecto Damocles in lecto aureo iacens bono animo non iam erat. Nam timebat, ne gladius in se caderet. 6. Hoc modo Dionysius, vir magna crudelitate, demonstravit condicionem suam.

2 Warum besteigen die Menschen Schiffe?
Unterscheide Konsekutiv- und Finalsätze und übersetze:
a) Antiquis temporibus homines saepe naves aedificabant, ut terras novas reperirent. Nam iterum atque iterum homines tanta inopia opprimebantur, ut patriam suam relinquerent et alias regiones peterent. Naves ascendebant, ne diutius *(länger)* inopiam sustinerent.
b) Alii autem in terras alienas *(fremde)* navigabant, ut res varias venderent emerentque et sibi divitias pararent. Tot divitiae parari poterant, ut pericula maris tempestatesque eos a navigatione *(Seefahrt)* non prohiberent.

3 Alexander der Große – ein Pirat?
Nenne jeweils den Ablativ der Beschaffenheit und übersetze:
Pirata *(Pirat)*, homo summa audacia, a militibus Alexandri Magni captus erat. Alexander: „Tu non solum summa audacia, sed etiam summa crudelitate es. Sed audi id, quod maxime *(am meisten)* reprehendo: Tu divitias cupis; divitiarum causa etiam homines necas!" Tum pirata respondit: „Num putas te virum magna virtute esse? Tu eadem cupis, quae ego cupio: Sed ego divitiis contentus sum – tu autem toti orbi terrarum imperare vis!"

4 Ordne jedem Genitiv bzw. Ablativ der Beschaffenheit eine passende Übersetzung zu:
dolor brevis temporis – vir summo labore – puella nigris *(schwarz)* oculis – puella tristi animo
sehr beschäftigt – traurig – kurzzeitig – schwarzäugig

5 Führe zum Sachfeld „Schifffahrt/Seesturm" mindestens zehn lateinische Wörter an.

6 Setze die eingeklammerten Verben und Substantive in der richtigen Form ein und übersetze die Sätze:
1. (Consules) est (salus) civium providere.
2. (Pueri et puellae) est verba Latina repetere.
3. Salus familiae (Licinius nauta) (cura) erat.
4. Damocles timebat, ne gladio (necari).
5. Dionysius servis imperavit, ut mensas cibis optimis (ornare).

7 Bestimme die folgenden Verbformen nach Person, Numerus, Modus, Tempus, Genus verbi und übersetze sie. Nenne auch den Infinitiv Präsens Aktiv der Verbformen.
scriptum est – legissetis – tetigissemus – completa essent – sustuleratis – caperemur – fixi sunt – ascendimus (2) – impulerunt – vexaremini – quaeror – currebatis – oppressi estis

Von Cäsar und Augustus

L Die Iden des März

Nachdem Cäsars erste Frau Cornelia gestorben war, ging er eine Ehe mit Pompeja ein. Von dieser Frau aber ließ er sich nach wenigen Jahren scheiden. Im Alter von 41 Jahren lernte Cäsar dann die Frau kennen, mit der er bis zum Lebensende verheiratet sein sollte: Calpurnia.

[1] haruspex, icis *Opferbeschauer*
[2] Idūs Mārtiae *f Pl. die Iden des März (der 15. März)*
[3] gremium *Schoß*
[4] coniūrātiō *Verschwörung*

[5] Idibus Mārtiīs *an den Iden des März (am 15. März)*

[6] coniūrātī *die Verschwörer*

[7] mī filī: *Vokativ zu* meus filius

Iam diu Calpurnia uxor mortem mariti timebat, quia Spurinna haruspex[1] Caesari necem futuram demonstraverat. Ante Idus Martias[2]
3 metus Calpurniae auctus erat. In somno enim viderat Caesarem multis cum vulneribus in gremio[3] suo iacere.
Itaque Calpurnia amore mariti mota eum monuit: „Cave homines, qui
6 odio tui incensi sunt, qui coniurationem[4] contra te faciunt. Noli domo exire! Sin autem domum reliqueris, summum periculum tibi instabit!"
Caesar autem timorem uxoris neglexit: Quia amicus eum monuerat, ut
9 officium praestaret, Idibus Martiis[5] senatum petivit. Priusquam eo venit, aliquis ei occulte epistulam praebuit: „St, domine! Hoc lege, quaeso. Insidiae tibi parantur!" Eam epistulam non legens Caesar iter perrexit.
12 Postea, cum Spurinnam forte conspiceret, risit: „Idus Martiae adsunt sine pernicie Caesaris!" Is autem: „Certe scis hunc diem nondum praeterisse! Periculum vitae tibi adhuc instat. Nisi cavebis, hodie peribis." Caesar
15 autem verba Spurinnae neglexit. Ratione enim periculum cognoscere non potuit. Itaque fiducia sui motus in senatum venit.
Cum Caesar consedisset, coniurati[6] eum circumvenerunt. Tillius
18 Cimber accessit, ut aliquid ab eo peteret. Cum Caesar eum dimisisset, subito toga ei ab umero rapta est. Statim unus e coniuratis eum gladio violavit. Ubi Caesar omnia perspexit, animadvertit Brutum quoque
21 amicum inter coniuratos esse. Ad eum conversus haec verba ultima fecit: „Et tu, mi fili[7]?" Postquam tria et viginti vulnera accepit, sine ullo gemitu decessit.
24 Corpus Caesaris nemo flevit, donec tres servi imperatorem mortuum domum portaverunt.

1 Welche Personen warnen Cäsar? Belege aus **L**, auf welche Weise die Personen jeweils zu ihren Ahnungen bzw. zu ihrem Wissen kommen.

2 Wodurch wird in **L** Spannung erzeugt? Wie wird die Gefahr für Cäsar besonders betont?

I Von Wahrsagern und Zeichendeutern

Spezielle Priester – **augures** und **haruspices** – sagten in Rom mithilfe von Tieren die Zukunft vorher. Der Augur beobachtete den Himmel und achtete dabei auf den Flug der Adler und Geier und auf den Schrei von Raben und Krähen, um aus dem Verhalten dieser Tiere zu erfahren, ob Jupiter beispielsweise dem Vorhaben eines Konsuls wohlwollend oder ablehnend gegenüberstand. Der **haruspex** dagegen sagte die Zukunft voraus, indem er die Leber eines geopferten Tieres untersuchte. Die Leber galt als eine Art Spiegel, in dem man den allgemeinen Zustand der Welt erblicken konnte. War das Organ missgestaltet, so bedeutete dies eine düstere Zukunft.

Ein Haruspex bei der Leberschau. Darstellung auf einem Reliefbecher, um Christi Geburt

Adverbialsätze (temporal, konditional) – Genitivus subiectivus und obiectivus

Ü 1 Der Politiker Cinna will seine Tochter Cornelia mit Cäsar verheiraten.
1. Cornelia, cum Caesarem cognovisset, secum cogitavit: 2. „Cum ille iuvenis mihi in mentem venit, sollicitor. 3. Si Caesari nubam, a patre laudabor. Sin (autem) patri resistam, multi me reprehendent." 4. Denique Cornelia amore patris commota Caesari nupsit.

2 Übersetze die folgenden Wendungen. Überlege, ob es sich um einen Genitivus obiectivus oder einen Genitivus subiectivus oder um beides handeln kann.
studium litterarum – odium imperatoris – cura parentum – aditus castrorum – metus amici – victoria Germanorum – cultus deorum – spes salutis

> DONEC ERIS FELIX,
> MULTOS HABEBIS AMICOS.

3 Cäsars Vorbild
a) Caesar, cum quondam otio se daret, res gestas Alexandri Magni legit.
b) Cum librum legisset, diu sedebat et tacebat, donec lacrimas non iam tenuit.
c) Ubi quis causam lacrimarum ex eo quaesivit, respondit: d) „Cum de factis Alexandri lego, tristis sum. Ille enim, priusquam iuvenis triginta *(dreißig)* annorum fuit, toti orbi imperavit. Equidem hoc numquam perficiam."

4 Füge die zwei jeweils passenden Subjunktionen ein. Setze die Prädikate in das richtige Tempus und den erforderlichen Modus.
a) Calpurnia, **?** Caesarem mortuum esse (audire), verbis credere non (posse).
b) Sed **?** servi Caesarem domum (portare), Calpurnia multo cum gemitu eum (excipere).

Satz 1	cum, ubi, priusquam
Satz 2	cum, donec, postquam

5 Wenn das Wörtchen „wenn" nicht wär' ...
FELIX: Ego si imperator essem – fuissem ...
... omnibus diebus liberi in ludo cibos dulces edere *(essen)* possent – potuissent.
... magistri censuras *(Noten)* optimas dare deberent – debuissent.
Wie steht's mit euch? Was würdet ihr als **imperatores** tun? Formuliert lustige Sätze nach dem oben angegebenen Muster.

6 Cäsar – ein Mann mit vielen Gesichtern
a) Imperator: Egregia virtute pugnavit. Se crudelem, sed etiam clementem *(mild)* praestitit. Aliis pepercit, alii expulsi vel occisi sunt. b) Civis: Multi eum coluerunt propter beneficia, nonnullis odio erat propter superbiam. c) Maritus: Novimus eum Calpurniam uxorem valde *(sehr)* dilexisse.

Vincenzo Camuccini: Der Tod Julius Cäsars. 19. Jh. Neapel, Museo di Capodimonte

L Zwei Gesichter eines Herrschers

Nach Cäsars Tod tobten lange die Kämpfe um die Macht. Der Sieger war am Ende Oktavian, der Adoptivsohn Cäsars. Er erhielt 27 v. Chr. den Ehrentitel „Augustus".

Cum Caesar occisus esset, Octavianus adulescens necem eius vindicavit. In inimicos cuiusque aetatis Octavianus se crudelem praebuit. Omni
3 misericordia caruit. Multos re familiari spoliavit. Ne nobilibus quidem captivis pepercit. Caput Bruti, qui proelio superatus erat, ab Octaviano Romam missum est, ut sub statua Caesaris poneretur.
6 Cum Perusia urbs capta esset, de optimo quoque supplicium sumpsit. Hominibus, qui veniam petebant, respondit: „Vos omnes perire necesse est." Sic iuvenis incredibili crudelitate potestatem suam demonstrare
9 voluit.

At de Augusto sene haec legimus:
Cum Augustus apud hominem divitem cenaret, cui erat villa magno
12 cum sumptu ornata, unus ex huius servis crystallinum[1] magni pretii fregit. Dominus statim iussit servum crudeli morte affici: „Rapite hunc servum, custodes! Tum ad murenas[2] eum date!" Sed servus infelix eos
15 effugit, sedem Augusti petivit, Augustum supplex oravit: „Caesar, tuo auxilio egeo; defende me a crudelitate domini!" Nihil aliud petivit quam ut aliter periret.
18 Tum Augustus dominum reprehendit: „Quod iussisti, contra legem est! Cur iustitiam neglegis?" Augustus servum a poena liberavit, libertatem ei donavit, sine ulla mora servis imperavit: „Properate ad omnes
21 hospites! Corripite crystallinum, quod suā quisque manu tenet!" Deinde crystallinum cuiusque hospitis frangi et in piscinam[3] mitti iussit. Denique piscina iussu Augusti rudere[4] completa est.
24 Multi hanc humanitatem imperatoris Augusti laudant. Dominus enim appellari nolebat, immo haec consuetudo ei erat:
Se principem inter pares esse semper dicebat.

Schmuckstück mit dem Bildnis des Augustus. 1. Jh. v. Chr. London, British Museum

[1] crystallinum Kristallbecher

[2] mūrēna Muräne (gefährlicher Raubfisch)

[3] piscīna Fischteich
[4] rūdus, -eris Schutt

1 Spielt die Szene von **L**, Z. 11 ff., mit verteilten Rollen nach.

2 a) Im ersten Abschnitt geht es um Oktavian als **adulescens**: Erfasse seine Charakteristik vor der Übersetzung, indem du die Prädikate und Objekte der Sätze überprüfst. b) Wie hat sich bei Augustus als **senex** die Einstellung zu anderen Menschen gewandelt? c) Suche die beiden Leitbegriffe, die die Haltung des Augustus in den beiden Abschnitten zusammenfassend werten.

I Augustus, der erste Kaiser
Im Jahr 27 v. Chr. erklärte Augustus feierlich, die Republik sei wiederhergestellt, er wolle nur noch **princeps** („erster" Bürger) sein. Diese neue Herrschaftsform heißt daher „Prinzipat". Weil Augustus seit seiner Adoption auch den Namen „Caesar" trug – und dann auch alle seine Nachfolger –, wurde dieser Name zum Herrschertitel. Augustus war also der erste römische „Kaiser", mit ihm beginnt in Rom die „Kaiserzeit".

Indefinitpronomen quisque – Ablativ der Trennung

Ü 1 1. Caesar, cum senatum peteret, omni suspicione caruit; Spurinnam etiam risit. 2. Sed Caesarem ne dei quidem ab impetu coniuratorum *(Verschwörer)* defenderunt. 3. Neque senatores ei adfuerunt: Sibi quisque proximus erat et foras properavit, ut vitam suam servaret. Tum in suam quisque domum contendebat.

2 Felix findet in einem alten Poesie-Album lateinische Redensarten, die er zunächst nicht versteht. Der Lehrer erklärt sie ihm:
a) Sententia prima: „Sibi quisque proximus est."
Magister: Tibi proximus es, si salus aliorum tibi curae non est.
b) Sententia secunda: „Suum cuique." Magister: Is, qui multa discit, laudatur. Sed is, qui pauca discit, reprehenditur. Sic uterque *(jeder von beiden)* ad suum praemium pervenit.
c) Sententia tertia: „Suum quisque officium praestare debet."
Magister: Hoc est … Felix: Ah, hoc statim comprehendi! Sed sententias eiusmodi non libenter audio. Nam officiis carere malo.

3 Ablative mit und ohne …
a) Imperator cohortes nostras ab impetu prohibuit. Hostes tamen ab urbe prohibiti sunt. b) Non omnes liberi a laboribus sunt. Hominem curis liberum felicem nominamus. c) Parentes nostri e manibus hostium servati sunt.
d) Serva civitatem e periculis! e) Ab hac sententia desiste! f) Agmen militum itinere destitit. g) Galli ex Italia pulsi sunt. h) Sulla Caesarem urbe pepulit. Is Caesarem ab urbe discedere coegit. Per longum tempus ab urbe afuit, quamquam culpa caruit. Sed illis temporibus auctoritate egebat. i) Coniurati *(die Verschwörer)*, qui Caesarem occiderant, putabant se patriam a tyranno liberavisse. j) Fures mercatores omnibus bonis spoliaverunt. k) Omnes homines ab iniuriis defendere necesse est.

Augustus von Prima Porta. Panzerstatue des Kaisers, gefunden in der Villa seiner Frau Livia bei Prima Porta. Um 20 v. Chr. Rom, Vatikanische Museen

4 Ein Bibliotheksfund
In einem mittelalterlichen Buch ist ein Blatt aus einem Vokabelheft gefunden worden, das vor ca. 650 Jahren ein Schüler angelegt hat. Leider ist es zerschnitten, sodass meist nur mehr die ersten Buchstaben der Substantive erhalten geblieben sind.
Vervollständige den Nominativ der Wörter, bilde dazu den Genitiv und gib das Genus des Wortes an.

5 Ein kleiner Rückblick auf große Männer
a) Memoria tenete hos viros: b) Daedalum, cuius alas maiores libenter possedissent; c) Cincinnatum et Manlium, quorum virtus maxima laude digna est;
d) Hannibalem et Caesarem, quorum res gestas iuventus nostra cognovit;
e) Augustum, qui erat mira pietate et humanitate.

6 Irrläufer gesucht – beachte den Perfektstamm.
pendere – perdere – vendere – laedere
deserere – descendere – corripere – malle
delere – perterrere – docere – praebere
decipere – diligere – movere – evenire
spoliare – servare – delere – defendere

cor
flum
hon
iude
civit
lum
lux
nube
obse
pon
prex
scrip
vente
volupt

L Kleopatra und Cäsar

Die junge ägyptische Königin Kleopatra brauchte einen mächtigen Verbündeten gegen ihren Bruder Ptolemäus, der sie von der Mitherrschaft ausschließen wollte. So versuchte sie, Cäsar, der sich gerade in Ägypten aufhielt, für sich zu gewinnen. Aber die Wächter ließen niemanden an Cäsar heran ...

Cleopatra custodes hoc dolo fefellit:

Apollodorus Cleopatram tapeto involvit[1] et reginam velut onus ad portas portavit.

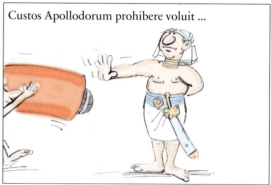

Custos Apollodorum prohibere voluit ...

Heus tu, stulte! Cur media nocte tapetum portas?

Ignosce mihi, domine. Servus sum. Iussu regis hoc tapetum in cubiculum[2] Caesaris porto.

Perge, stulte!

Salve, Caesar! Donum reginae tibi ostendere volo.

Apud scriptores antiquos legimus Caesarem, cum reginam conspexisset, tanto amore virginis incensum esse, ut eam principem reginarum appellaret et eam contra fratrem iuvaret.

[1] tapētō involvere *in einen Teppich einwickeln*   [2] cubiculum *Zimmer*

Nero – ein verrückter Künstler auf dem Kaiserthron

Die folgende Anekdote handelt von Kaiser Nero, einem der Nachfolger des Augustus; er regierte von 54 bis 68 n. Chr.

Antiquis temporibus virum liberum et honestum non oportuit in publico aut canere aut fabulam agere. Romani enim putabant id
3 contra mores maiorum esse. Tamen Nero, quod se ipsum poetam egregium putabat, iterum atque iterum in theatris carmina recitavit. Ut processit[1] et canere coepit, omnes, qui aderant, multas horas in
6 sedibus suis manere et audire debebant. Saepe milites theatrum circumvenerunt, ne quis effugere posset. Nemo dimissus est, nemini exire licuit, priusquam Nero ipse carminibus finem fecit.
9 Ne feminae quidem vel liberi dimissi sunt. Interdum feminae in theatris etiam liberos parere coactae sunt.
Praeterea Nero saepe aliquos homines conduxit, ut carminibus suis
12 magno clamore applauderent[2].

Porträtkopf Neros. 1. Jh. n. Chr. Rom, Kapitolinisches Museum, Sala degli Imperatori

[1] prōcēdere *auftreten*
[2] applaudere *Beifall klatschen*

1 Übersetze die folgenden Meinungsäußerungen. Versuche jeweils zu erklären, warum diese Sätze formuliert wurden.
a) Se quisque imprimis amat.
b) Cum hostes oppidum capiunt, suam quisque rem familiarem servare temptat.
c) Sua quisque fortuna raro contentus est.
d) Quo quemque fortuna misit, ibi vitam agere debet.
f) Si civitas in calamitate est, cives optimum quemque principem facere necesse est.

2 Füge die folgenden Sätze zu einem Satzgefüge zusammen und übersetze:
Beispiele: Multa legimus. Multa cognoscere voluimus.
  Multa legimus, ut multa cognosceremus.
  Hannibal illud iusiurandum dedit. A patre deseri noluit.
  Hannibal illud iusiurandum dedit, ne a patre desereretur.
a) Imperator orationem habuit. Animos militum confirmare voluit.
b) Histrio *(Schauspieler)* maxima voce cecinit. Ab omnibus audiri voluit.
c) Plebeii Romā discesserunt. A patriciis opprimi noluerunt.
d) Menenius montem sacrum petivit. Plebeis persuadere voluit.

3 Übersetze und bestimme, ob Genitivus obiectivus oder subiectivus vorliegt. Wo ist beides möglich?
amor parentum – odium tui – metus hostium – amor patriae – studium litterarum – spes pacis – fiducia sui – dolor mortis – spes amicorum

> Genitivus obiectivus
> Genitivus subiectivus

4 Zu welchem Ausruf passt welcher Satz?
a) Schlamperei!   1. Vestro auxilio egemus.
b) Danke!   2. Ille omni diligentia caruit.
c) Zu Hilfe!   3. Tu me ab iniuria magistri defendisti.

Wenn ich römischer Kaiser

Ein Blütenregen erfreut während eines Gastmahls den Hofstaat des Kaisers Nero. Szenenbild aus der „Quo Vadis"-Verfilmung von 2001.

✳ Einmal möchte ich so leben wie die römischen Kaiser!

Felix Was meinst du damit? Wie lebten die denn?

✳ Sie konnten schlafen, solange sie wollten, sie hatten eine Schar von Dienern, die ihnen alle Wünsche von den Lippen ablasen, hatten riesige Paläste und konnten tun und lassen, was sie wollten. Außerdem feierten sie die prächtigsten Gastmähler mit den erlesensten Speisen und Weinen aus aller Welt. Dabei fächelten Sklaven ihnen mit Wedeln Frischluft zu, es regnete duftende Blüten von der goldgetäfelten Decke und hübsche Tänzerinnen unterhielten die Gäste.

Felix Man könnte meinen, du kommst direkt von einer solchen Feier. Woher weißt du das alles so genau?

✳ Aus Filmen und Büchern, woher denn sonst? Ach ja, das habe ich ganz vergessen. Die römischen Kaiser hatten ihre Ehrenloge im Amphitheater und konnten die Kämpfe in der Arena vom besten Platz aus sehen. Es machte ihnen auch Spaß, ihre Feinde gegen wilde Tiere oder starke Gladiatoren kämpfen zu lassen. Das wünschte ich mir manchmal auch …

...wär' ...

Felix Und weiter, was fällt dir noch zu den römischen Kaisern ein?

* *Die meisten waren doch sowieso verrückt. Gab es nicht einen, der ganz Rom angezündet haben soll, nur um sich eine neue riesige Palastanlage hinzustellen? Und einen, der sein Pferd zum Konsul machen wollte? Und einen, der das römische Reich von einer kleinen Insel aus regierte? Und noch einen anderen, der zuließ, dass Frauen und freigelassene Sklaven seine Regierungsgeschäfte führten? Wenn du mich fragst: Die spinnen, die Römer.*

Felix Ich glaube wirklich, dass du zu viele Filme gesehen hast. Die zeigen natürlich nur die spektakulären Ereignisse, weil sich der Kinobesucher sonst schnell langweilen würde. Über das wirkliche Leben eines Kaisers kannst du aus Kinofilmen nur wenig erfahren.

* *Dann erzähl' mir doch bitte, wie das richtige Leben der römischen Kaiser aussah!*

Felix Das, was du aufgezählt hast, gab es tatsächlich, aber es ist nur ein verschwindend geringer Teil der Wahrheit. Tatsächlich lastete auf den Kaisern ein ungeheurer Druck: Sie hatten das ganze römische Weltreich zu verwalten, die Grenzen der Provinzen gegen Einfälle von Feinden zu sichern, die Bevölkerung in Rom, in Italien und den Provinzen mit Nahrung zu versorgen, damit es keine Aufstände gab; sie mussten sich um die ordentliche Versorgung der Soldaten, den Straßenbau, die Wasserleitungen, den Wohnungsbau und so weiter kümmern.
Nicht zuletzt saßen ihnen die Senatoren im Nacken, die am liebsten die alte Republik wiederhergestellt hätten. Auch mit ihnen musste jeder Kaiser versuchen, auf seine Weise auszukommen, wollte er nicht einen Umsturz riskieren. Das freilich ist nicht allen Kaisern gleich gut gelungen. Einige wurden sogar ermordet. Du siehst schon, Kaiser zu sein war kein Zuckerschlecken, vor allem deshalb, weil der erste Kaiser Augustus Maßstäbe im Regieren gesetzt hatte, an denen alle Nachfolger sich messen lassen mussten. Mit ihm und seiner Frau Livia beginnt auch unsere Entdeckungstour ins römische Kaiserreich.

1 Was wisst ihr noch über römische Kaiser? Tragt euer Wissen in einem Klassengespräch zusammen!
2 Betrachte das Szenenfoto aus einem modernen Film (2001) über die Zeit Kaiser Neros und beschreibe genau alle Einzelheiten!
3 Projekt: Fertigt in Gruppenarbeit für das Klassenzimmer eine Wandzeitung mit der Liste der Kaiser Roms von Augustus bis Nero an. Tragt die Regierungszeiten ein und ergänzt die Liste mit Informationen und Bildern aus dem Internet.

In der Landvilla der Kaiserin Livia

Markus, ein enger Vertrauter der Livia, der Witwe des Augustus, besucht diese auf ihrem Landgut bei der Ortschaft Prima Porta in der Nähe Roms.

Marcus: „Salve, Livia!" Livia: „Salve, Marce! Gaudeo te hodie huc venisse. Intra! Opto, ut mecum cenes." Livia familiarem in villam ducit.
3 Dum cenant, Marcus tabulam pictam[1] spectat.
Quod animadvertens Livia ridet: „Metuo, ne tabula picta plus delecteris quam cena, Marce, cum oculos vix avertere possis."
6 Marcus: „Profecto hanc tabulam pictam praedicare debeo. Aves tam variae, arbores tam laetae, fructus tam pulchri, aer tam purus mihi placent. Iam diu studeo, ut ipse talem tabulam pictam possideam.
9 Semper artificia[2] clara collegi, cum artes mihi cordi sint."

Post cenam Marcus et Livia e villa exeunt et xystum[3] amplum intrant. Ibi Marcus statim statua clara ac egregia imperatoris Augusti gaudet.
12 Diu imaginem in lorica[4] huius statuae fictam spectat et iactat. Paulo post Liviam rogat, ut singula explicet.
Livia: „Vide, ut omnia perspicias! Haec imago et victorias mariti mei et
15 pacem Augustam ostendit. Ecce! Media in imagine Augustus postulat, ut signa[5] ab hoste barbaro capta Romanis reddantur. Praeterea utraque parte feminas tristes vides. Hae sunt provinciae victae, quae arma victori
18 tradunt. Nam student, ut pacem cum Augusto victore faciant. Marito meo pax semper cordi erat. Si adhuc viveret, diceret: „Cavete, ne pacem perdatis!" Opto, ut etiam post mortem principis pax perpetua sit!"

Farbrekonstruktion der Panzerstatue des Augustus von Prima Porta

[1] tabula picta *Wandgemälde*
[2] artificium *Kunstwerk*

Wandmalerei aus der Villa der Livia in Prima Porta

[3] xystus *Terrasse*

[4] lōrīca *Brustpanzer*

[5] sīgna *hier: Feldzeichen*

1 Auf dem in L beschriebenen Brustpanzer des sog. Augustus von Prima Porta gibt ein Parther die Feldzeichen an einen Römer zurück. Findet die Vorgeschichte dazu heraus, indem ihr euch unter den Stichwörtern „Parther", „Carrhae" und „Crassus" in geeigneten Nachschlagewerken informiert.

Der Augustus von Prima Porta
Die Panzerstatue des Augustus ist eines der berühmtesten Kunstwerke, die die Leistungen des Augustus darstellen. An der Farbgebung des Originals kann man erkennen, welche Elemente besonders hervorgehoben werden sollten: Der Purpurmantel betont den hohen Rang des Herrschers, die Figuren auf dem Brustpanzer illustrieren seine politischen Erfolge.

Konjunktiv Präsens – Konjunktiv in Gliedsätzen

1 1. Augustus: „Opto, ut optimi fabri monumenta publica aedificent. 2. Studeo, ut posteri aedificia praeclara memoria teneant. 3. Hostes cavebunt, ne Romam parvi aestiment. 4. Fabri libenter officium praestabunt, cum patriam ament."

2 Bilde zu folgenden Formen jeweils den Konjunktiv Präsens:
a) ambulas, vocant, do, mutatis, aestimamus, curat – b) tenent, terreo, habes, monemus, respondet, ridetis – c) audis, venio, scitis, sentimus, reperiunt, invenit – d) agit, capimus, descenditis, promittunt, respicis, vendo – e) praeterimus, transit, aditis, abeunt, ineo, is – f) possumus, adsunt, es, absum, potest, potestis – g) vis, malumus, vult, non vultis, malunt, non volo

3 Die folgenden Anweisungen könnte Livia den Arbeitern gegeben haben, als sie die Panzerstatue aufstellen ließ. Wandle die Sätze in Gliedsätze um, die mit Opto, ut … eingeleitet werden. Übersetze dann.
Beispiel: Venite mecum ad xystum *(Terrasse)*!
  Opto, ut mecum ad xystum veniatis.
a) Portate statuam Augusti summa cum diligentia! b) Ponite eam in hoc loco! c) Vertite vultum statuae ad solem! d) Gaudete mecum hoc monumento pulchro!

Büste der Kaiserin Livia

4 ne oder ut? Setze die jeweils richtige Subjunktion ein und übersetze dann:
a) Cave, **?** alios verbis malis violes. b) Nonnulli parentes timent, **?** liberi libros legere nolint. c) Magistri vident, **?** liberi multa discant. d) Metuo, **?** tibi adesse non possim. e) Cavete, **?** spem deponatis.

5 Ersetze die kausalen Subjunktionen quia und quod durch cum. Welche Veränderung ergibt sich dadurch im Gliedsatz? Übersetze anschließend.
a) Marcus libenter villam Liviae intrat, quia artificia *(Kunstwerke)* amat. b) Livia libenter hospites ad convivium vocat, quod saepe sola est. c) Quia maritum suum memoria tenere vult, statuam Augusti post villam collocari iubet. d) Livia villam rusticam magni facit, quod ibi negotiis urbis non sollicitatur.

6 a) *Practice what you preach!* Tu selbst, was du von anderen verlangst. Ergänze die fehlenden Verbformen. Beispiel: Ama, ut ameris!
Audi, ut **?** – Laudate, ut **?** – Semper alios iuva, ut ipse **?** – Dilige amicos, ut ipse **?**
b) Was du nicht willst, das man dir tu', das füg' auch keinem andern zu. Ergänze auch die Verbformen. Beispiel: Noli decipere, ne decipiaris.
Nolite amicos deserere, ne ipsi **?** – Noli verba parentum neglegere, ne tua verba **?** – Nolite alios terrere, ne ipsi **?** – Noli infelices ridere, ne ipse **?**

7 Setze die entsprechende Form des Partizip Präsens Aktiv ein und übersetze dann: Augustus …
… custodes per urbem Romam collocabat, qui aedificia iam (ardere) servare temptabant.
… pueros et puellas ante templum Apollinis (canere) libenter audivit.
… hominibus veniam (petere) saepe pepercit.
… animos civium de salute (desperare) confirmabat.

> DO, UT DES.

> NOS OMNES SERVI LEGUM SUMUS, UT LIBERI ESSE POSSIMUS.

51 Römische Kaiser

L Tiberius blickt zurück

Kaiser Tiberius, Livias Sohn aus erster Ehe und Nachfolger des Augustus, wirkte oft verbittert und unfreundlich, sodass viele ihn für einen Menschenfeind hielten. Wenn ihr seine Lebensgeschichte hört, die er einem Freund erzählt, versteht ihr ihn vielleicht besser als seine Zeitgenossen.

Büste des Kaisers Tiberius. Kopenhagen, Ny Carlsberg Glyptothek

Cum iuvenis essem, nil mihi defuit ad vitam contentam. Vix dicere possum, quot felices res mihi tum contigerint: Dux multos hostes bello
3 viceram et alias nationes imperio adiunxeram, maritus multos dies felices videram, quia fuit mihi uxor cara¹. Sed audi, cur ab Augusto coactus sim coniugem relinquere: Princeps enim cupivit me Iuliam,
6 filiam suam, uxorem ducere².
Vix existimare potes, quam gravi dolore tum affectus sim. Ex eo die fortuna mihi inimica erat. Quotiens enim putabam me tandem
9 imperatorem dici, Augustus alios delegit successores³. Nescis, quam ingenti ira tum incensus sim.
Itaque decrevi Romam relinquere, quamvis multi dicerent: „Tu tua
12 sponte in exilium⁴ ire cupis, cum Augustus te deseruerit. At nos optamus, ne spem imperii deponas, cum tot officia praestiteris! Cave, ne singulares virtutes tuae pereant!"
15 Nonne notum tibi est, quanto odio Romae commotus tum Rhodum abierim? Libenter ibi latui.

¹cārus, a, um *lieb*
²uxōrem dūcere *heiraten*
³successor *Nachfolger*
⁴exilium: *vgl. Fw.*

Tiberius blieb so lange im freiwilligen Exil, bis Augustus ihn nach Rom zurückrufen ließ. Das abgeschiedene Leben auf der Insel Rhodos hatte Tiberius so sehr gefallen, dass er als Kaiser nach dem Tod des Augustus Rom von der Insel Capri aus regierte – mithilfe eines Mittelsmannes namens Sejan. Aber auch er enttäuschte Tiberius schwer, wie der Kaiser seinem Freund gesteht:

Falso existimavi me in ea insula magno spatio ab urbe abesse et ab
18 insidiis tectum esse. Sed comperi Seianum mihi occulte necem parare, cum ipse regere vellet. Ergo necesse erat eum protinus interfici.
Nunc scis, cur amicis semper hoc consilium dederim: Cavete, ne
21 nimium hominibus credatis!

1 Erkläre aus **L**, welche negativen Erfahrungen Tiberius zu einem unglücklichen Menschen haben werden lassen.

2 Besorgt euch aus dem Internet oder einem Nachschlagewerk Lebensbeschreibungen des Tiberius. Vergleicht diese Darstellungen mit den Informationen aus **L**.

I Kaiser Tiberius – ein Tyrann?

Kaiser Tiberius (14–37 n. Chr.) wird von antiken Geschichtsschreibern fälschlich als Tyrann dargestellt. Tatsächlich hatte er die Macht nicht an sich gerissen, sondern war der rechtmäßige Thronerbe. Außerdem ließ er sich nie als Gott verehren und führte keine Eroberungskriege, um von innenpolitischen Problemen abzulenken. Allerdings bemühte er sich auch nicht, sich beim Volk beliebt zu machen. So besuchte er weder Zirkus- noch Theaterveranstaltungen. Zuletzt war er dermaßen unbeliebt, dass das Volk seinen Tod mit den Worten Tiberium in Tiberim („Tiberius in den Tiber!") begrüßt haben soll.

Konjunktiv Perfekt – Konjunktiv in Gliedsätzen und indirekten Fragesätzen

Ü 1 1. Marcus ad amicum: „Scisne, ubi nuper fuerim?" „Nescio, sed id certe mihi narrabis." 2. „In villa Liviae fui. Nunc mihi notum est, quantā diligentiā Livia villam ornaverit. 3. Neque scis, quot artificia *(Kunstwerke)* ibi aspexerim, neque scis, qualis imago mihi explicata sit!"

2 Ein Angeber berichtet von seiner Weltreise. Mache seine Sätze von iam scio abhängig – so hast du jeweils die Antwort seines gelangweilten Zuhörers. Vorsicht: In manchen Sätzen musst du mehr als die Verbform ändern.
Beispiel: Quam incredibilia spectavi!
      Iam scio, quam incredibilia spectaveris.
a) Quot urbes, quot flumina, quot maria toto orbe terrarum conspexi!
b) Quanta vi in silvis contra homines sceleratos pugnavi! c) Quanto honore ex itinere meo rediens affectus sum! d) Quot fabulae mirae de me narratae sunt! e) Quam fortem me praestiti! f) Cur facta mea a te nondum laudata sunt?

3 Übersetze die Verbindungen mit afficere jeweils mit einem treffenden deutschen Verb:
a) Tiberius: „Augustus me diu neque honore neque praemio afficiebat.
b) Itaque magno dolore affectus sum. c) Primo Seianum magnis muneribus affeci. d) Sed Seianus dignus erat, ut poena afficeretur. e) Opto, ut Seianus sceleratus supplicio afficiatur."

4 Das Fachchinesisch eines Filmkritikers – mit Latein verstehst du es:
Der *Regisseur* des angesehenen Film*instituts* nutzte geschickt das *Image* des Schauspielers und erschuf in der *Tradition* des europäischen Kinos eine *fiktive* Welt mit turbulenten *Aktionen* und Spezial*effekten*. Die atemberaubenden Bildkompositionen und die *pure* Spielfreude des *genialen* Darstellers verleihen dem Film das *Prädikat „Singuläres* Meisterwerk".

5 Finde eine gute Übersetzung für die substantivierten Adjektive:
a) Homines saepe secunda, adversa raro memoria tenent. b) Imperator non solum magna, sed etiam parva curare debet. c) Acerba et turpia sunt, quae dixisti. d) Praeterita non ridemus, futura non timemus. e) Augustus multa egregia perfecit.

Die sog. „Gemma Augustea" zeigt symbolisch die Weltherrschaft des Augustus. Abgebildet sind u.a. Augustus und Tiberius. Wien, Kunsthistorisches Museum

Römische Kaiser

L Verspottung statt Vergottung

Der römische Philosoph Seneca verfasste eine Spottschrift über den verstorbenen Kaiser Claudius. Darin beansprucht Claudius nach seinem Tod einen Sitz im ehrwürdigen Göttersenat. Aber selbst zum Sterben sei er zu dumm gewesen, witzelt Seneca.

Claudius quamvis vellet, de vita decedere non poterat. Tunc Mercurius misericordia adductus ad Parcam[1] properavit et ex ea quaesivit: „Cur, femina crudelis, istum hominem miserum torqueri sinis? Rogo te, ut vitae eius finem facias."
Haec verba Parcam, quae primo dubitaverat, flexerunt.

Paulo post Iovi nuntiatum est hominem mirum et singularem in caelo adesse. Iuppiter, rex deorum hominumque, animadvertit istum semper caput movere et pedem dextrum trahere. Tum illum interrogavit: „Cuius nationis es? Utrum Graecus an Romanus es?" Iuppiter autem verba Claudii lingua haesitantis[2] omnino comprehendere non potuit. Quare Iuppiter ex Hercule, qui totum orbem terrarum viderat, quaesivit, unde is vir veniret. Hercules neque nomen neque originem[3] istius animalis miri cognovit – immo putavit sibi tertium decimum laborem instare.

At Augustus Claudium statim cognovit. Ira incensus surrexit et voce aspera clamavit: „Iste imperator improbus imperium Romanum omni dignitate spoliavit. Cunctae nationes nunc Romam rident. Num ideo[4] terra marique pacem peperi? Num ideo urbi leges iustas dedi? Dic mihi, dive Claudi: Nonne multos senatores et equites accusari occidique iussisti? A quibus hominibus non timeris? Nunc vos interrogo, dei: Num istum virum deum facere vultis? Qui vir, quae femina istum deum colet? Si talem virum deum feceritis, nemo vos deos esse credet. Vos moneo, ne consilium tam turpe ineatis!"

Auf diese Worte hin beschließen die Götter, Claudius in die Unterwelt zu bringen. Dort wird er als Helfer beim Unterweltsrichter eingesetzt.

Statue des Kaisers Claudius als Jupiter. 43 n. Chr. Rom, Vatikanische Museen

[1] Parca Parze (Schicksalsgöttin, die jedem Menschen sein Lebenslos zuteilt)

[2] linguā haesitāre mit der Zunge hängen bleiben, stottern

[3] orīgō, -inis f Ursprung, Herkunft

[4] ideō zu diesem Zweck

Sir Lawrence Alma-Tadema: Ermordung Caligulas und Proklamation des Claudius zum Kaiser. 1871. Baltimore, Walters Art Gallery

1 Beschreibe anhand von **L**, wie Seneca Kaiser Claudius im Einzelnen charakterisiert.

2 Versuche, folgende Fragen aus deiner Kenntnis der Lektionen 50–52 zu beantworten, vielleicht sogar auf Lateinisch:
a) Ubi erat villa Liviae? b) Quid in pectore statuae Augusti etiam hodie spectari potest?
c) Cur Tiberius ira commotus Romam reliquit?
d) Quo imperator Claudius post mortem subito sublatus est? e) Quot labores Hercules subiit?

Demonstrativpronomen iste – Interrogativpronomen – Wort-/Satz-/Wahlfragen

Ü 1 1. In foro cives Romani sermonem de Tiberio habent: 2. „Ubi est imperator? Qui vir, quae femina eum vidit?" 3. „Audivistisne istum imperatorem urbem relinquere velle?" 4. „Num Roma regi potest, si imperator sedem extra urbem habet? 5. Nonne imperator in urbe sedem habere debet? 6. „(Utrum) Tiberius Romae manebit an urbem relinquet?"

2 Ergänze jeweils das Gegenteil und übersetze dann:
Utrum vitam malam an ❓ agis? Utrum existis an ❓? Fuistine tristis an ❓? Ridebitis an ❓? Utrum oratio brevis an ❓ fuit? Habesne paucos amicos an ❓? Vestra an ❓ culpa est?

3 Schreibe alle Fragesätze aus **L** heraus und bestimme, ob es sich um eine Wort-, Satz- oder Wahlfrage handelt.

> UTRUM DIVITIIS AN VIRTUTE BEATI SUNT HOMINES?

4 Übersetze und entscheide, welche Antwort jeweils erwartet wird.
a) Num orbis terrarum casu factus est? b) Fuistine hodie in urbe? c) Nonne officia tua semper praestas? d) Num magistros vestros reprehenditis? e) Nonne poetae post mortem laudari volunt? f) Placetne tibi lingua Latina?

5 De imperatore Claudio
Postquam imperator Caligula de vita decessit, senatores rem publicam liberam restituere cupiebant. Sed praetoriani *(m Pl. Kaiserliche Leibwachen)* Claudium imperatorem novum appellaverunt. Primo imperator Claudius senatui se familiarem praebuit, mox autem cognovit senatores sibi inimicos esse. Itaque omnia consilia ad rem publicam pertinentia cum libertis *(Freigelassene)* suis iniit. Certe Claudio multa felicia contigerunt: Nonnullis gentibus pacem dedit, Britanniam insulam paene provinciam fecit. Scitisne portum Ostiae ab illo imperatore aedificatum esse? Constat uxores Claudium perdidisse. Messalina semper viros alios amabat, Agrippina maritum per dolum necabat. Iudicate ipsi: Num Claudius felix nominari potest?

6 Setze die entsprechende Form des PPP ein und übersetze dann:
Augustus …
… civibus Romanis bello (vexare) pacem dedit.
… templa antiqua flammis (delere) restituit.
… mores maiorum a nonnullis (neglegere) laudare non destitit.
… statuas in Graecia (colligere) in publico collocari iussit.
… posteris imperium multis provinciis (augere) reliquit.
… deos monuit, ne Claudium (reprehendere) deum facerent.

Kaiser Claudius

Dass Kaiser Claudius (41–54 n. Chr.) im Urteil der Nachwelt so schlecht wegkommt, lag daran, dass er sich bei seiner Amtsführung weniger auf den Senat stützte als vielmehr auf Freigelassene, die zumeist aus dem Osten des Reichs stammten. Zudem gestattete er seinen machtgierigen Ehefrauen Messalina und Agrippina, der Mutter des späteren Kaisers Nero, viel Einfluss auf seine Regierungstätigkeit, worüber viele Zeitgenossen witzelten. Allerdings hatte er einige außenpolitische Erfolge vorzuweisen.

Pawel Alexandrowitsch Swedomsky: Messalina als Straßendirne. 1900. Kasan (Russland), Museum der Bildenden Künste

53 Römische Kaiser

L Nero und der Brand Roms

Kaiser Nero regierte in den ersten fünf Jahren Rom so gut, dass viele glaubten, das goldene Zeitalter des Augustus sei zurückgekehrt. Doch sollten sie sich irren: Nachdem Nero seinen Stiefbruder und seine Mutter hatte umbringen lassen, brachte das Jahr 64 n. Chr. mit dem Brand Roms den Höhepunkt seiner gewalttätigen Herrschaft. Doch lest selbst:

Nox erat. Incolae urbis quiescebant, cum subito clamor omnes terruit: „Accedite! Ne cessaveritis! Auxilio venite! Ardet tota Roma! Beate
3 viximus; nunc nos omnes misere peribimus!" Ingens turba hominum in viis errat. Alii bona sua cupide corripiunt, alii manus pie ad caelum tollunt, alii praeclare hominibus violatis adsunt. Undique gemitus,
6 undique clamor.
Mox varii rumores¹ per vicos urbis sparguntur: „Nero e turri incendium Romae spectat et – velut morbo animi affectus – superbe carmen de
9 exitu Troiae canit!" Multi etiam id dicunt, quod sentiunt: „Certe Nero iussit totam Romam flammis deleri. Ne Neronis verbis credideritis! Iam diu enim locum appetit, ut ibi domum auream aedificet."

12 Hi rumores celeriter ad aures imperatoris perveniebant. Nero, ne cives crederent se auctorem incendii nocturni esse, falso dixit: „Christiani coniurationem faciunt, Romam delere vehementer student. Isti sunt
15 hostes populi Romani. Ne siveritis istos tam turpe scelus committere! Ista religio Christiana Romam perdet. Exemplum statuere oportet!" Tum Nero acriter et severe in eos animadvertit: Homines vivos in cruces³
18 figi et crudeliter incendi iussit. Nefarie etiam imperavit, ut nonnulli pellibus² animalium circumdati velut hostiae a leonibus interficerentur. Apud plerosque usque ad hunc diem constat Neronem neque iuste
21 neque sapienter, sed acerbe atque scelerate rexisse.

Römische Münze mit dem Porträt Kaiser Neros. 64–66 n. Chr.

¹rūmor, -ōris *Gerücht*
²pellis, -is *f Fell*
³crux, crucis *Kreuz*

1 Beschreibe, mit welchen sprachlichen Mitteln in **L**, Z. 1–11, die Panik angesichts des großen Brandes verdeutlicht wird.

2 Wie wird Neros Handlungsweise in **L**, Z. 12–21, bewertet? Beachte besonders die Adverbien.

Seneca mit Nero als Schüler. Statuengruppe von E. Barrón González. Córdoba, Rathaus

I Neros goldener Palast

Angeblich soll Nero (54–68 n. Chr.) den Brand Roms entfacht haben, um Platz für seinen goldenen Palast (**domus aurea**) zu schaffen. Der römische Geschichtsschreiber Sueton berichtet von diesem Bau: „Die Vorhalle war so groß, dass darin eine Kolossalstatue Neros von 35 m Höhe Platz hatte, und der ganze Bau so ausgedehnt, dass eine Halle mit drei Säulenreihen, in einer Länge von anderthalb Kilometern, ihn schmückte. Ferner befand sich darin ein Teich, der wie ein Meer mit Gebäuden umgeben war, die Städte vorstellten ... Als dieser Palast fertiggestellt war, sagte Nero ... bei der Einweihung nur: Jetzt endlich könne er anfangen, wie ein Mensch zu leben."
(Sueton, Nero 31)

Adverb – Prohibitiv

Ü 1. 1. Imperium Augusti diu bonum et iustum erat. 2. Imperator Augustus bene et iuste rem publicam regebat. 3. Aetas eius felix fuit; cives Romani feliciter vivebant. 4. Populus Romanus vehementer postulabat, ut imperator pacem servaret: 5. „Noli pacem neglegere! Ne bellum novum gesseris!"

2 Irrläufer gesucht
a) tace – ite – male b) volantem – vehementer – vendentes
c) magister – feliciter – iter d) acerbe – fide – scelerate

3 Führe die Reihe nach dem angegebenen Beispiel fort. Übersetze dann:
Beispiel: Timete magistros! – Nolite magistros timere! – Ne magistros timueritis!
a) Vende omnia! b) Mox redi! c) Agite multa negotia! d) Iacta saxa!

4 De Seneca, Neronis magistro
Quamvis Nero iuvenis esset, imperator totius imperii Romani erat. Sed sine auxilio Senecae, magistri sui, bene et iuste numquam rexisset. Nam canere equosque regere maluit quam civitati consulere. Nero Senecae sapienter negotia publica agenti initio gratus erat. Itaque magistrum magnis muneribus affecit. Seneca, quamquam dives erat, docere non destitit homines divitiis non egere. Quare multi Senecam aspere reprehendebant, quia fortiter dicebat, ipse autem aliter vivebat. Sed cum finis vitae adesset, Seneca omnibus ostendit se virum vere Romanum esse: Sine gemitu fortiter se necavit non ignorans se honeste vixisse.

5 a) Bilde zu den folgenden Adjektiven die Adverbien:
felix – asper – egregius – sapiens – fortis – pius – vehemens – supplex
b) Füge nun die jeweils passenden Adverbien in den folgenden Text ein und übersetze diesen:
Christiani Deum suum [?] et [?] colebant. Seneca philosophus semper [?] agere cupiebat. Ab hoc viro multa [?] facta sunt, multa [?] dicta sunt. Etiam nos sententiis eius [?] commovemur. Quamvis inimici vitam Senecae [?] reprehenderent, hoc tamen constat: Is vir [?] de vita decessit.

> FACERE DOCET PHILOSOPHIA[1], NON DICERE.

> UTRUMQUE ENIM VITIUM EST: ET OMNIBUS CREDERE ET NULLI.

[1] philosophia: vgl. Fw.

Kaiserlicher Villenkomplex. Wandmalerei aus Pompeji. 1. Jh. n. Chr.

Neros Mord an der Mutter

Agrippina, die Mutter Neros, war eine überaus machtgierige Frau. So hatte sie ihren Mann, den Kaiser Claudius, vergiften lassen, um ihrem Sohn möglichst früh zum Thron zu verhelfen. Als Nero endlich Kaiser geworden war, versuchte sie, immer mehr Macht an sich zu reißen.
Ein Tipp: Der rechte Text wird leichter verständlich, wenn du zuerst die vereinfachte Fassung links liest.

Potestas Agrippinae matris Neroni periculosa[1] erat.

Nero sine consiliis matris et sine timore mortis imperare cupiebat. Itaque Agrippinam occidere decrevit.

Nero: „Timeo, ne omnes dicant: Nero necem Agrippinae paravit. Magnum enim est odium populi in imperatores sceleratos."

Anicetus: „Tot et tantas res bene gessimus. Navem praeclaram aedificabo. Navis in duas partes frangetur. Omnes hoc credent: Agrippina vi ventorum et fluctuum interfecta est."

Sed Agrippina periculum effugit. Agrippina ad litus pervenit et ad villam suam properavit.

Nero ad Anicetum: „Interfice matrem meam! Nam Agrippina nos perdet."
Anicetus cum militibus ad villam Agrippinae pergit. Ibi Agrippinam necari iubet.

Nero multas lacrimas fudit. Nero enim populo se tristem praebere cupivit.

Iam diu Nero sentiebat potestatem crescentem Agrippinae sibi periculosam[1] esse.

3 Is etiam metuit, ne a matre interficeretur. Cum non solum sine consiliis matris, sed etiam sine timore mortis imperare cuperet, eam occidere decrevit.

6 Itaque hunc sermonem cum Aniceto, magistro navis, habuit: „Dic mihi, utrum Agrippinam veneno[2] perdere an gladio necare cupias. Timeo, ne omnes brevi tempore dicant me necem eius
9 paravisse. Neque enim ignoro, quantum odium populi in imperatores sceleratos fuerit."

At Anicetus: „Ne nimis perturbatus sis! Nonne scis, quot quantasque
12 res bene gesserimus? Navem praeclaram ita aedificabo, ut in alto mari in duas partes frangatur. Tu ergo matri persuadebis, ut navem tam pulchram ascendat. Postea omnes credent Agrippinam vi
15 ventorum fluctuumque interfectam esse."

Profecto Agrippina hanc navem ascendit, sed feliciter periculum effugit. Cum enim navis frangeretur, parietibus[3] lecti tecta et servata
18 est. Agrippina non ignorans insidias in se factas esse, occulte navem reliquit. Postquam ad litus pervenit, ad villam suam properavit ibique latuit.

21 Cum Neroni nuntiatum esset matrem insidias effugisse, ad Anicetum dixit: „Impero, ut eam gladio interficias. Aliter nos omnes perdet. Ne cessaveris!" Anicetus celeriter cum comitibus ad villam
24 Agrippinae pergit, portam frangit, eam gladio necari iubet. Ministri Aniceti corpus eius eadem nocte flammis
27 mandaverunt, ut signa necis exstinguerent. Nero autem multas
30 lacrimas fudit, quod post mortem matris populo se tristem
33 praebere cupivit.

[1] periculōsus, a, um *gefährlich*
[2] venēnum, ī *Gift*
[3] pariēs, ietis m *Wand*

Agrippina krönt ihren Sohn Nero.
Relief aus Aphrodisias (Türkei).
1. Jh. n. Chr. Aphrodisias, Museum

Kaiser Caligula

Caligula hatte eine besondere Kindheit. Er wuchs unter Soldaten auf, weil sein Vater Germanicus und seine Mutter Agrippina ihn mit ins Heerlager nach Germanien genommen hatten. Die Soldaten mochten den Kleinen und gaben ihm den Kosenamen Caligula, „Soldatenstiefelchen". Doch nach dem mysteriösen Tod seines Vaters, eines Anwärters auf die Kaisernachfolge, änderte sich sein Leben. Zuerst wuchs er bei seiner Urgroßmutter Livia auf, dann nahm ihn Kaiser Tiberius auf die Insel Capri mit. Durch eine geschickt eingefädelte Intrige setzte sich Caligula gegen seinen Cousin Tiberius Gemellus in der Thronnachfolge durch und war mit 24 Jahren Kaiser.

Primo senatores imperatorem vehementer laudabant, quia cum senatu consilia habebat, familiariter plebi pecuniam donabat, statuas
3 suas Romae collocari nolebat. Sed postquam morbo gravi affectus est, mores eius mutati sunt. Caligula coniciens Gemellum imperium appetere eum interfici iubet. Cum Caligula coniurationem nobilium
6 in se factam animadverteret, imperavit, ut auctores coniurationis necarentur. Paulo post apud senatum orationem eius modi habuit: „Amicitia inter nos esse non iam potest. Nonne nobiles e vobis necem
9 in me paraverunt? Non ignoro, quot senatores male de me dixerint. Cavete, ne me parvi aestimetis! Ne modum transieritis! Severe in eos, qui me temptaverint, animadvertam." Senatores primo territi sede-
12 bant, tum Caligulam honoribus placare[1] parabant. Caligula autem ex eo tempore nobiles verbis et factis violabat. Dixit enim se equum suum consulem facere velle. Magno dolore senatores afficiebantur,
15 quia Caligula his verbis et potestatem consulis riserat et ingentem vim suam ostenderat. Praeterea Caligula noluit nobiles statuas suas in urbe collocare et honoris sedes in theatro habere. Num mirum est
18 imperatorem Caligulam paulo post crudeliter interfectum esse?

Büste des Kaisers Caligula. Kopenhagen, Ny Carlsberg, Glyptothek

[1] plācāre *beruhigen, beschwichtigen*

Moderne Farbrekonstruktion der oben abgebildeten Caligula-Büste

1 Mache die folgenden Fragesätze abhängig von Nos omnes scimus … und übersetze:
a) Unde Caligula nomen suum accepit? b) Ubi Caligula puer vitam egit? c) Quot annos imperator Caligula bene cum senatoribus rexit? d) Quando mores imperatoris mutati sunt? e) Cur imperator Caligula nobiles reprehendit? f) Quibus modis senatores violavit?

2 Ängste und Wünsche. Forme folgende Aussagesätze zu Gliedsätzen um, die von timeo bzw. opto abhängig sind, und übersetze.
Timeo, ne … a) Magnae curae me vexant. b) Magister me multa verba discere iubet. c) Parentes me reprehendunt.
Opto, ut … a) Ab amicis diligor. b) Numquam spem mei amitto. c) Semper alios iuvare possum.

3 Ersetze die Formen von hic, haec, hoc bzw. is, ea, id durch die entsprechende Form von iste.
hoc scelus – eam domum – huius mercatoris – harum amicarum – eis sententiis – ea crimina – huic viro – is fur

Dabei sein ist alles!

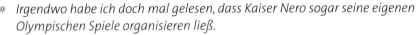

* *Irgendwo habe ich doch mal gelesen, dass Kaiser Nero sogar seine eigenen Olympischen Spiele organisieren ließ.*

Felix Du hast Recht; nur waren dies keine Olympischen Spiele, sondern die sogenannten Neronia, die Nero alle fünf Jahre sich selbst zu Ehren mit sportlichen und vor allem auch musikalischen Wettkämpfen gefeiert hat. In Olympia freilich feierte man die Spiele nicht zu Ehren eines Kaisers, sondern zu Ehren des höchsten Gottes Zeus, der auf dem Olymp wohnte.

* *Dann mussten die Sportler immer auf den höchsten Berg Griechenlands klettern?*

Felix Nein, du darfst bitte nicht den Berg Olymp in Nordgriechenland mit der Stadt Olympia in Südgriechenland auf der Halbinsel Peloponnes verwechseln. Im Übrigen feierten viele Städte ihre eigenen Spiele. Die wichtigsten Spiele fanden in Delphi, Isthmia (bei Korinth), Nemea und Olympia statt. In Olympia erhielt der Sieger einen Kranz aus Zweigen vom Ölbaum, in Delphi vom Lorbeerstrauch, in Nemea von der Selleriestaude und in Isthmia von der Fichte. Alle vier Siegerkränze in einer Disziplin zu erringen, war in der Antike so bedeutend wie heute z. B. der Grand Slam im Tennis. Du weißt, man muss dafür in einem Jahr die vier größten Tennisturniere in Australien, Amerika, London und Paris gewinnen.

* *In Nemea trugen die Sieger und Siegerinnen im Stabhochsprung, in den Ruderwettbewerben und im Turnen auf dem Siegerpodium also Selleriekränze? Sellerie hätte ich wirklich nicht auf dem Kopf herumgetragen. Dieses Gemüse esse ich auch nicht. Und den Ringkampf hat sicherlich der Koloss von Rhodos gewonnen!*

Felix Du bringst mal wieder alles durcheinander: Der Koloss von Rhodos gehörte zu den Sieben Weltwundern der Antike; du solltest sie wirklich kennen, denn auch die Zeusstatue im Tempel von Olympia wurde dazu gezählt.
An den Wettbewerben durften grundsätzlich nur Männer teilnehmen. Außerdem hatten verheiratete Frauen keinen Zutritt als Zuschauerinnen bei den Spielen, und die wichtigsten olympischen Wettbewerbe waren der Stadionlauf, Ringen, Faustkampf, Pankration, der Waffenlauf und das Wagenrennen.

* *Pankaration, das ist wohl so etwas wie Karate. Das gibt's doch heute noch nicht einmal als olympische Disziplin.*

Felix Dieser Wettkampf heißt auch nicht Pankaration, sondern Pan-kration und bedeutet so viel wie All-kampf, bei dem alles erlaubt war, außer beißen und in Augen und Ohren bohren. So ein Kampf konnte bis zu fünf Stunden dauern und endete entweder mit der Aufgabe eines Kämpfers oder mit dessen Tod. Der Sieger aber wurde wie ein Held gefeiert. Wenn z. B. der stärkste Mann aus Theben den besten Kämpfer aus Delphi besiegte, war dies eine Ehre für die gesamte Stadt.

* *Und der Tonnenschläfer Diogenes soll auch Olympiasieger gewesen sein!*

Felix Nein, der hat sich nur selbst dazu ernannt. Aber du wirst dies gleich lesen.

* *Apropos Delphi und Theben. Da gab es doch auch einen gewissen Ödipus, der trotz einer Fußverletzung – Hat er sich die beim Weitsprung zugezogen? – von Theben nach Delphi gelaufen ist. Das war aber ein Marathonlauf.*

Felix Nun warte mal ab! Du wirst gleich erfahren, warum er eine Verletzung hatte und warum er von Theben nach Delphi gelaufen ist. Mit einem Marathonlauf hat dies auf jeden Fall nichts zu tun.

Das Stadion von Nemea auf der Peloponnes

1 Welche Sportarten sind auf den Amphoren und Schalen in der linken Spalte dargestellt?

2 Sammelt Informationen über den Stadionlauf und den Weitsprungwettbewerb in der Antike.

3 Erkläre den Ursprung des Marathonlaufs.

Olympische Spiele in Athen. Titelblatt des offiziellen Berichts über die 1. Olympischen Spiele der Neuzeit von 1896

L Hier traf und trifft sich die Welt

Quis vestrum nondum iter in Graeciam fecit? Certe scitis, quibus de causis homines nostra aetate itinera in Graeciam faciant.

3 Antiquis autem temporibus multi homines e toto orbe terrarum eo perveniebant, ut in urbibus nobilibus, velut Athenis, Delphis, Olympiae[1], artes et litteras et philosophiam Graecorum cognoscerent.
6 Alii Delphos[2] veniebant oraculum Delphicum adituri, sacra facturi, Apollinem deum culturi. Nam in templo Apollinis futura comperire cupiebant. Alii Graeciam petebant praeclaras leges Solonis diligenter
9 lecturi et oratores egregios, velut Demosthenem, audituri. Alii moribus cultuque Graecorum commoti magistris Graecis filios tradiderunt. Qui adulescentes multos annos libenter Athenis manebant, ut sapientiam
12 atque disciplinam a philosophis Graecis acciperent. Postea complures philosophi Graeci etiam Romam venerunt elementa[3] philosophiae explicaturi. In sermonibus, quos cum civibus Romanis habebant,
15 imprimis quaerebant, quomodo homines feliciter atque contente vivere possent.

Praeterea constat iuvenes Graecos quinto quoque anno Olympiam
18 petivisse. Per multos menses corpora exercebant, ut certaminibus interessent et gloriam Olympiam acciperent. Scimus hodie quoque viros et feminas quinto quoque anno ex omnibus partibus orbis terrarum con-
21 venturos esse et aestate hiemeque laudem Olympiam quaesituros esse. Speramus inter nostros ludos eandem pacem fore, quae tunc inter ludos Olympios erat.

[1] Athenīs, Delphīs, Olympiae in Athen, Delphi und Olympia
[2] Delphōs nach Delphi
[3] elementa n Pl. Lehre

1 Welche Informationen über die Bedeutung der Städte Athen, Delphi und Olympia kannst du **L** entnehmen? Vergleiche das Ergebnis mit den Angaben in einem Lexikon der antiken Welt.

I Die Olympischen Spiele
Die Griechen feierten die Olympischen Spiele fünf Tage lang und folgten dabei einem festen Ablauf.
1. Tag: Mit einer Versammlung der Festgemeinde wurden die Spiele feierlich eröffnet. Dazu gehörten eine Reinigungszeremonie und das offizielle Ausschließen von Frauen und Verbrechern. Die Athleten mussten dann vor der Statue des Zeus einen Eid auf Ehrlichkeit leisten.
2. Tag: Mit den sog. Hippischen Agonen (Wagenrennen und Reiten) begannen die eigentlichen Wettkämpfe. Es folgte der Fünfkampf (Diskuswerfen, Weitsprung, Speerwurf, Laufen, Ringen).
3. Tag: Nach einem großen Zeusopfer (100 Stiere!) wurden die Leichtathletik-Wettkämpfe (verschiedene Laufdistanzen) durchgeführt.
4. Tag: Die Schwerathletik war an der Reihe. Neben Ringen, Faustkampf und Pankration gab es den sog. Waffenlauf (in Soldatenausrüstung).
5. Tag: Vor dem Zeustempel fand die Siegerehrung statt. Daraufhin brachten die Sieger ein Dankopfer dar, und die Spiele wurden mit einem gemeinsamen Mahl beendet.

Anstecker. Offizielles Emblem der XXX. Olympischen Spiele in Athen, Griechenland

Partizip Futur Aktiv (PFA) – Infinitiv Futur Aktiv

Ü 1 1. Quinto ante Christum natum saeculo *(im 5. Jahrhundert vor Christus)* Romani leges bonas et iustas desiderantes nonnullos viros in Graeciam mittunt. 2. Ii Graeciam petunt, ut leges Graecas legant atque conscribant. Ii Graeciam petunt leges Graecas lecturi atque conscripturi. 3. Viri confirmant se leges Graecas non solum lecturos (esse), sed etiam conscripturos esse. 4. Paulo post ii viri Romam redeunt et nuntiant: „Speramus leges Graecas fontem iuris nostri futuras esse (fore)."

2 Weise die folgenden Partizipien der richtigen Spalte und dort der inhaltlich und sprachlich passenden Wendung zu. Übersetze anschließend diese Partizipialkonstruktionen: respecturus – agentes – data – audituri – deponentes – relicturi – arcessitum – impulsae – accipiens

PPA	PFA	PPP
fabri onera ?	iuvenes vocem non ?	signa a duce ?
senes vitam miseram ?	comites oppidum ?	auxilium ?
imperator calamitatem ?	hospes ad urbem ?	naves ventis ?

3 Entdecke den jeweiligen Störenfried:
a) intellegentes – ingentes – gerentem – invenientem
b) adituri – agitaturus – igitur – abitura
c) vendens – veniens – vertens – vehemens
d) tempestas – traditas – calamitas – civitas
e) impuli – indui – impulsi – sustuli

4 Erstelle jeweils ein Wortfeld mit mindestens vier Substantiven zu den Bereichen „Philosophie", „Religion" und „Sport". Wichtige Begriffe findest du auch in **L**.

5 Lob und Tadel für die Philosophie
Ein römischer Philosoph schreibt der griechischen Philosophie folgende Leistungen zu:

Philosophia urbes condidit, homines ad vitam communem convocavit, leges invenit, mores et disciplinam docuit.
Philosophia semper virtutes petit et a vitiis liberat.
Philosophia homines per vitam ducit. Ad philosophiam homines adeunt auxilium rogaturi; multi homines se totos philosophiae tradunt.
Sed quamquam philosophia in omni vita nobis adest, multi eam neglegunt. Quamquam omnes homines philosophiam colere debent, multi eam reprehendunt. Isti etiam dicunt adulescentes verbis philosophorum commotos viae malae se committere.

Versucht, in einer Diskussion diese Leistungen aus antiker und heutiger Sicht zu bewerten. Welche Kritik bringen die Gegner der Philosophen vor?

6 Erkläre mithilfe eines Lexikons die Redensart „Eulen nach Athen tragen".

Silbermünze aus Athen. Um 440 v. Chr.

55 Aus der Welt der Griechen

L Erziehung durch Provokation

Seit dem Ende des 5. Jh.s v. Chr. traten in den griechischen Städten auch Philosophen auf, die ihre Mitmenschen „erziehen" und auf den rechten Lebensweg führen wollten. Zu ihnen gehörte der Kyniker Diogenes, den ihr bereits kennengelernt habt. Wie ihr wisst, demonstrierte er gegen den luxuriösen Lebensstil seiner Zeit. Wir versetzen uns in das Jahr 330 v. Chr. und stehen in Athen mitten auf der Agora, dem Marktplatz.

Mercatores barbari magnas divitias quaesituri Athenis varias res vendunt. Ibi enim multi cives nimiae luxuriae se dant, quia vitam
3 simplicem et parcam acturi non sunt. Nec mores probos nec vitam honestam appetunt.
Qua de causa Diogenes philosophus luxuriae fortiter resistens civibus
6 suis persuadere studet, ut mores mutent. Vitam simplicem demonstraturus et homines provocaturus[1] barba[2] longa, veste simplici, pedibus nudis[3] in urbe ambulat. Imprimis hoc reprehendit, quod
9 homines semper opes divitiasque petunt.

Medio in foro sedens cibum simplicem manibus suis capturus est, cum subito vulgus hominum eum circumvenit; alter ex eo vulgo ira incensus
12 clamat: „Canis! Canis! Ne nos perturbaveris tuis moribus turpibus!"
Alter ad Diogenem versus adicit: „Quid demonstrare vis istis moribus corruptis? Cur habitu cultuque indigno nos provocas?" Alter denique
15 interrogat: „Quem usum tibi ista philosophia dat?"
Diogenes respondet: „Philosophia, quam vos homines stulti non perspicitis, me docet luxuria carere, inopiam facile sustinere, paucis
18 rebus ad vitam necessariis contentum esse. Itaque opum divitiarumque cupidus non sum. Ceterum vos canes estis, quia me, dum ceno, circumvenitis. Ne me deriseritis! Audite verba mea! Vos quoque vitam
21 simplicem agite! Equidem hoc modo libenter victurus sum."

Jean Léon Gérôme: Diogenes. 1860. Baltimore, Walters Art Museum

[1] prōvocāre *reizen*
[2] barba *Bart*
[3] nūdus, a, um *nackt*

1 Mit welchen Wörtern aus L lässt sich das Leben des Diogenes einerseits und das seiner Gegner andererseits am besten beschreiben?

2 Stelle aus L lateinische Wendungen zusammen, die ausdrücken, was Diogenes bei seinen Mitmenschen erreichen will.

I Diogenes

Einst sonnte sich Diogenes gerade vor seiner Tonne, als Alexander der Große vorbeikam. Alexander ging auf Diogenes zu und sagte zu ihm, dass er ihm einen Wunsch erfüllen wolle. Diogenes antwortete, ohne lange zu überlegen: „Geh mir aus der Sonne, Alexander!" Damit zeigte der Philosoph, dass er reicher, glücklicher und zufriedener war als der große Feldherr und König. Er hatte alles, was er sich wünschte.
Diese kynische Philosophie nimmt ihren Anfang bereits mit Sokrates (470–399 v. Chr.), der einst auf dem Marktplatz von Athen vor einer Bude stehen blieb, in der es viele Dinge zu kaufen gab, und ausrief: „Schaut nur, wie viele Sachen die Athener zum Leben brauchen!"

Partizipialkonstruktionen (Vertiefung) – Partizip Futur Aktiv als Prädikatsnomen

Ü 1 1. Nonnulli philosophi Graeci sermones in publico habentes iuvenes docebant. 2. Multi homines verbis philosophorum moniti (tamen) mores malos non mutabant. 3. Diogenes philosophus homines ad vitam simplicem adducturus cultum parcum demonstrabat. 4. Nonnulli cives Diogenem cultum nimis simplicem demonstrantem reprehendebant. 5. Diogenes ex hominibus iterum atque iterum quaerebat: „Cur vitam sine divitiis acturi non estis?"

2 Ersetze die Futurformen in den folgenden Sätzen durch ein PFA mit esse:
a) Philosophi verum quaerent.
b) Nonnulli homines vitia sua numquam perspicient.
c) Sermones philosophorum adulescentes movebunt.
d) Alii adulescentes spem in sententiis philosophorum ponent.
e) Alii de vita desperabunt.

3 Für FELIX symbolisieren die fünf olympischen Ringe die fünf Konjugationsklassen. Zeichne die olympischen Ringe in dein Heft und ordne die Partizipialformen so an, dass in den Ringen nur Formen der jeweils angegebenen Konjugationsklasse stehen:

cultus – stantes – capti – facturus – reperiens – debens – auctum – ponentes – laudatum – scripturi – moniturus – audituri – rogaturus – cupientes – inventa

4 Sammle aus **L** alle Partizipien, bestimme ihr Zeitverhältnis zum Prädikat und nenne jeweils den Inf. Präs. Akt.

5 Geld macht nicht glücklich!
DIOGENES: „Cur me reprehenditis, cur me dimissuri estis, cives? Ne perrexeritis me reprehendere! Ne me dimiseritis! Immo dimittite vestram luxuriam! Nonne scitis homines sapientes pecuniam neque desideravisse neque desiderare neque desideraturos esse?
Multi homines divitias petentes frustra sperant se felices fore."

6 Übersetze in den folgenden Sätzen das Partizip zunächst mit einem Gliedsatz in der jeweils angegebenen Sinnrichtung. Überlege dann, ob andere Übersetzungen (Präpositionalausdruck oder Beiordnung) möglich sind.
a) Imperator Augustus magna aedificia publica instituens tamen salutem plebis numquam neglexit. (konzessiv) b) Haud raro cives inopia laborantes iuvit. (konditional) c) Augustus statuas pulchras in Graecia emptas non in domo sua, sed in foris collocavit. (temporal) d) Omnes cives statuas in publico collocatas spectare poterant. (kausal) e) Non mirum est, si multi principem saluti omnium consulentem laudaverunt. (kausal)

L Kein Zutritt für Frauen

Im Altertum war es nur freien griechischen Männern erlaubt, aktiv oder passiv an den Olympischen Spielen teilzunehmen. Im Jahre 452 v. Chr., also 324 Jahre nach Einführung der Olympischen Spiele, ereignete sich ein Skandal, den ein empörter Priester vor dem obersten Schiedsgericht mit folgenden Worten schildert:

„Quantum flagitium vidi! Irae temperare non possum. Nam maiores nostri, ut scitis, ita decreverunt: Aditus ad loca sacra feminis non est.
3 Dum viri ludis Olympiis intersunt, feminas domi esse oportet. Itaque nos quoque sacerdotes consilio habito instituimus, ne qua femina stadium[1] iniret viris de victoria certantibus.
6 Audite nunc, quod nuper evenit:
Femina virili[2] veste induta ad loca sacra adit. Iuvenibus corpora exercentibus et certamina parantibus illa femina stadium invadit et
9 certamina sine pudore spectat. Media in turba virorum consistit, considit, videt omnia, quae nulla femina umquam vidit.
Sed Iovi maximas gratias ago: Certamine confecto ista femina impia
12 capta est. Posco, ut severe in eam consulamus!"

Ein zweiter Priester weiß Genaueres und erläutert die Hintergründe dieses Vorfalls:

„Ea de re gravi sine ira et studio iudicare debemus. Certe illa femina iram nostram incendit, comprehensa quidem non est aliqua mulier –
15 sed mater comprehensa est.
Victoriis Olympiis iam ab avo, a fratre, a marito partis haec mater filium certantem conspicere cupiebat. Itaque mater loca sacra invasit nullo
18 custode resistente. Nemo illam in tanta turba hominum animadvertit.
Denique vero victoria filii matris clades fuit: Adversariis a filio victis adeo excitata est, ut sedem suam relinqueret, ad filium victorem
21 curreret, repente vestem virilem amitteret."

Athleten bereiten sich auf den Wettkampf vor. Griechische Vase aus dem 6. Jh. v. Chr. Berlin, Staatliche Antikensammlung

[1] stadium *Stadion*
[2] virīlis, e *männlich, Männer-*

1 Verteilt die Reden der beiden Priester auf mehrere Schüler und tragt sie lateinisch vor.

2 Die Betroffenheit des Schiedsgerichts nutzt der zweite Priester aus.
– Er stellt den Antrag, der Mutter die übliche Todesstrafe zu erlassen.
– Begründung: Rücksicht auf den olympischen Ruhm ihrer Familie.
– Man nimmt den Antrag an, zieht aus dem Vorfall aber Konsequenzen:
– Künftig werden die Stadionkontrollen noch schärfer, und sogar die Trainer müssen, wie die Wettkämpfer selbst, die Kleidung ablegen.

Weist diesen Aussagen die passenden lateinischen Formulierungen zu:
a) Decernimus, ut omnes stadium (!) ineuntes vestem deponant.
b) Accipimus id, quod dixisti; sed hoc consilium inire debemus:
c) Ne supplicium sumpseritis de ea muliere!
d) Respicite laudem Olympiam ab avo, a fratre, a marito partam!

3 Welches ist das Hauptargument des zweiten Priesters für eine milde Bestrafung? Wie wird es sprachlich besonders betont?

Ablativus absolutus (1)

Ü 1 1. Ludi Olympii aestate commissi sunt. 2. Itaque iuvenes aestate ineunte ad ludos Olympios contendebant. 3. Dum iuvenes ad ludos contendunt, summa pax erat. Iuvenibus ad ludos contendentibus summa pax erat. 4. Postquam sacra facta sunt, iuvenes laudem Olympiam petebant. Sacris factis iuvenes laudem Olympiam petebant.

2 Setze in den Ablativ und übersetze mit temporaler Sinnrichtung:
puellae ludentes – homo laborans – nomina appellata – mulier orans – verba adiecta – aestas iniens

3 FELIX hat vergessen, von welchen Verben die folgenden Partizipialformen gebildet sind. Er sucht in einem lateinisch-deutschen Wörterbuch. Unter welcher Form (1. Pers. Sg. Ind. Präs.) muss er jeweils nachschauen?
sublatum – culturi – impulsus – moturos – dantibus – gesta – exeuntes – dilecta – deceptum – stantes

4 Übersetze die Wendungen und achte genau auf die Sinnrichtungen:
1. konzessiv: patre filiam monente – amicis a nobis monitis – philosophis adulescentes monentibus
2. temporal: civibus templum intrantibus – philosopho deos colente – deis a civibus cultis
3. kausal: imperatore condiciones pacis neglegente – condicionibus pacis neglectis – hostibus condiciones pacis accipientibus

5 Der wahre Olympiasieger
Diogenes mores multorum hominum reprehendens vitam parcam agebat. Hic philosophus acriter contra voluptatem, contra luxuriam atque divitias pugnabat. Sed eius philosophia ac vita simplex a plurimis hominibus neglectae sunt. Aestate ineunte Diogenes non solum ludos spectaturus, sed etiam philosophiam suam demonstraturus Olympiam petivit. Ibi certaminibus initis coronam *(Kranz)* victoriae capite gerens in viis ambulavit, quamquam nulli certamini interfuerat. Itaque multi ex eo quaesiverunt: „Quibus certaminibus interfuisti? Qua re, quo labore, qua virtute ad illum honorem pervenisti?" Diogenes haec respondit: „Ego quoque victor sum. Iram oppressi, luxuriam oppugnavi, voluptates vici. Itaque mihi ipse victoriam dedi."

Die Bekränzung des Siegers. Griechische Vase aus dem 6. Jh. v. Chr. München, Museum Antiker Kleinkunst

Die Rolle der Frau in der Antike

Obwohl es besonders in der Mythologie Göttinnen und Heldinnen gibt, die selbstbewusst und gleichberechtigt den männlichen Figuren gegenübertreten, sah die Realität in der griechischen Antike anders aus: Verheiratete Frauen führten ein sehr zurückgezogenes Leben. Als Mädchen wurde ihnen beigebracht, Wolle zu spinnen und zu weben, manche lernten Lesen, Schreiben, Singen und Malen. Darüber hinaus aber hatten sie weder gesellschaftliche noch politische Rechte. Eine Teilnahme an den Olympischen Spielen war undenkbar. Eine besondere Stellung hatten die Hetären („Gefährtinnen"), die oft bedeutenden Männern in der Öffentlichkeit „Gesellschaft leisteten" und bei denen es sich meist um sehr gebildete Frauen handelte. In Rom hatte die verheiratete Frau zwar auch keine politischen Rechte, aber eine geachtetere Stellung; sie konnte z. B. ihren Mann bei gesellschaftlichen Anlässen begleiten. Die Ausübung eines Berufes war noch immer sehr selten. Eine Ausnahme waren die hochgeschätzten Priesterinnen der Vesta.

57 Aus der Welt der Griechen

L ... und das Orakel hat doch Recht

Nachdem Apollo den Python erlegt hatte, galt er als der uneingeschränkte Herrscher von Delphi. Der im Zentrum des Heiligtums gelegene Apollotempel war zugleich Stätte des berühmten Orakels; dieses wurde von der Priesterin Pythia in einem Tempelraum gegeben, der den Besuchern nicht zugänglich war. Von diesen Orakelsprüchen nahmen viele Mythen ihren Ausgang, so auch der folgende:

Laius, rex Thebarum, oraculum Delphicum consulens cognovit se manu sui filii de vita decessurum esse. Itaque rex infantem[1] in montibus
3 exponi[2] iussit. Infante paulo post reperto Polybus, rex Corinthi, et uxor eius decreverunt: „Magna cum diligentia providebimus, ut hunc infantem tamquam filium nostrum alamus. Quem pedibus violatis
6 Oedipum[3] appellabimus." Oedipo a Polybo rege excepto omnes cives Corinthi per multos annos feliciter vivebant.

Aliquando autem in domo Polybi regis hospes nobilis cenavit. Qui vini
9 dulcis plenus Oedipo adulescenti obiecit eum filium Polybi regis non esse. Oedipus primo verbis illius non credidit; tum autem – omnia de parentibus suis et de genere suo cogniturus – cum paucis comitibus
12 oraculum Delphicum adiit.
Ibi haec comperit: „Patrem occides, matrem uxorem duces." Quibus verbis dictis Oedipus confirmavit se numquam in patriam rediturum
15 esse.

Interim Laius, pater Oedipi, qui sortem suam non ignorabat, iterum Delphos petebat, ut animos deorum converteret. Haud procul a Delphis
18 Oedipus casu Laio regi in via angusta occurrit. Ministri regis postulaverunt, ut regi via daretur. Oedipus autem iter pergere contendit. Oedipo non cedente ministri regis viam armis obtinuerunt,
21 adulescentem reppulerunt. Itaque Oedipus ira incensus senem adiit et corripuit.
Ministris regem defendentibus Oedipus tamen senem necavit. Sic filius, ut oraculum providerat, patrem interfecit.

Der Künstler dieses griechischen Vasenbildes hat versucht, den Apollotempel perspektivisch zu zeigen. Die weit geöffneten Türen enthüllen das Kultstandbild im Inneren; dieses ist weiß gemalt, um den Eindruck von Edelmetall zu erzeugen. 4. Jh. v. Chr.

[1] īnfāns, īnfantis *(kleines) Kind*
[2] ex-pōnere *aus-setzen*
[3] Oedipus *griech.: der Schwellfuß (wegen seiner Verletzungen am Fuß)*

1 Welche berühmten Kinder kennst du, die wie Ödipus im Säuglingsalter von den Eltern ausgesetzt wurden? Informiere dich über deren weiteres Schicksal.

Ödipus tötet seinen Vater Lajos. Marmorrelief von einem römischen Sarkophag. 3. Jh. n. Chr. Rom, Vatikanische Museen

Ablativus absolutus (2)

Ü 1 1. Nullo aditu feminis dato mater virilem *(männlich)* vestem induit. 2. Nullo aditu feminis dato mater (tamen) loca sacra invasit. 3. Nullo resistente mater media in turba virorum constitit. 4. Victoria a filio parta mater repente sedem reliquit. 5. Certamine confecto mater comprehensa est.

2 Übersetze die folgenden Wendungen im Ablativus absolutus jeweils mit einem temporalen, konzessiven, kausalen und modalen Adverbialsatz:
a) multis verbis auditis – b) ministris regem defendentibus – c) spe sublata – d) senatore sententiam dicente

3 Übersetze die folgenden Wendungen im Ablativus absolutus zunächst mit einem Adverbialsatz und dann mit einem Präpositionalausdruck:
a) his rebus cognitis – b) hac oratione habita – c) nullo resistente – d) Laio regente – e) ea re nuntiata – f) certamine confecto – g) veste amissa – h) femina stadium (!) invadente – i) hominibus certamina spectantibus – k) sede relicta – l) viris stadium (!) ineuntibus

4 Auf den Spuren antiker Philosophen
a) Alii sapientes aquam initium naturae ducunt, alii ignem. b) Alii amicitiam summum bonum putant, alii dolorem summum malum *(Übel)* appellant. c) Alii se incolas et cives Europae putant, immo vero totius orbis terrarum, alii iudicant domum esse parvam rem publicam. d) Alii otium, alii negotium summum finem vitae dicunt. e) Alii totum orbem a deis regi putant, alii omnia casu evenire confirmant. f) Multis philosophis de rebus certantibus nos ipsi iudicare debemus.

Zum Weiterlesen – das Rätsel der Sphinx

Auch der zweite Teil des Orakelspruches musste natürlich in Erfüllung gehen: Auf einem Felsen vor den Toren der Stadt Theben hatte sich eine geflügelte Sphinx, halb Jungfrau, halb Löwin, niedergelassen und bedrängte die Menschen mit allerlei Rätseln. Wer nicht die richtige Lösung geben konnte, wurde von dem Untier unbarmherzig zerfleischt. Zur Bedrohung durch die Sphinx kam die traurige Nachricht, dass König Lajos auf seiner Reise zum Delphischen Orakel von unbekannten Tätern erschlagen worden war. Die verwitwete Königin Jokaste teilte sich mit ihrem Bruder Kreon den Thron von Theben. Als auch Kreons Sohn von der Sphinx getötet worden war, ließ Kreon öffentlich verkünden, dass derjenige, der die Stadt von der Sphinx befreie, die Königskrone tragen und Ehemann der verwitweten Königin werden solle.

Da zog der heimatlose Ödipus in die Stadt ein. Weil ihm sein Leben wertlos schien, ließ er sich zum Wettstreit mit der Sphinx überreden: Das Untier blickte den Mann spöttisch an und stellte ihm ein besonders schweres Rätsel: „Am Morgen ist es vierfüßig, am Mittag ist es zweifüßig, am Abend ist es dreifüßig; doch gerade wenn es sich auf den meisten Füßen bewegt, sind seine Glieder am wenigsten kräftig und geschickt."

Ödipus löst dieses Rätsel und befreit dadurch seine Heimatstadt Theben von dem Ungeheuer. Als Belohnung bekommt er die verwitwete Königin Jokaste zur Frau – seine eigene Mutter, mit der er noch vier Kinder haben wird: die Zwillinge Eteokles und Polyneikes und die beiden Töchter Antigone und Ismene.

Jean Auguste Dominique Ingres: Ödipus und die Sphinx. 1808. Paris, Musée du Louvre

L Die Entscheidung der Antigone

Antigone war nach dem Tod ihres Vaters Ödipus bald wieder in die Heimat Theben zurückgekehrt, wo sich ihre Brüder Eteokles und Polyneikes beim Kampf um die Herrschaft über die Stadt gegenseitig ermordeten. Eteokles, der die Stadt verteidigt hatte, wurde feierlich bestattet. Polyneikes aber musste auf Befehl des neuen Königs Kreon ohne Begräbnis vor der Stadt liegen bleiben. Doch Antigone hatte dem in ihren Armen sterbenden Bruder versprochen, ihn zu begraben. Wegen dieses Vergehens wird sie von Soldaten dem König Kreon, ihrem Onkel, vorgeführt:

Eteokles und Polyneikes. Zeichnung von Ursula Daues. 2005

[1] sepelīre, sepeliō, sepelīvī *bestatten*

CREON: Polynice duce patria diu oppugnata est. Denique fratres tui proelio acri inter se pugnaverunt. Utroque fratre occiso tu legem a rege
3 datam, legem summam civitatis, neglexisti. Ego Polynicem fratrem sepeliri[1] vetueram, cum is patriam oppugnavisset. Tu autem me invito, ergo rege invito, fratrem sceleratum occulte sepelivisti. Te interrogo, cur
6 dictis meis restiteris.

ANTIGONA: Ego semper legibus deorum parui, legibus divinis semper diligenter et constanter parebo. Numquam leges hominum pluris
9 existimabo quam leges divinas. Neque tibi haec lex divina et aeterna ignota est: Omnes homines mortui sepeliri debent. Summo deo auctore igitur fratrem sepelivi. Tum custodes tui me comprehenderunt et
12 deduxerunt. Certe fratrem sepelivi te ignaro; sed officium sororis et pietatem in deos praestiti.

CREON: Immo superbiam tuam contra me demonstravisti. Tu igitur
15 propter nimiam superbiam punieris: Me auctore capitis damnaberis.

ANTIGONA: Ego superba non sum; at ii superbi atque nefarii sunt, qui illam legem divinam te auctore neglegunt. Tu quidem tantam superbiam
18 praestas, ut tamquam tyrannus agas. Tyranno autem rege omnis pietas opprimitur. Neque verba tua neque poenam metuo. Morte quidem mea apud posteros maximam gloriam accepta sum. Ad mortem parata sum.

1 a) Versuche, vor der Übersetzung zu erfassen, was Kreon Antigone vorwirft (Z. 2–5) und wie er ihre Haltung bezeichnet (Z. 14f.).
b) Wie begründet Antigone ihre Handlungsweise (Z. 7–11) und wie bezeichnet sie Kreon (Z. 17–19)?

2 Beantworte die folgenden Fragen lateinisch:
a) Quid Creon lege vetuit? b) Cui legi divinae et aeternae Antigona paruit?
c) Cur Creon tamquam tyrannus egit?

Antigone vor Kreon. Süditalisches Vasenbild. Um 380 v. Chr. London, British Museum

L Kreons Ende

Kreon bleibt hart und lässt Antigone lebendig einmauern. Sein Sohn, Antigones Verlobter, begeht Selbstmord, als er sieht, dass sich Antigone in ihrem Gefängnis erhängt hat. Am Ende steht der einst so stolze Kreon als verzweifelter und gebrochener Mann alleine da.

Ablativus absolutus (3)

Ü 1 1. Polybo regente Oedipus adulescens diu vitam contentam agebat.
Polybo rege Oedipus adulescens diu vitam contentam agebat.
2. Oedipus confirmavit se patre vivo numquam in patriam rediturum esse.
3. Oedipo filio ignaro pater eodem tempore Delphos petebat.

2 Übersetze die folgenden Wendungen als relativen Satzanschluss. Welche Wendungen enthalten einen Ablativus absolutus?
a) Qua re cognita – b) Quibus rebus gestis – c) Quae dum geruntur – d) Quae cum ita sint – e) Quo facto

3 Lege in deinem Heft ein Sachfeld zum Thema „Gesetz, Gerechtigkeit, Recht, Unrecht, Gericht, Strafe" an. Ergänze das Sachfeld im Laufe des Schuljahres.

4 Übersetze die folgenden nominalen Ablativi absoluti:
a) consule vivo – b) amica ignara – c) cive invito – d) philosopho auctore
Setze nun alle Ablativi absoluti in den Plural.

5 Untersuche die Weiterentwicklung des lateinischen Demonstrativpronomens ille im Italienischen, Spanischen und Französischen. In welche Wortarten geht ille über?

lateinisch	italienisch	spanisch	französisch
ille liber	il libro	el libro	le livre
illa lex	la legge	la ley	la loi
ille legit	(lui) legge	(él) lee	il lit

Figur der Justitia auf dem Rathaus von Offenburg

6 Gesetze für das Volk und durch das Volk
Quamquam Romani iam multa de bonis legibus invenerant, tamen decem viros Athenas miserunt, ut leges praeclaras Solonis cognoscerent. Nam multi Romani leges Graecorum respicere volebant.
Postquam ii viri cum Atticis *(athenisch)* legibus redierunt, cives postulabant, ut tandem leges conscribere inciperent. Decem tabulis paulo post in foro positis decem viri populum eas leges legere iusserunt.
His decem tabulis diligenter lectis duae tabulae novae populo auctore adiectae sunt. Denique omnes contenderunt eas leges etiam postea omni civitati bonas utilesque fore.

7 condere, dimittere, pergere, temptare, consulere – Welche Bedeutung haben die Verben jeweils?
a) Romulus Romam condidit.
b) Multi pecuniam in locum secretum *(geheim)* condunt.
c) Milites dimissi sunt. Uxor a marito dimissa est.
d) Magistratus nuntios in omnes partes imperii dimiserunt: „Hostes oppugnationem *(Belagerung)* dimiserunt!"
e) Iter perge! Id agere perge, quod agere vis!
f) Cursu celeri domum perreximus.
g) Resiste omnibus, qui te ad scelera adducere temptant!
h) Hostes nos telis temptaverunt.
i) Imperator crudeliter in hostes consuluit.
k) Dominus servis suis bene consuluit.
l) Liberi magistrum saepe consuluerunt.

Lesen und Üben mit Felix

L Die unzufriedenen Frösche

Der griechische Schriftsteller Äsop lebte im 6. Jh. v. Chr. Er soll Sklave gewesen sein und seine Weisheit in Form von Fabeln unter das Volk gebracht haben. Die Handlungsträger der folgenden Fabel sind die Frösche, deren Beherrscher und Jupiter.

Lies den Text zunächst und beachte dabei die mit unterschiedlichen Farben markierten Schlüsselwörter:

[1] rāna Frosch, Kröte
[2] palūs, palūdis f Sumpf

Ranae[1] in paludibus[2] per multos annos vitam liberam et beatam agebant, sed hanc libertatem parvi aestimabant. Licentia crescente mores ita corrupti
3 sunt, ut ranae ipsae infelices essent. Denique a Iove, summo deo, suppliciter poposcerunt, ut tandem regem severum mitteret. Putabant enim tyrannum mores malos et corruptos vi et disciplina conversurum esse.

[3] tigillum Balken

6 Iuppiter suppliciis ranarum commotus parvum tigillum[3] misit, quod magno impetu subito in paludem cecidit. Quo casu ranae primo vehementer territae sunt.
9 Tigillo diu in aqua iacente ranae timorem deposuerunt et hunc regem modo deridebant, modo neglegebant. Consilio ranarum habito novus rex a Iove

[4] petitus: PPP zu petere

petitus[4] est. Ranae enim cognoverant illud tigillum utile non esse.

[5] hydrus (Wasser-)Schlange

12 Nunc Iuppiter ridens misit hydrum[5], qui ranas corripere et necare coepit. Multis comitibus necatis ranae adhuc vivae de salute desperaverunt. Ranae metu coactae necem effugere studuerunt et magnis precibus iterum a Iove
15 auxilium petiverunt.

Sed ille: „Ne me sollicitaveritis! Ne meam iram excitaveritis! Vobis non iam adero. Vos ex hoc periculo numquam liberabo. Quia tam stultae estis,
18 ut condiciones bonas non sustineatis, sustinete malas!"

Die unzufriedenen Athener – was man aus der Fabel lernt

Wie jede Fabel, so ist auch die eben erzählte auf Menschen anwendbar. Äsop wollte damit den Athenern eine Lehre erteilen („fabula docet").

[1] Pīsistratus: Tyrann von Athen (6. Jh. v. Chr)

Per multos annos civitas Atheniensium legibus iustis regebatur. Moribus autem civium corruptis et civitate magna licentia sollicitata Pisistratum[1]
3 imperium occupavisse et antiquum genus civitatis restituisse constat.

[2] indulgēns, ntis nachsichtig, gnädig
[3] incōnstantia Wankelmütigkeit

Ille tyrannus severus, neque tamen crudelis erat. Cives autem sorte sua contenti non erant. Pisistrato tyranno cives nunc istam disciplinam duram
6 et istas condiciones tristes flebant et dominum indulgentem[2] desiderabant. Talem inconstantiam[3] hominum Aesopus illa fabula reprehendit.

Vergleiche das Verhalten der Frösche mit dem der Einwohner Athens. Worin liegt jeweils die Ursache für den Sittenverfall? Warum muss die Fabel des Äsop als Warnung an die Bürger Athens angesehen werden?

Der olympische Frieden

Cum nuntiatur ludos Olympios committi, omnia arma deponuntur non modo in Graecia ipsa, sed cunctis in regionibus, quas Graeci habitant. Ita omnibus Graecis liberis iter ad ludos Olympios facere licet. Haec pax apud Graecos „feriae[1] belli" appellatur. Adulescentes vero, qui certaminibus intersunt, in gymnasiis[2] exercentur, priusquam cursu, disco[1], aliis disciplinis[1] bene cum adversariis certant. A magistris his verbis monentur: „Constat neminem sine labore immortalem fore."

[1] fēriae *(Pl.)*, discus, disciplīna: *vgl. Fw.*
[2] gymnasium *Gymnasium (öffentlicher Platz in griechischen Städten, auf dem die Jugend trainierte)*

Übersetzungstest

1 Bestechung bei den Olympischen Spielen
Suche alle Ablativi absoluti und bestimme das jeweilige Zeitverhältnis. Übersetze dann die Sätze.
a) Athletae *(Athleten)* victoriam non argento, sed cursu celeri atque viribus corporis petant! b) Victoria argento parta iudices conveniebant et consilium habebant. c) Consilio severo inito athleta Atheniensis, qui adversarios argento corruperat, e ludis dimissus est. d) Quo dimisso ceteri Athenienses a iudicibus petiverunt, ut illi ad ludos redire liceret. e) Iudicibus preces repellentibus omnes Athenienses eodem anno Olympiam reliquerunt.

2 Fehlerdiagnose in Partnerarbeit
Schüler A wählt die richtige Übersetzung aus und Schüler B erklärt den oder die Fehler in den beiden anderen Übersetzungen. Bei Satz 2 werden die Rollen getauscht.

1. Iuvenes gloriam Olympiam accepturi ludis interfuerunt.
1.1 Die Jugendlichen nahmen an den Spielen teil und erlangten olympischen Ruhm.
1.2 Die Jugendlichen nahmen an den Spielen teil, um olympischen Ruhm zu erlangen.
1.3 Die Jugendlichen, die olympischen Ruhm erlangt haben, nahmen an den Spielen teil.

2. Omnes homines sperant se semper contentos fore.
2.1 Alle Menschen hoffen, dass sie immer zufrieden gewesen sind.
2.2 Alle Menschen hoffen, dass sie immer zufrieden gemacht werden.
2.3 Alle Menschen hoffen, dass sie immer zufrieden sein werden.

3 Verneine die folgenden Imperative durch ne und durch noli/nolite:
1. Neglegite verba philosophorum! 2. Somno vos date! 3. Perge iter!

4 Übersetze den folgenden Satz und löse dabei den Ablativus absolutus durch einen temporalen, kausalen und konzessiven Adverbialsatz sowie durch den jeweils entsprechenden Präpositionalausdruck auf:
His verbis dictis magistratus consilia publica habuerunt.

2004 im Stadion von Olympia: Touristen posieren an der Balbis, der Startlinie der Wettläufer. Im gleichen Jahr wurde hier während der Olympischen Sommerspiele von Athen der Wettkampf im Kugelstoßen ausgetragen.

Ein Kommen und Gehen

*Giulio Romano: Kaiser Konstantin erscheint das Kreuz (**In hoc signo vinces**). Fresko, um 1520/25. Rom, Vatikan, Sala di Costantino*

Felix Erinnerst du dich an die ersten römischen Kaiser?

* *Klar! Soll ich sie aufzählen? Also: Augustus, Tiberius, Caligula, Claudius, Nero. Stimmt's?*

Felix Große Klasse, sogar in der richtigen Reihenfolge! Aber weißt du auch, was diese Kaiser gemeinsam hatten?

* *Keine Ahnung. Aber du sagst es mir bestimmt gleich.*

Felix Sie alle erbten ihren Kaisertitel, weil sie aus der kaiserlichen Familie stammten.

* Heißt das, dass niemand sonst römischer Kaiser werden konnte?

Felix Richtig. Aber das änderte sich. Rund zwei Jahrhunderte nach Augustus kamen meist angesehene Offiziere des Heeres auf den Kaiserthron, die sog. „Soldatenkaiser". Du kannst dir leicht vorstellen, dass diese Männer, die sich vom einfachen Soldaten bis in den höchsten Rang des Staates hochgearbeitet hatten, ein ganz anderes Denken als die ersten Kaiser mitbrachten. Sie dachten vor allem in militärischen Kategorien. Kein Wunder: Das Riesenreich der Römer war durch die Einfälle verschiedener Völker leicht verwundbar und wegen seiner Größe schwer zu sichern. Wie unruhig die Zeiten waren, kannst du daraus ersehen, dass in dem halben Jahrhundert vom ersten Soldatenkaiser Maximinus Thrax 235 bis 285 n. Chr. fünfzehn verschiedene Kaiser den Thron bestiegen.

* Aber so viel ich weiß, ist Rom doch erst im 5. Jh. n. Chr. untergegangen!

Felix Stimmt. In der Zeit von den Soldatenkaisern bis zum Untergang des weströmischen Reiches hat sich eine Menge Spannendes ereignet.

* Gibt es etwa auch ein oströmisches Reich?

Felix Ja, und das kam so: Kaiser Konstantin, der von 306 bis 337 n. Chr. regierte, hat nicht nur das Christentum zur Staatsreligion gemacht, sondern auch Konstantinopel als Hauptstadt des oströmischen Reiches gegründet, das heutige Istanbul. Dieses Reich hat rund 1000 Jahre länger existiert als das alte Rom. Das Ende des weströmischen Reiches und seinen letzten Kaiser Romulus Augustulus wirst du kennenlernen.

* Eigentlich schade um das römische Reich! Ich hatte mich gerade an die Römer gewöhnt.

Felix In jedem Ende steckt auch ein Neubeginn. Du wirst erfahren, wie der Frankenkönig Karl der Große im Jahre 800 n. Chr. römischer Kaiser und Vater Europas wurde.

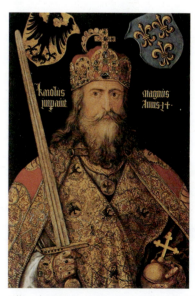

Albrecht Dürer: Kaiser Karl der Große. 1512

1 Stelle deinen Mitschülern das Kapitel „Worms und der Untergang der antiken Welt" aus dem Buch von Rudolf Pörtner *Mit dem Fahrstuhl in die Römerzeit* vor.

2 Manche Historiker behaupten, die Päpste seien die Nachfolger der römischen Kaiser. Finde Gemeinsamkeiten und Unterschiede.

59 Untergang und Neuanfang

Büste des Maximinus Thrax.
3. Jh. n. Chr. Kopenhagen,
Ny Carlsberg Glyptothek

L Ein Barbar auf dem Kaiserthron

Maximinus Thrax war der erste sog. Soldatenkaiser (vgl. **I**). Er konnte aufgrund seiner barbarischen Herkunft nicht einmal richtig Latein sprechen. In Rom herrschte helle Aufregung, als die Ankunft dieses neuen Kaisers bevorstand:

Senatores imperatorem novum ita metuerunt, ut adventum eius impedire cuperent et in templis publice orarent: „Utinam ne
3 Maximinus[1] Romam intret! Utinam ne homo ille asper et barbarus a militibus imperator appellatus esset! Quisnam nobis auxilio venire poterit?"
6 Maximinus autem censebat se imperium crudelitate tantum obtinere posse. Nam timuit, ne propter genus ignobile a nobilibus Romanis rideretur. Cum et in senatores et in milites crudeliter se gereret, copiae,
9 quae in Africa erant, Gordianum[2] imperatorem novum appellaverunt. Is iussu senatus Africae provinciae praeerat.

Romae interea senatores Maximinum hostem iudicaverunt[3]. Consilio
12 habito epistulam ad Gordianum his fere verbis miserunt: „Utinam tu imperator esses et Romae feliciter imperares! Speramus te nos a Maximino liberaturum esse. Promittimus nos tibi adfuturos esse.
15 Maximinum potestate spoliemus! De isto hoste celeriter supplicium sumatur! Ne diu cessaveris! Ne tempus perdideris! Paratus sis! Superi te servent!"
18 Maximinus, postquam animadvertit odium senatus in se perpetuum fore, imperium vi obtinere cupivit. Sed cum eius copiae milites a senatu conscriptos superare non possent, furore incensus duces suos interfecit.
21 Milites hoc scelus imperatori non ignoverunt: Maximinum eiusque filium in castris occiderunt et capita amborum Romam miserunt. Maximino exstincto Romani gaudebant: „Gratias agamus Iovi Optimo!
24 Caput istius hostis in flumen mittatur! Deleatur memoria huius hominis improbi!"

[1] Maximinus Maximinus Thrax (röm. Kaiser von 235–238 n. Chr.)

[2] Gordiānus Gordianus (röm. Kaiser von 238–244 n. Chr.)

[3] hostem iūdicāre zum Staatsfeind erklären

1 a) Sammelt aus **L** die Schlüsselwörter zum Wesen des Maximinus und versucht, ihn auf dieser Grundlage zu charakterisieren. b) Bildet zu den gesammelten Wendungen (deutsche) Gegenbegriffe, um herauszufinden, wie sich die Senatoren einen guten Herrscher vorstellten.

I Maximinus Thrax

Maximinus Thrax (235–238 n. Chr.) gilt als erster der sog. Soldatenkaiser. Er hatte sich als einfacher Soldat zu einem bedeutenden Offizier emporgedient. Bei einem Feldzug in Germanien wurde er zum Kaiser ausgerufen, nachdem er den regierenden Kaiser hatte töten lassen. Durch hohe Steuerforderungen, Massenrekrutierung von Soldaten und Prozesse wegen Majestätsbeleidigung brachte er das einfache Volk, die Provinzbewohner und den Senat gegen sich auf. Der Aufstand gegen Maximinus begann in Africa; diese reiche Provinz hatte besonders unter dem Steuerdruck zu leiden.

Goldmünze (aureus) des Kaisers Maximinus Thrax.
Um 237 n. Chr.
Sammlung Grabert

Hortativ – Jussiv – Optativ

Ü 1 1. Post mortem Neronis Romani semper idem cupiebant: „(Utinam) dei nobis imperatorem bonum dent! 2. (Utinam) dei ne sinant imperatorem improbum regere! (Utinam) dei calamitatem rei publicae viderint! 3. Utinam aetas aurea Augusti rediret! Utinam ne imperatores mali Romam rexissent! 4. Deos rogemus, ut nobis imperatorem bonum dent! 5. Imperator novus salutem omnium civium respiciat!"

2 Wie sieht der ideale Lehrer aus? Bilde nach folgendem Beispiel weitere Aufforderungssätze und übersetze sie anschließend.
Beispiel: Magister (ingenia liberorum augere). Magister ingenia liberorum augeat!
Magister … a) curas liberorum sentire – b) raro liberos monere – c) vitiis eorum ignoscere – d) sine ira in ludum ire – e) pueros et puellas iuvare – f) magna humanitate esse

3 Wie sehen ideale Schüler aus? Bilde nach folgendem Beispiel Selbstaufmunterungen und übersetze sie dann.
Beispiel: (semper officia praestare). Semper officia praestemus!
a) acriter studere – b) libenter discere – c) negotia a magistris mandata perficere – d) magna cum laetitia studia inire

4 Übersetze und erkläre die Verwendung des Konjunktivs.
a) (Utinam) mihi adsis! b) Occurramus fortiter periculis! c) Corpus semper exerceatur! d) Utinam ne frustra dixerim! e) (Utinam) nos ab hoc labore liberes! f) Utinam ne haec verba fecisses! g) Amicis semper fidem praestetis! h) Utinam vera comperissem!

> ERGO VIVAMUS, DUM LICET ESSE BENE.

5 Ein Rechtsgrundsatz: Audiatur et altera pars.
Ein Wunsch für eine schwierige Situation: Quod di bene vertant!
Ein Lebensmotto in einem Studentenlied: Gaudeamus igitur, iuvenes dum sumus!
Auf einem Grabstein: Levis *(leicht)* sit tibi terra!

6 Die olympischen Zauberringe
In jedem Ring dürfen nur Partizipien einer Konjugationsklasse stehen. Ordnet die folgenden Partizipien in die Ringe ein, wobei ihr natürlich die vorgegebenen Buchstaben an den Schnittstellen der Ringe beachten müsst. Wer wird Olympiasieger? Die Uhr läuft. Bestimmt nun die Partizipien. Was stellt ihr dabei fest?

dans – culturus – alens – deletam – rapturi – factum – laboraturus – venturi *(PFA zu venire)* – moturus – amata – sublati – capiens – reperta – sciens – parens

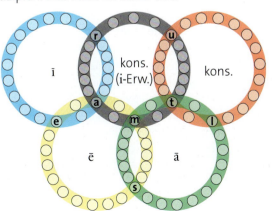

Untergang und Neuanfang

L Das Zeichen des Siegers

Kaiser Diokletian, der von 284–305 n. Chr. regierte, wollte gewährleisten, dass das riesige Gebiet des Römischen Reiches lückenlos verwaltet werden konnte. Deshalb teilte er es mit drei weiteren gleichberechtigten Kaisern auf. Doch unter Diokletians Nachfolgern kam es zu erbitterten Kämpfen. Die Entscheidung musste schließlich vor Rom zwischen Maxentius, dem Herrscher von Rom, und Konstantin, dem Imperator aus den Provinzen Britannien und Gallien, fallen.

Münze Konstantins mit Feldzeichen und Christogramm. Um 327 n. Chr.

Maxentius[1] etsi exercitum ingentem habebat, tamen ipse proelium committere noluit. Intra muros Romae se recepit et bellum per duces
3 suos geri iussit, propterea quod hoc oraculum acceperat: „Periturus es, nisi in urbe manebis."

Constantinum, qui extra urbem castra collocaverat, timor invasit,
6 praesertim cum vespere multitudinem militum Maxentii spectaret. Postero die autem Constantinus animo confirmatus copias ad urbem adduxit, quia nocte hanc vocem divinam audiverat: „Inscribe[2] signum
9 Dei in militum scutis[3]. Nam hoc signo vinces!" Quo signo in scutis inscripto milites Constantino duce proelium inierunt, cum copiae Maxentii sine imperatore ipso procederent. In ponte Milvio[4] summa vi
12 utraque parte pugnatum est.

Interim Romae populus aperte odium in Maxentium ostendit. Cum cives iterum atque iterum clamarent Constantinum vinci non posse, Maxentius
15 veteres libros Sibyllinos quaeri iussit. In quibus repertum est: „Hoc die hostis Romanorum peribit." Cum Maxentius putaret his verbis sibi victoriam indicatam esse, sine timore Romam reliquit et ad aciem
18 processit.

Sed Deo auctore copiae Constantini ita praevalebant[5], ut Maxentius fuga salutem peteret. Omnes eius milites in Tiberim ruerunt, quoniam
21 pons propter multitudinem hominum fugientium repente fractus erat. Maxentius quoque in fluctibus Tiberis periit. Constantinus autem bello confecto a senatu „Augustus primus" appellatus est.

[1] Maxentius Maxentius (röm. Kaiser von 306–312 n.Chr.)
[2] in-scrībere in (m. Abl.) auf etwas schreiben
[3] scūtum Schild
[4] pōns Milvius Milvische Brücke (im Norden von Rom)
[5] praevalēre die Oberhand gewinnen

1 a) Inwiefern spielen Orakel bzw. Vorzeichen in **L** eine wichtige Rolle?
b) Informiert euch, worum es sich bei den libri Sibyllini (Z. 15) handelt.

I Kaiser Konstantin und seine Stadt

Nachdem Konstantin (306–337 n. Chr.) nacheinander seine Konkurrenten um die Macht, nämlich Maximian, Maxentius (vgl. **L**) und Licinius, besiegt hatte, beherrschte seit langer Zeit wieder ein einziger Kaiser das gesamte Reich. An der Stelle des alten Byzanz errichtete er 330 n. Chr. Konstantinopel („Konstantinstadt"), das als Zentrum des oströmischen Reiches über ein Jahrtausend Bestand haben sollte und neben Rom zur zweiten Hauptstadt des Reiches wurde. Unter Konstantin wurde das Christentum zur staatlich anerkannten Religion, sodass die Zeit der Christenverfolgungen ein Ende hatte.

Kopf einer (ursprünglich 12 m hohen) Kolossalstatue des Konstantin. 4. Jh. n. Chr. Rom, Kapitolinische Museen

Adverbialsätze (kausal, konzessiv, adversativ)

Ü 1 1. Cum imperator Maximinus barbarus esset, senatores eum ridebant.
2. Cum Gordianus iam senex esset, tamen dux bonus erat. 3. Cum is civibus consuleret, Maximinus salutem civium neglexit.

2 Übersetze und bestimme die Sinnrichtung jeder Subjunktion.
Rideo, a) … quia me fabulis delectas. b) … si tu rides. c) … quamquam me relinquis. d) … cum te video. e) … cum tu fleas. f) … cum vultus laetos videam.

3 Stelle aus **L** in einer Tabelle alle Subjunktionen zusammen, die eine kausale, konzessive oder adversative Sinnrichtung ausdrücken. Welche haben den Indikativ, welche den Konjunktiv bei sich?

4 Füge Haupt- und Gliedsätze richtig zusammen und übersetze dann:
1. Maximinus Thrax Hercules appellatus est – 2. Gordianus sapienter et iuste regebat – 3. Cum Maxentius multis militibus imperaret – 4. Constantinus Christianos iuvit
a) quia auxilio Dei hostes superaverat – b) tamen ab copiis Constantini victus est – c) quod summa vi corporis erat – d) cum Maximinus crudeliter se gereret.

5 Cum, cum und nochmal cum! Unterscheide und übersetze.
a) Cum imperator Diocletianus imperium Romanum solus regere non iam posset, tres alios imperatores ad rem publicam admisit. b) Cum eis hostes ab finibus imperii prohibebat. c) Cum Christiani Diocletiano regente diu beate vixissent, imperator eorum basilicas *(Kirchen)* deleri et libros incendi iussit. d) Cum nulla scelera commisissent, tamen multi Christiani supplicio affecti sunt. e) Cum alii Romae manerent, alii celeriter urbem relinquebant.
f) Vix autem fuga salutem petiverunt, cum plerique interfecti sunt.
g) Christiani cum fugientes familiaribus occurrebant, gaudebant.

6 Wähle die richtige(n) Übersetzung(en) aus und erkläre den Fehler der anderen Übersetzung(en).

> Nobiles crudelitatem Caligulae metuentes coniurationem alteram faciebant.

a) Die Adligen fürchteten Caligulas Grausamkeit und setzten daher eine zweite Verschwörung in Gang.
b) Weil die Adligen die Grausamkeit Caligulas fürchteten, setzten sie eine zweite Verschwörung in Gang.
c) Caligula fürchtete die Grausamkeit der Adligen und setzte eine zweite Verschwörung in Gang.

7 Ein Weltwunder für die Liebe
Quarto saeculo ante Christum natum Mausolus rex de vita decessit. Artemisia, eius coniunx, tam tristis fuit, ut consilium iniret marito mortuo tale monumentum aedificare, quale toto orbe terrarum nondum aedificatum esset. Optimi fabri multos annos laboraverunt, ut aedificium Mausolo dignum perficerent. Illud aedificium Mausoleum nominatum est; propter dignitatem *(prachtvolle Größe)* ab antiquis scriptoribus miraculum *(Weltwunder)* dictum est.

Die Tetrarchenkaiser. 4. Jh. n. Chr. Venedig, San Marco. Man glaubt, dass diese Standbilder aus rotem Porphyr Kaiser Diokletian und seine drei Mitkaiser Maximian, Galerius und Constantius darstellen.

> CUM SIS MORTALIS, QUAE SUNT MORTALIA, CURA!

Untergang und Neuanfang

L Hat Rom sich selbst überlebt?

Mit Romulus Augustulus – er regierte nur im Jahr 476 n. Chr. – lernt ihr den letzten Kaiser des weströmischen Reiches kennen. Der Schriftsteller Friedrich Dürrenmatt (1921–1990) hat ihm in seinem Theaterstück *Romulus der Große* ein „Denkmal" gesetzt.

Romulus officia imperatoris neglegens in villa rustica solum salutem gallinarum[1] curat. „Scire volo", inquit, „utrum gallina ‚Augustus' an
3 gallina ‚Tiberius' plura ova pepererit[2]."
Subito unus e ministris vehementer commotus villam intrat et clamat: „Nuntios adversos audies, imperator!" Sed Romulus: „Non intellego,
6 cur ita perturberis. Dic mihi, utrum nuntii mali an mala facta orbem terrarum exstinguant."
His verbis auditis minister acerbe haec addit: „Roma in summo
9 discrimine est, cum tibi istae gallinae cordi sint."
Sed Romulus ridens: „Nonne scis", inquit, „quomodo anseres[3] quondam Capitolium servaverint?"
12 Paulo post alius minister celeriter accedit et magna voce clamat: „Germani iam Papiam[4] ceperunt. Nonne cupis cognoscere causam, cur ista gens extera et barbara Romanos virtute vincat? Praesidia nostra
15 fugiunt. Iam diu quaero, num cives nostri aliquam spem in virtute maiorum ponant." Sed Romulus aequo animo[5] sedet, nil respondet.
Iulia uxor vehementer commota maritum reprehendit: „Nihil agis,
18 Romule, semper quiescis! Nonne te pudet gallinas solum curare? Saepe te interrogabam, cur non fortiter in Germanos pugnares. Utinam imperator fortis esses! Scire velim, quid tandem acturus sis!"
21 Romulus autem: „Quia Roma aeterna perdita est, imperatoris est nil agere. Si quidem Germanis restiterimus, imperium peribit multo cum sanguine civium. His temporibus viris fortibus opus non est.
24 Reliquum igitur est cenare et sine timore futura exspectare."

Münze des des letzten weströmischen Kaisers. 475/476 n. Chr. Auf der Rückseite sieht man die Siegesgöttin Victoria mit einem Kreuzstab.

[1] gallīna *Henne*
[2] ōva parere *Eier legen*
[3] ānser, -eris m *Gans*
[4] Papīa *Pavia (Stadt in Oberitalien)*
[5] aequō animō *mit Gelassenheit*

1 Überlegt, wie ihr als Schauspieler Kaiser Romulus auf die Bühne bringen würdet. Denkt dabei an Gestik, Mimik, Sprechweise und Kleidung.

2 Untersuche die Adverbien von **L**: Was drücken sie über Romulus, was über die anderen Personen aus?

I Das Ende des weströmischen Reiches

Wirtschaftlich stand der Osten des römischen Reiches im 5. Jh. n. Chr. besser da als der Westen, zumal er von Germaneneinfällen weitgehend verschont blieb. Die Vandalen hatten sich der afrikanischen Provinzen bemächtigt, die Westgoten herrschten in Spanien und über die Franken, die Burgunder und Bretonen teilten sich Gallien auf. Die weströmische Armee stützte sich hauptsächlich noch auf germanische Verbündete. Als diese 476 n. Chr. vergeblich Land in Italien forderten, endete dies mit der Ermordung des römischen Oberbefehlshabers Orestes. Sein Sohn Romulus Augustulus wurde abgesetzt. Damit fand das weströmische Kaisertum sein Ende.

Objektsätze (indirekte Fragesätze) – Consecutio temporum

Ü 1 1. Dic mihi, quid de Constantino scias! 2. Dic mihi, num de illo imperatore audiveris! 3. Dic mihi, quando mihi de Constantino narraturus sis! 4. Milites Maxentii nesciebant, cur Constantinus confirmatus proelium iniret. 5. Nesciebant, quomodo Constantinus confirmatus esset. 6. Nemo sciebat, utrum Constantinus an Maxentius victurus esset.

2 Mache die direkten Fragesätze von den in Klammern stehenden Ausdrücken abhängig. Achte dabei auf die Zeitenfolge. Übersetze dann.
a) Quot terras vidisti? (narra). b) Quando in patriam redisti? (scire volo). c) Cur hodie semper me reprehendis? (non intellego). d) Quid magistro narraturus es? (te interrogo). e) Utrum Romam adimus an domi manemus? (diu cogitabamus). f) Ubi heri *(gestern)* fuisti? (nesciebam).

3 Übertrage aus L alle Sätze mit indirekten Fragen in dein Heft und bestimme zunächst, ob es sich dabei um eine Satz-, Wort-, oder Wahlfrage handelt, und in einem zweiten Schritt, ob jeweils Vor-, Gleich-, oder Nachzeitigkeit vorliegt.

4 Setze nach folgendem Beispiel das in Klammern stehende Wort im erforderlichen Fall ein und übersetze.
Beispiel: Mihi (auxilium) opus est. Mihi *auxilio* opus est.
  Ich benötige/brauche Hilfe.
a) Vobis (pecunia) opus est. b) Omnibus liberis (amici) opus est. c) Nobis (libri utiles) opus est. d) Militibus (dux fortis) opus est. e) Cunctis hominibus (spes) opus est. f) Fabris probis (manus fortes) opus est.

5 Übersetze folgende Wünsche Julias, der Frau des Romulus:
a) Utinam ne Romulus semper quiescat! b) Officia imperatoris boni respiciat et contra Germanos Italiam oppugnantes bellum gerat! c) Utinam Germani numquam in Italiam venissent! d) Sed simus animo forti et spem ponamus in virtute nostra! e) Dei cives nostros ab crudelitate hostium servent!

> QUID SIT FUTURUM CRAS[1],
> NOLI QUAERERE!

[1] crās *morgen*

Untergang und Neuanfang

L Ein Franke wird Kaiser der Römer

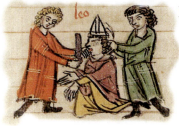

Das Attentat auf Papst Leo III. Buchmalerei um 1270

[1] Hadriānus Hadrian (Bischof von Rom und Papst von 772–795)
[2] Papīa Pavia (Stadt in Oberitalien)
[3] pontifex maximus Papst

Desiderius, der König der in Oberitalien siedelnden Langobarden, griff Rom an, sodass Papst Hadrian Karl den Großen zu Hilfe rufen musste.

Hadrianus[1] a Desiderio vehementer oppressus Carolum rogavit, ut auxilium sibi ferret. Primo Carolus Desiderio pecuniam promisit
3 sperans se eo modo Langobardos a Roma prohibiturum esse. Sed rex Langobardorum pecuniam neglegens oppida Italiae occupare coepit. Tum Carolus Langobardis bellum intulit et Papiam[2], caput eorum,
6 copiis circumdedit. Cum incolae urbis diu cibum non haberent, fame victi Carolo se dediderunt. Langobardi hac clade accepta pontifici maximo[3] praedam, quam ei eripuerant, rettulerunt.

Auch Hadrians Nachfolger, Papst Leo III., baute auf die Hilfe des Frankenkönigs. Nach einem Attentat hatte Karl dem Papst in Paderborn Schutz gewährt und ihn unter Bewachung wieder nach Rom bringen lassen. Als Leo abermals in Bedrängnis geriet, kam Karl im Jahr 800 n. Chr. ein letztes Mal nach Italien.

9 Postquam Leo Carolum regem per legatos iterum oravit, ut celeriter auxilium sibi ferret, rex rem non distulit. Hieme ineunte Romam venit et Leonem[4] contra crimina inimicorum defendit. Pontifex maximus
12 Carolo gratias acturus summum honorem paraverat: Sancto die natali[5] Domini multis hominibus in basilicam Petri convocatis Leo pontifex maximus ipse regi coronam impositurus[6] erat. Carolus autem vehementer
15 commotus dixit: „Basilicam mea sponte non intravissem, si consilium Leonis mihi antea relatum esset." At tamen coronam accepit.
Leo regem his verbis laudavit: „Carole, Deus te imperatorem esse vult.
18 Qui tibi salutem, vitam, victoriam afferat!"

[4] Leō Leo III. (Papst von 795–816)
[5] diēs nātālis Geburtstag
[6] corōnam impōnere die Krone aufsetzen

Hic nuntius celeriter per totum imperium perlatus est.
Sic Carolus, rex Francorum, more principum antiquorum Augustus et
21 imperator imperii Romani nominatus est.

1 Welcher Tag im Kirchenjahr ist mit dem sanctus dies natalis Domini in **L** (Z. 12 f.) gemeint?

2 Tragt aus dem Internet bzw. aus Nachschlagewerken Informationen über das Volk der Langobarden und das „Fränkische Reich" zusammen und präsentiert sie in geeigneter Form der Klasse.

I Kaiser Karl und seine Pfalzen

Karl der Große (768–814 n. Chr.) besaß, wie alle mittelalterlichen Herrscher, keine feste Residenz. Er zog von Pfalz zu Pfalz. Pfalzen waren königliche Musterhöfe, die den Kaiser und sein Gefolge beherbergten und den Raum für seine Amtshandlungen bereitstellten. Dort fanden Festlichkeiten, Versammlungen und Gerichtstage statt. Aachen wurde Karls Lieblingspfalz, in der er sich mit kurzen Unterbrechungen fast ständig aufhielt – nicht zuletzt wegen der warmen Quellen.

Die nach byzantinischem Vorbild gestaltete Pfalzkapelle mit Karls Thron im Obergeschoss des Aachener Münsters lässt die Pracht dieser Kaiserpfalz noch heute erkennen.

ferre – Satzwertige Konstruktionen

Ü 1 1. Officium nostrum est miseris auxilium ferre. 2. Currimus et auxilium ferimus. Curramus et auxilium feramus! Curremus et auxilium feremus. Curris et auxilium fers. Curre et auxilium fer! 3. Tempus ipsum saepe affert (attulit) consilium.

2 Bilde zu folgenden Formen die entsprechenden Formen des Perfektstamms: fero – feras – ferebat – afferrent – feremus – afferre

3 Stelle die satzwertigen Konstruktionen aus **L** zusammen und benenne sie.

4 Finde in folgenden Sätzen die jeweils beste Übersetzung für tollere:
a) Si Romani deos orabant, manus ad caelum tollebant. b) Leo Carolum honoribus tollere decrevit. c) Fures occulte simulacra e templis sustulerunt. d) Ne sustuleritis tantum clamorem! e) Dux praeclara victoria sublatus populum Romanum salutabat.

5 Das sollte man doch nicht tun! Bilde jeweils den verneinten Imperativ (Prohibitiv) mit ne im Plural und übersetze dann:
a) negotia in aliud tempus differre – b) liberis timorem inferre – c) vim animalibus afferre – d) se in periculum inferre – e) iniuriam gravem aequo animo ferre

6 Bilde nach dem Beispiel einen Abl. abs. mit PPP und übersetze dann:
Beispiel: donum affertur ➡ dono allato
a) nuntii perferuntur – b) res in posterum diem differtur – c) bellum hostibus infertur – d) auxilium equitibus fertur

7 Unterscheide: Homo ab animalibus ratione et oratione differt. Differ consilium tuum in aliud tempus!

8 Zerlege die folgenden Adjektive in Stamm und Suffix und übersetze:
mortifer, a, um – armifer, a, um – aurifer, a, um.
Welche Aufgabe im römischen Heer hatte wohl der signifer?
Wozu nehmen Franzosen ein *somnifère*?

> QUID VESPER FERAT, NESCIMUS.

> RELATA REFERO.

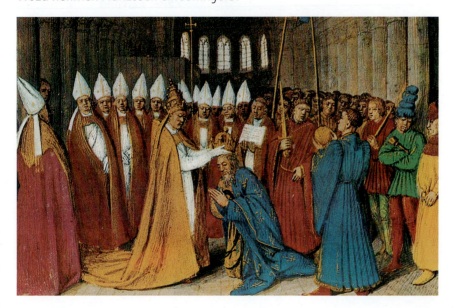

Die Kaiserkrönung Karls des Großen durch Leo III. Miniatur um 1450

63 Untergang und Neuanfang

Schreibender Mönch. Unter der Herrschaft Karls des Großen vermehrte sich die Zahl der Bücher dank fleißiger Kopisten gewaltig. Der Mönch benutzt ein Schabeisen, den „Radiergummi" des Mittelalters.

¹monastērium Kloster
²abbās, -ātis Abt
³librī dīvīnī Pl. die heilige Schrift
⁴studia liberālia die eines freien Menschen würdigen Studienfächer

L Karl der Große und die Bildung

Carolus artem dicendi tanta cum diligentia didicerat, ut omnia magna cum eloquentia dicere posset. Quia sciebat sapientes legendo facultatem
3 dicendi auxisse, semper paratus ad legendum erat. Tam cupidus discendi erat, ut praeter suum sermonem etiam linguas nationum alienarum discere studeret. Tantum erat studium linguae Latinae
6 discendae, ut et Latine oraret et Latinos sermones haberet.
Ut ipse liberos suos educaret ad recte vivendum, nullum tempus illos docendi omisit. Itaque etiam studuit, ut semper cum illis cenaret.

9 Cum cognosceret multas epistulas, quae a monasteriis¹ sibi allatae erant, vitiorum plenas esse, consilium iniit epistulam ad abbates² mittendi. Haec fere scripsit: „Scriptores pii verba idonea ad res explicandas non
12 iam inveniunt, quia artem bene scribendi ignorant. Quamobrem timeo, ne propter vitia verborum libri divini³ intellegi non iam possint et mox obscuri sint. Vobis epistulam mitto, quia scio vos peritos studia
15 liberalia⁴ tradendi esse. Vos igitur magistris doctis deligendis studium litterarum augere debetis. Me auctore tales viros ad hoc opus deligite, qui et voluntatem discendi et facultatem alios instruendi habent.
18 Diligenter operam dent, ut etiam posteri libros divinos legere et intellegere possint."

 a) Woran wird deutlich, dass Karl der Große Kultur und Bildung förderte? Welcher Bereich der Bildung interessierte ihn besonders?
b) Stelle aus **L** alle Gerundiumformen zusammen, die durch ein Adverb oder ein Akkusativobjekt erweitert sind. Inwiefern geben diese Wendungen das Bildungsanliegen Karls umfassend wieder?

Karl der Große und Alkuin. Buchmalerei aus dem 12. Jh.

I Kaiser Karl und das Schulwesen

Vor Karl dem Großen war der kulturelle Stand im Reich niedrig. Selbst unter den Adligen waren nur wenige, die lesen und schreiben konnten. Karl wusste, dass nur hochgebildete Gelehrte das Bildungsniveau seines Volkes heben konnten. Mit Alkuin, Petrus von Pisa und Paulus Diaconus holte er drei hervorragende Wissenschaftler an den fränkischen Hof, die Lehrbücher für den Unterricht schrieben und daneben theologische, poetische und historische Werke verfassten. Die Hofschule, an der Karls Kinder sowie viele adlige junge Männer erzogen wurden, wurde Vorbild für die Klosterschulen im ganzen Land.

nd-Formen (Gerundium – attributives Gerundivum)

Ü 1 1. Pueri et puellae in ludo legere discunt. 2. Pueri et puellae artem legendi discunt. Ars libros legendi liberos delectat. 3. Plerique liberi cupidi legendi sunt. 4. Semper parati ad legendum sunt. Ad libros legendos parati sunt. 5. Nam legendo multas res cognoscere possunt. Libris legendis multa discunt.

2 Bilde zu folgenden Verben alle Formen nach folgendem Beispiel:
docere ➡ doceo, docendi, ad docendum, in docendo
laudare – rapere – ferre – videre – adire – sentire

3 Erprobe die verschiedenen Übersetzungsmöglichkeiten des Gerundiums an folgenden Wendungen: ars scribendi – licentia ludendi – libros recte legendo – paratus ad pugnandum – vir dicendi peritus – consilium Italiam relinquendi – de beate vivendo narrare – mentem discendo alere – tempus sumamus ad cogitandum

4 Übersetze:
a) in ludis spectandis b) ad labores ferendos educare c) locus ad castra collocanda idoneus d) tempus puellae instruendae e) filii educandi causa

5 Rund um's Lesen und Lernen.
Überlege, ob jeweils ein Dativ oder Ablativ vorliegt, und übersetze.
a) Docendo discimus. b) Imprimis libris legendis multa disces. c) Semper discendo operam date! d) Memoriam discendo exercebitis. e) In legendo saepe delectamur. f) Homines sapientes de recte legendo cogitant.

6 Ordne zu und übersetze:
audiendi – scribere – eundo – ad audiendum – agendo – ad volandum – ad videndum – vivendi – ad cogitandum

a) Liberi per magistros [?] didicerunt. b) Aures [?], oculi [?], mens hominis [?] facta est. c) Vester modus [?] nobis non placet. d) Multi homines clarum oratorem [?] cupidi erant. e) Celeriter [?] corpus exercetur. f) Nihil [?] officium tuum neglexisti. g) Avis [?] facta est.

7 Der Verstand braucht keinen Trainer
Cogitate, quam multi homines corpora exerceant, quam pauci mentem, quanta turba hominum ad certamina gladiatorum conveniat, quam pauci artibus bonis et litteris se dent! Quam miser est animus, quam mala mens eorum, quorum umeros, quorum corpora oculis claris spectamus! Corpus multis rebus eget, ut valeat. Animus ex se crescit, se ipse alit, se exercet.

Die Nacht ist lang, das Bein tut weh; Karolus übt das ABC (Wilhelm Busch)

> NULLA AETAS AD DISCENDUM SERA[1].

> SCRIBERE SCRIBENDO, DICENDO DICERE DISCES.

[1] sērus, a, um *zu spät*

Karl der Große besucht eine Klosterschule. Französische Federzeichnung aus dem 19. Jh. Paris, Bibliothèque Nationale

L Der kluge Franke in Konstantinopel

Der Kaiser von Konstantinopel lädt einen fränkischen Gesandten zum Essen an seiner Tafel ein und weist ihm einen Platz unter den Adligen zu. Denen scheint dies allerdings nicht zu gefallen …

Oratione brevi habita rex dixit: „Ministri accedant et cenam afferant! Gaudeamus cibis variis!"
Nunc cibus in patella[1] allatus est. Hospes cupidus cenandi patellam tetigit et eam ad se vertit.
Cum cenare inciperet, nobiles secum cogitabant: Iste vir nostram legem neglegit:
Nemo in mensa regis vasa movere debet.

[1] patella *Schüssel*   [2] ultimum *zum letzten Mal*   [3] negare *verweigern*

Karl der Große besucht eine Schule

Wie sehr Bildung Karl dem Großen am Herzen lag, zeigt eine Anekdote, die der Mönch Notker von St. Gallen erzählt. Karl hatte in Gallien eine Schule errichten lassen, in der Kinder aus dem Volk und dem Adel gemeinsam erzogen wurden.

Imperator Carolus post longum tempus in Galliam rediit, ut ludum a se institutum visitaret[1] et studia puerorum probaret. Itaque pueros a
3 Clemente, magistro ludi, convocari iussit. Tum dixit: „Salvete, pueri! Afferte mihi, quaeso, epistulas et carmina, quae scripsistis! Ostendite mihi recitando, quid sciatis!" Carolus tam cupidus audiendi erat, ut
6 omnium puerorum epistulas cognosceret. Brevi tempore intellexit pueros infimos[2] plus didicisse quam liberos nobilium. Itaque infimos ad dextram suam ire iubet: „Gratias ago vobis", ait, „quod iussu meo
9 non solum voluntatem discendi praestitistis, sed etiam facultatem et scribendi et dicendi auxistis. Si eas facultates perficere perrexeritis, vobis episcopia[3] et monasteria[4] dabo." Deinde pueros nobilium, qui
12 ad sinistram partem stabant, vultu severo aspexit. Tum magna voce eos reprehendit: „Nobiles, non parati estis ad discendum, cum contenti sitis divitiis patrum vestrorum. Cum pueri infimi studerent,
15 ludis iucundis vos dabatis. Dicite mihi, quando laboraturi sitis! Cavete, ne mea verba parvi aestimetis! Aliquando dicetis: ‚Utinam studuissemus! Utinam ne studia in aliud tempus distulissemus!'
18 Scite enim me nobiles et divitias non magni putare! Nisi summo cum studio contenderitis, a me nil umquam exspectare poteritis. Omnes cognoscant Carolum imperatorem iustum esse, qui non rem
21 familiarem, sed virtutem respicit."

Tatsächlich besetzte Karl die bedeutendsten Stellen in seinem Reich nur mit Männern, die sich in der Wissenschaft ausgezeichnet hatten. Auf ihre Abstammung legte er keinen Wert.

[1] vīsitāre *besuchen*

[2] īnfimus *von niederer Herkunft*

[3] episcopium *hier: Amt als Bischof*
[4] monastērium *hier: Amt als Leiter eines Klosters*

1 Übersetze und erkläre die Verwendung des Konjunktivs.
a) Utinam magister nobis libros det! b) Agri bene colantur! c) Laeti simus!
d) Utinam tacuisses neque me verbis violavisses! e) Liberi parentibus pareant!
f) Utinam amicus nobis adesset!

2 Ersetze durch die entsprechenden Formen von ferre:
portant – portavisti – portatur – porta – portaris – portarem – portabimini

3 Übersetze: a) Caesar dando, iuvando, ignoscendo gloriam sibi parabat.
b) Ars tacendi facilis non est. c) Romani discendi causa in Graeciam ibant.

4 Formenstaffel

perferre ➡ 1. Pers. Sg. Ind. ➡ Impf. Ind. ➡ Perf. Ind. ➡ Fut. I ➡ Pl. ➡ Impf. Konj.

inferre ➡ 3. Pers. Pl. Präs. Ind. ➡ Fut I ➡ Perf. Ind. ➡ 2. Pers. Plusqpf. Ind. ➡ Präs. Ind.

differre ➡ 2. Pers. Sg. Perf. Ind. ➡ Plusqpf. Konj. ➡ Fut II ➡ Präs. Konj. ➡ Inf. Perf.

Baustelle in der Provinz

Felix Nous sommes en Provence, mes amis ... Voilà un aqueduc.

✳ Wie bitte? Was hast du gesagt? Ackdück?

✳ Felix demonstriert nur wieder mal seine Bildung! Er spricht französisch mit uns! – Aber halb so schlimm: Einige Wörter kann man als Lateiner problemlos verstehen, vor allem, wenn man sie geschrieben sieht. Zugegeben – die Aussprache hat sich ziemlich verändert.

✳ Also bitte noch mal – aber langsam, Felix!

Felix Nous sommes en Provence, mes amis ... Voilà un aqueduc. Tu comprends?

✳ Somm, Amie, Ackdück ... Tut mir Leid, ich kann mir immer noch nichts darunter vorstellen.

✳ Auf Lateinisch: *Sumus in provincia, amici. Hic aquaeductus est.*

* *Ah, nunc comprehendo. Sag noch mal was, Felix!*

Felix Nous sommes en France. Ici nous voyons un grand nombre d'édifices romains.

* *Sumus in Gallia. Hic videmus magnum numerum aedificiorum Romanorum.*

* *Was genau haben die Römer mit Frankreich zu tun? Erzähl' doch mal, Felix!*

Felix Pas de problème! Commençons! Il y a longtemps …

* *Auf Deutsch, bitte!*

Felix Also gut: Seit 120 v. Chr. war die **Provincia Gallia Narbonensis** die erste römische Provinz in Gallien. Die Römer sprachen eigentlich immer nur von **nostra provincia**, woraus sich die heutige Bezeichnung für diese Gegend in Südfrankreich entwickelte. Knapp hundert Jahre später, etwa um das Jahr 30 v. Chr., war in der **Provincia** ein ca. 50 km langer Aquädukt geplant worden, um die Wasserversorgung in diesem Gebiet sicherzustellen. Um dieses Vorhaben zu verwirklichen, wurden erfahrene Fachleute aus vielen Gebieten des römischen Reiches in die **Provincia** berufen. … Ich habe eine Idee. Nehmen wir doch mal an, wir könnten vor Ort an einer Lagebesprechung teilnehmen, die diese Gruppe von „Ingenieuren" in einer Art „Architekturbüro" führt …

* *Prima, das wird dann hoffentlich weniger anstrengend als deine gelehrten Ausführungen gerade …*

Felix Ihr werdet unsere Ingenieure von einer ganz anderen Seite kennenlernen. Die meisten haben z. B. einen Einsatz im römischen Heer hinter sich und wissen vieles darüber zu berichten. Außerdem sind ziemlich raue Gesellen dabei … Aber wartet es ab!
Die Planungen für den Aquädukt von etwa 50 km Länge nahmen sehr viel Zeit in Anspruch. Ein wichtiger Teil dieser Wasserleitung ist der sog. Pont du Gard, den man heute noch besichtigen kann. Völlig fertiggestellt konnte er erst im Jahre 20 v. Chr. werden.
Bemerkenswert ist die Meisterschaft der römischen Ingenieure bei der Berechnung des Gefälles: Der Niveauunterschied beträgt nur 17 m auf fast 50 km, d. h. 34 cm pro Kilometer. Der Pont du Gard selbst ist durch seine Kühnheit und seine schlanken Proportionen ein Wunderwerk der Architektur. Er ist 49 m hoch, am Boden 142 m lang und auf der dritten Stufe der 35 Arkaden 275 m lang. Der Kanal konnte pro Tag 20 000 m^3 Wasser liefern. Die riesigen mit der Zeit gelblich gewordenen Blöcke sind ohne Mörtel versetzt. Es war nötig, sechs Tonnen schwere Steinblöcke in eine Höhe von 40 m hinaufzuziehen.

Die folgende Gesprächsrunde findet in dem kleinen Dorf in der Provincia Narbonensis statt, in Arausio, aus dem sich die Stadt Orange entwickelt hat. Es nehmen teil:

Quintus Servilius Pudens, ein bekannter Architekt aus der Hauptstadt Rom
Sextus Attius Apollinaris, ein Produzent von Wasserrohren aus Arausio
Lucius Vibius Bellicus, ein Techniker für Befestigungsanlagen
Marcus Tampius, ein Zimmermann und Schiffsbauer

Rom überschreitet die Grenzen

L Neues aus Germanien?

Q. Servilius Pudens war in Cäsars Heer maßgeblich am Bau der ersten Rheinbrücke beteiligt. Cäsar hatte nämlich im Jahre 56 v. Chr. beschlossen, den Rhein zu überqueren, um die Germanen zurückzudrängen, die eine ständige Bedrohung darstellten. M. Tampius unterhält sich mit ihm.

TAMPIUS: „Eh, Quinte, verumne est te una cum Caesare imperatore flumen Rhenum transisse?"

3 PUDENS: „Te non fallit. Rhenus autem, ut certe scis, latior est quam cetera flumina. Tamen Caesar imperator Rhenum, illud flumen latissimum, transire decreverat, ut Germanos a Rheno pelleret. Cum
6 putaret difficillimum esse Rhenum navibus transire, milites pontem facere iussit."

TAMPIUS: „Per multos menses labores graviores suscepisti!"

9 PUDENS: „Diligenter audi, quid dicam: Ponte intra decem dies confecto illud flumen rapidissimum[1] sine ullo timore transiimus. Vix quisquam hoc credidit. Germani, ubi haec cognoverunt, metu coacti occasionem
12 fugiendi non omiserunt. Quamquam fortiores sunt quam gentes finitimae, tamen fuga celerrima se in silvas receperunt."

TAMPIUS: „Cur Germani fortiores sunt gentibus finitimis? Cur Germani
15 tot gentibus virtute praestant?"

PUDENS: „E sermone, quem cum captivo Germanico habui, comperi Germanos semper virtuti studere laudisque cupidissimos esse. Itaque
18 bella acriora gerere malunt quam agros latos colere. Finitimos expellunt, ut fines vastos circum se[2] habeant. Iuvenes nullius nationis fortiores sunt iuvenibus Germanicis. Nam magna pars cibi e lacte[3] et
21 caseo[4] constat."

TAMPIUS: „Semper narras de iuvenibus firmissimis et fortissimis! Nonne feminae sunt in Germania?"

24 PUDENS: „Te stultissimum praestas, Marce. Germani putant feminis inesse aliquid sanctum. Itaque consiliis earum parent. Viri etiam vulnera in proeliis accepta ostendunt matribus et coniugibus, quae ea
27 numerant[5] et curant."

TAMPIUS: „Nunc satis est, Quinte. Ego non vulnera, sed caput pedesque curabo; itaque me somno dabo."

[1] rapidus, a, um *reißend*
[2] circum sē *um sich herum*
[3] lac, lactis n *Milch*
[4] caseus *Käse*
[5] numerāre *zählen*

1 Welche Neuigkeiten über die Germanen hast du in **L** erfahren? Ergänze diese Eindrücke durch die Angaben in einem Lexikon der Antike. Betrachte die Abbildung: Welche Kleidung, welche Haartracht hat der Germane? Welche Haltung nimmt er ein? Was kannst du daraus schließen?

In nur 10 Tagen bauten Cäsars Soldaten die Rheinbrücke, um sie 18 Tage später nach ihrer Überquerung wieder abzureißen. Aquarell von Peter Connolly

Steigerung (Adjektive) – Ablativ des Vergleichs

Ü **1** 1. Mons Aetna altior est quam mons Vesuvius. Aetna est mons altissimus Italiae. 2. Provincia Sicilia divitior est quam aliae provinciae. Sicilia est provincia divitissima. 3. Campania regio pulchra est. Sicilia insula pulcherrima est. 4. Nulla insula pulchrior est Siciliā (quam Sicilia). 5. Antiquis temporibus difficillimum erat itinera facere.

2 Bilde zu den folgenden Adjektiven die entsprechenden Komparativ- und Superlativformen:
liberi stulti – consilia amici sapientis – via brevi – vita regum divitum – animal saevum – flumen latum – moenibus altis – verba gravia

3 Übersetze und bilde dann zu den folgenden Adjektiven die entsprechenden Komparativ- und Superlativformen:
auxilium celere – villa pulchra – dolores acres – munus facile – itinera difficilia – curae similes – rex superbus – clamore ingenti

4 „Nichts ist leichter als ..."
Setze den in Klammer stehenden Ausdruck in den Ablativ des Vergleichs und übersetze:
a) Nihil utilius est (quam sol). b) Nihil celerius est (quam ventus). c) Nihil indignius est (quam bellum). d) Facta difficiliora sunt (quam verba). e) Nihil est gravius in rebus publicis (quam lex). f) Nihil erat Romanis turpius (quam dolus atque insidiae). g) Certe nihil dulcius potest esse (quam libertas).

5 Puella pulcherrima – ein bildhübsches Mädchen!
Übersetze in ähnlicher Weise: mercator divitissimus – avis celerrima – labor facilimus – munus difficillimum – onus gravissimum – homo stultissimus – gaudium maximum – litus longissimum

6 Wichtige Verhaltensregeln – nicht nur für Politiker!
a) Consules rei publicae praesunt. Auctoritate et dignitate officia praestent! Consules se semper honestos et dignos praestent! b) Consules rem publicam iustitia atque diligentia temperent! Eos irae temperare oportet. c) Consules miseris semper consulere debent. Consules enim omnibus civibus consulant! Numquam in cives nimis severe consulant! d) Consules omnibus civibus provideant! Summa cum diligentia pericula provideant!

Ein gefangener Germane wird von einem römischen Legionär abgeführt. Relief am Konstantinsbogen in Rom (um 315 n. Chr.)

Die Provinzen Germania Inferior und Germania Superior

Cäsar blieb nur 18 Tage lang in Germanien; dann zog er mit seinen Truppen über die Rheinbrücke nach Gallien zurück. Er ließ auch die Brücke wieder einreißen, damit verfeindete Stämme nicht von dieser architektonischen Meisterleistung profitieren konnten.
Weil aber der germanische Volksstamm der Sueben aufständischen gallischen Stämmen Hilfstruppen geschickt hatte, überquerte Cäsar zwei Jahre später noch einmal den Rhein. Da die Sueben, die er bekämpfen wollte, sich weit zurückgezogen hatten, kehrte er rasch wieder um, ließ jetzt aber von der neu errichteten Brücke nur ca. 50 m auf der germanischen Seite abbrechen, um den Rest als ständige Bedrohung stehen zu lassen.

Rom überschreitet die Grenzen

L Freiheit oder ewige Unterdrückung?

Während eines Rundgangs durch die Baustelle berichtet Lucius Vibius Bellicus, dass er vor ca. 20 Jahren an Cäsars Feldzug gegen die Gallier teilgenommen hat. Die römischen Legionen hielten die gallische Stadt Alesia mehrere Wochen lang in einem Belagerungszustand. Unter den etwa 80 000 eingeschlossenen Galliern herrschte eine große Hungersnot.

BELLICUS: „Oppido acerrime oppugnato paucis Gallis contigit, ut ad nos fugerent. Qui nobis prodiderunt Gallos omni frumento consumpto
3 condiciones pessimas vitae suae diutius sustinere non posse. Homines etiam minimam spem salutis deposuisse nuntiaverunt. Praeterea rettulerunt Critognatum ducem, cui maxima auctoritas apud eos erat,
6 hanc fere orationem habuisse:

Nihil de eorum opinione dicturus sum, qui deditionem[1] rem meliorem esse putant quam pugnam. Qui turpissimam servitutem Romanorum
9 facilius et libentius sustinent quam libertatem. Eos maxime laudo, qui parati sunt ad pugnandum, qui nostrum oppidum, nostram patriam, nostram libertatem quam fortissime defendunt. Turpissime agunt ii, qui
12 inopiam et famem diutius sustinere nolunt. Facilius est ultro mortem subire quam dolorem fortissime tolerare[2]. Ne perdideritis vestra deditione omnem Galliam! Ne tradideritis omnem Galliam perpetuae
15 servituti! Galli servitutem vehementer oderunt."

PUDENS: „Scire velim, utrum Galli se defenderint an se dediderint. Quis minorem auctoritatem habuit, quis maiorem?"
18 BELLICUS: „Galli verbis Critognati permoti proelium acerrimum inierunt, maiore virtute contenderunt quam antea. Sed nostri milites vehementissime pugnantes copias hostium vel in oppidum reppulerunt
21 vel in fuga ceperunt vel interfecerunt. Ita ingens bellum confectum est."
TAMPIUS: „Vos res miras de Sicilia, de moribus Germanorum, de superbia Gallorum narratis. Britanniam autem numquam cognovistis.
24 Equidem cum classe Romana in eam insulam transii."

[1] dēditiō, -ōnis f
Aufgabe, Kapitulation

[2] tolerāre aushalten

1 Welches Verhalten bezeichnet Critognatus als turpissime agere (Z. 11) bzw. als quam fortissime defendere (Z. 10)? Was wirft er den Römern vor allem vor? Worauf will Critognatus den Blick seiner Landsleute richten?

Die Einnahme von Alesia

Die Stadt lag auf einer so hohen Bergkuppe, dass die Einnahme nur durch Einschließung möglich schien. Acht Lager wurden aufgeschlagen. In einer Entfernung von 600 Metern wurden zwei Gräben gezogen. Dahinter wurde ein hoher Belagerungswall errichtet. Das gesamte Werk wurde in Abständen von ca. 25 Metern mit Türmen versehen. Die Gallier wurden zwar von 250 000 zusätzlichen Landsleuten unterstützt, aber nach harten Kämpfen siegten schließlich die gut organisierten römischen Truppen mit nur 50 000 Mann. Sie nahmen auch den gallischen Heerführer Vercingetorix gefangen, der heute noch als französischer Nationalheld geehrt wird.

Denkmal für Vercingetorix aus dem 19. Jh. Alesia

Steigerung (Adjektive) – Steigerung (Adverbien)

Ü **1** 1. Apud Germanos duces exercituum magnam auctoritatem habent, reges maiorem auctoritatem, maximam autem auctoritatem feminae.
2. Germani fortiter pugnabant. Fuit antea tempus, cum Galli fortius pugnarent Germanis. Constat Romanos fortissime pugnavisse. 3. Apud Germanos iustitia multum valebat, virtus plus valebat; laus belli autem plurimum valebat. 4. Germani consiliis feminarum quam diligentissime parebant.

2 Wir telefonieren!
Der Telefondienstleiter entscheidet nicht nur, ob die „gewählte" Form richtig gebildet wurde, sondern auch, ob sie inhaltlich sinnvoll ist.

1 vir	2 femina	3 aedificium	4 iter	5 sermo	6 vita
1 brevis	2 magnus	3 pulcher	4 bonus	5 similis	6 miser
1 Positiv		2 Komparativ		3 Superlativ	
1 Singular			2 Plural		
1 Nominativ		2 Genitiv	3 Dativ		4 Akkusativ

3 Setze alle Adverbien in den Komparativ und Superlativ:
a) (feliciter, male, sapienter) agere – b) (contente, bene, misere) vivere – c) (fortiter, acriter, constanter) pugnare

4 Zeige aus **L** je ein Beispiel für:
a) Accusativus cum infinitivo – b) Participium coniunctum – c) Ablativus absolutus – d) Partizip Futur mit esse – e) Prohibitiv – f) Gerundium – g) Abhängiger Fragesatz

5 Der Schriftsteller C. Julius Cäsar beginnt sein berühmtes Werk „De bello Gallico" etwa folgendermaßen:
Gallia est divisa in partes tres *(drei)*, quarum unam habitant Belgae, aliam Aquitani, tertiam partem ei, qui ipsorum lingua Celtae, nostra lingua Galli appellantur. Hi omnes lingua et legibus inter se differunt. Quorum omnium fortissimi sunt Belgae, quod a cultu atque humanitate provinciae Romanae longissime absunt et quod proximi sunt Germanis, cum quibus acerrima bella gerunt. Qua de causa Helvetii quoque reliquos Gallos virtute superant, quod maximis proeliis cum Germanis constantissime contendunt.

Die Belagerung von Alesia. Kupferstich aus einer Cäsar-Ausgabe von 1713

66 Rom überschreitet die Grenzen

Die Steilküste bei Dover

L Springt endlich, Freunde!

Marcus Tampius, der im nördlichen Gallien mit der Beschaffung von Holz für den Bau von Schiffen beschäftigt war, hatte im Jahr 55 v. Chr. zusammen mit Cäsar den Ärmelkanal überquert.

APOLLINARIS: „Sunt, qui optimi fabri sint, sed qui nullo alio modo gloriam sibi paraverint. Tu autem, Marce, non solum faber optimus es,
3 sed etiam multos hostes subegisti. Certe labores tuos bene meministi."

TAMPIUS: „Ego labores suscepi, quos vos numquam susceperitis. Copiis coactis et plurimis arboribus caesis e ligno[1] naves fecimus et armis
6 instruximus. Paulo post tempestas ad navigandum idonea erat. Tertia fere vigilia cum plurimis copiis Galliam reliquimus. Una quidem legio in Gallia manserat, quae litora et portus custodiret. Postridie Britannia
9 in nostrum conspectum venit. Ut Caesar prospexerat, Britanni locis superioribus haud procul a litore aciem instruxerant. Cum ad sinum quendam pervenissemus, Britanni adventu nostro celeriter cognito
12 fortiter tela in naves nostras coniecerunt.
Aquilifer[2] decimae legionis, qui videret nos timore affectos esse, magna voce animos nostros accendit: ‚Quis est, qui a Britannis terreatur? Nisi
15 estis ii, qui necari malint quam hostibus resistere, desilite[3] tandem in mare! Quam celerrime litus petite, amici, nisi aquilam[4] hostibus tradere vultis!' Quibus verbis dictis incredibili quadam virtute ipse e nave in
18 aquam desiluit atque litus petivit. Ego quoque inter eos fui, qui primi hoc summum periculum subierunt. Cum milites nos e proximis navibus conspexissent, quam celerrime successerunt. Statim in hostes
21 impetum fecimus, eos de litore pepulimus atque in fugam vertimus. Hostes nostra virtute perterriti denique ad Caesarem quosdam legatos miserunt, qui pacem peterent.

24 APOLLINARIS: Nunc scimus, quanta audacia et quanta virtute tu omnia pericula viceris. Profecto dignus es, qui lauderis."

[1] līgnum *Holz*
[2] aquilifer, -ī *Adlerträger*
[3] dēsilīre *hinabspringen*
[4] aquila *(Legions-)Adler*

1 Lies noch einmal folgende Zeilen: 64 **L**, Z. 22 f. und Z. 28 f.; 65 **L**, Z. 22 – 24. Welchen Eindruck gewinnst du von der Person des M. Tampius? Durch welche weiteren Sätze in 66 **L** wird dieser Eindruck bestätigt?

2 Wie wird der **aquilifer decimae legionis** durch seine Worte charakterisiert (Z. 14 –17), wie durch seine Handlungsweise (Z. 17 f.)? Welche Wirkung löst sein Verhalten bei den anderen Soldaten aus (Z. 19 – 21)?

I Die Provinz Britannien
Trotz eines Friedensschlusses überfielen immer wieder britannische Stämme die römischen Soldaten. Auch heftige Stürme gestalteten den Nachschub von Gallien aus extrem schwierig. Der südliche Teil Britanniens wurde endgültig erst im Jahre 43 n. Chr., also fast 100 Jahre nach Cäsars Expeditionen, erobert und zur Provinz erklärt.

Perfektbildung (Besonderheiten) – Indefinitpronomen quidam – Konjunktiv im Relativsatz

Ü 1 1. Scriptor quidam narrat copias Romanas etiam in Britanniam traductas esse. 2. Quidam duces Britannorum fortiter Romanis restiterunt. 3. Nam libertas omnibus populis sacra quaedam res est. 4. Secundo saeculo p.Chr.n. Romani totam fere Britanniam ceperunt.

2 Bilde zu den folgenden Nominativen den Genitiv, Akkusativ und Ablativ Singular:
quaedam res – aliquod munus – eadem condicio – nulla occasio – istud discrimen – hoc iter – quidam homo – quoddam nomen

3 Einen guten Freund erkennt man in der Not.
Beachte bei der Übersetzung vor allem die Pronomina:
a) Numquam epistulam animo tristiore legi quam ultimam epistulam tuam. b) Scribis villam tuam nuper aliqua ex causa deletam esse. c) Sine ulla mora tibi auxilio veniam. d) Quosdam amicos – velut te – quam optime iuvo, alios numquam. e) Si quis me iuverit, eum ultro iuvabo. f) Itaque tibi occasionem dabo villam meam habitandi.

4 Aus dem Lateinischen stammen auch viele englische Städtenamen. Ordne die lateinischen Bezeichnungen castra – vicus – portus – regnum – colonia *(Siedlung)* – castellum *(kleines Lager)* den folgenden Städtenamen zu:
Greenwich – Winchester – Lincoln – Portsmouth – Newcastle – Norwich – Chesterton – Ringwood – Ipswich – Manchester

Römischer Adlerträger

5 Was weiß der Geschichtsschreiber Tacitus (um 100 n. Chr.) von England (**Britannia**) und Irland (**Hibernia**) zu berichten? Vergleiche dazu die Karte auf S. 212.
Ex quodam libro Taciti comperimus Britanniam maximam earum insularum esse, quas Romani umquam viderunt. Plurimi aditus et portus per mercatores noti sunt. Qua de causa scimus quosdam montes huius insulae aurum et argentum condere.
Hibernia insula inter Britanniam et Hispaniam et Galliam sita est. Quae insula, si eam cum Britannia comparamus, minor est, sed maior insulis maris interni *(Mittelmeer)*. Et natura et caelum et mores incolarum non multum a Britannis differunt.

6 Übersetze und bestimme den Nebensinn der Relativsätze:
1. Imperatores, qui futura cognoscere cuperent, saepe sacra fecerunt. Tum sacerdotes venerunt, qui hostias spectarent. 2. Sunt, qui censeant una cum corpore animum occidere. 3. Quis est, qui non intellegat terram divinā providentiā *(Vorsehung)* factam esse. 4. Deus terram fecit, quam homo cum ceteris animalium generibus habitaret.

7 Wetterbericht für Britannien: Wann wird's mal wieder richtig Sommer?
a) Proxima nocte nubes gravissimae sub caelo erunt. b) Haec nox omnibus noctibus atrior erit. c) Vi venti acerrimi et vehementissimi etiam maximae arbores cadent. d) Tempestates hiemis proximo anno vehementiores erunt quam eo anno. e) Quando aestas incipiet? f) Ne aestu maximo solis ambulaveritis!

8 Übersetze: arma ad defendendum idonea, consilium abeundi, cupidus navigandi, peritus legendi, amicorum consiliis parendo

W14 Lesen und Üben mit FELIX

L „Wir leben am Ende der Welt. Wir sind die letzten Freiheitskämpfer."
Im Jahr 83 n. Chr. drangen die Römer unter dem Statthalter Agricola bis zum schottischen Hochland vor. Ähnlich wie der Gallier Critognatus (65 **L**) rief auch der Britanne Calgacus ca. 30 000 bewaffnete junge Männer auf dem Berg Graupius in Kaledonien, dem heutigen Schottland, zum Freiheitskampf gegen die römischen Besatzer auf:

„Maxima spes mihi est
hunc diem initium libertatis toti Britanniae fore.
3 Maxima spes mihi est
libertatem omnibus Britannis afferendi.
Nam vos omnes undique huc convenistis.
6 Nos nobilissimi totius Britanniae sumus,
nos numquam servitutem cognovimus.
In mari classis Romana,
9 in terra milites et equites Romani nos opprimunt.
Nulla gens iam ultra[1] est,
nihil ultra est nisi mare vastum et saxa ingentia.
12 Sed Romani infestiores sunt mari vasto atque saxis ingentibus.
   Cum omnes terras vastavissent[2] et subegissent,
nunc maria *maximo quodam furore adducti* occupant.
15 Nihil cupidius petunt quam nostras opes et divitias.
   Quoniam nobis et salus et gloria et libertas gravis est,
tandem Romanos in fugam vertamus et e patria nostra pellamus!
18 Mox victores erimus,
nam Romani procul a patria sunt.
Caelum nostrum, mare nostrum, silvae nostrae,
21 haec omnia Romanis ignota sunt.
Dei Romanos *tamquam captivos et clausos* nobis tradiderunt.
Hic est dux optimus, hic est exercitus fortissimus, hic est summa libertas,
24 ibi aeterna servitus vos exspectat.
Proinde instruamus acies et Britanniam liberemus!"

[1] ultrā *jenseits von uns, hinter uns*

[2] vāstāre *verwüsten*

1 Welche Wiederholungen und Gegensätze enthält die Rede des Calgacus? Was will der Sprecher damit bewirken?

I Kaiser Hadrian
Trotz zahlenmäßiger Unterlegenheit siegten ca. 11 000 Römer dank einer gut organisierten Heeresordnung; anschließend konnte der nördliche Teil Britanniens dem Imperium Romanum hinzugefügt werden. Unter Kaiser Hadrian (117–138 n. Chr.) wurde die Grenze nach Norden durch einen Wall, der quer durch die Insel verläuft, gesichert. Den Hadrianswall, der 127 n. Chr. vollendet wurde, kann man heute noch besichtigen. Britannien blieb jedoch stets eine unruhige und gefährdete Provinz, die u. a. durch zahlreiche Kastelle nicht nur gegen Aufstände der Einheimischen, sondern auch gegen Piratenangriffe gesichert werden musste. Zu Beginn des 5. Jahrhunderts wurde Britannien militärisch aufgegeben.

Übersetzungstest

Vercingetorix wird ausgeliefert

Consilio celeriter habito Vercingetorix demonstrat se bellum non suae dignitatis causa, sed maxime communis libertatis causa suscepisse:
3 „Libertas Gallorum plus valet quam dignitas mea. Quoniam fortunae cedere debeo, diutius non resistam; ad utramque rem paratus sum:
Aut vos me vivum Romanis tradetis aut ego morte mea odium
6 Romanorum avertam."
Mittuntur de his rebus ad Caesarem nuntii;
Caesar iubet arma quam celerrime tradi,
9 principes Gallorum dedi;
Caesar ipse pro castris considit;
eo principes ducuntur,
12 Vercingetorix deditur, arma deponuntur.

1 discrimen von discernere *(entscheiden)*, servitus von servire *(dienen)*, munitio von munire *(befestigen)*.
Nenne zu den folgenden Substantiven Genitiv und Genus sowie das Verb, von dem sie abgeleitet sind:
actio – agmen – conspectus – exercitus – habitus – oratio – sumptus – nomen – aditus – carmen – tectum – exitus – cultus

2 Fehlerdiagnose in Partnerarbeit
Schüler A wählt die richtige Übersetzung aus und Schüler B erklärt den oder die Fehler in den beiden anderen Übersetzungen. Bei Satz 2 werden die Rollen getauscht.

1. Iam antiquis temporibus plurimi scriptores res gestas Romanorum posteris tradiderunt.

1.1 Schon in der Antike übersetzten Schriftsteller die meisten Taten den Nachkommen der Römer.
1.2 Schon in der Antike überlieferten sehr viele Schriftsteller die Taten der Römer der Nachwelt.
1.3 Schon in der Antike übersetzten die meisten Schriftsteller die Taten für die Nachkommen der Römer.

2. Quis vestrum parentibus invitis officia sua negleget?

2.1 Wer von euch wird mit den unwilligen Eltern seine Pflichten vernachlässigen?
2.2 Wer von euch vernachlässigt gegen den Willen der Eltern seine Pflicht?
2.3 Wer von euch wird gegen den Willen der Eltern seine Pflichten vernachlässigen?

3 FELIX schickt euch eine SMS
Auf dem Display sind jedoch nur die Ziffern der Tasten zu sehen. FELIX verrät nicht, wie oft er die jeweilige Taste gedrückt hat und welchen Buchstaben er ausgewählt hat. Erratet ihr die geheime lateinische Botschaft?

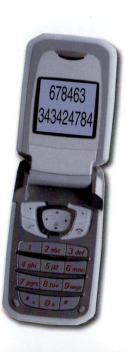

Wichtige Momente – große Talente

* Habt ihr schon gemerkt, dass wir die letzten Kapitel unserer Reise in die Vergangenheit vor uns haben? Ich verstehe nur die Überschrift nicht recht. Was sind denn wichtige Momente im Leben, FELIX?

FELIX Na, überleg mal: Ereignisse, die nicht alltäglich passieren und die manchmal sogar für dein weiteres Leben entscheidend sein können.

* Ah, jetzt weiß ich, was du meinst! Also z. B., wenn ich mit meiner Fußballmannschaft in die nächsthöhere Liga aufsteige, oder wenn die Sommerferien endlich beginnen! ... Warum schüttelst du den Kopf, FELIX? Ich hab' doch Recht: Beides passiert nicht alltäglich, und außerdem ist es für mein Leben entscheidend. Nimm nur die Ferien: Ich kann ausschlafen, muss mich nicht jeden Tag vorbereiten, kann abends länger aufbleiben ...

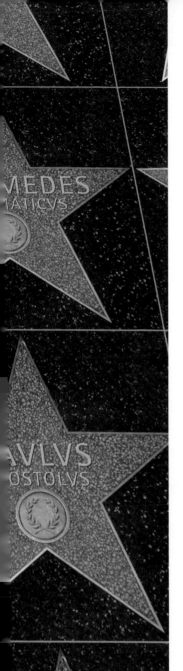

Felix So gesehen hast du Recht – für dich sind das jetzt entscheidende Momente im Leben. Aber du kannst dir sicher vorstellen, dass es noch wichtigere Situationen im Leben gibt.

* *Klar weiß ich das: Meine Eltern sagen immer, dass der Ernst des Lebens erst nach der Schule beginnt, weil man sich dann für einen Beruf oder ein Studium entscheiden muss. Das ist dann wohl so ein wichtiger Moment.*

Felix Genau! Und das war schon in der Antike so: Du wirst lesen, wie junge Frauen das Ende ihrer Schulausbildung bei der berühmten Dichterin Sappho erlebten, und mit welchen Schwierigkeiten Cicero in seinem Studium zu kämpfen hatte, bevor er zum bekanntesten Redner Roms wurde.

* *Warum? Ist er etwa durchgefallen? Albert Einstein ist doch auch als Schüler durchgefallen und hat trotzdem später den Nobelpreis gewonnen.*

Felix Nein, nein! Das mit Einstein stimmt schon, aber Cicero hatte andere Probleme zu bewältigen.

* *Gibt es denn auch Beispiele aus der Antike, dass Lehrer ihren Schülern nicht das beibringen konnten, was sie sich vorgenommen hatten?*

Felix Ja, zwei ganz berühmte Fälle gibt es. Alexander der Große hatte als Lehrer den berühmten Philosophen Aristoteles. Der spätere Weltbeherrscher hat zwar eine Menge von ihm gelernt, aber etwas ganz Wichtiges nicht, nämlich Selbstbeherrschung. Und du wirst erfahren, wie er sich genau das von einem sog. Barbaren sagen lassen musste – peinlich!

* *Felix, noch ein wichtiger Moment im Leben: Du hörst endlich zu reden auf!*

1 Erstellt je einen Steckbrief zu Sappho, Cicero und Alexander dem Großen. Überlegt, was die drei Personen gemeinsam haben.

2 Die drei Namen Sappho, Cicero und Alexander stehen vor allem für Literatur und Politik. In welchen Lebensbereichen können große Talente noch wirken? Sucht dafür Beispiele aus der Antike und stellt die Personen in Kurzreferaten vor.

3 Sappho, Cicero und Alexander kommen auch in Jugendbüchern und Romanen vor. Sucht für jede Person ein modernes Werk und verfasst dazu eine Leseempfehlung.

4 Sucht wenigstens zu einem der „großen Talente" ein Beispiel aus der Kunst und hängt eine Abbildung im Klassenzimmer auf.

Wissen und Macht

Tanzende Mädchen. Relief vom Hera-Tempel in Pästum. Um 500 v. Chr.

L Sappho – Dichterin und Erzieherin

Sappho war nicht nur eine begabte Dichterin. Sie unterrichtete auch Mädchen aus adligen Familien, bevor diese heirateten. Ihr werdet Zeuge, wie sich Sappho von den heiratsfähigen jungen Frauen am Ende der Ausbildung verabschiedet.

„Propius accedite, puellae carae! Quia adest tempus abeundi, annos praeteritos in memoriam reducamus[1]! Audite: Arbitror vos me docente
3 multa didicisse. Ego libenter confiteor me vobiscum feliciter vitam egisse. Initio vos docui capillos[2] ornare, carmina componere, in canendo voces avium imitari. Saepe mecum prima luce naturam pulchram
6 mirabamini, saepe ludebamus et canebamus, saepe aestate ad fontes puros versabamur.

Sed vos hortabar, ne falso putaretis vitam vestram semper tam
9 iucundam fore. Certe felices eritis, si viro nobili nupseritis. At officia et curae haud raro vos perturbabunt. Nam liberos parietis, aletis, tuebimini. Domum curare, ministris imperare, convivia parare
12 oportebit. Et plura sunt officia: In publico vos dignas maritis vestris praestare debebitis. Sed haec omnia apud me, ut reor, didicistis.

Cur vultibus tam tristibus me intuemini? Interrogare me videmini,
15 cur res eiusmodi adhuc vobis tacuerim. At rata sum puellas primo res pulchras vitae cognoscere debere: Profecto vos delectabat carmina, quae ego composui, audire. Etiam flores[3] varios miratae estis, voces dulces
18 avium imitatae estis. Ne fleveritis, puellae carae, ne veriti sitis futura! Non habetis, quod tristes sitis. Etsi me reliqueritis, vos amicitiam firmam inter nos, amorem naturae, carmina nostra semper memoria
21 tenebitis. Ergo valete, puellae carae!"

[1] in memoriam redūcere in Erinnerung rufen

[2] capillī m Pl. Haare

[3] flōs, flōris m Blume

1 Stelle aus L die Bereiche zusammen, in denen die Mädchen bei Sappho erzogen und ausgebildet wurden.

2 Vergleicht den Inhalt und den Nutzen der beschriebenen Beschäftigungen mit den heutigen Verhältnissen.

3 Sucht in geeigneten Nachschlagewerken nach weiteren berühmten Frauen der Antike und stellt sie eurer Klasse vor.

I Aus dem Leben Sapphos

Sappho gilt als die bekannteste Dichterin der Antike. Von ihrem Leben ist nur wenig sicher bezeugt: Sie ist um 630 v. Chr. auf der Insel Lesbos geboren und wohnte wie ihr Zeitgenosse und Dichterkollege Alkaios als Angehörige des Adels meist in der Stadt Mytilene. Unter dem Tyrannen Myrsilos musste Sappho als Verbannte in die Stadt Syrakus auf Sizilien fliehen, wo man ihr später eine Statue errichtet hat. Angeblich hat sich Sappho wegen der unglücklichen Liebe zu einem jungen Mann namens Phaon von einem Felsen gestürzt.

Deponentien (1)

Ü 1 1. Puto (arbitror) nonnullos homines Sapphum poetriam *(Dichterin)* nescire. 2. Multi arbitrantur eam poetriam notissimam Graeciae fuisse. 3. Antiqui etiam arbitrati sunt Sapphum decimam Musam esse. 4. Nobiles huic feminae filias mandaverunt, ut eas artes doceret et tueretur. 5. Dixerunt: „Doce et tuere filias nostras, Sappho! Et vos, filiae, veremini semper eam!"

2 Ersetze die kursiv gedruckten Formen durch arbitrari/vereri.
a) *Puto* te amicum meum esse. b) Cur *metuis*, ne amicitia nostra perpetua non sit? c) Nos iam diu amicitiam *colebamus*. d) Nonne *credidisti* nos amicos semper fore?

3 Suche alle Deponentien aus **L** und bestimme sie nach Tempus und Modus.

4 Ersetze die kursiv gedruckten Verben durch ein sinngleiches Deponens und übersetze.
hortari – tueri – arbitrari – vereri (2x)
a) Plato philosophus *putavit* Sapphum decimam Musam esse, quia praeclara carmina fecerat. – b) Sappho saepe virgines *monebat*, ut deos *colerent*. – c) Parentes ei filias mandabant, ut Sappho eas doceret et a vitiis *servaret*. – d) Haud raro Sappho puellis dixit: „Ne futura *timueritis*!"

5 a) -re hat es in sich. Bestimme folgende Formen:
tuere – tacere – labore – confitere – movere – litore – aspere – verere – munere – flere
b) Ähnlich verhält es sich mit -ris. Bestimme:
claris – hortaris – ministris – vereris – moveris – maris – arbitraberis

6 Unglückliche Sappho
a) Constat homines omnium temporum Sapphum miratos esse et adhuc mirari. b) Imprimis poetae eam non solum veriti, sed etiam carmina eius saepe imitati sunt. c) Sed ipsa raro felix fuisse videtur: Cum virgo esset, pater subito de vita decessit. d) Paulo post patriam relinquere debebat, quia verebatur, ne a tyranno necaretur. e) Postquam nonnullos annos in Sicilia versata est, in patriam rediit. f) Quamquam Charaxum fratrem saepe hortabatur, ut parce viveret et rem familiarem tueretur, is verbis sororis non paruit. g) Sed haud libenter confessus est se omnia bona brevi perdidisse.

Alkaios und Sappho auf einer griechischen Vase. Um 470 v. Chr. München, Antikensammlungen

7 Aus zwei mach eins! Bilde aus jeweils zwei Wortbestandteilen Substantive und übersetze diese. Nenne dann zu jedem Wortbestandteil der rechten Spalte ein weiteres dir bekanntes Substantiv.

monu-	auxil-	-tus	-men
merca-	amic-	-tio	-tudo
diligent-	calami-	-tas	-ia
magni-	muni-	-itia	-tor
discri-	exerci-	-ium	-mentum

8 Übersetze jeweils mit einem treffenden Ausdruck:
res adversae – res divinae – res familiaris – res novae – res gestae – res publica – res secundae – res futurae

L Alexander – Weltherrscher oder Räuberhauptmann?

Auf seinem Zug nach Indien trifft Alexander im Jahre 329 v. Chr. in der entfernten persischen Provinz Sogdiane auf die dort lebenden Skythen. Sie hatten schon viel von ihm gehört und schickten eine Gesandtschaft zu ihm. Der Älteste von ihnen spricht ihn ohne jede Scheu an.

Senex barbarus Alexandrum sine timore intuens ita loquitur:
„Si dei voluissent corpus tuum par esse avaritiae tuae, orbis terrarum
3 te non caperet. Ab Europa ad Asiam profectus iterum transibis in
Europam. Deinde, si omne genus humanum superaveris, bestias¹ feras
aggressurus proficisceris.

6 Quid nobis tecum est? Cur nobis irasceris? Numquam te aggressi sumus.
Neque adsumus ad querendum. Contendis te in fines alienos ingressum
esse, ut latrones² persequereris. At tu es latro omnium gentium, quas
9 aggrediebaris. Lydiam Syriamque cepisti, Persidem³ tenes. Multis
gentibus e finibus suis egressis nunc nos quoque tibi cedere cupis.
Quamquam multi experti sunt te maiorem fortioremque esse plurimis
12 viris, tamen alienum dominum pati nolent. Bellum tibi ex victoria
nascetur; ratus neminem tibi parem esse semper novum bellum geres,
semper in novas regiones progredieris. Hoc exemplo utar, ut periculum
15 tibi instans cognoscas: Magnae arbores diu crescunt, intra unam horam
cadunt.

Tibi pollicemur: Si bellum nobis non intuleris, bonis amicis uti⁴ poteris.
18 Sin autem nos aggressus eris, experieris nos magna cum celeritate te
sequi. Veritus, ne castra tua aggrediamur, metum numquam deponere
poteris. Ne oblitus sis: Inter dominum et servum nulla amicitia est.

¹ bēstia: vgl. Fw.
² latrō, -ōnis *Räuber*
³ Persis, -idis *f Persien*
⁴ amīcīs ūtī *Freunde haben*

1 a) Was meint der Skythe mit dem Satz **Magnae arbores diu crescunt, intra unam horam cadunt** (Z. 15 f.)?
b) Was wirft er Alexander vor, was will er mit seiner Rede erreichen?

2 Welchen Gegensatz baut der Skythe im letzten Absatz auf (Z. 17–20)? Diskutiert darüber, ob damit eher eine Drohung gegenüber Alexander ausgedrückt wird oder ob er damit Alexander ein Angebot macht.

Alexander der Große und seine Vorbilder

Der Makedonenkönig Alexander der Große (336–323 v. Chr.) fühlte sich mit den Helden des Mythos, seinen Vorfahren und Idolen, ganz auf einer Stufe. Er verglich sich mit Herkules und vor allem mit Achill. Sein Lehrer Aristoteles hatte ihm über die Lektüre der *Ilias* das Streben nach Ehre und Ansehen in der Gesellschaft und den homerischen Grundsatz, „immer der erste zu sein", nahe gebracht. Im Wettstreit mit seinen Vorbildern konnte Alexander nicht Halt machen, bevor er an die Grenzen der Welt gestoßen war. Als er mit 33 Jahren im Jahre 323 v. Chr. wahrscheinlich an Malaria starb, hatte er beinahe den gesamten Orient erobert und die Epoche des sog. Hellenismus eingeleitet, unter der man die Verbreitung der griechischen Zivilisation in der östlichen Welt versteht.

Silbermünze mit dem Porträt Alexanders des Großen als Herkules. Um 325 n. Chr.

Deponentien (2)

Ü 1 1. Puellae ad Sapphum: „Libenter te sequimur, quia sapiens es. Doce nos!" 2. Sappho: „Vos tempus perdere non patior (adhuc passa non sum, numquam patiar). 3. Sapienter tempore utamur!" His verbis Sappho saepe utebatur.

2 Setze den richtigen Kasus ein und übersetze:
a) Alexander (victoriae) haud bene usus est. b) (Haec consilia bona) raro sequebatur: c) Utere parce (vinum)! d) Ne secutus sis (ira tua)!

3 1. Alexander modo reprehendens, modo hortans milites ad pugnandum movebat. 2. Alexander et reprehendendo et hortando milites movebat. 3. Alexandro hortante milites bellum inire non dubitabant. 4. Alexander se magnum imperatorem esse arbitratus est. Arbitratus se superari non posse saepe superbus erat.

4 Übersetze und vergleiche die Objekte der lateinischen mit denen der deutschen Sätze.
a) Utimini fortuna vestra! b) Ne obliti sitis amicorum! c) Cura divitias crescentes sequitur. d) Gloria virtutem tamquam umbra sequitur.

5 Reden ist Silber, Schweigen ist Gold.
Übersetze folgende römische Weisheiten.
a) Loqui ignorabit, qui tacere nesciet. b) Audi multa, loquere pauca! c) Rem tene, verba sequentur! d) Facta loquuntur.

6 Die Meinung des Philosophen Seneca über Alexander den Großen
a) Quamquam multi Alexandrum mirabantur, Seneca in epistulis eum reprehendebat: b) Is, qui hostes vicerat, avaritia sua victus est. c) Toti orbi terrarum imperare cupivit, sed sibi ipsi imperare non potuit. d) Non contentus pernicie tot civitatum in uno regno multa regna colligere voluit. e) Erat latro *(Räuber)* gentium, tam hostium pernicies quam amicorum. f) Clitum amicum enim inter convivium aggressus est et interfecit, Lysimachum familiarem leoni obiecit. g) Sic Alexander, quamquam erat victor tot regum atque populorum, ipse ira victus est. h) Quamobrem Senecae Alexander exemplum virtutis fuisse non videtur.

> NEMO SINE VITIIS NASCITUR.

Alexander der Große. Ausschnitt aus dem sog. Alexander-Mosaik, das den siegreichen Kampf des Makedonen gegen den persischen Großkönig Dareios zeigt. 1. Jh. n. Chr. Pompeji

Wissen und Macht

L Die Karriere einer Kichererbse

M. Tullius Ciceros Urgroßvater hatte den Beinamen Cicero erhalten, weil er auf der Nase eine Warze trug, die einer Kichererbse ähnlich war.

Vir vere Romanus plurimum operae et multum temporis in rebus publicis consumebat, ut summam gloriam et dignitatem consequeretur.
3 Dignitate unius viri plerumque tota eius gens nobilis fiebat.
Erant etiam gentes ignobiles, velut gens Tullia, qua M. Tullius Cicero natus est. Is quidem adulescens raro bene valuit, ut ipse fatetur: „Corpus
6 meum saepe graviter dolet. Cum collum sit tenue[1], vis vocis parva est. Mala valetudo me premit, ut opinor, praesertim si labores et magna contentio laterum[2] accedunt."

9 Tamen ille tantum ingenii sibi inesse suspicabatur quantum paucis civibus. Itaque saepe secum agitabat: „Nescio, quid faciam, quid consilii ineam, ut aliquid honoris et dignitatis consequar. Quomodo tam fortis
12 fieri possum, ut causas agam et ad rem publicam accedam? Quomodo perficere possum, ut nobilis et honestus fiam?" Quidam amici eum hortabantur: „Homines dicent te talem esse quale cicer[3]. Nomen tuum
15 deridebunt, nomen tuum inane fiet. Proinde tu ne causas egeris, ne in re publica versatus sis – aut muta nomen tuum!"

Quibus verbis amicorum commotus et ingenio suo confisus Cicero
18 Roma in Graeciam profectus est. Complures menses Athenis et Rhodi fuit, ubi cum philosophis et oratoribus nobilissimis studuit et in arte dicendi se exercuit. Ita factum est, ut non solum vocem et latera[4], sed
21 totum corpus confirmaret, et quasi mutatus Romam reverteretur.
In patria quidem Cicero nomen suum et arte dicendi et philosophia et litteris dignum reddidit, maximos honores sibi proposuit – quamvis
24 nobili genere ortus non esset.

M. Tullius Cicero (106–43 v. Chr.). Marmorbüste aus augusteischer Zeit. Rom, Kapitolinisches Museum

[1] tenuis, e *dünn*
[2] contentiō laterum *Beanspruchung der Lungen*
[3] cicer, -eris n *Kichererbse*
[4] latus, lateris n *hier: Lunge*

1 Wähle bei der Übersetzung von **L** die passende Bedeutung für nobilis, ignobilis, dignus, dignitas. Erkläre, wie es Cicero gelang, seine gens ignobilis zu einer gens nobilissima zu machen.

2 a) Stelle aus dem ersten Absatz die „Schlüsselwörter" zusammen, die zum Sachfeld „Körper/Gesundheit" gehören. Welche Schlüsselwörter bestimmen den zweiten, welche den dritten Absatz von **L**? Weise sie jeweils einem Sachfeld zu. b) Begründe, warum die im zweiten Absatz von **L** verwendeten Satzarten das verdeutlichen, was der jeweilige Sprecher ausdrücken will.

3 Lies **L** noch einmal und bearbeite dabei die folgenden Aufgaben:
a) Gib jedem der drei Abschnitte eine Überschrift. b) Welche Stilmittel unterstützen die Aussagen Ciceros und seiner amici im 2. Abschnitt?
c) **L** enthält die Elemente verschiedener Textsorten. Nenne diese und belege sie.

fieri – Genitivus partitivus – Texterschließung

Ü 1 1. Cicero primus oratorum nominatus est. 2. Magnam partem vitae in officiis publicis consumpsit. 3. Multum temporis atque plurimum laboris etiam in litteris consumpsit. 4. Quis vestrum hunc oratorem nescit?

2 1. Hodie quoque multis hominibus propter religionem iniuria fit. 2. Quidam dixit: „Inimicos nobis amicos futuros esse censeo, si ipsi eis amici fieri volumus. 3. Tamen inter homines semper bella fiebant, semper fient. 4. Itaque non solum optemus, ut toti orbi terrarum pax fiat, sed etiam finem belli facere studeamus."

3 Wer kennt die Antwort?
1. Qui *(wie)* fit, ut aliorum vitia magis *(eher)* videamus quam nostra?
2. Qui fit, ut pauci sorte sua contenti vivant?
3. Qui fit, ut omnibus temporibus inter gentes bella fiant?

4 Unterscheide:
1. amici vestri sumus – amici vestri fimus 2. dives fis – dives eris
3. liberi fietis – liberamini – liberatis – liberabimini 4. firmus fio – confirmo – confirmor – confirmabo – firmus sum

5 Setze die in Klammer stehenden Wörter in den Genitiv und übersetze:
a) Quis (mortales) sine vitiis natus est? b) (Omnes oratores) clarissimus fuit Cicero. c) Magnus numerus (ii), qui in ius vocati erant, Cicerone auctore servatus est. d) Nonnulli oratores nimium (insidiae) parant. e) Omnis oratio plurimum (auctoritas) habere debet.

6 Setze die Substantive in den Genitiv und übersetze:
multum (labor) – paulum (tempus) – Quid (consilium)? – nihil (auxilium) – aliquid (humanitas) – satis (vires) – magna vis (aurum) – copia (frumentum) – minimum (pretium) – duo milia (homines) – nihil (dignitas) – aliquid (novum)

7 Lest **L** noch einmal laut und beantwortet dabei die folgenden Fragen, die ihr vorher an fünf Gruppen verteilt habt:
a) Sammelt das Vorkommen von **ut** in **L**. Bestimmt jeweils seine Bedeutung.
b) Sammelt alle weiteren Subjunktionen und bestimmt deren Sinnrichtung.
c) Sammelt alle Konjunktionen und Adverbien, die der Verbindung von Hauptsätzen dienen. Was tragen diese Wörter zum Verständnis des Textes bei?

8 Cicero kehrt aus der Verbannung heim
„Expulsus eram e civitate, quamquam rem publicam magno cum numero civium bonorum contra impetus sceleratorum defenderam. Quamquam cives a periculis belli civilis *(bellum civile Bürgerkrieg)* servaveram, tamen ab inimicis sine iudicio, sed vi et armis e patria in Graeciam expulsus eram. Cives boni satis auxilii mihi praebuissent, si Romae mansissem. Sed pacem et salutem omnium civium pluris aestimavi quam calamitatem meam. Ita bis *(zweimal)* servavi rem publicam: Primum sceleratos cepi, deinde cives ira atque odio incensos fugi. Itaque senatus decrevit me in patriam revocare."

Cicero tritt als Ankläger im Prozess gegen einen korrupten römischen Beamten auf. Deckengemälde von Eugène Delacroix in der Bibliothek der Französischen Nationalversammlung. Paris, Palais Bourbon

Lesen und Üben mit Felix

Raffael: Paulus auf dem Areopag. 16. Jh. London, Victoria and Albert Museum

L Ihr verehrt etwas, was ihr gar nicht kennt

Unter der Regierungszeit des Kaisers Nero war der Apostel Paulus als Gefangener von Jerusalem aus nach Rom gebracht worden. Auf Befehl des Kaisers ereilte ihn dort zwischen 64 und 68 n. Chr. das gleiche Schicksal wie viele andere Christen auch: Er wurde zum Tode verurteilt. Einige Jahre vor seiner Ankunft in Rom verweilte Paulus auf der Flucht vor seinen Gegnern längere Zeit in Athen. Seiner Gewohnheit gemäß ging er am Sabbat in die Synagoge und sprach dort zu den Juden. Er sprach auch Philosophen an und wollte ihre religiösen Ansichten kennenlernen.

So durchstreifte er die Stadt und begegnete auf der Agora einigen griechischen Philosophen. Nachdem diese dem Paulus eine Zeitlang zugehört hatten, bezeichneten ihn viele als Schwätzer. Andere aber wollten Genaueres über seine Lehre wissen. Deshalb führten sie ihn zum Areopag (Arēopagus), dem obersten Gerichtshof, auf dem Areshügel:

Philosophi quidam: „Volumus scire, quae sit haec nova doctrina[1], quae a te verbis sapientibus proponitur. Tu enim res quasdam novas auribus nostris
3 infers. Volumus ergo scire, quidnam sentias."
Stans autem medio in Areopago Paulus ait:
„Viri Athenienses, per omnes sententias, quas dicitis, vos quasi superstitiosos[2]
6 esse video. In viis enim versans et simulacra vestra mirans inveni etiam aram, in qua scriptum erat:

　　　　IGNOTO DEO

9 Quod ergo ignorantes colitis, hoc ego vobis nuntio:
Deus, qui fecit terram et omnia, quae in ea sunt, non in templis a hominibus aedificatis habitat, cum ipse det omnibus vitam. In Deo ipso enim vivimus et
12 sumus.
Et hominibus diem statuit, quo de omnibus hominibus iudicaturus est."
Cum autem Paulus de resurrectione[3] mortuorum locutus esset,
15 quidam eum deridebant, quidam vero dixerunt:
Audiemus te de hoc iterum. Quidam quidem ei crediderunt.

[1] doctrīna *Lehre*

[2] superstitiōsus, a, um *abergläubisch*

[3] resurrēctiō, -ōnis f *Auferstehung*

1 Sucht die berühmte Areopagrede des Apostels Paulus und lest sie in deutscher Übersetzung ganz nach.

Übersetzungstest

Die Bekehrung des Kerkermeisters

Aliquando Paulus apostolus[1] oppidum quoddam Macedoniae petiverat, ut ibi Deo summam laudem afferret. Ad cives versus: „Veremini", inquit,
3 „Deum meum et deorum vestrorum obliviscimini!"
Cives autem istis verbis superbis ita irati erant, ut eum in vincula conici iuberent.
6 Paulus magno metu coactus a Deo suppliciter petivit, ut auxilium sibi afferret. Postridie mire evenit, ut calamitas ingens carcerem[2] deleret et portas aperiret. Statim custos carceris – Paulum effugisse ratus – se
9 interficere voluit. Paulus autem virum hortatus est: „Cave, ne putes me effugisse! In carcere manere malebam quam tibi perniciem afferre."
Quod cum custos cognovisset, aperte confessus est: „Vis Dei tui mihi
12 persuasit. In Deum tuum semper credam. Deum tuum semper sequar. Omnibus civibus hanc rem miram referam et te in domum meam recipiam."

[1]apostolus: vgl. Fw.

[2]carcer, carceris m Kerker, Gefängnis

1 Füge die folgenden Formen von Deponentien sinnvoll in die Sätze ein:
loquaris – fatetur – queri – loquens
a) Stultum est ? de rebus adversis, ubi culpa est tua.
b) Iudex est lex ? .
c) De inimico non ? male, sed cogites.
d) ? scelus is, qui iudicium fugit.

2 Übersetze: a) Parentes arbitrati liberos non satis discere saepe eos ad studendum hortantur. b) Liberi veriti, ne nullum tempus ludendi habeant, verba parentum neglegunt. c) Magister ratus liberos omnia bene didicisse res novas explicat.

3 Fehlerdiagnose in Partnerarbeit
Schüler A wählt die richtige Übersetzung aus und Schüler B erklärt den oder die Fehler in den beiden anderen Übersetzungen. Bei Satz 2 werden die Rollen getauscht.

1. Arbitror eloquentiam sine sapientia plurimum mali afferre, nihil umquam boni.
1.1 Ich glaube, dass rhetorische Fähigkeiten ohne Bildung sehr viel Schlechtes, niemals etwas Gutes bringen.
1.2 Ich glaube, dass rhetorische Fähigkeiten ohne Bildung ein sehr großes Übel sind, niemals etwas Gutes bringen.
1.3 Ich glaube, dass rhetorische Fähigkeiten ohne Bildung sehr viel Schlechtes und nicht irgendein Gut bringen.
2. Quibus verbis dictis orator arti libros recte legendi se dedit.
2.1 Mit diesen gesagten Worten widmete sich der Redner der richtigen Kunst, die Bücher zu lesen.
2.2 Nach diesen Worten widmete sich der Redner der Kunst, Bücher richtig zu lesen.
2.3 Nach diesen Worten widmete sich der Redner mit Kunst der richtigen Lektüre seiner Bücher.

Lucas Cranach d. Ä.: Der Apostel Paulus. 16. Jh. Paris, Musée du Louvre. Nach der Überlieferung wurde Paulus in Rom durch das Schwert hingerichtet – die Kreuzigung blieb ihm, aufgrund seines römischen Bürgerrechts, erspart. Auf vielen Darstellungen des Apostels findet sich deshalb ein Schwert als Hinweis auf seinen Märtyrertod.

M4 Mit Wortkunde und Wörterbuch arbeiten

Sicher hast du schon leidvoll erfahren, dass du gelernte Vokabeln vergessen hast oder verwechselst. Wenn du nun nach der Behandlung deines FELIX originale Texte lateinischer Autoren erschließen sollst, wirst du auch auf Vokabeln stoßen, die dir noch gar nicht begegnet sind. Dann ist es wichtig,

- mit einer Wortkunde Wörter zu wiederholen und den Wortschatz zu erweitern
- und in einem lateinisch-deutschen Wörterbuch Vokabeln richtig nachzuschlagen.

Arbeiten mit einer Wortkunde

Lateinische Wörter und Wendungen können in einer Wortkunde nach verschiedenen Gesichtspunkten zusammengestellt sein:

- Ältere Wortkunden sind nach dem etymologischen Prinzip gegliedert, d. h. sie ordnen die Vokabeln nach **Wortfamilien**; die jeweiligen Leitwörter sind alphabetisch aufgereiht:
  So sind z. B. unter dem Leitwort **cap**ere die Komposita ac**cip**ere und de**cip**ere zu finden, aber auch Ableitungen wie **cap**tivus und dis**cip**lina.
- Andere Wortkunden ordnen den Wortschatz nach Sachgruppen oder **Sachfeldern**, also nach der Zugehörigkeit zu bestimmten Lebens- und Vorstellungsbereichen:
  Solche Sachgruppen sind z. B. Staat und Politik, Handel, Gefühle und Wahrnehmungen, Rechtswesen oder Militär. Die Vokabeln sind hier nach ihrer Bedeutung (semantisch) gegliedert. Daher kann es auch vorkommen, dass ein lateinisches Wort mit seinen unterschiedlichen Bedeutungen zu mehreren Sachfeldern gehört; z. B. tritt **animadvertere** (in der Bedeutung *bemerken*) beim Sachfeld „Wahrnehmung" und (in der Bedeutung *vorgehen gegen*) beim Sachfeld „Rechtswesen" auf.
- Sinnvoll ist eine **Verknüpfung** verschiedener Prinzipien in einer Wortkunde, um möglichst viele und verschiedene Lernhilfen nutzen zu können. Die übergeordnete Gliederung ist dann **alphabetisch**, was auch das Auffinden der Vokabeln erleichtert; von den alphabetisch aufgelisteten Wörtern aus wird dann auf wichtige Wortfamilien und Sachfelder, aber auch auf die grammatischen Eigenschaften der Vokabeln und wichtige Wendungen verwiesen. Beispiel:

Arbeiten mit einem Wörterbuch

Wenn du ein lateinisches Wort in einem Wörterbuch suchst, musst du zunächst den **richtigen Eintrag finden**; denn nicht die flektierte Wortform, die dir in einem Text begegnet (z. B. pepulisti oder dolori) steht im Lexikon, sondern
- bei Verben die 1. Person Singular Indikativ Präsens (z. B. **pello**) und
- bei Substantiven der Nominativ Singular (z. B. **dolor**).

Dazu kommen bei Substantiven die Genitivendung und das Geschlecht *(m, f, n)*, bei Verben in der Regel die Stammformen (z. B. pepuli, pulsum). Dies kann – etwa bei der Form pepulisti – ein klarer Hinweis sein, dass du den richtigen Eintrag gefunden hast.

In seltenen Fällen kann eine Wortform von verschiedenen Vokabeln kommen; z. B. kann lege eine Imperativform zu legere oder eine Ablativform (Sg.) von lex sein. Hier hilft dir der Textzusammenhang, in dem die Form steht, weiter.

■ Wo musst du im Wörterbuch nachschlagen? Nenne die entsprechende Form und überprüfe dein Ergebnis mithilfe eines Wörterbuchs: vehementer, quaesivit, ludunt, hominem, exercitui, usus(!)

Wenn du den richtigen Eintrag gefunden hast, musst du aus den – bisweilen sehr zahlreichen – Angaben diejenige **Bedeutung ermitteln**, die an deiner Textstelle passt.

Die Hilfen, die dir dazu die Lexika bieten, sind recht unterschiedlich; in jedem Fall solltest du das Vorwort durchstudieren, um die verwendeten Abkürzungen und Siglen zu verstehen:
- Oft sind die Bedeutungen, die „unklassisch" sind (die also z. B. bei Cicero oder Cäsar nicht belegt sind) oder erst im mittelalterlichen Latein auftreten, besonders markiert; sie werden dann etwa bei einer Cicero-Rede nicht in Frage kommen.
- In einigen Wörterbüchern sind bei einzelnen Bedeutungen bestimmte Autoren genannt, bei denen die entsprechende Bedeutung dann in die engere Wahl kommt.
- Häufig sind auch Wendungen angeführt, in denen die gesuchte Vokabel auftritt; wenn du Glück hast, ist die in deinem Text stehende Wendung sogar dabei.
- Beachte genau die grammatischen Eigenschaften, die bei einer Bedeutung stehen. Wenn etwa in deinem Text animadvertere mit einem AcI konstruiert ist (z. B. hostes effugisse animadverto), darfst du nicht die Bedeutung auswählen, bei der im Lexikon „in aliquem" oder „in m. Akk." angegeben ist:

animadvertō und **animum advertō** 3. tī, sus (§ 67, vgl. § 32) **1. achtgeben, aufmerken:** consul a. lictorem iussit *L.* **2. wahrnehmen, bemerken, erkennen, sehen:** quendam scribentem *N.* horum silentium: mit *acc. c. inf.* und indir. Fr. **3. rügen, ahnden, strafen:** peccata; meist mit in und *acc.*

anim-advertō, advertere, advertī, adversum *(altl.:* -vortō, vortere, vortī, vorsum) *(< animum adverto)*
1. den Geist, seine Aufmerksamkeit auf etw. richten, aufpassen, achtgeben *(m. indir. Frages.; m. ut od. ne);*
2. beachten, bemerken, wahrnehmen, sehen, erkennen *(m. Akk.; A. C. I.; indir. Frages.);*
3. **a)** rügen, tadeln *(alqd; in alqm);* **b)** (be)strafen *(alqd),* geg. jmd. strafend einschreiten *(in alqm)* [**peccata; in complures nobiles; gladio** m. dem Tode durch das Schwert bestrafen].

Non scholae, sed vitae …

Schüler mit geöffneter Buchrolle. Römisches Relief aus dem 2./3. Jh. n. Chr. Trier, Rheinisches Landesmuseum

✳ *Jeden Tag dasselbe: Aufstehen, Hektik, der überfüllte Schulbus – um 6.30 Uhr musste ich heute schon wieder aus den Federn – da ist ja noch Nacht!*

FELIX Ein Glück, dass wir nicht im alten Rom zur Schule gehen mussten. Denn da hätte unser Unterricht bereits vor Sonnenaufgang begonnen, und damals hatten die Kinder und Jugendlichen den ganzen Tag, also bis zum späten Nachmittag, Schule. Da war der **ludus** wirklich kein „Spiel" – wenn ihr wisst, was ich meine. Außerdem gab es damals nur die Sommerferien, allerdings drei Monate lang, von Juli bis September. Dazwischen war nur an wenigen Tagen schulfrei.

✳ *Das klingt ja nicht sehr erhebend. Aber hatten die Kinder damals wenigstens nette Lehrer? Unsere Pauker sind ja meistens ganz in Ordnung.*

FELIX Na ja, von den römischen Lehrern hört man nicht viel Gutes. Der Unterricht war damals wohl ziemlich langweilig und öde; die Schüler hatten sehr viel auswendig zu lernen. Außerdem müssen die meisten Lehrer echte Schreihälse gewesen sein und offenbar haben sie ihre Schüler auch regelmäßig geschlagen, vor allem mit dem Stock. Besonders schmerzhaft waren dabei Schläge auf die Finger oder auf den blanken H...

✳ *Das ist ja die Höhe! Also, wenn ich Kinder hätte und so ein Typ würde meine Tochter oder meinen Sohn derart gemein behandeln, würde ich schnurstracks zum Direktor gehen. Ich würde dafür sorgen, dass der Lehrer entlassen wird. Der würde was erleben!*

FELIX   Aber gerade da liegt ja das Problem. Damals gab
es keine Schulpflicht, also gab es auch keine Schulen
und Lehrer, die vom Staat bezahlt wurden. Die Eltern
mussten selbst für ihre Kinder das Schulgeld bezahlen.
Und die Lehrer betrieben ihren Unterricht wie ein
Geschäft. Sie mieteten einen Raum und boten dort ihre
„Ware" an, häufig in einer **taberna** an einer der belebten
Geschäftsstraßen. Die Passanten strömten an den weit
geöffneten Türen und Fenstern vorbei und konnten,
wenn sie wollten, beobachten, was im „Klassenzimmer"
vor sich ging. Oft kam es sogar vor, dass eine Klasse
mitten auf dem Bürgersteig, im Freien, unterrichtet
wurde. Da war es dann mit dem konzentrierten Lernen
schnell vorbei, wie ihr euch vorstellen könnt.

* *Das sind zwar keine sonderlich guten Bedingungen, aber das rechtfertigt doch noch lange nicht, Kinder zu schlagen, nur weil sie etwas nicht wissen!*

FELIX   Da hast du Recht. Du musst dich aber auch in die Situation eines
römischen Lehrers versetzen. Für den Unterricht konnte er nur sehr
wenig verlangen, weil die Eltern sonst zur billigeren Konkurrenz gegangen wären. Außerdem war die Zahlungsmoral der römischen Eltern
sehr schlecht. Der Lehrer musste also seinem geringen Einkommen häufig auch noch hinterherrennen. Deshalb waren viele Lehrer frustriert –
was dann wiederum die Kinder ausbaden mussten. Und die Eltern
fanden die Prügeleien offenbar nicht so schlimm …
Außerdem hatten die Lehrer in der Bevölkerung ein sehr geringes
Ansehen, ihr Beruf galt als einer der niedrigsten.

Blick in eine mittelalterliche Schulstube: Der magister erklärt und interpretiert einen Text. Die aufmerksamen Schüler notieren seine Bemerkungen in ihre Exemplare. Nicht viel anders muss man sich den Unterricht im alten Rom vorstellen. Buchmalerei aus dem 15. Jh. Prag, Nationalbibliothek

* *Gab es keine Lehrer, deren Tätigkeit höher geachtet wurde?*

FELIX   Das hing von der jeweiligen Schulart ab. Die meisten römischen
Kinder gingen, wenn es sich ihre Eltern überhaupt leisten konnten, nur
vier Jahre zur Schule, das heißt mit elf Jahren war Schluss. Da hatten sie
gerade einmal einigermaßen Lesen, Schreiben und ein wenig Rechnen
gelernt. Das musste reichen – dann begann das Berufsleben. Die Lehrer
dieser „Grundschulen" waren also die, denen es nicht gutging. Bessergestellt waren dagegen diejenigen, die an höheren Schulen unterrichteten, vergleichbar mit dem heutigen Gymnasium oder der Universität.

* *Ich sehe schon, Schule war damals kein sonderlich schönes Erlebnis.*

FELIX   Das war es auch später lange nicht, z. B. in der Zeit des berühmten
Humanisten Erasmus von Rotterdam, der im 16. Jahrhundert lateinische
Dialoge für seine Schüler geschrieben hat.

* *Ich glaube, wir müssen uns beeilen und zusehen, dass wir nicht zu spät kommen. Glaubst du, wir schreiben in Latein einen Test?*

Lernen und Lehren

Schulstrafe im Mittelalter. Flugblatt von A. Dürer. Ein Magister im pelzbesetzten Talar maßregelt seine Schüler.

¹aula *Fürstenhof*
²caula *Schafstall*
³caput aperīre *die Mütze abnehmen*
⁴protervus, a, um *frech*
⁵cognōmentum *Titel*
⁶genū, -ūs *n Knie*

⁷addere, multiplicāre: vgl. Fw.

L Benimmkurs in der Schule

Im folgenden Dialog zeigt Erasmus von Rotterdam, wie zu seiner Zeit der „Anstandsunterricht" ablief:

PAEDAGOGUS – DISCIPULUS

P: Te non in aula¹, sed in caula² natum esse et auribus accipio et oculis cerno; adeo moribus es rusticis! Hominis docti est non solum humanitatem, sed etiam mores commodos colere. Quo celerius eos coles, eo magis laudaberis. Scimus homines maxime laudari, qui mores bonos colant. Audi modo, quod tibi praecipiam: Quotiens sermonem habes cum aliquo, cui debes honorem, te surgere et in loco consistere oportet. Aperias caput³!
Os sit nec triste nec protervum⁴, sed iucundum. Oculos vertas in eum, quocum sermonem habeas. Praeterea salutes, quamcumque dominam tibi notam videas. Ne tua sponte multa et levia dixeris; sed primo tecum deliberes, tum respondeas paucis verbis adiciens semper cognomentum⁵! Postremo genu⁶ flectere oportet, cum responderis. Si verborum meorum memor eris, te laudabit, quisquis te viderit. Multa alia narrare possum; sed nunc age, exemplum aliquod nobis praebe! Quantum temporis afuisti a parentum domo?

D: Iam sex fere menses.

P: Parum respexisti ea, quae tibi praecepi. Adde „domine"!

D: Iam sex fere menses, domine.

P: Cupisne eos visere?

D: Cupio, domine, te concedente.

P: Iterum peccavisti: Etiam genu flectere debuisti. Sed satis est – nunc disciplinae paene oblitus sum. Hodie non auctores antiquos legemus, sed numeros litteris praeferemus. Tempus igitur est numeros addendi⁷, multiplicandi⁷, dividendi.

1 Stelle aus **L** (Z. 1–13) Wörter und Wortverbindungen zusammen, die – aus der Sicht des **paedagogus** – den Anstand ausdrücken und positive Werte darstellen.

2 Diskutiert, ausgehend von den Ausführungen des Lehrers in **L** (Z. 6–13), Merkmale guten Benehmens und gestaltet ein Plakat „Tipps für gutes Benehmen".

Hans Holbein d. J.: Bildnis des Erasmus im Rund. 1530/32. Basel, Kunstmuseum

I Erasmus von Rotterdam

Erasmus von Rotterdam (1466–1536) war einer der bedeutendsten Vertreter des sog. Humanismus, einer geistigen Bewegung, die entsprechend dem antiken Ideal der **humanitas** eine umfassende Bildung und eine menschenwürdige Lebensgestaltung erstrebte. In dieser Zeit hatten neben den Universitäten besonders die sog. Lateinschulen entscheidende Bedeutung für die Bildung. Schüler und Studenten erfuhren Latein als lebendige Sprache, die sie verstehen und sprechen (!) mussten.

Verallgemeinernde Relativpronomina – Obliquer Konjunktiv – Realis

Ü 1 1. Quicumque puer diligenter verba discit, laude dignus est. Quicumque (quisquis) diligenter discit, laude dignus est. 2. Puer: „Paene verba discere oblitus sum. Sed amicus me monuit. Amico gratias agere debui. At gratias agere oblitus sum. 3. Puer fatetur se gratias non egisse amico, qui auxilium tulisset.

2 Übersetze die folgenden Sentenzen:
a) Quidquid agis, prudenter *(klug)* agas et respice finem.
b) Quemcumque quaerit calamitas, facile invenit.
c) Quidquid natum est, aliquando perire debet.
d) Quodcumque a duce imperatum erit, milites facient.

3 Übersetze:
a) Potui multa narrare, sed tacui. b) Longum est omnes philosophos Graecos nominare. c) Quis autem hanc sententiam nescit: „Si tacuisses, philosophus mansisses."? d) Iam pridem *(schon längst)* vos quoque philosophiae studere oportuit.

4 Der vertrottelte Professor (scholasticus) – aus einer Witzesammlung
a) Scholasticum iter parantem quidam rogavit: „Quaeso, emas mihi duos servos quindecim *(fünfzehn)* annorum." Ille respondit: „Nisi eos invenero, tibi unum servum triginta *(dreißig)* annorum emam."
b) Scholasticus viro cuidam in via occurrens dixit: „Audivi te mortuum esse." Is respondit: „At adhuc, ut vides, vivus sum." Tum scholasticus: „Sed is, qui mihi hoc narravit, fide dignior est quam tu."

5 Eltern über ihre Kinder: Vom späteren Kaiser Claudius
Der römische Schriftsteller Sueton berichtet in seiner Biografie über den römischen Kaiser Claudius auch von dessen Kindheit. Niemand in der Kaiserfamilie hätte damals gedacht, dass aus dem schwächlichen Jungen ein bedeutender Herrscher werden würde ...
Puer autem et adulescens per omne fere tempus variis morbis adeo vexatus est, ut ad nullum munus idoneus putaretur. Diu sub paedagogo(!) fuit. Claudius ipse queritur istum hominem consulto *(absichtlich)* magistrum suum factum esse, ut se quibuscumque de causis quam saevissime puniret. Mater Antonia eum „portentum" *(Missgeburt)* saepe dicebat nec „perfectum a natura, sed inceptum tantum"; si quem propter socordiam *(geistige Tätigkeit)* reprehendit, eum esse „stultiorem filio suo Claudio" dixit.

6 Übersetze:
modus vivendi – spes fugiendi – hac oratione habita – libros recte legendo – bello confecto – in discendo versari – de bene vivendo dicere – nullo resistente – parentibus invitis – paratus ad pugnandum – occasio gratias agendi – consilium Italiam relinquendi – his rebus cognitis – memoriam discendo exercere

7 Erkläre mit jeweils einem deutschen Satz die folgenden Begriffe:
Oratorium – Referent – Diktator – Colloquium – Referat – Diktat – Intelligenz – relativ – Differenz

229

71 Lernen und Lehren

L Wir wollen schulfrei!

NICOLAUS – HIERONYMUS – COCLES – PAEDAGOGUS

N: Iam diu et animus et caelum nos vocant ad ludendum.
H: Mirum est, ni magister hoc vetat.
3 C: Quid igitur faciamus? Incertus sum, quomodo magistro persuadere possimus.
N: Mittamus aliquem legatum, qui magistrum adeat!
6 H: Vix quisquam ei persuadeat, ut nobis ludere permittat; nam potius clavam[1] eripias e manu Herculis quam ab illo ludendi licentiam[2]. Se quoque aliquando puerum fuisse oblitus est.
9 C: Tamen libenter hanc legationem suscipere audebo. Dulcibus verbis precando perficiam, ut nos dimittat.
Cocles magistrum adit.
12 C: Salve, magister optime!
P: Quid vult nugamentum hominis[3]? Quid moliatur?
C: Nos omnes supplices te obsecramus, ut nobis permittas foris ludere.
15 P: Vos semper cupidi estis ludendi. Quaecumque dicitis, ad ludos pertinent.
C: Cras[4] vehementer operam dabimus studendo.
18 P: Quomodo hoc fiet? Haud scio, an me decipere velitis.
C: Non sumus ii, qui te decipiant.
P: Quis vestrum promittat hoc certe futurum esse?
21 C: Ego periculo vitae meae hoc promittere non dubito.
P: Immo culi[5] periculo potius! – Sed audi, quod constitui: Fiat, quod vultis! Exite ergo e schola ludendi causa! *Cocles sine mora revertitur,*
24 *ut nuntium deferat.*
C: Bene locutus licentiam magistri consecutus sum. Sed non multum afuit, quin me pelleret.
27 H: Praedicamus ingenium tuum. Nemo dubitet, quin tu sis alter Cicero! Sed dic, quid magister exegerit a nobis?
C: Cras summo studio eum delectare debemus.

Ambrosius Holbein: Bildnis eines Jungen. Die kleine mit Silberstift, Rötel und weißer Kreide angefertigte Zeichnung ist Anfang des 16. Jh.s entstanden – in der gleichen Zeit wie der lateinische Text dieser Lektion.

[1] clāva Keule
[2] licentia *hier:* Erlaubnis
[3] nūgāmentum hominis Nichtsnutz
[4] crās *Adv.* morgen
[5] cūlus Hintern

1 Versucht, die Szene sinngerecht vorzutragen. Wer wagt eine szenische Umsetzung?

Diese Unterrichtsszene aus dem Mittelalter zeigt einen Lehrer und seine Schüler bei Gesangsübungen. Das Bild enthält Hinweise auf zwei Arten von Strafen, vor denen sich die Schüler fürchteten. Überlegt, welche damit gemeint sind.

Potentialis – Deliberativ

Ü 1 1. Nemo contendat (contenderit) discipulos ludum semper laetos intrare. Quis non credat (crediderit) etiam Erasmi discipulos libenter e ludo exisse?
2. Saepe discipuli deliberant: „Quid fingamus, ut magistrum effugiamus?"

2 Übersetze:
a) Quis hoc credat? b) Nihil magis laudaverim quam sapientiam.
c) Vix quisquam putet vos e patria abituros esse. d) Iniuriam facilius facias quam feras. e) Quid aliud dicam? f) Quid tibi respondeam?

3 Stelle die richtige Zuordnung her:

Jussiv	Hoc faciamus!	Er dürfte / könnte ...
Hortativ	Quid faciam?	Hoffentlich ...!
Potentialis	(Utinam) maneat!	Was soll ...?
Deliberativ	Hoc faciat!	Wenn er doch ...!
Optativ (erfüllbar)	Hoc faciat / fecerit.	Er soll ...!
Optativ (unerfüllbar)	Utinam maneret!	Lasst uns ...!

4 Übersetze und bestimme jeweils die Bedeutung des Konjunktivs:
a) Ne praeterieritis occasionem linguam Latinam discendi! b) Inveniamus locum ad ludum idoneum! c) Utinam puella vocabula (!) didicisset!
d) Vix quisquam putet vos hunc librum lecturos esse. e) Taceat! f) Ignoscas aliis multa, nihil tibi! g) Qui dedit beneficium, taceat; narret, qui accepit!

5 Aus Marcos Tagebuch
Weil Marcos Vater ein Stellenangebot in Deutschland angenommen hatte, ist die italienische Familie nach Frankfurt gezogen. Nach mehreren Jahren kehrt die Familie zurück nach Rom. Marco schreibt seine Gedanken hierzu in seiner „Geheimschrift" Latein im diārium *(Tagebuch)* nieder:
Heri *(gestern)* Romam venimus. Ibi in villa avi habitamus, qui saluti nostrae providens deliberat, quomodo vitam iucundiorem facere possit. Tamen condicionem meam queror: Quis patriam mihi tam alienam nunc esse credat? Utinam pater Germaniam ne reliquisset! Horarum numquam obliviscar, quibus una cum familiaribus pediludio (pedilūdium *Fußballspiel*) delectatus sum. Vellem ad eos redirem! Nemo enim dubiταverit, quin patria vera ibi sit, ubi amicos habemus. Sed quid faciam? Parentes sequi debeo.
Nuper pater me hortatus est: „Utinam animo bono sis! Ne timueris futura! Spero te Romae facillime amicos novos inventurum esse."
Velim pater vere locutus sit! Nam sine amicis perirem!

6 Neues vom vertrottelten Professor (scholasticus)
a) Alter e geminis (geminī *Zwillinge*) decesserat. Scholasticus, cum alterum, qui adhuc vivebat, conveniret, ex eo quaesivit: „Dic mihi: Tune es mortuus – aut frater tuus?"
b) Scholasticus audivit corvos (corvus *Rabe*) ducentos *(200)* annos vivere posse. Ergo sine ulla mora corvum emit eumque aluit, ut hanc rem probaret.

7 Bilde zu den angegebenen Formen des Präsensstammes die entsprechenden Formen des Perfektstammes und umgekehrt:
egreditur – mirabantur – oblitae eratis – pollicemur – profectus sum – queritur – ratus eram – sequantur – tueris – videor

Lernen und Lehren

L Die Schule besuchen – sinnvoll oder nicht?

Schon der berühmte Redner Quintilian hatte in seinem Werk gefordert, Kinder in einer Schule gemeinsam unterrichten zu lassen und nicht einzeln bei privaten Lehrern zu Hause. Wir hören mit, wie drei **viri docti** auf dem Forum über dieses Thema diskutieren:

ARISTIDES PAEDAGOGUS: Rectum verumque Quintilianus in libro suo memorat: Aetate puerili[1] homines plurimum memoriae mandare solent. Itaque liberi tum, cum sunt idonei ad discendum, in scholam mittantur. Adeant unum ex his magistris, qui in foro liberos instruere consueverunt. Quos magistros maxime idoneos puto ad liberos instruendos.

MARCUS CLAUDIUS SENATOR: Equidem istud minime concedo. Liberos potius domi institui volo. Magister enim, qui multos discipulos educat, in docendo parum potest singulis consulere. Praeterea timeo, ne in turba discentium mores puerorum vitiis imitandis paulatim corrumpantur. Certum est etiam maiores nostros pariter filios ac filias domi educavisse.

QUINTUS CURTIUS ORATOR: Sed domi quoque mores corrumpi manifestum est. Interdum magister ille domesticus[2] mala exempla praebendo liberis nocet[3]; neque servorum improborum facinora liberis educandis prosunt.

ARISTIDES PAEDAGOGUS: Nunc vero amplius explicabo, cur Quintilianus liberos in scholam mitti velit: Pueri non solum humanitatis augendae causa in scholam veniant, sed etiam ad sensum communem[4] discendum et ad firmas amicitias coniungendas. Adde, quod aemulatio[5] animos accendit, ut ceteris cum discipulis se ipsos conferant. Cum puer prorsus turpe ducat ab altero superari, ad hanc ignominiam[6] vitandam studium quoque discendi augebit. Nam liberi magis bona fama quam verbis magistri aut parentum impelluntur.

Quintilian. Holzschnitt aus der „Nürnberger Chronik" von Hartmann Schedel. 15. Jh.

[1] puerīlis, e *kindlich*
[2] domesticus, a, um *häuslich, Haus-*
[3] nocēre *schaden*
[4] sēnsus commūnis *Gemeinschaftssinn*
[5] aemulātiō, -ōnis f *Rivalität, Konkurrenz*
[6] īgnōminia *Schande*

1 Stellt aus **L** die Argumente zusammen, die für und die gegen den Unterricht in der Schule sprechen. Überlegt weitere Argumente und diskutiert das Thema in der Klasse.

2 Recherchiert auf den Internetseiten von Privatschulen, welche Vorteile diese für sich in Anspruch nehmen. Diskutiert die Ergebnisse.

I Schulpflicht in Rom

Zur Zeit Quintilians (35–96 n. Chr.) hatte sich in Rom folgendes „Schulsystem" herausgebildet: Im Alter von etwa 7 bis 11 Jahren besuchten die Kinder die „Elementarschule", wo sie Lesen und Schreiben lernten. Zwischen 11 und 15 Jahren waren viele Jungen (manchmal auch Mädchen) in der „Literaturschule" beim **grammaticus**. Man befasste sich hier hauptsächlich mit berühmten lateinischen und griechischen Schriftstellern, aber auch mit der Grammatik. Etwa ab dem 16. Lebensjahr konnten die jungen Männer zur Vorbereitung auf eine Beamten- oder Anwaltslaufbahn noch die Ausbildung in einer „Rhetorenschule" wahrnehmen.

nd-Formen als satzwertige Konstruktionen

Ü 1 1. Cocles consilium init ⟨ legationem suscipiendi. / legationis suscipiendae.
2. Legationem suscipiendo / Legatione suscipienda ⟩ Cocles ceteris discipulis adest.
3. Cocles legationis perficiendae causa magistrum adit.
4. Nam Cocles idoneus ad legationem perficiendam est.
5. In legatione perficienda bene loquitur.

2 Verwandle Gerundium in Gerundivum und umgekehrt.
iniuriis accipiendis – mala exempla praebendo – hostibus aggrediendis – cupidus carmen audiendi – occasio amicae videndae – exemplo statuendo

3 Gerundium oder Gerundivum?
a) occasio ludos spectandi b) modus vivendi c) ad oppidum oppugnandum d) cupidus audiendi e) de gloria paranda dicere f) hostes aggrediendo sociis auxilio venire g) in libris legendis h) spes amicam videndi i) de amicis deligendis deliberare j) ad bona utenda

4 Übersetze folgende nd-Formen treffend als Adjektive:
a) discipuli laudandi   b) liber legendus
c) puella amanda   d) ludi spectandi
e) exemplum imitandum   f) fortuna querenda
g) iniuria non ferenda h) res deliberanda
i) fabula narranda   j) virtus miranda

5 Unterscheide und bestimme:
a) monituri – monendi – monentis – monitis
b) amici diligendi – amici diligentis – amico diligenti – amici dilecti
c) studium discendi – studium discentis – studendo discimus

> Est modus in rebus,
> sunt certi denique fines.

6 Bemühe dich bei der Übersetzung des Adjektivs **plenus** jeweils um eine treffende deutsche Wiedergabe:
vir vini plenus – luna *(Mond)* plena – vox plena – avus annis plenus – litterae humanitatis plenae – gaudium plenum

7 Benenne die jeweilige Konstruktion und gib die Sinnrichtung an, die in allen Beispielsätzen zum Ausdruck gebracht wird.
Comes   auxilium laturus   venit.
        ut auxilium ferret
        ad auxilium ferendum
        auxilio

8 Neues vom vertrottelten Professor (scholasticus)
a) Scholasticum, qui ad nationes exteras iter fecerat, familiaris epistulā rogavit, ut sibi quosdam libros emeret. Qui autem precis oblitus postquam domum rediit, familiari occurrit et: „Epistulam", inquit, „quam mihi de libris emendis scripseras, non accepi."
b) Vir quidam scholastico occurrit et: „Servus", inquit, „quem mihi vendideras, de vita decessit." Scholasticus: „Hoc mirum est. Dum apud me erat, nihil eiusmodi faciebat."

L Ideale Schüler – ideale Lehrer – ideale Eltern

Quintilian führt aus, was er von Schülern, Lehrern und Eltern erwartet.

Praeceptor docendi peritus primo ingenia perspiciat eorum, qui ei educandi sunt. Diligens sit in cogitando, quemadmodum
3 cuiusque animus tractandus¹ sit: Alii saepe hortandi sunt, alii imperiis magistrorum parentumve resistunt; metus magistri alios retinet, alios rumpit. Quot liberi, tot sunt ingenia diversa.
6 Optandum autem est, ut discipuli laude excitentur neve in rebus inanibus versentur.
Magister ipse nec ea, quae ei corrigenda sunt², neglegat nec in
9 reprehendendis discipulorum dictis factisque iniquus sit! Libenter respondeat liberis interrogantibus, non interrogantes ultro evocet³! Etiam hoc praeceptori videndum est, ut eodem die res diversas
12 discipulis offerat. Varietas enim ipsa animum recreat – difficile est in uno labore versari.
Parentibus quidem videndum est, ut liberi magistro idoneo instituendi
15 tradantur; a praeceptore enim non solum rationi, sed etiam moribus discipulorum consulendum est.
Discipuli vero monendi sunt, ut praeceptores pariter diligant ac ipsa
18 studia. Praeterea magistros imitandos sibi sumant. Intellegant docentium dicta semper sibi respicienda esse. Postremo sine ullo gemitu officium praestent nec sub specie laborandi nihil agant.

Ein Lehrer – mit griechischer Barttracht – erteilt Unterricht in einem reichen Privathaus. Römisches Relief. 2. Jh. n. Chr. Trier, Rheinisches Landesmuseum

¹tractāre *behandeln*
²corrigere *verbessern*
³ēvocāre *heraus-, aufrufen*

1 Welche Anforderungen stellt Quintilian an einen guten Lehrer und an die Schüler? Welche Gesichtspunkte sollten aus deiner Sicht ergänzt werden?

2 Etwa zur gleichen Zeit beklagt der römische Redner Messala den Verfall von Bildung und Erziehung:
Überlegt, welche Aussagen Quintilians durch die Äußerungen Messalas als reine Wunschvorstellungen gekennzeichnet werden.

Quis non fatetur disciplinam atque humanitatem a vetere gloria discessisse? Cuius rei has causas inveni: desidiam⁴ iuventutis,
3 neglegentiam⁵ parentum, inscientiam⁶ magistrorum.
Temporibus nostris infans⁷ mandatur alicui servae Graecae, cui adiungitur servus plerumque improbus. Nec quisquam puerum impellit
6 ad recte se gerendum, quoniam omnia permittuntur. Quid vero liberi moribus corruptis postea facient? Quae vitia parentibus ignaris imitabuntur? Equidem suspicor adulescentes vitia occulta et nocturna,
9 quae nominare me pudet, cognoscere velle. Opinor eos nullam occasionem vitium cognoscendi omittere. His rebus evenientibus ne magistri quidem resistunt. Qui disciplinam quoque parum docent.
12 Itaque iuvenes ad istam inscientiam desidiamque deducuntur.

⁴dēsidia *Faulheit*
⁵neglegentia:
 Subst. zu neglegere
⁶īn-scientia *Unkenntnis*
⁷īnfāns, īnfantis
 Säugling, Baby

3 In der Pädagogik unterscheidet man heute den autoritären, den demokratischen und den permissiven Erziehungsstil. Informiert euch darüber. Begründet, welchen Messala ablehnen und welchen er befürworten würde.

nd-Formen (Gerundivum: prädikatives Gerundiv) – Dativus auctoris

Ü 1 1. Parentes Romae quoque liberos instituendos magistro mandabant.
2. Liberi bene instituendi sunt. Liberi magistris bene instituendi sunt.
3. Magistris studendum est, ut liberi bene instituantur. 4. Liberis bene consulendum est. A magistro liberis bene consulendum est. 5. Discipuli non verbis acribus reprehendendi sunt; interdum autem ad diligentiam hortandi sunt.

2 Übersetze:
a) Hoc vobis agendum est. b) Hoc neglegendum non fuit. c) Ira philosopho deponenda est. d) Iniuriae ferendae non sunt. e) Omnibus leges servandae sunt. f) Hostibus parcendum est. g) Rei publicae consulendum est.
h) Divitias sibi custodiendas esse custos dicit. i) Mihi occasionem hoc conficiendi omittendam esse non puto.

3 Setze die passende nd-Form ein und übersetze:
legendum – educandos – regendam – faciendum
a) Nonnulli Romani filios servis Graecis ? tradiderunt.
b) Librum amico ? mitto. c) Imperator pontem in flumine ? curavit. d) Cives rem publicam consulibus ? commiserunt.

4 So dachten die alten Römer!
a) Nemo ante mortem beatus dicendus est. b) Multitudo non est sequenda.
c) Der Dichter Juvenal meint, es gebe nur einen vernünftigen Wunsch an die Götter: Orandum est, ut sit mens sana (sānus *gesund*) in corpore sano.
d) Cato d. Ä. forderte immer wieder Folgendes: Ceterum censeo Carthaginem esse delendam! e) Pacta *(Verträge)* sunt servanda.

5 Aus einer lateinischen Erstlesefibel
Im Mittelalter lernten Schüler das Lateinische auf ähnliche Weise wie du heute. Man begann mit einfachen Sätzen und lernte daran die Konjugationen und Deklinationen sowie die Syntax. Ein „Schulbuch" wurde dabei besonders gerne im Anfangsunterricht verwendet, nämlich die sog. „Dicta Catonis". Die große Beliebtheit dieses Buches kann man noch heute im Spanischen erkennen: Die Lesefibel der spanischen Erstklässler nennt man nach diesem Lateinbuch „Catón".

a) Einfache Hauptsätze
1. Parentes ama! 2. Datum serva! 3. Cum bonis ambula!
4. Priusquam voceris, ne accesseris! 5. Saluta libenter!
6. Magistratum metue! 7. Coniugem ama! 8. Vino tempera!
9. Pugna pro patria! 10. Neminem riseris! 11. Virtute utere!
12. Litteras disce!

b) Zweizeiler
1. Cum moneas aliquem nec se velit ille moneri, si tibi sit carus, noli desistere (a) coeptis.
2. Quod dare non possis, verbis promittere noli, ne sis ventosus *(prahlerisch)*, dum vir bonus esse videris.
3. Multorum disce exemplo, quae facta sequaris, quae fugias: Vita est nobis aliena (= altera) magistra (!).

Die Personifikation der Grammatica fragt mit dem Zeigestock (baculus) in der Hand ihre Lateinschüler ab. Illustration aus dem 10. Jh. (Paris, Bibliothèque Nationale). Im Mittelalter war die lateinische Sprache die Grundlage aller Bildung: Lesen und Schreiben lernte man in der Schule an einfachen lateinischen Texten, vor allem Bibeltexten. Die Nationalsprachen waren noch nicht Gegenstand schulischer Bildung.

Lesen und Üben mit Felix

L Dürfen Eltern wirklich alles?

Der Schriftsteller Aulus Gellius (2. Jh. n. Chr.) hat für seine Söhne unter dem Titel **Noctes Atticae** eine Art Schulbuch verfasst, in dem sich Texte aus den verschiedensten Wissensgebieten finden.

Iterum atque iterum quaeritur in philosophorum sermonibus, an iussis[1] parentum semper parendum sit. Ea de re Graeci nostrique, qui de officiis scripserunt, tradiderunt tres sententias esse, quae spectandae sint.
Earum una est: Omnia, quae parentes imperant, fiant! Altera est: In quibusdam parendum est, in quibusdam non obsequendum[2]. Tertia est: Filio filiaeve nullo modo necessarium est parentibus parere.
Hanc tertiam sententiam, quoniam primo conspectu nimis turpis est, amplius explicabo: Aut recte imperant parentes aut perperam[3]. Si recte imperant, non quia imperant, parendum est, sed quoniam rectum est imperium. Si perperam imperant, nequaquam[4] obsequendum est, quod falsa fieri non oportet. Inde philosophi ita concludunt[5]: Numquam patri vel matri parendum est. Sed istam sententiam probari numquam accepi, cum sit argutiola[6]. Neque vero illa prima sententia vera et proba videri potest: Quid enim, si pater imperabit patriam prodere, matrem necare, si alia quaedam imperabit turpia aut impia? Quid facias? Media igitur sententia optima atque tutissima esse videtur.

[1] iussum *Befehl*
[2] obsequī *gehorchen*
[3] perperam *Adv. falsch*
[4] nēquāquam *Adv. keineswegs*
[5] conclūdere *logisch folgern*
[6] argūtiola *Spitzfindigkeit*

I Familie im alten Rom – ein Lexikonartikel

Die römische Familie kam der modernen Vorstellung von der Größe einer F. sehr nahe: Sie bestand aus Mann, Frau und Kindern. Dabei dürfte die übliche Kinderzahl zwischen einem und drei gelegen haben. Die Kern-F. blieb in der Regel unter sich. Groß-F., bei denen man mit erwachsenen Geschwistern oder mit (Groß-)Eltern unter einem Dach lebte, waren die Ausnahme. Spätestens mit der Hochzeit wurde [...] ein eigener Hausstand gegründet. [...] Auch die noch unverheirateten jungen Männer zogen etwa ab dem 18. Lebensjahr einen Junggesellen-Haushalt vor. Aber nur mit der Zustimmung des Vaters! Denn der hatte kraft der allumfassenden väterlichen Gewalt (**patria potestās**) theoretisch bis an sein Lebensende in allen Fragen die letzte Entscheidung. Das galt auch in finanzieller Hinsicht: Ohne eine freiwillige Unterhaltszahlung seitens des Vaters in Form eines dem Sohn zur Verfügung gestellten Sondervermögens sah es mit der ersehnten (relativen) Selbstständigkeit schlecht aus. [...]
Das Verhältnis der Ehepartner zueinander, das für das Klima in der F. grundlegend war, beruhte auf erheblich anderen Voraussetzungen als heute: Die römische Ehe war grundsätzlich eine auf nüchternen Vernunftüberlegungen beruhende, oft von den Vätern ausgehandelte Verbindung. Gerade in den gesellschaftlich führenden Kreisen war die „romantische" Liebesheirat die Ausnahme. Zweck einer Heirat war es vielmehr, legitime Nachkommen hervorzubringen, um auf diese Weise zum Fortbestand der **gens** beizutragen. Scheiterte das an der Unfruchtbarkeit der Frau, so war das nach altrömischer Auffassung ein gesellschaftlich akzeptierter Scheidungsgrund.

(K.-W. Weeber, Alltag im Alten Rom, Zürich 1995, S. 85 ff.)

Goldglasporträt aus dem 4. Jh. n. Chr. Brescia, Museo Civico

1 In welcher Hinsicht gleichen die antiken Verhältnisse den heutigen, in welcher nicht?

Übersetzungstest

Wir haben keine Lehrer!

Der Schriftsteller Plinius möchte lieber Lehrer in seiner Heimatstadt Como engagieren als die Kinder zur Ausbildung in eine entfernte Stadt schicken.

Nuper, cum in patria mea fui, venit ad me salutandum amici cuiusdam filius. Hunc ego rogo: „Studesne?" Respondit: „Sic est." –
3 „Ubi?" – „Mediolani¹." – „Cur non hic? Cur domo abisti?" Et pater, qui ipse puerum adduxerat: „Quia nullos hic praeceptores habemus. Quid faciam?" – „Quare nullos? Aequum est liberos vestros potius hic discere
6 quam alibi². Ubi enim aut iucundius viverent quam in patria aut melius educarentur quam sub oculis parentum aut minore sumptu quam domi? Melius est pecuniam colligere et praeceptores conducere.
9 Quaecumque nunc in liberos instituendos alibi impenditis³, adicite his praemiis, quae praeceptores exigunt!
Ego certe, qui nondum liberos habeo, paratus sum pro patria nostra
12 dare tertiam partem eius, quod vos collegeritis. Proinde diligenter deliberate id, quod vobis proposui. Cupio id quam plurimum fore, quod dare debeo. Nihil honestius liberis vestris praestetis, nihil gratius
15 patriae. Quicumque hic nati sunt, hic magistris educandi tradantur. Utinam quam optimos praeceptores afferatis, ut mox multi liberi in nostrum oppidum contendant discendi causa."

¹Mediōlānī *in Mailand*

²alibī *anderswo*

³impendere *bezahlen*

1 Schadenfreude!
Welcher der folgenden Sätze enthält einen Irrealis, Imperativ, Prohibitiv, Potentialis, Deliberativ, Realis oder Optativ?
a) Desiste me ridere! b) Paene cecidi, quia istud saxum non videram.
c) Utinam istud vidissem! d) Sed quid faciam? Nunc pes dolet. e) Iterum: Ne me riseris! f) Tibi idem eveniat. g) Tum ego item gauderem.

2 Lesen bildet!
a) Pauci homines multum temporis in legendo consumunt. b) Legite sententias philosophorum et memoria tenete eas, quas legistis! c) Doleo, quod apud multos libri quidam neglecti iacent. d) Ne dubitaveritis interdum librum utilem legere! e) Constat nullum librum tam malum esse, ut non prosit.

3 Verbinde je ein Substantiv aus a) mit einem passenden Wort aus b) zu einem sinnvollen Ablativus absolutus und übersetze.
a) magistro – porta – castris – Augusto – matre – his rebus – obsidibus – Cicerone – militibus – avo – familiari
b) iubente – occupatis – invita – imperatore – redditis – consule – vivo – conscriptis – nuntiatis – rediente – patente

4 Die folgenden Substantive kannst du leicht erschließen (vgl. Begleitband, S. 212 f.):
a) aeternitas, familiaritas, necessitas, veritas, gravitas, felicitas
b) absentia, adulescentia, inimicitia, pueritia, duritia
c) altitudo, fortitudo, longitudo, pulchritudo
d) actor, cursor, emptor, lector, motor, rector

Ein Vater fragt seinen Sohn die gelernte Lektion ab. Grabrelief eines römischen Knaben aus dem 3. Jh. n. Chr.

Das Zentrum der Stadt Rom im 4. Jahrhundert n. Chr.

1. Tempel der Juno und des Jupiter
2. Theater des Marcellus
3. Forum Holitorium
4. Tempel des Jupiter Maximus
5. Kapitol
6. Tempel der Juno

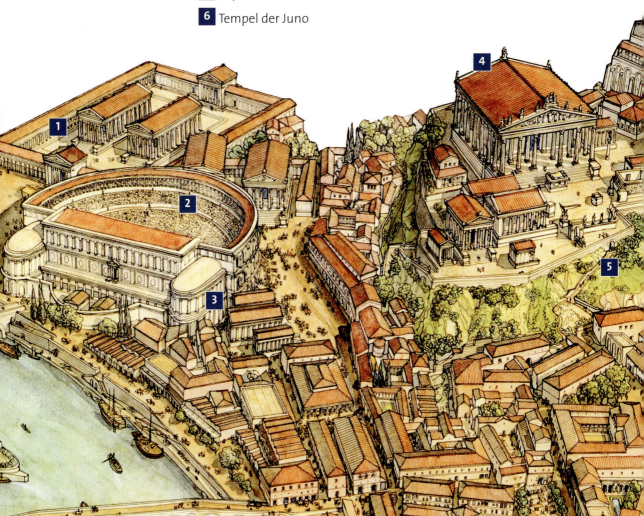

7. Tabularium (Staatsarchiv)
8. Tempel des Vespasian
9. Tempel des Saturn
10. Tempel der Concordia
11. Severus-Bogen
12. Forum Romanum

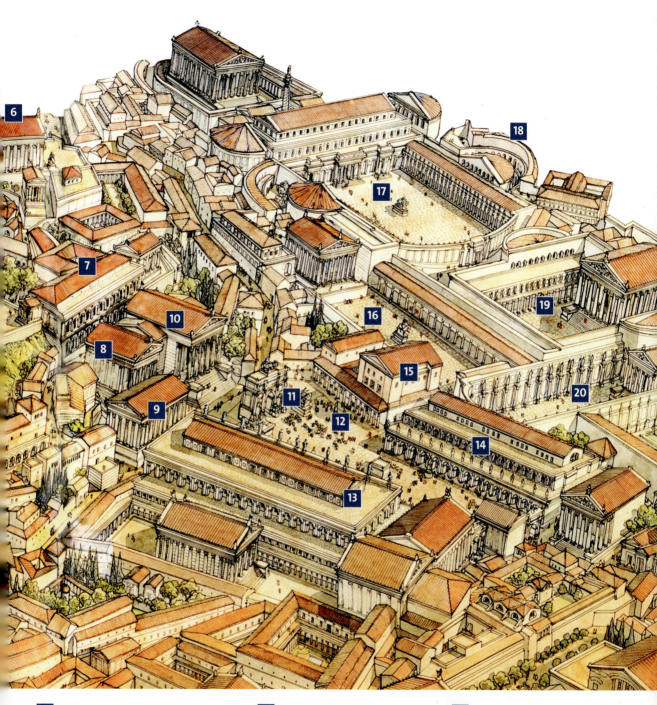

13 Basilica Iulia
14 Basilica Aemilia
15 Kurie
16 Cäsar-Forum
17 Trajan-Forum
18 Trajan-Märkte
19 Augustus-Forum
20 Nerva-Forum

Namenverzeichnis

Aegeus 30	Ägeus, sagenhafter König von Athen, Vater des Theseus
Aenēās, -ae *m* 24	Äneas, der Sage nach der Stammvater der Römer
Aeolus 43	Äolus, Gott der Winde
Aequī, Aequōrum 39	Äquer, den Römern benachbarter Volksstamm, 304 v. Chr. von den Römern unterworfen
Aesōpus W9	Äsop, griechischer Fabeldichter
Aetna (mōns) 64	Ätna, Vulkan an der Ostküste Siziliens
Āfrica 17, 42	Afrika, röm. Name für den Norden des heutigen Erdteils
Agrippīna 52	Agrippina, Frau des Kaisers Claudius, Mutter Neros
Alba Longa 25	Alba Longa, die älteste latinische Stadt, die von Askanius, dem Sohn des Äneas, am Westhang des Albanergebirges gegründet wurde
Albānus, a, um 14	ager Albanus, das Albanerland in der Nähe von Rom (mons Albanus oder montes Albani: das Albanergebirge)
Alexander Magnus, Alexandrī Magnī 45, 68	Alexander der Große (356–323 v. Chr.), König von Makedonien
Alpēs, Alpium *f* 42	Alpen
Alphēus 28	Alpheus, Fluss in Griechenland
Amūlius 25	Amulius, König von Alba Longa und Bruder des Numitor; er wurde von Romulus und Remus getötet.
Anchīsēs, -ae *m* 24	Anchises, Vater des Äneas
Anicētus W11	Anicetus, Freigelassener Neros, Präfekt der Flotte bei Misenum, Helfer beim Mord an Agrippina
Antigona 58	Antigone, Tochter des Ödipus; sie widersetzte sich dem Verbot ihres Onkels Kreon, den Leichnam ihres Bruders Polyneikes zu bestatten, und musste dafür mit dem Leben bezahlen.
Apennīnus W8	Apennin, Gebirgskette in Italien
Apollō, -inis *m* 24	Apollo, Sohn des Jupiter und der Latona, Bruder der Diana; er galt als Gott der Weissagung, der Heilkunst, der Wissenschaften und Künste.
Apollodōrus W10	Apollodor, Diener der Kleopatra
Apollō Grannus W7	Apollo Grannus, keltisch-römischer Heilgott; ihm war ein Tempel in Faimingen (Bayern) geweiht.
Aquītānī, -ōrum 65	die Aquitanier, ein iberischer Stamm
Āpulia 42	Apulien, Landschaft in Unteritalien
Arēopagus W15	Areopag, der Areshügel in Athen, auf dem der gleichnamige oberste Gerichtshof tagte
Ariadna 30	Ariadne, Tochter des Königs Minos; sie half Theseus, den Minotaurus zu töten.
Arīōn, Arīonis *m* W9	Arion, griechischer Zitherspieler, der von einem Delfin gerettet wurde
Ascanius 25	Askanius, Sohn des Äneas
Asia 68	Kleinasien (heutige Türkei); seit 129 v. Chr. römische Provinz
Athēnae, -ārum 30, 44	Athen
Athēniēnsis, Athēniēnsis 30	Athener, Einwohner der griechischen Stadt Athen
Atticus, a, um 58	attisch, athenisch
Augīās, Augīae *m* 28	Augias, mythischer König, dessen Rinderstall Herkules an einem Tag ausmistete
Augustus 49	Augustus, erster röm. Kaiser (63 v. Chr.–14 n. Chr.)
Aventīnus 26	Aventin, einer der sieben Hügel Roms; der Sage nach hat Remus auf dem Aventin den Vogelflug beobachtet, um zu ermitteln, wer der neu gegründeten Stadt den Namen geben sollte.
Bacchus, Bacchī	Bacchus, Gott des Weines und der Fruchtbarkeit (griech. **Dionysos**)

Namenverzeichnis

Baleārēs, Baleārium W8	Balearen, Inselgruppe im Mittelmeer
Belgae, -ārum 65	die Belgier, germanisch-keltische Völkerschaft im nordwestlichen Gallien und heutigen Belgien
Biriciāna 35	Biriciana, antiker Name für Weißenburg in Bayern
Britannia 65	Britannien, England mit Wales und Schottland; Cäsar versuchte, B. zu erobern. Erst unter Kaiser Claudius wurde das südliche B. von den Römern besetzt und zur Provinz erklärt.
Britannī, -ōrum 66	Britannier, Einwohner Britanniens
Brūtus 48	Marcus Junius Brutus, Freund Cäsars und später Anführer der Verschwörer, die Cäsar 44 v. Chr. ermordeten
Caesar, Caesaris 47	Gaius Iulius Cäsar, römischer Politiker, Heerführer und Schriftsteller (100 – 44 v. Chr.)
Caligula 52	Caligula, Beiname des römischen Kaisers Gaius (37–41 n. Chr.)
Calpurnia 48	Calpurnia, vierte Frau Cäsars
Cambodūnum 36	Cambodunum, antiker Name für Kempten (Allgäu, Bayern)
Campānia 18	Kampanien, Landschaft in Mittelitalien mit ihrer Hauptstadt Capua; der Vesuv und die Städte Pompeji, Herkulaneum und Stabiä liegen in Kampanien.
Cannae, Cannārum 42	Cannä, Ort in Apulien, wo Hannibal 216 v. Chr. die Römer vernichtend schlug
Capitōlium 10	Kapitol, der bedeutendste der sieben Hügel Roms mit einer Befestigungsanlage und den Tempeln des Jupiter, der Juno und der Minerva.
Caracalla 35	Caracalla, röm. Kaiser (198 – 217 n. Chr.)
Carolus Magnus 62	Karl der Große, Begründer des karolingischen Reiches, das große Teile Mitteleuropas umfasste; K. wurde 800 n. Chr. Kaiser.
Carthāginiēnsis, Carthāginiēnse 41	karthagisch; Karthager, Einwohner der nordafrikanischen Stadt Karthago
Carthāgō, Carthāginis f 41	Karthago, Stadt in Nordafrika
Catō, Catōnis W8, 73	M. Porcius Cato Censorius, röm. Staatsmann und Schriftsteller (234 –149 v. Chr.)
Celtae, -ārum 65	die Kelten, v. a. die Völkerschaften des mittleren und südlichen Galliens
Charaxus 67	Charaxos, Bruder der Dichterin Sappho
Chrīstiānus, a, um W7, 53	christlich; der Christ
Cicerō, -ōnis W4, 69	M. Tullius Cicero, röm. Politiker und Schriftsteller (106 – 43 v. Chr.); er bekleidete höchste Staatsämter; während seines Konsulats 63 v. Chr. kam es zur Catilinarischen Verschwörung, die von ihm aufgedeckt und vereitelt wurde. Als Anwalt und Politiker hielt er zahlreiche bedeutsame Reden, die erhalten sind. Zudem stellte er durch mehrere Schriften die röm. Beredsamkeit auf ein breites theoretisches Fundament und vermittelte den Römern durch seine philosophischen Schriften die griech. Philosophie. Das Latein Ciceros gilt als Höhepunkt der klassischen röm. Kunstprosa. Als Befürworter der alten röm. Republik geriet Cicero in Konflikt mit Cäsar und Marcus Antonius; auf Betreiben des Letzteren wurde Cicero ermordet.
Cinna m 48	Lucius Cornelius Cinna, römischer Politiker und Gegner des Sulla (um 130 – 84 v. Chr.)
Cincinnātus 39	Lucius Quinctius Cincinnatus, Diktator 458 v. Chr.; er rettete Rom, als die Stadt im Krieg gegen den benachbarten Volksstamm der Äquer in eine fast ausweglose Situation geraten war.
Claudius 52	Claudius, röm. Kaiser (41–54 n. Chr.)
Cleopatra W10	Kleopatra, ägyptische Königin (69 – 30 v. Chr.); mit Cäsars Hilfe sicherte sie sich die Herrschaft über Ägypten und wurde seine Geliebte. Nach Cäsars Tod heiratete sie Marcus Antonius; die beiden gerieten in Konflikt mit Augustus und starben im Krieg gegen ihn.
Cōnstantīnus 60	Konstantin der Große, römischer Kaiser (ca. 280–337 n. Chr.), Gründer von Konstantinopel
Cornēlia 48	Cornelia, Tochter des römischen Politikers Cinna und seit ca. 85 v. Chr. erste Frau Cäsars; sie starb 68 v. Chr.

Namenverzeichnis

Crēta 30	Kreta, Insel im Mittelmeer; auf ihr herrschte der sagenhafte König Minos.
Creōn, -ontis *m* 58	Kreon, Bruder des Ödipus, Onkel der Antigone und der Ismene; er ließ Antigone töten, die sich seinem Befehl widersetzt hatte, den toten Polyneikes unbestattet zu lassen.
Critognātus 65	Critognatus, vornehmer Gallier, Verteidiger Alesias bei der Belagerung durch Cäsars Truppen
Croesus 8	Krösus, der letzte König der Lyder im 6. Jh. (561–546 v. Chr.); er galt als der reichste Mann der Welt. Sein Reichtum war bei den Griechen sprichwörtlich.
Cyclōpēs, -um *m Pl.* W9, 32	Kyklopen, einäugige wilde Riesen auf der Insel Sizilien; der bekannteste von ihnen, Polyphem, wurde von Odysseus durch eine List geblendet.
Cynicus 45	Kyniker, Angehöriger der philosophischen Richtung der Kyniker
Daedalus 31	Dädalus, sagenhafter griechischer Baumeister und Künstler, Vater des Ikarus
Dāmoclēs, Dāmoclis 46	Damokles, Gast des Dionysios I.
Delphī, -ōrum 27	Delphi, Stadt in Griechenland, eine der wichtigsten Orakelstätten Griechenlands; hier wurde der Gott Apollo kultisch verehrt, der durch seine Priesterin, die Pythia, Weissagungen erteilte.
Delphicus, a, um 27	zu Delphi gehörend, delphisch
Dēmosthenēs, -is *m* 54	Demosthenes, berühmter athenischer Staatsmann und Redner (384–322 v. Chr.)
Desidērius 62	Desiderius, König der Langobarden
Dioclētiānus 60	Diokletian, röm. Kaiser (284–305 n. Chr.)
Diogenēs, Diogenis *m* 45	Diogenes (von Sinope), griech. Philosoph, Begründer der kynischen Philosophie (412 / 403 – 324 / 321 v. Chr.); er hauste in einem Vorratsgefäß (Fass) und trat für ein äußerst einfaches Leben der Menschen ein.
Dionȳsius 46	Dionysios I., von 405–367 v. Chr. Tyrann der Stadt Syrakus auf Sizilien
Druidēs, Druidum W7	Druiden, Priester der Kelten
domus aurea 53	Domus aurea, der „goldene Palast" des Kaisers Nero
Erasmus 70	Erasmus von Rotterdam (1466–1536), einer der bedeutendsten Vertreter des europäischen Humanismus, der die antike Literatur und Kultur der Griechen und Römer wieder aufleben ließ und den allseitig gebildeten Menschen zu verwirklichen suchte
Eurōpa 29	Europa, Tochter des Königs von Phönizien; sie wurde von Zeus / Jupiter, der sich in einen Stier verwandelte, wegen ihrer Schönheit entführt.
Eurōpa 68	Europa, Erdteil, benannt nach der von Zeus entführten phönikischen Königstochter
Eurystheus *m* 28	Eurystheus, König von Mykene, der dem Herkules die zwölf Arbeiten auferlegte
Eurydicē 34	Eurydike, Gattin des Orpheus
Faustulus 25	Faustulus, Hirte des Königs Amulius; er rettete die ausgesetzten Brüder Romulus und Remus.
Fortūna	Fortuna, Göttin des Schicksals mit bedeutenden Kultstätten; in Rom gab es einen Tempel der **Fortuna publica populi Romani**.
forum Rōmānum 1	Forum Romanum, Talsenke zwischen den Hügeln Kapitol, Palatin und Esquilin; nach seiner Entwässerung wurde das Forum Romanum zum Mittelpunkt Roms mit zahlreichen öffentlichen Bauwerken und Tempeln.
Francī, -ōrum 62	Volksstamm der Franken
Gallia 65	Gallien
Gallus 40	Gallier, Angehöriger des Volkes der Kelten
Gellius W16	Aulus Gellius (geb. etwa 130 n. Chr.), Verfasser eines Werkes, das sich mit vielen verschiedenen Themen befasst („Noctes Atticae"): Sprachwissenschaft, Philosophie, Recht, Rhetorik u.v. m.
Gemellus W11	Gemellus, Enkel des Tiberius, von Caligula ermordet
gēns Tullia 69	Geschlecht der Tullier, dem Cicero entstammte
Germānia 64	Germanien

Namenverzeichnis

Germānus W6, 64	Germane, Einwohner von Germanien
Germānicus, a, um 64	germanisch
Gordiānus 59	Gordianus, röm. Kaiser (238–244 n. Chr.)
Graecī, -ōrum 24	Griechen, Einwohner von Griechenland
Graecia 17	Griechenland
Graecus, a, um 24	griechisch
Hadriānus W14, 62	1. Hadrian, röm. Kaiser (117–138 n. Chr.) 2. Hadrian, Bischof von Rom und Papst von 772–795 n. Chr.
Hamilcar, Hamilcaris 41	Hamilkar, Vater Hannibals
Hannibal, Hannibalis 41	Hannibal, Feldherr der Karthager (247–183 v. Chr.), erbitterter Gegner der Römer; im 2. Punischen Krieg (Krieg der Karthager gegen die Römer, 218–201 v. Chr.) war Hannibal der Anführer der karthagischen Soldaten, mit denen er die Alpen überquerte. Er tötete sich 183 v. Chr durch Gift.
Helvētiī, -ōrum 65	die Helvetier, keltisches Volk in der heutigen Schweiz
Hērā 44	Hera (lat. **Iuno**), griechische Göttin, Frau des Zeus (lat. **Iuppiter**)
Herculēs, -is 28	Herkules, lateinischer Name für Herakles, den berühmtesten griechischen Helden, der im Dienst seines Vetters Eurystheus zwölf Arbeiten verrichten musste
Hibernia 66	Irland
Hispānia 17, 41	Spanien, Pyrenäenhalbinsel, seit 197 v. Chr. röm. Provinz
Homērus W9	Homer, ältester und berühmtester griechischer Dichter (8. Jh.), Verfasser der „Ilias" und der „Odyssee"
Hydra 28	Hydra, vielköpfige Schlange, die von Herkules in der zweiten Tat besiegt wurde
Īcarus 31	Ikarus, Sohn des Dädalus; er kam im Fluge der Sonne zu nahe, weshalb seine Flügel zerfielen und er abstürzte.
Italia 17	Italien
Iūlia 51	Julia, einzige Tochter des Augustus; sie lebte von 39 v. Chr.–14 n. Chr.
Iūnō, Iūnōnis f 44	Juno (griech. **Hērā**), Göttin, Frau Jupiters
Iuppiter, Iovis 10	Jupiter, röm. Gott, entspricht dem griechischen Zeus; er war der höchste Gott und wurde in Rom als **Iuppiter Optimus Maximus** verehrt.
Iuvenal, -lis 73	Juvenal (ca. 60–140 n. Chr.), röm. Satirendichter
Lāius 57	Lajos, König von Theben, Vater des Ödipus; er wurde von seinem Sohn, der ihn nicht erkannt hatte, erschlagen.
Langobardī, -ōrum 62	die Langobarden, ein germanisches Volk skandinavischer Herkunft
Lāocoōn, Lāocoontis m 24	Laokoon, Priester aus Troja, der seine Mitbürger vergeblich vor dem hölzernen Pferd warnte
Lārentia 25	Larentia, Ehefrau des Hirten Faustulus; sie zog Romulus und Remus groß
Leō 62	Leo III., Papst von 795–816 n. Chr.
librī Sibyllīnī 60	die sibyllinischen Bücher
līmes, līmitis	Limes, römische Grenzbefestigungsanlage, die das freie Germanien von den römisch besetzten Gebiete trennte
Līvia 50	Livia, Ehefrau des Augustus
Līvius 26	Livius, röm. Geschichtsschreiber (59 v. Chr.–17 n. Chr.); er schrieb eine röm. Geschichte von der Gründung der Stadt an (**Ab urbe condita**).
Lȳdia 68	Lydien, Landschaft in Kleinasien, der heutigen Türkei
Macedonia W15	Makedonien, Landschaft in Griechenland nördlich von Thessalien
Magna Graecia 44	Großgriechenland, von den Griechen besiedeltes Gebiet in Unteritalien
Manlius 40	Marcus Manlius, röm. Konsul 392 v. Chr.; er rettete 387 v. Chr., gewarnt durch die kapitolinischen Gänse, das Kapitol vor den heranstürmenden Galliern.
mare Tyrrhēnum 43	tyrrhenisches (etruskisches) Meer, westlich von Italien

Mārs, Mārtis 25	Mars, röm. Gott des Krieges
Mausoleum 60	Mausoleum, Grabmal des persischen Herrschers Mausolos (377–353 v. Chr.), das ihm seine Frau nach seinem Tod bauen ließ
Maxentius 60	Maxentius, röm. Kaiser (306–312 n. Chr.)
Maximinus 59	Maximinus Thrax, röm. Kaiser (235–238 n. Chr.)
Menēnius Agrippa 38	Menenius Agrippa, 503 v. Chr. römischer Konsul; er erreichte 494 v. Chr. mit Hilfe der Geschichte vom Magen und den Gliedern, dass die Plebejer wieder nach Rom zurückkehrten.
Mercurius 27	Merkur, röm. Gott der Diebe, der Handeltreibenden und der Reisenden; er galt auch als Bote der Götter und Begleiter der Seelen in die Unterwelt.
Messalīna 52	Messalina, Frau des Kaisers Claudius
Minerva 10	Minerva, röm. Göttin der Weisheit, entspricht der griechischen Athene
Mīnōs, Mīnōis m 30	Minos, König von Kreta und Vater der Ariadne, Erbauer des Labyrinths, in dem sich der Minotaurus aufhielt
Mīnōtaurus 30	Minotaurus, Menschen fressendes Ungeheuer auf Kreta, von Theseus mit Hilfe der Ariadne besiegt
Mōns sacer 38	der heilige Berg, nordöstlich von Rom; an diesen Ort zogen die Plebejer im Jahre 494 v. Chr., um ihre politischen Rechte durchzusetzen; sie wurden von Menenius Agrippa geschickt dazu überredet, wieder zurückzukehren.
Mūsae, -ārum 27, 67	Musen, neun Töchter des Zeus, Göttinnen der Künste und Wissenschaften
Neāpolis, Neāpolis f 44	Neapel, von den Griechen um 600 v. Chr. gegründete Stadt in Süditalien
Neptūnus 33	Neptun (griech. Poseidōn), Gott des Meeres
Nerō, Nerōnis W10	Nero, römischer Kaiser (37–68 n. Chr.), letzter Kaiser aus dem Julisch-Claudischen Kaiserhaus
Numitor, -ōris 25	Numitor, Großvater von Romulus und Remus, König von Alba Longa, von seinem Bruder Amulius gestürzt
Octāviānus 49	Oktavian, früherer Name des Augustus (bis 27 v. Chr.)
Oedipus 57	Ödipus, sagenhafter Herrscher der griech. Stadt Theben; Vater von Eteokles, Polyneikes, Antigone und Ismene; er löste das Rätsel der Sphinx; tötete in Unwissenheit seinen Vater Lajos und heiratete seine Mutter Jokaste. Als seine Taten ans Licht kamen, stach sich Ödipus die Augen aus und wanderte von da an als Ausgestoßener umher.
Olympia 54	Olympia, ein dem Zeus heiliger Bezirk in Elis auf der Peloponnes; seit 776 v. Chr. wurden dort alle vier Jahre die Olympischen Spiele gefeiert.
Olympius, a, um 54	olympisch
Olympus 27	Olymp, Berg in Nordgriechenland, Götterberg
Orpheus 34	Orpheus, sagenhafter thrakischer Sänger, dessen Gesang Wunder wirkte; er war der Ehemann der Eurydike, die er nach ihrem Tod aus der Unterwelt zurückzuholen versuchte.
Ōstia 43	Ostia, Hafenstadt Roms an der Tibermündung
Paestum 44	Pästum, von den Griechen im 7. Jh. v. Chr. gegründete Stadt in Unteritalien
Palātium 26	Palatin, einer der sieben Hügel Roms, der älteste bewohnte Teil der Stadt
Papīa 61	Pavia, Stadt in Oberitalien
patriciī, -ōrum 38	Patrizier, die adeligen und reichen Familien Roms
Paulus W15	Paulus, Sohn einer vermögenden jüdischen Familie. Er wurde durch ein Bekehrungserlebnis vom Christenverfolger zum glühenden Anhänger und Missionar der neuen Lehre. Als „Heidenapostel" trug er durch seine Missionsreisen entscheidend zur Verbreitung des christlichen Glaubens bei; an die christlichen Urgemeinden verfasste er zahlreiche Briefe, die Bestandteil des Neuen Testamentes sind. Der Überlieferung nach wurde Paulus während der Christenverfolgung Neros verhaftet und um 66 n. Chr. in Rom enthauptet.
Persis, -idis f 68	Persien

Namenverzeichnis

Perusia 49	Perusia, heute Perugia, Stadt in Mittelitalien
Petrus 62	Petrus (gest. 64 n. Chr.), einer der 12 Apostel, erster Bischof von Rom
Pīsistratus W12	Peisistratos, Tyrann von Athen (560–527 v. Chr.)
Platō, -ōnis 67	Platon, berühmter griechischer Philosoph
plēbēiī, -ōrum 38	Plebejer, die nicht-adeligen Familien Roms, die sich erst nach der Gründung der Stadt in Rom ansiedelten und lange unter der Vorherrschaft der Patrizier standen
Plīnius 19	1. Plinius der Ältere (23–79 n. Chr.), röm. Offizier und Verwaltungsbeamter, Wissenschaftler und Forscher 2. Plinius der Jüngere (62–ca.114 n. Chr.), Neffe von 1., Anwalt und Staatsbeamter, bekannt durch seine „Briefe"
Plūtō, -ōnis 34	Pluto, König der Unterwelt
Polybus 57	Polybos, König von Korinth; er und seine Frau Merope zogen den ausgesetzten Ödipus auf.
Polynīcēs, -is 58	Polyneikes, Sohn des Ödipus, Bruder der Antigone; er und sein Bruder Eteokles brachten sich im Kampf um die Herrschaft über Theben gegenseitig um.
Polyphēmus 32	Polyphem, Sohn des Neptun; Odysseus / Ulixes blendete den einäugigen Kyklopen Polyphem mit einer List und zog sich deshalb den Zorn Neptuns zu.
Pompēī, -ōrum 21	Pompeji, die im Jahre 79 n. Chr. während des Vesuvausbruchs verschüttete und heute zum Teil wieder ausgegrabene Stadt bei Neapel
Pompēiānī, -ōrum 23	Pompejaner, Einwohner von Pompeji
Pompēiānus, a, um 23	pompejanisch
Cn. Pompēius	Gnäus Pompejus Magnus, römischer Feldherr und Politiker (106–48 v. Chr.), zunächst Freund und Schwiegersohn Cäsars, dann aber sein Gegner; Pompejus starb während des Krieges gegen Cäsar in Ägypten.
Pompōnianus 19	Pomponianus, Freund von Plinius dem Älteren
Poseidōn 32	Poseidon (lat. Neptūnus), Gott des Meeres
Posīdōnia 44	Posidonia, älterer Name von Pästum
Promētheus	Prometheus, Titan (Urgott); er stahl den olympischen Göttern das Feuer und brachte es den Menschen. Dafür wurde er von Zeus grausam bestraft.
Prōserpina 34	Proserpina, Königin der Unterwelt
Pȳrenaeī (montēs) W8	Pyrenäen, Gebirge zwischen Spanien und Frankreich
Pȳthia 27	Pythia, Priesterin des Apollo in Delphi, verkündete die Orakelsprüche
Pȳthōn, -ōnis 27	Python, von Apollo in Delphi getöteter Drache
Pȳthagorās, -ae m	Pythagoras, griechischer Philosoph (um 550 v. Chr.), der nach ausgedehnten Reisen in Ägypten und Griechenland in Unteritalien (Kroton) blieb und dort die nach ihm benannte Philosophenschule der Pythagoreer begründete
Quīntiliānus 72	M. Fabius Quintilianus (etwa 35–95 n. Chr.), erster staatlich besoldeter Professor für Rhetorik und Verfasser eines bedeutenden Werkes über die „Ausbildung des Redners" (Institutio oratoria).
Raetia 35	Rätien, römische Provinz; zum Großteil auf dem Territorium des heutigen Bayern (südlich der Donau und westlich des Inns)
Rēa (Rhea) Silvia 25	Vestalin, Mutter des Romulus und Remus
Rēctīna 19	Rectina, Frau eines Freundes von Plinius d. Ä.
Remus 25	Remus, Zwillingsbruder des Romulus
Rhēnus 64	Rhein
Rhodus 47	Rhodos, griechische Insel; auf Rhodos unterrichteten in der Antike berühmte Professoren, weshalb sich viele junge Männer dorthin aufmachten um zu studieren.
Roma 1	Rom, der Sage nach im Jahre 753 v. Chr. von Romulus gegründet; die älteste Siedlung befand sich auf dem Palatin, einem der sieben Hügel der Stadt.
Rōmānus (a, um) 4, 17	Römer; römisch

Rōmulus 25	Romulus, Gründer der Stadt Rom, Sohn der Rea Silvia und des Gottes Mars; er wurde auf dem Tiber zusammen mit Remus, seinem Zwillingsbruder, in einem Kasten ausgesetzt, von einer Wölfin gesäugt und von dem Hirten Faustulus und seiner Frau Larentia aufgezogen.
Rōmulus Augustulus 61	Romulus Augustulus, letzter Kaiser des weströmischen Reiches (475 / 76 n. Chr.)
Saguntum W8	Sagunt, Stadt in Spanien südlich des Ebro und nördlich von Valencia
Sapphō, -ūs *f* 67	Sappho, Dichterin der Griechen von der Insel Lesbos (um 600 v. Chr.)
Scīpiō, -ōnis *m* 42	Publius Cornelius Scipio (235–183 v. Chr.); er besiegte im 2. Punischen Krieg (Krieg der Karthager gegen die Römer) Hannibal. Für diesen Sieg erhielt er den ehrenden Beinamen Africanus.
Seiānus 51	Sejan, Vorgesetzter der kaiserlichen Leibwache und Vertrauter des Tiberius
Seneca, -ae *m* 52	L. Annaeus Seneca, röm. Schriftsteller, Politiker und stoischer Philosoph (4 v. Chr.–65 n. Chr.); Agrippina machte ihn zum Erzieher ihres Sohnes Nero. Seneca blieb auch nach dessen Thronbesteigung sein Berater; nachdem er seinen politischen Einfluss verloren und sich an einer Verschwörung gegen Nero beteiligt hatte, musste er auf Befehl des Kaisers Selbstmord begehen.
Sicilia 44	Sizilien, die größte und wichtigste Insel des Mittelmeeres
Sisyphus W6	Sisyphus, König von Korinth; wegen eines Frevels musste er in der Unterwelt bis in alle Ewigkeit einen Stein den Berg hinaufwälzen, der nach vollbrachter Tat immer wieder herunterrollte.
Sōcratēs, -is *m* 55	Sokrates, berühmter athenischer Philosoph (470–399 v. Chr.), der von den Athenern zu Unrecht wegen Gotteslästerung und Verführung der Jugend angeklagt und hingerichtet wurde. Als Philosoph beschäftigte er sich mit Frage nach der sittlichen Vervollkommnung des Menschen.
Solōn, -ōnis *m* 54	Solon, Politiker, der den Athenern Gesetze gab, durch die er die erste Demokratie der Menschheitsgeschichte schuf; einer der sog. sieben Weisen; er starb 559 v. Chr. auf der Insel Zypern.
Spurinna *m* 48	Spurinna, römischer haruspex, der Cäsar vor dem Attentat 44 v. Chr. warnte
Stabiae, -ārum 19	Stabiä, Badeort am Golf von Neapel, beim Ausbruch des Vesuvs 79 n. Chr. verschüttet
Subūra 9	Stadtviertel mit Lebensmittelmarkt, Buden und Kneipen, in dem die ärmeren Schichten Roms lebten
Syrācūsae, Syrācūsārum W9	Syrakus, von den Griechen um 734 v. Chr. gegründete Stadt auf Sizilien
Syrācūsānī, -ōrum 46	Syrakusaner, Einwohner von Syrakus
Syria 68	Syrien, Landschaft in Asien zwischen Kilikien und Palästina
Tacitus 66	L. Cornelius Tacitus, römischer Historiker (etwa 55–120 n. Chr.), Verfasser einer Schrift über die Germanen (Germania), der **Annalen** und der **Historien**, einer Geschichte Roms der Jahre 14–96 n. Chr., und des **Dialogus de oratoribus**, eines Dialogs, in dem er über die Ursachen des Niedergangs der römischen Beredsamkeit reflektiert.
Tarquinius Superbus 38	Tarquinius Superbus, letzter etruskischer König in Rom, von Brutus vertrieben
Tartarus 34	Tartarus; das Totenreich
Thēbae, -ārum 57	Theben, Hauptstadt Böotiens
Thēseus *m* 30	Theseus, griechischer Held; er befreite Athen von der Herrschaft des Minos, indem er mit Hilfe der Ariadne den Minotaurus tötete.
Tiberis, -is *m* 25	Tiber, Hauptfluss in Mittelitalien; er fließt durch Rom und mündet bei Ostia ins Meer.
Tiberius 51	Tiberius, röm. Kaiser (14–37 n. Chr.), Stiefsohn des Kaisers Augustus; er eroberte als röm. Feldherr u. a. das Gebiet südlich der Donau, das heutige Südbayern, und Teile Nordgermaniens.
Tillius Cimber 48	Tillius Cimber, einer der Verschwörer gegen Cäsar
Torquatus 35	T. Manlius Torquatus, vornehmer Römer und Konsul im 4. Jh. v. Chr.

Namenverzeichnis

Trōia 24	Troja, Stadt an der Nordwestküste Kleinasiens, Schauplatz des Trojanischen Krieges, den die Griechen mit der Zerstörung der Stadt nach zehn Jahren Belagerung beendeten
Trōiānus, a, um 24	Trojaner, Einwohner von Troja
Ulixēs, Ulixis 32	Ulixes, lateinischer Name für Odysseus, der das trojan. Pferd bauen ließ
Venus, -eris 24	Venus, Göttin der Liebe und Stammmutter der Römer, Mutter des Äneas
Vesta 7	Vesta, Göttin des Herdes und des Herdfeuers mit einem Altar in einem Rundtempel auf dem Forum Romanum
Vestālis, -is *f* 7	Vestalin; sechs zur Ehelosigkeit und Keuschheit verpflichtete Priesterinnen der Vesta hatten für die ständige Unterhaltung des heiligen Herdfeuers zu sorgen. Sie genossen hohes Ansehen und hatten besondere Rechte.
Vesuvius (mōns) 18	Vesuv, 1270 m hoher Vulkan, der bei seinem Ausbruch 79 n. Chr. die Städte Pompeji, Herkulaneum und Stabiä verschüttete
via Appia 12	Via Appia, Straße von Rom nach Capua in Kampanien, verlängert bis Brundisium (Brindisi), später benannt nach ihrem Erbauer Appius Claudius im Jahr 312 v. Chr.
Vercingetorīx, -īgis W14	Vercingetorix, Führer des Gallieraufstandes 52 v. Chr., bei Alesia besiegt, von Cäsar im Triumph vorgeführt und 46 v. Chr. hingerichtet

Eingeklammerte Perfektformen wurden im Zusammenhang mit den Wortfamilien gelernt (S. 189 im Begleitband).

ā/ab *m. Abl.* von, von ... her 6
abdūcere, abdūcō, abdūxī (abductum) wegführen 24
abesse, absum *(ā m. Abl.)* abwesend sein (von), fehlen 17
    nōn multum abest, quīn es fehlt nicht viel, dass 71
abīre, abeō, abiī, abitum weggehen 39
ac/atque und, und auch; *(im Vergleich)* wie, als 24, 72
accēdere, accēdō, accessī herbeikommen, hinzukommen 3, 19
    ad rem pūblicam accēdere sich dem Staatsdienst widmen 35
accendere, accendō, accendī, accēnsum anfeuern, anzünden 66
accipere, accipiō, accēpī, acceptum erhalten, annehmen, erfahren 38
accūsāre anklagen, beschuldigen 52
ācer, ācris, ācre energisch, heftig, scharf 26
acerbus, a, um bitter, grausam, rücksichtslos 15
aciēs, aciēī *f* Schlachtordnung, Schlacht 60
āctiō, āctiōnis *f* Tätigkeit, Gerichtsverhandlung, Rede 22
ad *m. Akk.* an, bei, nach, zu 6
    ad rem pūblicam accēdere sich dem Staatsdienst widmen 35
    ad rem pūblicam admittere zur Leitung des Staates hinzuziehen 38
addere, addō, addidī, additum hinzufügen 61
addūcere, addūcō, addūxī, adductum heranführen, veranlassen 33
adeō *Adv.* so sehr 34
adesse, adsum, adfuī da sein; helfen 2, 21
adhūc *Adv.* bis jetzt, noch 6
adicere, adiciō, adiēcī, adiectum hinzufügen 55
adīre, adeō, adiī, aditum *(m. Akk.)* herantreten (an), bitten 39
    ōrāculum adīre die Orakelstätte aufsuchen, sich an das Orakel wenden 54
aditus, aditūs *m* Zugang 32
adiungere, adiungō, adiūnxī, adiūnctum hinzufügen, anschließen 51
admittere, admittō, admīsī, admissum hinzuziehen, zulassen 38
    ad rem pūblicam admittere zur Leitung des Staates hinzuziehen 38
adulēscēns, adulēscentis *m* junger Mann; jung 25
adventus, adventūs *m* Ankunft 59
adversārius Gegner 56
adversus, a, um entgegengesetzt, feindlich 27
    rēs adversae *f Pl.* Unglück 28
aedificāre bauen 5
aedificium Gebäude 12
aedis, aedis *f* Tempel; *Pl.* Haus 36
aequus, a, um eben, gerecht, gleich 61
āēr, āeris *m* Luft 31
aestās, aestātis *f* Sommer 54
aestimāre einschätzen, beurteilen 38
    magnī aestimāre hoch (ein)schätzen 38
    parvī aestimāre gering (ein)schätzen 38
    plūris aestimāre höher einschätzen, für wichtiger halten 45
aestus, aestūs *m* Hitze 28
aetās, aetātis *f* Lebensalter, Zeitalter, Zeit 49
aeternus, a, um ewig 58
afferre, afferō, attulī, allātum bringen, herbeibringen, mitbringen; melden 62
afficere, afficiō, affēcī, affectum *m. Abl.* versehen mit 23, 39
    honōre afficī geehrt werden, Ehre erlangen 37
    poenā afficere bestrafen 23
    timōre afficī in Furcht geraten, Angst bekommen 39
ager, agrī *m* Acker, Feld, Gebiet 13
agere, agō, ēgī, āctum handeln, treiben, verhandeln 6, 27, 55
    causam agere einen Prozess führen 69
    dē pretiō agere über den Preis verhandeln 6
    fābulam agere ein Theaterstück spielen 22
    grātiās agere danken 10
    negōtia agere (seinen) Geschäften nachgehen 6
    vītam agere sein Leben verbringen / führen 16
aggredī, aggredior, aggressus sum angreifen, herangehen 68
agitāre (be)treiben, überlegen 16
agmen, agminis *n* Heereszug, Zug 35
āit behauptet(e) er, sagt(e) er 28
āla Flügel 31
alere, alō, aluī ernähren, großziehen 16, 26
aliī ... aliī die einen ... die anderen 15
aliquandō *Adv.* irgendwann, einmal 57

aliquī, aliqua, aliquod *Adj.* irgendein 42
   aliquā ex causā aus irgendeinem Grund 42
aliquis, aliquid *Subst.* irgendjemand, irgendetwas 42
   aliquid honōris irgendeine Ehre 69
aliter *Adv.* anders; sonst 31
alius, alia, aliud *(Gen.* alterīus, *Dat.* alterī*)* ein anderer 15
alter, altera, alterum *(Gen.* alterīus, *Dat.* alterī*)* der eine / der andere (von zweien) 30
altus, a, um hoch, tief 32
amāre lieben 5
ambō, ambae, ambō beide (zusammen) 29
ambulāre spazierengehen 34
amīca Freundin 2
amīcitia Freundschaft 42
amīcus Freund 2
āmittere, āmittō, āmīsī (āmissum) aufgeben, verlieren 29
amor, amōris *m* Liebe 24
amphitheātrum Amphitheater 21
amplus, a, um groß, weit, bedeutend 32
an *im Fragesatz* oder (etwa) 22
an *im indir. Fragesatz* ob (nicht) 71
   haud sciō, an ich weiß nicht, ob nicht; vielleicht 71
ancora Anker 43
   ancoram tollere den Anker lichten 43
angustus, a, um eng, schwierig 18
animadvertere, animadvertō, animadvertī, animadversum *m. AcI / Akk.* bemerken 40
   animadvertere in *m. Akk.* vorgehen gegen 47
animal, animālis *n* Lebewesen, Tier 27
animus Geist, Gesinnung, Mut 19
   animum *(m. Gen.)* cōnfirmāre (jmd.) ermutigen 30
   animum/animōs *(m. Gen.)* convertere (jmds.) Einstellung ändern 57
   animum dēmittere den Mut verlieren 29
   bonō animō esse guten Mutes sein, zuversichtlich sein 47
annus Jahr 16
   puer novem annōrum ein neunjähriger Junge 41
ante *m. Akk.* vor 29
anteā *Adv.* vorher, früher 44
antīquus, a, um alt, altertümlich 14
aperīre, aperiō, aperuī, apertum aufdecken, öffnen 24, 60

apertus, a, um offen, offenkundig 60
appellāre *m. dopp. Akk.* nennen, bezeichnen (als); anrufen 35
appetere, appetō (appetīvī, appetītum) haben wollen, erstreben 9
apud *m. Akk.* bei, nahe bei 21
aqua Wasser 11
aquaeductus, aquaeductūs *m* Wasserleitung 36
āra Altar 7
arbitrārī, arbitror, arbitrātus sum glauben, meinen 67
arbor, arboris *f* Baum 5
arcessere, arcessō, arcessīvī, arcessītum herbeirufen, holen 13, 39
ārdēre, ārdeō brennen 14
arēna Sand, Kampfplatz, Arena 14
argentum Silber 4
arma, armōrum *n Pl.* Waffen 23
ars, artis *f* Fertigkeit, Kunst; *Pl.* Eigenschaften 22
ascendere, ascendō, ascendī, ascēnsum hinaufsteigen, besteigen 43
asper, aspera, asperum rau, streng 52
aspicere, aspiciō, aspexī (aspectum) erblicken 20
at aber, dagegen, jedoch 49
āter, ātra, ātrum schwarz, düster 19
Athēnīs in Athen *(wo?)* 44
atque/ac und, und auch; *(im Vergleich)* wie, als 24, 72
attingere, attingō (attigī, attāctum) berühren 8
auctor, auctōris *m* Anführer, Gründer, Ratgeber, Urheber, Verfasser 37
   deō auctōre auf Veranlassung Gottes 58
   mē auctōre auf meine Veranlassung 58
auctōritās, auctōritātis *f* Ansehen, Einfluss, Macht 37
audācia Frechheit, Kühnheit 47
audēre, audeō, ausus sum wagen 71
audīre, audiō, audīvī (audītum) hören 9, 18
augēre, augeō, auxī, auctum vergrößern, vermehren 21, 48
aura Luft(zug) 12
aureus, a, um golden 46
auris, auris *f* Ohr 29
   aurēs dare zuhören 29
aurum Gold 4
aut oder 23

aut ... aut entweder ... oder 30
autem aber, andererseits 9
auxilium Hilfe 7
    auxiliō venīre zu Hilfe kommen 28
avāritia Geiz, Habgier 68
āvertere, āvertō, āvertī, āversum abwenden, vertreiben 50
avis, avis f Vogel 31
avus Großvater 12

barbarus, a, um ausländisch, unzivilisiert 50
basilica Markthalle, Gerichtshalle 1
    basilica Petrī Petersdom 62
beātus, a, um glücklich, reich 46
bellum Krieg 17
    bellum īnferre *(m. Dat.)* jmd. angreifen 62
bene *Adv.* gut 8
    bene valēre (richtig) gesund sein 69
beneficium Wohltat 45
bibere, bibō, bibī trinken 27
bonus, a, um gut 16
    bona, bonōrum *n Pl.* Güter, Besitz 16
    bonō animō esse guten Mutes sein, zuversichtlich sein 47
    bonum *n* das Gut(e); Besitz 16
bōs, bovis *m/f* Kuh, Ochse, Rind 15
brevis, e kurz 20
    brevī tempore nach kurzer Zeit, bald (darauf) 20

cadere, cadō, cecidī fallen 11, 21
caedere, caedō, cecīdī, caesum fällen, niederschlagen 66
caedēs, caedis *f* Blutbad, Mord 22
caelum Himmel 19
calamitās, calamitātis *f* Schaden, Unglück 17
campus Feld, freier Platz 12
canere, canō, cecinī, cantātum singen, besingen, (ein Instrument) spielen 34
canis, canis *m* Hund 40
capere, capiō, cēpī, captum fassen, nehmen, erhalten; erobern 24, 31
captīvus gefangen; *Subst.* (Kriegs-)Gefangener 31
caput, capitis *n* Kopf, Hauptstadt 25
    capitis damnāre zum Tode verurteilen 35
carēre, careō *m. Abl.* frei sein von, ohne (etw.) sein; nicht haben 38
carmen, carminis *n* Gedicht, Lied 27
cārus, a, um lieb, teuer, wertvoll 67

castra, castrōrum *Pl. n* Lager 35
    castra collocāre das Lager aufschlagen 35
cāsus, cāsūs *m* Fall, Zufall 27
causa Sache, Ursache, Grund; Prozess 7, 69
    aliquā ex causā aus irgendeinem Grund 42
    causam agere einen Prozess führen 69
    hīs dē causīs aus diesen Gründen, deshalb 44
    quā dē causā aus welchem Grund; *relativer Satzanschluss:* deshalb 54
    quibus dē causīs aus welchen Gründen; *relativer Satzanschluss:* deshalb 54
causā *(nachgestellt) m. Gen.* wegen 30
cavēre, caveō, cāvī, cautum *m. Akk.* sich hüten (vor), Vorsorge treffen 48
    cavēre, nē sich hüten (davor), dass 50
cēdere, cēdō, cessī, cessum gehen, weichen; nachgeben 38
celer, celeris, celere schnell 26
celeritās, celeritātis *f* Schnelligkeit 68
cēna Mahlzeit, Essen 11
cēnāre essen 13
cēnsēre, cēnseō, cēnsuī, cēnsum *(m. Akk.)* meinen, einschätzen; seine Stimme abgeben (für jmd./etw.) 59
centum *indekl.* hundert 28
cernere, cernō sehen, bemerken 70
certāmen, certāminis *n* Wettstreit, Kampf 54
certāre streiten, wetteifern 56
    dē victōriā certāre um den Sieg streiten 56
certē *Adv.* gewiss, sicherlich 8
certus, a, um sicher, zuverlässig 72
cessāre zögern, rasten 2
cēterī, ae, a die übrigen 15
cēterum *Adv.* übrigens 55
cibus Nahrung, Speise 9
cinis, cineris *m* Asche 18
circumdare, circumdō, circumdedī umgeben 29
circumvenīre, circumveniō, circumvēnī, circumventum umringen, umzingeln 48
cīvis, cīvis *m/f* Bürger(in) 30
cīvitās, cīvitātis *f* Gemeinde, Staat, Bürgerrecht 35
clādēs, clādis *f* Niederlage, Verlust 56
clāmāre laut rufen, schreien 3
clāmor, clāmōris *m* Geschrei, Lärm 5
clārus, a, um hell, klar, berühmt 36
classis, classis *f* Abteilung, Flotte 19
claudere, claudō, clausī, clausum abschließen, einschließen 31

cōgere, cōgō, coēgī, coāctum (ver)sammeln, zwingen 38
  metū coāctus aus Angst 64
cōgitāre beabsichtigen, denken 41
cognōscere, cognōscō, cognōvī, cognitum erkennen, kennenlernen; *Perf.* kennen, wissen 19, 57
cohors, cohortis *f* Kohorte (ca. 600 Mann) 35
colere, colō, coluī, cultum bewirtschaften, pflegen; verehren 10, 39
colligere, colligō, collēgī, collēctum sammeln 24, 31
collocāre aufstellen, unterbringen 35
  castra collocāre das Lager aufschlagen 35
collum Hals 69
comes, comitis *m/f* Begleiter(in), Gefährte, Gefährtin 10
committere, committō, commīsī, commissum anvertrauen; veranstalten, zustande bringen 37
  scelus committere ein Verbrechen begehen 37
commodus, a, um angemessen, angenehm, günstig 70
commovēre, commoveō, commōvī, commōtum bewegen, veranlassen 33
commūnis, e gemeinsam, allgemein 21
comparāre vergleichen 46
comperīre, comperiō, comperī, compertum (genau) erfahren 44
complēre, compleō, complēvī, complētum anfüllen 43
complūrēs, complūrium mehrere 54
compōnere, compōnō, composuī, compositum verfassen, ordnen; beenden; vergleichen 6, 46
comprehendere, comprehendō, comprehendī, comprehēnsum ergreifen, festnehmen, begreifen 6, 22, 56
concēdere, concēdō, concessī (concessum) erlauben, nachgeben, zugestehen 26
condere, condō, condidī, conditum verwahren, verbergen; erbauen, gründen 25, 36
condiciō, condiciōnis *f* Bedingung, Lage 15
condūcere, condūcō, condūxī, conductum zusammenführen, anwerben, mieten 47
cōnferre, cōnferō, contulī, collātum vergleichen, zusammentragen 72
cōnficere, cōnficiō, cōnfēcī, cōnfectum fertigmachen, beenden 56
cōnfidere, cōnfidō, cōnfīsus sum vertrauen 69
cōnfirmāre bekräftigen, ermutigen, stärken 30
  animum *(m. Gen.)* cōnfirmāre (jmd.) ermutigen 30

cōnfitērī, cōnfiteor, cōnfessus sum (ein)gestehen 67
conicere, coniciō, coniēcī, coniectum (zusammen)werfen; folgern, vermuten 38, 47
  in vincula conicere in Fesseln legen, fesseln 47
coniungere, coniungō, coniūnxī, coniūnctum verbinden, vereinigen 42
coniūnx, coniugis *m/f* Gatte, Gattin 40
coniūrātiō, coniūrātiōnis *f* Verschwörung 53
cōnscrībere, cōnscrībō, cōnscrīpsī, cōnscrīptum aufschreiben, verfassen 35
  mīlitēs cōnscrībere Soldaten ausheben 35
  patrēs cōnscrīptī *m Pl.* Senatoren 38
cōnsequī, cōnsequor, cōnsecūtus sum erreichen, nachfolgen 69
cōnservāre (ā *m. Abl.*) retten (vor), bewahren 30
cōnsīdere, cōnsīdō, cōnsēdī, cōnsessum sich setzen, sich niederlassen 32
cōnsilium Beratung; Beschluss, Plan, Rat 6
  cōnsilium habēre eine Beratung abhalten 6
  cōnsilium inīre einen Beschluss fassen 39
  quid cōnsiliī welcher Plan, welcher Entschluss 69
cōnsistere, cōnsistō, cōnstitī haltmachen, sich aufstellen 56
cōnspectus, cōnspectūs *m* Anblick, Blickfeld 29
cōnspicere, cōnspiciō, cōnspexī (cōnspectum) erblicken 29
cōnstāns, cōnstantis beständig, standhaft, folgerichtig 58
cōnstāre, cōnstō, cōnstitī kosten 64
cōnstare ex *m. Abl.* bestehen aus 64
cōnstat es ist bekannt, es steht fest 20
cōnstituere, cōnstituō, cōnstituī, cōnstitūtum beschließen 71
cōnsuēscere, cōnsuēscō, cōnsuēvī sich gewöhnen an; *Perf.* gewohnt sein 72
cōnsuētūdō, cōnsuētūdinis *f* Gewohnheit 49
cōnsul, cōnsulis *m* Konsul 42
cōnsulere, cōnsulō, cōnsuluī, cōnsultum *m. Akk.* um Rat fragen, *m. Dat.* sorgen für, in *m. Akk.* vorgehen gegen 38, 56
cōnsūmere, cōnsūmō, cōnsūmpsī, cōnsūmptum verbrauchen, verwenden 65
  cōnsūmere in *m. Abl.* verwenden auf 65
contendere, contendō, contendī behaupten *(m. AcI)*; kämpfen, sich anstrengen; eilen 20, 25, 26
contentus, a, um zufrieden 14

contingere, contingō, contigī, contāctum berühren; gelingen 51
conträ *m. Akk.* gegen 27
convenīre, conveniō, convēnī, conventum zusammenkommen, zusammenpassen; besuchen, treffen 36, 38
convertere, convertō, convertī, conversum verändern, (um)wandeln, verwandeln 29, 41
   convertere animum/animōs *(m. Gen.)* (jmds.) Einstellung ändern 57
convīvium Gastmahl, Gelage 27
convocāre versammeln 42
cōpia Menge; Möglichkeit; Vorrat; *Pl.* Truppen 28
cor, cordis *n* Herz 43
   cordī esse am Herzen liegen 43
corpus, corporis *n* Körper, Leichnam 15
corripere, corripiō, corripuī, correptum ergreifen, gewaltsam an sich reißen 26, 32
corrumpere, corrumpō, corrūpī, corruptum bestechen, verderben 55
crēdere, crēdō, crēdidī, crēditum anvertrauen, glauben 33
crēscere, crēscō, crēvī wachsen 47
crīmen, crīminis *n* Beschuldigung, Vorwurf, Verbrechen 15
   crīminī dare zum Vorwurf machen 43
crūdēlis, e grausam 20
crūdēlitās, crūdēlitātis *f* Grausamkeit 22
culpa Schuld 37
   in culpā esse schuldig sein 37
cultus, cultūs *m* Bildung, Lebensweise; Pflege, Verehrung 36
cum *m. Abl.* mit, zusammen mit 6
cum *Subj. m. Ind.* als (plötzlich), (zu der Zeit) als, (immer) wenn 29
cum *Subj. m. Konj.* als, nachdem 48; weil, da 50; obwohl; während (dagegen) 60
cūnctī, ae, a alle (zusammen) 24
cupere, cupiō, cupīvī verlangen, wünschen, wollen 15, 25
cupidus, a, um *(m. Gen.)* (be)gierig (nach) 53
cūr? warum? 2
cūra Sorge, Pflege 36
   cūrae esse Sorge bereiten 43
cūrāre *(m. Akk.)* pflegen, sorgen für 7
cūria Kurie (Sitzungsgebäude des Senats) 3
   cūriam petere die Kurie aufsuchen, zur Kurie eilen 5
currere, currō, cucurrī eilen, laufen 21

cursus, cursūs *m* Lauf 27
   cursus honōrum Ämterlaufbahn 35
cūstōdīre, cūstōdiō bewachen, (be)hüten 66
cūstōs, cūstōdis *m/f* Wächter(in) 10

damnāre verurteilen 23
   capitis damnāre zum Tode verurteilen 35
dare, dō, dedī geben 5, 26
   aurēs dare zuhören 29
   crīminī dare zum Vorwurf machen 43
   fidem dare sein Wort geben 33
   in vincula dare in Fesseln legen, fesseln 25
   locum dare Platz machen 5
   operam dare *(m. Dat.)* sich Mühe geben (bei) 63
   sē dare *m. Dat.* sich widmen 36
   veniam dare verzeihen 11
   viam dare Platz machen 14
dē *m. Abl.* von, von … her, von … herab; über 6
   dē pretiō agere über den Preis verhandeln 6
   dē salūte dēspērāre die Hoffnung auf Rettung aufgeben 29
   dē victōriā certāre um den Sieg streiten 56
   dē vītā dēcēdere sterben, umkommen 18
   hīs dē causīs aus diesen Gründen, deshalb 44
dea Göttin 7
dēbēre, dēbeō müssen, sollen; schulden 7, 10
   nōn dēbēre nicht dürfen 13
dēcēdere, dēcēdō, dēcessī, dēcessum weggehen; sterben 18, 57
   dē vītā dēcēdere sterben, umkommen 18
decem *indekl.* zehn 23
dēcernere, dēcernō, dēcrēvī beschließen, entscheiden 23
decimus, a, um der (die, das) zehnte 28
dēcipere, dēcipiō, dēcēpī, dēceptum täuschen 33
dēdere, dēdō, dēdidī, dēditum ausliefern, übergeben 62
dēdūcere, dēdūcō, dēdūxī, dēductum hinführen, wegführen 58
dēesse, dēsum abwesend sein, fehlen 7
dēfendere, dēfendō, dēfendī abwehren, verteidigen 23
dēferre, dēferō, dētulī, dēlātum hinbringen, melden, übertragen 71
deinde *Adv.* dann, darauf 13
dēlectāre erfreuen, unterhalten 8
dēlēre, dēleō, dēlēvī, dēlētum zerstören, vernichten 18, 31
dēlīberāre, dēlīberō überlegen, beraten 70

dēligere, dēligō, dēlēgī, dēlēctum
   (aus)wählen 51
dēmittere, dēmittō, dēmīsī (dēmissum) hinab-
   schicken, sinken lassen 29
   animum dēmittere den Mut verlieren 29
dēmōnstrāre beweisen, darlegen 25
dēnique *Adv.* schließlich, zuletzt 4
dēpōnere, dēpōnō, dēposuī (dēpositum)
   niederlegen, ablegen 5, 28
dērīdēre, dērīdeō, dērīsī, dērīsum auslachen, verspotten 55
dēscendere, dēscendō, dēscendī
   herabsteigen 6, 21
dēserere, dēserō, dēseruī, dēsertum im Stich
   lassen, verlassen 42
dēsīderāre sich sehnen nach, vermissen 8
dēsinere, dēsinō aufhören 11
dēsistere, dēsistō, dēstitī *(ab/ā m. Abl.)*
   aufhören (mit) 46
dēspērāre die Hoffnung aufgeben,
   verzweifeln 29
   dē salūte dēspērāre die Hoffnung auf
   Rettung aufgeben 29
deus Gott, Gottheit 10
   deō auctōre auf Veranlassung Gottes 58
dexter, dext(e)ra, dext(e)rum rechts 28
dīcere, dīcō, dīxī, dictum sagen, sprechen;
   (be)nennen 10, 23, 57
   dīcere *m. dopp. Akk.* nennen,
   bezeichnen (als) 35
   quibus verbīs dictīs nach diesen Worten 57
dictum Ausspruch, Wort 45
diēs, diēī *m* Tag 28
   multōs diēs viele Tage (lang) *(wie lange?)* 43
   posterō diē am folgenden Tag 60
diēs, diēī *f* Termin 28
differre, differō, distulī, dīlātum *(ā m. Abl.)* auf-
   schieben; sich unterscheiden (von) 62
difficilis, e schwierig 28
dīgnitās, dīgnitātis *f* Ansehen, Würde;
   (gesellschaftliche) Stellung 52
dīgnus, a, um *m. Abl.* wert, würdig
   (einer Sache) 44
dīligēns, dīligentis gewissenhaft, sorgfältig 54
dīligentia Sorgfalt, Umsicht 40
dīligere, dīligō, dīlēxī, dīlēctum hochachten,
   lieben 46
dīmittere, dīmittō, dīmīsī, dīmissum
   wegschicken, entlassen, aufgeben 5, 47

discēdere, discēdō, discessī weggehen,
   auseinandergehen 4, 18
discere, discō, didicī lernen, erfahren 22
disciplīna Erziehung, Zucht; Unterricht, Fach 54
discipulus Schüler 70
discrīmen, discrīminis *n* Unterscheidung,
   Gefahr 61
   in summō discrīmine in höchster Gefahr 61
diū *Adv.* lange (Zeit) 3
diūtius *Adv.* länger 65
dīversus, a, um entgegengesetzt, feindlich,
   verschieden 73
dīves, dīvitis reich 43
dīvidere, dīvidō, dīvīsī, dīvīsum teilen,
   trennen 25, 34
dīvīnus, a, um göttlich 58
dīvitiae, dīvitiārum *f Pl.* Reichtum 45
dīvus, a, um göttlich 52
docēre, doceō, docuī, doctum lehren,
   unterrichten 31
doctus, a, um gebildet, gelehrt 63
dolēre, doleō schmerzen, wehtun; bedauern 69
dolor, dolōris *m* Schmerz 23
dolus List, Täuschung 24
domī *Adv.* zu Hause 41
domina Hausherrin, Dame 1
dominus Hausherr, Herr 1
domō *Adv.* von zu Hause 48
domum nach Hause, heim 6
domus, domūs *f* Haus 46
dōnāre schenken 8
dōnec *Subj.* solange (als), (so lange) bis 48
dōnum Geschenk 8
dubitāre zweifeln; zögern 7
   nēmō dubitat, quīn niemand zweifelt daran,
   dass 71
dūcere, dūcō, dūxī (ductum) führen, ziehen
   12, 24
   dūcere *m. dopp. Akk.* halten für 35
dulcis, e angenehm, süß 33
dum *Subj. m. Ind.* während, solange,
   (so lange) bis 5
duo, duae, duo zwei 25
duodecim *indekl.* zwölf 26
dūrus, a, um hart 14
dux, ducis *m/f* Anführer(in) 51
   Polynīce duce unter der Führung des
   Polyneikes 58

Lateinisch – deutsches Wörterverzeichnis

ē/ex *m. Abl.* aus, von ... her; seit 6, 51
ecce schau/schaut, sieh da/seht da! 6
ēducāre erziehen 63
ēdūcere, ēdūcō, ēdūxī (ēductum) herausführen 9, 24
efficere, efficiō, effēcī, effectum bewirken, herstellen 46
effugere, effugiō, effūgī *m. Akk.* entfliehen, entkommen 18, 21
egēre, egeō *m. Abl.* brauchen, benötigen, Mangel haben (an) 49
ego ich 8
ēgredī, ēgredior, ēgressus sum herausgehen, verlassen 68
ēgregius, a, um ausgezeichnet, hervorragend 44
eiusmodī derartig, so beschaffen 22
ēloquentia Redegewandtheit, Rhetorik 63
emere, emō, ēmī, ēmptum kaufen 4, 35
enim *(nachgestellt) Adv.* nämlich, in der Tat 7
   neque enim denn nicht 26
eō *Adv.* dorthin; deswegen 14
epistula Brief 12
eques, equitis *m* Reiter, Ritter 52
equidem (ich) allerdings, freilich 36
equus Pferd 5
ergō *Adv.* also, deshalb 51
ēripere, ēripiō, ēripuī, ēreptum entreißen 62
errāre (sich) irren, umherirren 53
esse, sum, fuī sein, sich befinden 2, 4, 7, 18
et und, auch 2
et ... et sowohl ... als auch 4
etiam auch, sogar 3
etsī *Subj. m. Ind.* auch wenn, obwohl 60
ēvenīre, ēveniō, ēvēnī, ēventum sich ereignen 37
ex/ē *m. Abl.* aus, von ... her; seit 6, 51
excipere, excipiō, excēpī, exceptum ausnehmen, aufnehmen, empfangen 38
excitāre erregen, ermuntern, wecken 40
exemplum Beispiel, Vorbild 37
   exemplum statuere ein Exempel statuieren 53
exercēre, exerceō üben, trainieren; quälen 36
exercitus, exercitūs *m* Heer 41
exigere, exigō, exēgī, exāctum (ein)fordern, vollenden 71
exilium Exil, Verbannung 51
exīre, exeō, exiī, exitum herausgehen 40

exīstimāre einschätzen, meinen 20
   plūris exīstimāre höher einschätzen 58
exitus, exitūs *m* Ende, Ausgang 30
expellere, expellō, expulī, expulsum vertreiben, verbannen 45
experīrī, experior, expertus sum erfahren, versuchen 68
explicāre erklären 50
exspectāre warten, erwarten 3
exstinguere, exstinguō, exstīnxī, exstīnctum auslöschen, vernichten 15, 18, 59
exter, extera, exterum ausländisch 61
extrā *m. Akk.* außerhalb (von) 18

faber, fabrī *m* Arbeiter, Handwerker 14
fābula Erzählung, Geschichte, Theaterstück 13
   fābulam agere ein Theaterstück spielen 22
facere, faciō, fēcī, factum machen, tun, handeln 15, 23, 31
   facere *m. dopp. Akk.* machen zu 35
   impetum facere (in *m. Akk.*) (jmd.) angreifen 66
   iter facere eine Reise machen 35
   sacra facere Opfer darbringen, opfern 41
facile *Adv.* leicht 55
facilis, e leicht (zu tun) 55
facinus, facinoris *n* Handlung, Untat 72
factum Handlung, Tat; Tatsache 45
facultās, facultātis *f* Fähigkeit; Möglichkeit 63
fallere, fallō, fefellī täuschen, betrügen 64
   fallit mē ich täusche mich, es entgeht mir 64
falsō *Adv.* fälschlich 25
falsus, a, um falsch 25
fāma (guter/schlechter) Ruf 72
famēs, famis *f* Hunger 62
familia Familie, Hausgemeinschaft 12
familiāris, familiāris *m* Freund 13
familiāris, e freundschaftlich, vertraut 19
   rēs familiāris Vermögen 28
fatērī, fateor, fassus sum bekennen, gestehen 69
fēlīx, fēlīcis glücklich, erfolgreich, glückbringend 26
fēmina Frau 4
ferē *Adv.* beinahe, fast; ungefähr 59
ferre, ferō, tulī, lātum bringen, tragen; ertragen 62
ferus, a, um wild 28
fidēs, fideī *f* Glaube, Treue, Vertrauen, Zuverlässigkeit 28

fidem dare   sein Wort geben 33
fidem servāre   sein Wort halten 34
fidūcia   Vertrauen 48
   fidūcia suī   Vertrauen zu sich, Selbstvertrauen 48
fierī, fīō, factus sum   gemacht werden; geschehen, werden 69
figere, figō, fīxī, fīxum   heften, befestigen 46
filia   Tochter 1
filius   Sohn 1
fingere, fingō, finxī, fictum   gestalten, sich (etwas) ausdenken 50
finis, finis *m*   Ende, Grenze; Ziel, Zweck; *Pl.* Gebiet 17
finitimus, a, um   angrenzend, benachbart 64
   finitimī, finitimōrum *Subst. Pl.*   (Grenz-)Nachbarn 64
firmus, a, um   stark, fest, zuverlässig 64
flāgitium   Gemeinheit, Schandtat 56
flamma   Flamme, Feuer 7
flectere, flectō, flexī, flexum   biegen, (hin)lenken, umstimmen 52
flēre, fleō, flēvī   beklagen, (be)weinen 23
flūctus, flūctūs *m*   Flut, Strömung 43
flūmen, flūminis *n*   Fluss 28
fōns, fontis *m*   Quelle, Ursprung 13
forās *Adv.*   heraus, hinaus *(wohin?)* 8
fore (futūrum esse)   sein werden 54
forīs *Adv.*   außerhalb, draußen, im Krieg *(wo?)* 37
forte *Adv.*   zufällig 34
fortis, e   kräftig, tapfer 19
fortūna   Schicksal, Glück 19
forum   Forum, Marktplatz 1
frangere, frangō, frēgī, frāctum   zerbrechen 11, 49
frāter, frātris *m*   Bruder 25
frequēns, frequentis   häufig, zahlreich 42
frōns, frontis *f*   Stirn, Vorderseite 32
   mediā in fronte   mitten auf der Stirn 32
frūctus, frūctūs *m*   Ertrag, Frucht, Nutzen 32
frūmentum   Getreide 5
frūstrā *Adv.*   vergeblich 24
fuga   Flucht 60
   in fugam vertere   in die Flucht schlagen, vertreiben 66
   salūtem fugā petere   Rettung in der Flucht suchen 60
fugere, fugiō, fūgī *m. Akk.*   fliehen (vor), meiden 38

fundere, fundō, fūdī   (aus)gießen, zerstreuen 29
fūr, fūris *m/f*   Dieb; Diebin 7
furor, furōris *m*   Wahnsinn, Wut 59
fūrtum   Diebstahl; Hinterlist 9
futūrus, a, um   zukünftig 25
   futūra, futūrōrum *n Pl.*   Zukunft 25
   futūrum esse (fore)   sein werden 54

gaudēre, gaudeō *(m. Abl.)*   sich freuen (über) 2
gaudium   Freude 34
gemitus, gemitūs *m*   Seufzen, Traurigkeit 48
gēns, gentis *f*   Familienverband, Stamm, Volk 35
genus, generis *n*   Abstammung, Art, Geschlecht 57
gerere, gerō, gessī, gestum   tragen, ausführen, führen 17, 28, 40
   rēs gestae *Pl.*   Taten 40
   sē gerere   sich verhalten 59
gladiātor, gladiātōris *m*   Gladiator, Schwertkämpfer 21
gladius   Schwert 46
glōria   Ehre, Ruhm 21
grandis, e   alt; bedeutend, groß 36
grātia   Dank, Gefälligkeit; Ansehen, Beliebtheit 10
   grātiās agere   danken 10
grātus, a, um   dankbar, willkommen, beliebt 36
gravis, e   schwer, gewichtig, ernst, bedeutend 51

habēre, habeō   haben, halten 6
   cōnsilium habēre   eine Beratung abhalten 6
   nōn habeō, quod *m. Konj.*   ich habe keinen Grund dafür, dass 67
   ōrātiōnem habēre   eine Rede halten 45
habitāre   bewohnen, wohnen 45
habitus, habitūs *m*   Aussehen 45
haud   nicht 12
   haud sciō, an   ich weiß nicht, ob nicht; vielleicht 71
hīc *Adv.*   hier 2
hic, haec, hoc   dieser, diese, dieses (hier) 37
   hīs dē causīs   aus diesen Gründen, deshalb 44
hiems, hiemis *f*   Winter, Unwetter 54
hodiē *Adv.*   heute 11
homō, hominis *m*   Mensch 16
honestus, a, um   angesehen, ehrenhaft 38
honor / honōs, honōris *m*   Ehre, Ehrenamt 31
   aliquid honōris   irgendeine Ehre 69
   honōre afficī   geehrt werden, Ehre erlangen 37

hōra Stunde; Zeit 17
hortārī, hortor, hortātus sum auffordern,
    ermahnen 67
hospes, hospitis *m* Fremder, Gast, Gastgeber 11
hostia Opfertier 53
hostis, hostis *m/f (Gen. Pl.* hostium*)* Feind
    (Landesfeind) 26
hūc *Adv.* hierher 4
    hūc et illūc hin und her 21
hūmānitās, hūmānitātis *f* Menschlichkeit;
    Bildung 49
hūmānus, a, um gebildet, menschlich 68

iacēre, iaceō liegen 4
iactāre (hin und her) schleudern, werfen;
    rühmen 37, 50
iam *Adv.* nun; schon, bereits 2
    nōn iam nicht mehr 5
ibī *Adv.* dort 2
īdem ... quī derselbe / der gleiche ... wie 41
īdem, éadem, idem derselbe, der gleiche 40
idōneus, a, um geeignet, passend 26
igitur *Adv.* also, folglich 31
īgnārus, a, um *(m. Gen.)* ohne Kenntnis,
    unwissend 58
    tē īgnārō ohne dein Wissen 58
īgnis, īgnis *m* Feuer 28
īgnōbilis, e unbekannt, unbedeutend;
    nicht adelig 59
īgnōrāre nicht kennen, nicht wissen 7
    nōn īgnōrāre gut kennen, wohl wissen 16
īgnōscere, īgnōscō, īgnōvī, īgnōtum
    verzeihen 11, 59
īgnōtus, a, um unbekannt 58
ille, illa, illud jener, jene, jenes 37
illīc *Adv.* dort 36
illūc *Adv.* dahin, dorthin 4
    hūc et illūc hin und her 21
imāgō, imāginis *f* Abbild, Bild 50
imitārī, imitor, imitātus sum nachahmen 67
immō *Adv.* im Gegenteil, ja sogar 9
immortālis, e unsterblich 42
impedīre, impediō, impedīvī, impedītum hindern,
    verhindern 35
impellere, impellō, impulī, impulsum antreiben,
    veranlassen 43
imperāre *(m. Dat.)* befehlen, herrschen (über) 14
imperātor, imperātōris *m* Befehlshaber, Feldherr;
    Kaiser 35

imperium Befehl, Befehlsgewalt; Herrschaft,
    Herrschaftsgebiet 24
    tōtō imperiō im ganzen Reich 35
impetus, impetūs *m* Angriff, Schwung 27
    impetum facere *(in m. Akk.)* (jmd.) angreifen 66
impius, a, um gottlos, gewissenlos 56
imprīmīs *Adv.* besonders, vor allem 4
improbus, a, um schlecht, unanständig 52
in *m. Abl.* in, an, auf, bei *(wo?)* 6
    in rē pūblicā versārī sich politisch betätigen 69
    in summō discrīmine in höchster Gefahr 61
in *m. Akk.* in (... hinein), nach (... hin), auf, gegen
    (wohin?) 6
    in fugam vertere in die Flucht schlagen 66
    in iūs vocāre vor Gericht rufen, anklagen 37
    in vincula conicere in Fesseln legen,
    fesseln 47
    in vincula dare in Fesseln legen, fesseln 25
inānis, e leer, wertlos 69
incendere, incendō, incendī
    entflammen, in Brand stecken 15, 24
    īrā incēnsus von Zorn entflammt, aus Zorn 38
incendium Brand, Feuer 15
incertus, a, um ungewiss, unsicher 71
incipere, incipiō, coepī (incēpī), inceptum
    anfangen, beginnen 33
incola *m* Einwohner, Bewohner 45
incrēdibilis, e unglaublich 49
    incrēdibilī quādam virtūte mit geradezu
    unglaublicher Tapferkeit 66
inde *Adv.* von dort; darauf; deshalb 45
indicāre anzeigen, melden 15
indīgnus, a, um *m. Abl.* unwürdig
    (einer Sache) 28
induere, induō, induī, indūtum anziehen,
    anlegen 45
inesse, īnsum, īnfuī enthalten sein,
    innewohnen 64
īnfēlīx, īnfēlīcis unglücklich 29
īnferre, īnferō, īntulī, illātum hineintragen,
    zufügen 62
    bellum īnferre *(m. Dat.)* (jmd.) angreifen 62
īnfestus, a, um feindlich, feindselig 32
ingenium Begabung, Talent 31
    tantum ingeniī so viel (an) Begabung 69
ingēns, ingentis gewaltig, ungeheuer 26
ingredī, ingredior, ingressus sum betreten,
    beginnen 68
inimīcus, a, um feindlich; *Subst.* Feind 38

inīquus, a, um ungerecht, ungleich 73
inīre, ineō, iniī, initum hineingehen,
    beginnen 39
    cōnsilium inīre einen Beschluss fassen 39
    proelium inīre den Kampf beginnen 39
initium Anfang, Eingang 23
iniūria Unrecht, Beleidigung 7
inopia Mangel, Not 40
inquam *(3. Pers. Sg.* inquit*)* sag(t)e ich 31
īnsidiae, īnsidiārum *f Pl.* Falle, Attentat,
    Hinterlist 40
īnstāre, īnstō, īnstitī bevorstehen,
    hart zusetzen 48
īnstituere, īnstituō, īnstituī, īnstitūtum
    beginnen, einrichten, unterrichten 45
īnstruere, īnstruō, īnstrūxī, īnstrūctum
    aufstellen, ausrüsten, unterrichten 63
īnsula Insel; Wohnblock 12
intellegere, intellegō, intellēxī (be)merken, verstehen 22
inter *m. Akk.* unter, während, zwischen 25
    interest inter *m. Akk.* es ist ein Unterschied zwischen 43
interdum *Adv.* manchmal 36
intereā *Adv.* inzwischen, unterdessen 5
interesse, intersum, interfuī dazwischen sein;
    (m. Dat.) teilnehmen (an) 54
interest inter *m. Akk.* es ist ein Unterschied
    zwischen 43
interficere, interficiō, interfēcī, interfectum töten,
    vernichten 28, 34
interim *Adv.* inzwischen 57
interrogāre fragen 2
intrā *m. Akk.* innerhalb (von) 30
intrāre betreten, eintreten 3
intuērī, intueor anschauen 67
intus *Adv.* im Inneren, innen 4
invādere, invādō, invāsī, invāsum eindringen, sich
    verbreiten; befallen 56
invenīre, inveniō, invēnī, inventum finden,
    erfinden 11, 26, 32
invidia Neid 46
invītus, a, um ungern, gegen den Willen 58
    mē invītō gegen meinen Willen 58
    rēge invītō gegen den Willen des Königs 58
ipse, ipsa, ipsum *(Gen.* ipsīus, *Dat.* ipsī*)*
    (er, sie, es) selbst 40
īra Zorn 25
    īrā incēnsus von Zorn entflammt, aus Zorn 38
    īrae temperāre seinen Zorn zurückhalten 56
īrāscī, īrāscor *(m. Dat.)* in Zorn geraten, zornig sein
    (gegen) 68
īre, eō, iī, itum gehen 39
is, ea, id dieser, diese, dieses; er, sie, es 22
    nōn is est, quī *m. Konj.* er ist nicht der Mann,
    der 66
iste, ista, istud *(Gen.* istīus, *Dat.* istī*)* dieser, diese,
    dieses (da) 52
ita *Adv.* so 6
itaque *Adv.* deshalb 4
item *Adv.* ebenso, gleichfalls 8
iter, itineris *n* Reise, Marsch, Weg 35
    iter facere eine Reise machen 35
    iter pergere die Reise / den Weg fortsetzen 43
iterum *Adv.* wiederum 9
iterum atque iterum immer wieder 14
iubēre, iubeō, iussī *(m. Akk.)* anordnen,
    befehlen 17, 19
iūcundus, a, um angenehm, erfreulich 36
iūdex, iūdicis *m* Richter 37
iūdicāre beurteilen, urteilen 23
iūdicium Gericht; Urteil 26
iūrāre schwören 41
iūs, iūris *n* Recht 37
    in iūs vocāre vor Gericht rufen, anklagen 37
    iūs dīcere Recht sprechen 37
iūsiūrandum Eid, Schwur 41
iussū auf Befehl 32
iūstitia Gerechtigkeit 49
iūstus, a, um gerecht 52
iuvāre, iuvō, iūvī unterstützen, erfreuen 23
iuvenis, iuvenis *m* junger Mann; jung 23
iuventūs, iuventūtis *f* Jugend 39

labor, labōris *m* Anstrengung, Arbeit 6
labōrāre arbeiten, sich anstrengen 3
    labōrāre *m. Abl.* leiden an 28
lacrima Träne 29
laedere, laedō, laesī, laesum beschädigen,
    verletzen 33
laetitia Freude 31
laetus, a, um froh, fröhlich; fruchtbar 14, 50
latēre, lateō verborgen sein 51
lātus, a, um breit, ausgedehnt 36
latus, lateris *n* Flanke, Seite 15
laudāre loben 12
laus, laudis *f* Lob, Ruhm 44
lectus Bett, Liegesofa 46

Lateinisch – deutsches Wörterverzeichnis

lēgātiō, lēgātiōnis *f* Gesandtschaft 71
lēgātus Bevollmächtigter, Gesandter 62
legere, legō, lēgī, lēctum lesen 44
legiō, legiōnis *f* Legion
   (ca. 5000–6000 Mann) 66
leō, leōnis *m* Löwe 53
levis, e leicht, leichtsinnig 70
lēx, lēgis *f* Gesetz, Bedingung 49
libellus kleines Buch, Heft 22
libenter *Adv.* gern 10
līber, lībera, līberum frei 36
liber, librī *m* Buch 44
līberāre befreien, freilassen 7
līberī, līberōrum *m Pl.* Kinder 13
lībertās, lībertātis *f* Freiheit 49
licentia Freiheit, Willkür 25
licet, licuit es ist erlaubt, es ist möglich 38
līctor, līctōris *m* Liktor 7
lingua Rede, Sprache, Zunge 44, 52
littera Buchstabe 70
litterae, litterārum *f Pl.* Literatur, Wissenschaft 44
lītus, lītoris *n* Strand, Küste 19
locus Ort, Platz, Stelle 5
   loca, locōrum *n Pl.* Orte, Plätze 56
   locum dare Platz machen 5
   multīs locīs an vielen Orten 35
longus, a, um lang, weit 21
loquī, loquor, locūtus sum reden, sprechen 68
lūdere, lūdō, lūsī spielen, scherzen 11, 21
lūdus Spiel; Schule 21
lūmen, lūminis *n* Licht, Auge 36
lūx, lūcis *f* Licht, Tageslicht 34
lūxuria Überfluss, Verschwendungssucht 55

magis *Adv.* mehr, eher 70
magister, magistrī *m* Lehrer 43
   magister nāvis Kapitän 43
magistrātus, magistrātūs *m* Amt, Beamter 37
magnus, a, um groß, bedeutend 14
   magna, magnōrum *n Pl.* Großes, große Werke 27
   magnā vōce mit lauter Stimme 14
     magnī aestimāre hoch (ein)schätzen 38
     magnī esse viel wert sein / gelten 38
     magnī facere hoch (ein)schätzen 38
     magnī putāre hoch (ein)schätzen 38
māior, māiōris größer 65
māiōrēs, māiōrum *m Pl.* Vorfahren 44
mālle, mālō, māluī lieber wollen 41

malus, a, um schlecht, schlimm 15
   mala, malōrum *n Pl.* Schlechtes; schlimme Dinge 18
mandāre einen Auftrag geben, übergeben 28
manēre, maneō, mānsī bleiben, (er)warten 10, 21
manifestus, a, um offenkundig; überführt 72
manus, manūs *f* Hand; Schar
   (von Bewaffneten) 27
mare, maris *n* Meer 18
   terrā marīque zu Wasser und zu Lande 18
marītus Ehemann 8
māter, mātris *f* Mutter 24
maximē *Adv.* am meisten, besonders 65
maximus, a, um der größte, sehr groß 40
mē auctōre auf meine Veranlassung 58
mē invītō gegen meinen Willen 58
mē pudet ich schäme mich 61
medius, a, um der mittlere, in der Mitte (von) 14
   mediā in fronte mitten auf der Stirn 32
   mediā in viā mitten auf der Straße 14
melior, meliōris besser 65
membrum Glied, Körperteil 32
meminisse, meminī *Perf. m. Gen. / Akk.* sich erinnern; *m. AcI.* daran denken 66
memor, memoris *m. Gen.* in Erinnerung an („eingedenk") 70
memorāre erwähnen, sagen 72
memoria Erinnerung, Gedächtnis; Zeit 22
   memoriā tenēre im Gedächtnis behalten 22
mēns, mentis *f* Geist, Sinn, Verstand; Meinung 22
mēnsa Tisch 46
mēnsis, mēnsis *m* Monat 35
mercātor, mercātōris *m* Kaufmann, Händler 3
metuere, metuō, metuī (sich) fürchten 30
metus, metūs *m* Angst 27
   metū coāctus aus Angst 64
meus, a, um mein 15
mihi *Dat.* mir 11
mihi placet mir gefällt es, ich beschließe 25
mihi tēcum est ich habe mit dir zu tun 68
mīles, mīlitis *m* Soldat 17
   mīlitēs cōnscrībere Soldaten ausheben 35
mīlia passuum (mehrere) Meilen 36
mīlle *Sg. indekl. (Pl.* mīlia, mīlium*)*
   tausend 22, 36
mīlle passūs eine Meile (ca. 1,5 km;
   eigentl. tausend Schritte) 36
minimē *Adv.* am wenigsten, überhaupt nicht 72

Lateinisch – deutsches Wörterverzeichnis

minimus, a, um der kleinste, sehr klein; der geringste, sehr gering 65
minister, ministrī *m* Diener, Gehilfe 13
minor, minōris kleiner, geringer 65
mīrārī, mīror, mīrātus sum bewundern, sich wundern 67
mīrus, a, um erstaunlich, sonderbar; wunderbar 20
   mīrum est, nī/nisī es sollte verwundern, wenn nicht; höchstwahrscheinlich 71
miser, misera, miserum arm, unglücklich, erbärmlich 14
   ō mē miserum! Oh ich Unglücksrabe! Oh ich Armer! 29
misericordia Mitleid 49
mittere, mittō, mīsī, missum (los)lassen, schicken; werfen 3, 20, 35
modo *Adv.* eben (noch); nur 31, 70
modo ... modo manchmal ... manchmal, bald ... bald 6
modus Art, Weise; Maß 22
   modum trānsīre das Maß überschreiten 39
   nūllō modō keineswegs, keinesfalls 36
moenia, moenium *n Pl.* (Stadt-)Mauern 26
mōlīrī, mōlior, mōlītus sum (an)treiben; planen, unternehmen 71
monēre, moneō (er)mahnen 7
   monēre, nē warnen, dass 52
mōns, montis *m* Berg 13
monumentum Denkmal 1
mora Aufenthalt, Verzögerung 12
   sine ūllā morā unverzüglich 43
morbus Krankheit 53
mors, mortis *f* Tod 30
   mortem subīre den Tod auf sich nehmen 65
mortālis, e sterblich; *Subst.* Mensch 33
mortuus, a, um tot 34
mōs, mōris *m* Sitte, Brauch; *Pl.* Charakter 35
   mōre *m. Gen.* nach Art von, nach Sitte von 36
movēre, moveō, mōvī, mōtum bewegen 12, 24, 32
mox *Adv.* bald 10
mulier, mulieris *f* Frau 42
   multa *n Pl.* viel(es) 15
   multīs locīs an vielen Orten 35
multitūdō, multitūdinis *f* große Zahl, Menge 23
multum *Adv.* sehr, viel 65
   multum temporis viel Zeit 69
   nōn multum abest, quīn es fehlt nicht viel, dass 71

multus, a, um viel 15
   multōs annōs viele Jahre (lang) *(wie lange?)* 17
   multōs diēs viele Tage (lang) *(wie lange?)* 43
mūnītiō, mūnītiōnis *f* Bau, Befestigung 35
mūnus, mūneris *n* Aufgabe; Geschenk 15
mūrus Mauer 12
mūtāre (ver)ändern, verwandeln 20

nam denn, nämlich 2
narrāre erzählen 10
nāscī, nāscor, nātus sum entstehen, geboren werden 68
nātiō, nātiōnis *f* Volk, Volksstamm 17
nātūra Beschaffenheit, Natur, Wesen 12
nauta *m* Seemann, Matrose 43
nāvigāre (mit dem Schiff) fahren, segeln 30
nāvis, nāvis *f* Schiff 19
   magister nāvis Kapitän 43
-ne *(unübersetzte Fragepartikel)* 22
nē ... quidem nicht ... einmal 34
nē *Subj. m. Konj.* dass nicht, damit nicht 46, 47
   nē qua fēmina dass / damit nicht (irgend)eine Frau, damit keine Frau 56
   nē umquam dass nie(mals) 46
nē *m. Konj. Perf.* nicht *(verneinter Befehl)* 53
nec und nicht, auch nicht, nicht einmal 55
nec ... nec weder ... noch 55
necāre töten 18
necessārius, a, um notwendig 55
necesse est es ist notwendig 29
nefārius, a, um gottlos, verbrecherisch 53
neglegere, neglegō, neglēxī, neglēctum nicht (be)achten, vernachlässigen 34
negōtium Aufgabe, Geschäft; Angelegenheit 6
   negōtia agere (seinen) Geschäften nachgehen 6
nēmō *(Gen.* nēminis, *Dat.* nēminī, *Akk.* nēminem*)* niemand, kein(er) 3, 33
   nēmō dubitat, quīn niemand zweifelt daran, dass 71
nepōs, nepōtis *m* Enkel 25
neque und nicht, auch nicht, nicht einmal 7
   neque ... neque weder ... noch 8
   neque enim denn nicht 26
   neque tamen und trotzdem nicht 9
nescīre, nesciō, nescī(v)ī nicht wissen 42
nēve/neu oder nicht, und nicht 73
nex, necis *f* Mord, (gewaltsamer) Tod 9
   necēs parāre Mordanschläge vorbereiten 9

nī *Subj.* wenn nicht 71
   mīrum est, nī/nisī es sollte verwundern, wenn nicht; höchstwahrscheinlich 71
nihil/nīl nichts 18, 51
nimis *Adv.* (all)zu, (all)zu sehr 33
nimium *Adv.* (all)zu , (all)zu sehr 51
nimius, a, um übermäßig, zu groß 55
nisī *Subj.* wenn nicht 22
   mīrum est, nī/nisī es sollte verwundern, wenn nicht; höchstwahrscheinlich 71
nōbilis, e berühmt, adelig, vornehm 19
nocturnus, a, um nächtlich 53
nōlle, nōlō, nōluī nicht wollen 41
nōmen, nōminis *n* Name 21
nōmināre nennen, benennen 26
nōn nicht 2
   nōn dēbēre nicht dürfen 13
   nōn habeō, quod *m. Konj.* ich habe keinen Grund dafür, dass 67
   nōn iam nicht mehr 5
   nōn īgnōrāre gut kennen, wohl wissen 16
   nōn is est, quī *m. Konj.* er ist nicht der Mann, der 66
   nōn modo ... sed etiam nicht nur ... sondern auch 4
   nōn multum abest, quīn es fehlt nicht viel, dass 71
   nōn sōlum ... sed etiam nicht nur ... sondern auch 17
nōndum noch nicht 3
nōnne etwa nicht? denn nicht? 9
nōnnūllī, ae, a einige, manche 14
nōs *Nom./Akk.* wir / uns 11
nōscere, nōscō, nōvī, nōtum erkennen, kennenlernen 45
noster, nostra, nostrum unser 16
nōtus, a, um bekannt 42
nō(vi)sse, nōvī *Perf.* kennen, wissen 45
novus, a, um neu, ungewöhnlich 18
nox, noctis *f* Nacht 13
nūbere, nūbō, nūpsī, nūpta *m. Dat.* (jmd.) heiraten 34
nūbēs, nūbis *f* Wolke 18
nūdus, a, um nackt 55
nūllus, a, um *(Gen.* nūllīus, *Dat.* nūllī*)* kein 14
   nūllō modō keineswegs, keinesfalls 36
num *im dir. Fragesatz* etwa, *im indir. Fragesatz* ob 37, 61
numerus Zahl, Menge 23

numquam *Adv.* niemals 15
nunc *Adv.* jetzt, nun 3
   nunc vērō jetzt aber, nun aber 47
nūntiāre melden 30
nūntius Bote, Nachricht 18
nūper *Adv.* neulich, vor kurzem 21

ō mē miserum! Oh ich Unglücksrabe! Oh ich Armer! 29
obicere, obiciō, obiēcī, obiectum darbieten, vorwerfen 57
oblīvīscī, oblīvīscor, oblītus sum *(m. Gen.)* vergessen 68
obscūrus, a, um dunkel, unbekannt 63
obsecrāre anflehen, bitten 71
obses, obsidis *m/f* Geisel 47
obtinēre, obtineō (in Besitz) haben, (besetzt) halten 57
occāsiō, occāsiōnis *f (m. Gen.)* Gelegenheit (zu) 64
   occāsiōnem omittere eine Gelegenheit auslassen 64
occidere, occidō, occidī umkommen, untergehen 21
occīdere, occīdō, occīdī, occīsum niederschlagen, töten 30, 39
occultē *Adv.* heimlich 24
occultus, a, um geheim, verborgen 58
occupāre besetzen, einnehmen 40
occurrere, occurrō, occurrī begegnen, entgegentreten 10, 21
oculus Auge 32
ōdisse, ōdī *Perf.* hassen 65
odium Hass 41
   odiō esse verhasst sein 47
   odium tuī der Hass auf dich 48
offerre, offerō, obtulī, oblātum anbieten, entgegenbringen 73
officium Dienst, Pflicht(gefühl) 48
   officium praestāre die Pflicht erfüllen 48
ōmen, ōminis *n* Vorzeichen 26
omittere, omittō, omīsī, omissum aufgeben, beiseitelassen 63
   occāsiōnem omittere eine Gelegenheit auslassen 64
omnīnō *Adv.* insgesamt, überhaupt, völlig 52
omnis, e ganz, jeder; *Pl.* alle 19
   omnia *n Pl.* alles 25
onus, oneris *n* Last, Belastung 15

opera Arbeit, Mühe 63
   operam dare sich Mühe geben 63
opēs, opum *f Pl.* Macht, Mittel, Reichtum 47
opīnārī, opīnor, opīnātus sum glauben, meinen 69
opīniō, opīniōnis *f* Meinung, (guter) Ruf 65
oportet es gehört sich, es ist nötig 11
oppidum Stadt 18
opportūnus, a, um geeignet, günstig 19
opprimere, opprimō, oppressī, oppressum bedrohen, niederwerfen, unterdrücken 17, 40
oppūgnāre angreifen 42
optāre wünschen 45
optimus, a, um der beste, sehr gut 43
   optimus quisque gerade die Besten (jeder Beste) 49
opus, operis *n* Arbeit, Werk 36
opus est *m. Abl.* es ist nötig, man braucht 61
ōrāculum Orakel(spruch) 54
   ōrāculum adīre die Orakelstätte aufsuchen, sich an das Orakel wenden 54
ōrāre bitten 9
ōrātiō, ōrātiōnis *f* Rede 39
   ōrātiōnem habēre eine Rede halten 45
ōrātor, ōrātōris *m* Redner 54
orbis, orbis *m* Kreis(lauf); Erdkreis, Welt 20
   orbis terrārum Erde, Welt 20
orīrī, orior, ortus sum entstehen, sich erheben 69
ōrnāmentum Schmuck(stück) 4
ōrnāre ausstatten, schmücken 46
ōs, ōris *n* Gesicht, Mund 70
ostendere, ostendō, ostendī zeigen, erklären 10, 27
ōtium freie Zeit, Ruhe (von beruflicher Tätigkeit); Frieden 36

paene *Adv.* fast 30
Paestī in Pästum *(wo?)* 45
pār, paris ebenbürtig, gleich 49
parāre (vor)bereiten, vorhaben; erwerben 8
   necēs parāre Mordanschläge vorbereiten 9
parātus, a, um bereit, vorbereitet 58
parcere, parcō, pepercī *m. Dat.* schonen, sparen 47
parcus, a, um sparsam 17
parēns, parentis *m / f* Vater, Mutter; *Pl.* Eltern 16

pārēre, pāreō gehorchen, sich richten nach 7
parere, pariō, peperī, partum zur Welt bringen; erwerben, schaffen 25
   victōriam parere den Sieg erringen 56
pariter *Adv.* ebenso, gleichzeitig 72
   pariter ac / atque ebenso wie 72
pars, partis *f* Teil, Seite, Richtung 28
   utrāque parte auf beiden Seiten 50
parum *Adv.* (zu) wenig 70
parvus, a, um klein, gering 14
   parvī aestimāre gering (ein)schätzen 38
   parvī esse wenig wert sein / gelten 38
   parvī facere gering (ein)schätzen 38
   parvī putāre gering (ein)schätzen 38
   parvō vendere billig verkaufen 37
pater, patris *m* Vater 16
   patre vīvō zu Lebzeiten des Vaters 58
   patrēs (cōnscrīptī) *m Pl.* Senatoren 38
patēre, pateō offenstehen, sich erstrecken 2
patī, patior, passus sum (er)leiden, ertragen, zulassen 68
patria Heimat 17
paucī, ae, a wenige 14
paulātim *Adv.* allmählich 72
paulō post (ein) wenig später 12
paulum *Adv.* ein wenig 3
pāx, pācis *f* Frieden 24
   pāx Augusta die Augusteische Friedenszeit 50
peccāre einen Fehler machen, sündigen 70
pectus, pectoris *n* Brust, Herz 24
pecūnia Geld, Vermögen 4
pecus, pecoris *n* Vieh; Tier 15
pellere, pellō, pepulī, pulsum stoßen, schlagen, (ver)treiben 11, 37
pendēre, pendeō, pependī (herab)hängen, schweben 31
penna Feder 31
per *m. Akk.* durch, hindurch 21
perdere, perdō, perdidī, perditum verlieren, verschwenden; zugrunde richten 42, 59
perferre, perferō, pertulī, perlātum (über)bringen, ertragen 62
perficere, perficiō, perfēcī, perfectum erreichen, fertigstellen, vollenden 27, 44
pergere, pergō, perrēxī aufbrechen; weitermachen 14, 33
   iter pergere die Reise / den Weg fortsetzen 43

perīculum Gefahr 9
  perīculum subīre eine Gefahr auf sich nehmen 66
perīre, pereō, periī umkommen, zugrunde gehen 39
perītus, a, um *(m. Gen.)* erfahren, kundig (in) 63
permittere, permittō, permīsī (permissum) erlauben, überlassen 11, 23
permovēre, permoveō, permōvī, permōtum beunruhigen, veranlassen 65
perniciēs, perniciēī *f* Verderben, Vernichtung 29
perpetuus, a, um dauerhaft, ewig 50
persequī, persequor, persecūtus sum verfolgen 68
perspicere, perspiciō, perspexī, perspectum durchschauen, erkennen, genau betrachten, sehen 40
persuādēre, persuādeō, persuāsī, persuāsum *m. Dat.* überreden, überzeugen 38
perterrēre, perterreō, perterruī, perterritum sehr erschrecken, einschüchtern 30, 32
pertinēre, pertineō (ad *m. Akk.*) betreffen, gehören (zu), sich erstrecken (bis) 22, 44
perturbāre in Verwirrung bringen 33
pervenīre, perveniō, pervēnī (perventum) (ad/in *m. Akk.*) kommen zu / nach 21
pēs, pedis *m* Fuß 11
pessimus, a, um der schlechteste, sehr schlecht; der schlimmste, sehr schlimm 65
petere, petō, petīvī (petītum) (auf)suchen, (er)streben, bitten, verlangen 5, 19
  cūriam petere die Kurie aufsuchen, zur Kurie eilen 5
  salūtem fugā petere Rettung in der Flucht suchen 60
philosóphia Philosophie 54
philosophus Philosoph 44
pietās, pietātis *f* Frömmigkeit; Ehrfurcht, Pflichtgefühl 24
pius, a, um fromm, gerecht, pflichtbewusst 53
placēre, placeō gefallen 3
  mihi placet mir gefällt es, ich beschließe 25
plēbs, plēbis *f* (nicht adeliges, einfaches) Volk 9
plēnus, a, um *(m. Gen.)* voll (von / mit) 57
plērīque, plēraeque, plēraque die meisten, sehr viele 53
plērumque *Adv.* meistens 69
plūrēs, plūra *(Gen.* plūrium*)* mehr(ere) 61
plūrimī, ae, a sehr viele 42
plūrimum *Adv.* sehr viel, am meisten 65

plūs *Adv.* mehr 65
plūs, plūris mehr 27
  plūris aestimāre höher einschätzen, für wichtiger halten 45
  plūris exīstimāre höher einschätzen 58
  plūs ... quam mehr ... als 27
poena Strafe 23
  poenā afficere betrafen 23
poēta *m* Dichter 47
pollicērī, polliceor, pollicitus sum versprechen 68
pōnere, pōnō, posuī, positum (auf)stellen, (hin)legen, setzen 36
  spem pōnere in *m. Abl.* Hoffnung setzen in jmd. 39
pōns, pontis *m* Brücke 36
populus Volk, Volksmenge (die Leute) 3
porta Tor 2
portāre bringen, tragen 5
portus, portūs *m* Hafen 42
pōscere, pōscō, popōscī fordern, verlangen 7, 38
posse, possum, potuī können 13, 18
possidēre, possideō besitzen 16
post *m. Akk.* hinter, nach 20
posteā *Adv.* nachher, später 19
posterus, a, um folgend 17
  posterī, posterōrum *m Pl.* Nachkommen 17
  posterō diē am folgenden Tag 60
postquam *Subj. m. Perf.* nachdem, als 24
postrēmō *Adv.* kurz (gesagt); schließlich 70
postrīdiē *Adv.* am folgenden Tag 66
pōstulāre fordern 50
potēns, potentis mächtig, stark 26
potestās, potestātis *f* (Amts-)Gewalt, Macht 49
potius *Adv.* eher, lieber 71
praebēre, praebeō geben, hinhalten 13
  sē praebēre sich zeigen 43
praeceptor, praeceptōris *m* Lehrer 73
praecipere, praecipiō, praecēpī, praeceptum (be)lehren, vorschreiben 70
praeclārus, a, um großartig 23
praeda Beute 25
praedicāre rühmen, preisen; behaupten 50
praeesse, praesum, praefuī *m. Dat.* an der Spitze stehen, leiten 38
praeferre, praeferō, praetulī, praelātum vorziehen 70
praemium Belohnung, Lohn 35

praesertim (cum) besonders (da, weil) 60
praesidium Schutztruppe, (Wach-)Posten 61
praestāre, praestō, praestitī *m. Akk.* gewähren, leisten, zeigen 47
    officium praestāre die Pflicht erfüllen 48
    praestāre *m. Dat.* jmd. übertreffen 64
    sē praestāre *m. Akk.* sich erweisen als 47
praeter *m. Akk.* außer 63
praetereā *Adv.* außerdem 36
praeterīre, praetereō, praeteriī, praeteritum vorbeigehen, übergehen 48
praetor, praetōris Prätor (für die Rechtsprechung zuständiger Beamter) 37
precārī, precor, precātus sum bitten 71
premere, premō, pressī, pressum (unter)drücken, bedrängen 69
pretium Preis, Wert 6
    dē pretiō agere über den Preis verhandeln 6
    pretium quaerere *(ex/dē m. Abl.)* (jmd.) nach dem Preis fragen 8
prex, precis *f* Bitte 34
prīmō *Adv.* zuerst 13
prīmum *Adv.* erstens, zuerst, zum ersten Mal 12
prīmus, a, um der (die, das) erste 28
prīnceps, prīncipis *m* der Erste, der führende Mann; Kaiser 49
prius *Adv.* eher, früher 45
priusquam *Subj. m. Ind.* bevor 48
prō *m. Abl.* vor; anstelle von, für; entsprechend 25
probāre prüfen, beweisen, für gut befinden 6
probus, a, um anständig, gut; tüchtig 14
prōcēdere, prōcēdō (vorwärts)gehen, vorrücken 13
procul *Adv.* von fern, weit weg 5
prōdere, prōdō, prōdidī, prōditum überliefern, verraten 65
prōdesse, prōsum, prōfuī nützen, nützlich sein 72
proelium Kampf, Schlacht 39
    proelium inīre den Kampf beginnen 39
profectō *Adv.* sicherlich, tatsächlich 6
proficīscī, proficīscor, profectus sum (ab)reisen, aufbrechen 68
prōgredī, prōgredior, prōgressus sum vorrücken, weitergehen 68
prohibēre, prohibeō (ā/ab) abhalten, fernhalten (von); hindern (an) 6
proinde *Adv.* daher, also, ebenso 16

prōmittere, prōmittō, prōmīsī (prōmissum) versprechen 10, 20
prope *Adv.* nahe, in der Nähe; beinahe 3
properāre eilen, sich beeilen 2
propinquus, a, um nahe; *Subst.* Verwandter 42
propius *Adv.* näher 67
prōpōnere, prōpōnō, prōposuī, prōpositum darlegen, in Aussicht stellen 69
propter *m. Akk.* wegen 45
proptereā quod deswegen weil 60
prōrsus *Adv.* überhaupt, völlig 72
prōspicere, prōspiciō, prōspexī, prōspectum schauen auf, sehen 66
prōtinus *Adv.* sofort 51
prōvidēre, prōvideō, prōvīdī, prōvīsum *m. Akk.* vorhersehen, *m. Dat.* sorgen für 43
    prōvidēre, ut dafür sorgen, dass 57
prōvincia Provinz 35
proximus, a, um der nächste 40
pūblicus, a, um öffentlich, staatlich 35
    rēs pūblica Staat 35
pudet, puduit es beschämt 61
    mē pudet ich schäme mich 61
pudor, pudōris *m* Scham(gefühl), Anstand 56
puella Mädchen, Freundin 4
puer, puerī *m* Junge 13
    puer novem annōrum ein neunjähriger Junge 41
pūgna Kampf 30
pūgnāre kämpfen 17
pulcher, pulchra, pulchrum schön 14
pūnīre, pūniō, pūnīvī (be)strafen 58
pūrus, a, um rein, klar 50
putāre glauben, meinen 20
    putāre *m. dopp. Akk.* halten für 35

quaerere, quaerō, quaesīvī, quaesītum *(ex/dē m. Abl.)* suchen; erwerben wollen; (jmd.) fragen 4, 20, 54
    pretium quaerere *(ex/dē m. Abl.)* (jmd.) nach dem Preis fragen 8
quaesō bitte! 9
quālis wie (beschaffen) 39
    tālis ... quālis so beschaffen ... wie (beschaffen) 39
quam als, wie 16
    plūs ... quam mehr ... als 27
    quam *m. Superlativ* möglichst 65
    quam bonus ... wie gut ... 16

tam … quam so … wie 16
quamobrem *Adv.* warum; *als relativer Satzanschluss:* deshalb 63
quamquam *Subj. m. Ind.* obwohl 24
quamvīs *Subj. m. Konj.* wenn auch; *Adv.* beliebig, wie du willst 51
quandō wann 33
quantus, a, um wie groß, wie viel 43
tantum … quantum so viel … wie (viel) 43
tantus … quantus so groß … wie (groß) 43
quārē weshalb, wodurch; *relativer Satzanschluss:* deshalb 52
quārtus, a, um der (die, das) vierte 28
quasi *Adv.* gleichsam 69
-que *(angehängt)* und 12
quemadmodum auf welche Weise (auch immer), wie 73
querī, queror, questus sum *(m. Akk.)* klagen; sich beklagen (über) 68
quī, quae, quod der, die, das; welcher, welche, welches 16, 52
nōn is est, quī *m. Konj.* er ist nicht der Mann, der 66
quā dē causā aus welchem Grund; *relativer Satzanschluss:* deshalb 54
quibus dē causīs aus welchen Gründen; *relativer Satzanschluss:* deshalb 54
quibus verbīs dictīs nach diesen Worten 57
quia *Subj.* weil 8
quīcumque, quaecumque, quodcumque jeder, der; wer auch immer; *neutr.* alles, was 70
quid? was? 2
quid cōnsiliī welcher Plan, welcher Entschluss 69
quīdam, quaedam, quoddam *Adj.* ein gewisser, irgendeiner; *Pl.* einige 66
incrēdibilī quādam virtūte mit geradezu unglaublicher Tapferkeit 66
quidem *Adv.* freilich, gewiss, wenigstens, zwar 10
quiēscere, quiēscō, quiēvī (aus)ruhen, schlafen 5, 19
quīn *im Hauptsatz* vielmehr, warum nicht?; *Subj. m. Konj.* dass nicht; *(in festen Wendungen)* dass 71
nēmō dubitat, quīn niemand zweifelt daran, dass 71
nōn multum abest, quīn es fehlt nicht viel, dass 71

quīntus, a, um der (die, das) fünfte 28
quīntō quōque annō alle vier Jahre (in jedem 5. Jahr) 54
quis? wer? 3
quis nostrum / quis vestrum wer von uns / wer von euch 54
quisnam wer denn 59
quisquam, quaequam, quidquam (quicquam) irgendjemand 64
quisque, quaeque, quodque *Adj.* jeder 49
optimus quisque gerade die Besten (jeder Beste) 49
quīntō quōque annō alle vier Jahre 54
quisque, quidque *Subst.* jeder 49
quisquis, quidquid (quicquid) *Subst.* jeder, der; wer auch immer; *neutr.* alles, was 70
quō? wohin 29
quō … eō *m. Komp.* je … desto 70
quod *Subj. m. Ind.* dass, weil 39, 55
quōmodo wie, auf welche Weise 54
quondam *Adv.* einmal, einst; manchmal 17
quoniam *Subj. m. Ind.* da ja, da nun 60
quoque *(nachgestellt)* auch 10
quot wie viele 31
quotiēns wie oft; so oft 51

rapere, rapiō, rapuī, raptum rauben, wegführen, wegreißen 25, 34
rārō *Adv.* selten 12
ratiō, ratiōnis *f* Grund, Vernunft, Überlegung; Art und Weise; Berechnung 48
recēns, recentis frisch, neu 26
sē recipere sich zurückziehen 60
recitāre vorlesen, vortragen 47
recreāre wiederherstellen, erfrischen 44
rēctē *Adv.* geradeaus, richtig, zu Recht 8
rēctus, a, um gerade, recht, richtig 72
reddere, reddō, reddidī (redditum) zurückgeben, etwas zukommen lassen; *(m. dopp. Akk.)* machen zu 28
redīre, redeō, rediī, reditum zurückgehen, zurückkehren 39
referre, referō, rettulī, relātum (zurück)bringen, berichten 62
regere, regō, rēxī (rēctum) beherrschen, leiten, lenken 19
rēgīna Königin 34
regiō, regiōnis *f* Gebiet, Gegend, Richtung 20
rēgnum (Königs-)Herrschaft, Reich 26

religiō, religiōnis *f* Glaube, Aberglaube, (Gottes-)Verehrung, Frömmigkeit, Gewissenhaftigkeit 53
relinquere, relinquō, relīquī, relictum zurücklassen, verlassen 12, 28, 31
reliquus, a, um künftig, übrig 61
remittere, remittō, remīsī, remissum zurückschicken; nachlassen, vermindern 43
repellere, repellō, reppulī, repulsum zurückstoßen, abweisen, vertreiben 57
repente *Adv.* plötzlich, unerwartet 56
reperīre, reperiō, repperī, repertum (wieder)finden 21, 57
repetere, repetō, repetīvī, repetītum wiederholen, (zurück)verlangen 41
reprehendere, reprehendō, reprehendī kritisieren, schimpfen 6
rērī, reor, ratus sum meinen 67
rēs, reī *f* Angelegenheit, Ding, Sache 28
   rēs adversae Unglück 28
   rēs familiāris Vermögen 28
   rēs gestae Taten 40
   rēs pūblica Staat 35
resistere, resistō, restitī stehenbleiben; Widerstand leisten 14, 34
respicere, respiciō, respexī, respectum zurückblicken, berücksichtigen 31
respondēre, respondeō, respondī antworten, entsprechen 17, 27
restituere, restituō, restituī, restitūtum wiederherstellen 38
retinēre, retineō zurückhalten, behalten, festhalten 5
revertī, revertor, revertī, reversum zurückkehren 69
revocāre zurückrufen 42
rēx, rēgis *m* König 24
   tyrannō rēge unter der Regierung eines Tyrannen 58
   rēge invītō gegen den Willen des Königs 58
Rhodum nach Rhodos 47
rīdēre, rīdeō, rīsī lachen, auslachen 3, 21
rogāre bitten, erbitten; fragen 46
Rōma Rom 1
   Rōmā von / aus Rom (weg) *(woher?)* 35
   Rōmae in Rom *(wo?)* 35
   Rōmam nach Rom *(wohin?)* 23
Rōmānus, a, um Römer; römisch 4; 17
ruere, ruō, ruī, ruitūrum eilen, stürmen, (ein)stürzen 60

rumpere, rumpō, rūpī, ruptum zerbrechen 73
rūsticus, a, um ländlich 14
   vīlla rūstica Landgut 14

sacer, sacra, sacrum *(m. Gen.)* geweiht, heilig 38
sacerdōs, sacerdōtis *m / f* Priester(in) 56
sacrum Heiligtum, Opfer 54
   sacra facere Opfer darbringen, opfern 41
saeculum Jahrhundert, Menschenalter, Zeit(alter) 35
saepe *Adv.* oft 10
saevus, a, um schrecklich; wild, wütend 18
salūs, salūtis *f* Gesundheit, Glück, Rettung; Gruß 18
   dē salūte dēspērāre die Hoffnung auf Rettung aufgeben 29
   salūtem fugā petere Rettung in der Flucht suchen 60
salūtāre (be)grüßen 2
salvē / salvēte Sei gegrüßt! / Seid gegrüßt! Guten Tag! 2
salvus, a, um gesund, unversehrt 30
sānctus, a, um ehrwürdig, heilig 62
sanguis, sanguinis *m* Blut; Blutvergießen 61
sapiēns, sapientis weise, verständig 53
sapientia Weisheit, Einsicht 54
satis *Adv.* genug 64
saxum Fels, Stein 14
scelerātus, a, um verbrecherisch; *Subst.* Verbrecher 8, 25
scelus, sceleris *n* Verbrechen 37
   scelus committere ein Verbrechen begehen 37
schola Schule 71
scīlicet *Adv.* freilich, natürlich, selbstverständlich 13
scīre, sciō wissen, kennen, verstehen 9
   haud sciō, an ich weiß nicht, ob nicht; vielleicht 71
scrībere, scrībō, scrīpsī, scrīptum schreiben, beschreiben 44
scrīptor, scrīptōris *m* Schriftsteller 44
sē *Akk.* sich 23
   sē dare *m. Dat.* sich widmen 36
   sē gerere sich verhalten 59
   sē praebēre *m. Akk.* sich zeigen (als) 43
   sē praestāre *m. Akk.* sich erweisen als 47
   sē recipere sich zurückziehen 60
sēcum mit sich, bei sich 23

secundus, a, um   der (die, das) zweite, günstig 28
sed   aber, sondern 2
sedēre, sedeō, sēdī, sessum   sitzen 3, 45
sēdēs, sēdis f   Sitz, Wohnsitz, Platz 49
semper Adv.   immer 6
senātor, senātōris m   Senator 3
senātus, senātūs m   Senat, Senatssitzung 48
senex, senis m   Greis, alter Mann 9
sēnsus, sēnsūs m   Gefühl, Sinn, Verstand 27
sententia   Meinung, Satz, Sinn, Antrag (im Senat) 22
sentīre, sentiō, sēnsī   fühlen, meinen, wahrnehmen 9, 18
sequī, sequor, secūtus sum m. Akk.   folgen 68
sermō, sermōnis m   Gespräch, Sprache, Äußerung, Gerede 21
serpēns, serpentis m/f   Schlange 27
serva   Sklavin, Dienerin 1
servāre (ā m. Abl.)   bewahren, retten (vor) 7
   fidem servāre   sein Wort halten 34
servitūs, servitūtis f   Sklaverei 65
servus   Sklave, Diener 1
sevērus, a, um   streng 41
sex indekl.   sechs 26
sī Subj.   falls, wenn 8
sīc Adv.   so 37
sīgnum   Merkmal, Zeichen; Statue 22
silva   Wald 11
similis, e m. Gen./Dat.   ähnlich 19
simplex, simplicis   einfach 45
simulācrum   Bild, Schatten (eines Toten) 10
sīn (autem)   wenn aber 48
sine m. Abl.   ohne 6
   sine ūllā morā   unverzüglich 43
sinere, sinō, sīvī, situm   lassen, erlauben 41
singulāris, e   einzeln; einzigartig 51
singulus, a, um   je ein, jeder einzelne 50
sinister, sinistra, sinistrum   links; trügerisch, falsch 15
sinus, sinūs m   Brust, Bucht, Tasche, Krümmung 66
situs, a, um   gelegen (in Ortsangaben) 44
socius   Gefährte, Verbündeter 24
sōl, sōlis m   Sonne 10
solēre, soleō, solitus sum   gewohnt sein, gewöhnlich etwas tun 72
sollicitāre   aufhetzen, beunruhigen, erregen 5

sōlum   nur 22
   nōn sōlum … sed etiam   nicht nur … sondern auch 17
sōlus, a, um   allein, einzig 34
somnus   Schlaf 25
soror, sorōris f   Schwester 27
sors, sortis f   Los, Orakelspruch, Schicksal 57
spargere, spargō, sparsī, sparsum   ausstreuen, bespritzen, verbreiten 53
spatium   Raum, Strecke, (Zeit-)Raum 51
speciēs, speciēī f   Anblick, Aussehen, Schein 73
spectāre   betrachten, hinsehen 4
spērāre   erwarten, hoffen 29
spēs, speī f   Hoffnung 28
   spem pōnere in m. Abl.   Hoffnung setzen in jmd. 39
spīritus, spīritūs m   Atem, Seele 27
spoliāre (m. Abl.)   berauben, plündern 49
sponte meā (tuā, suā)   freiwillig, mit eigener Kraft, von selbst 51
stāre, stō, stetī   stehen 3, 21
statim Adv.   auf der Stelle, sofort 3
statua   Statue, Standbild 1
statuere, statuō, statuī, statūtum   aufstellen, beschließen, festsetzen 53
   exemplum statuere   ein Exempel statuieren 53
studēre, studeō   sich bemühen; sich (wissenschaftlich) beschäftigen 7, 19
   virtūtī studēre   sich um Tapferkeit bemühen 64
studium   Beschäftigung, Engagement, Interesse 19
stultus, a, um   dumm 33
sua n Pl.   sein / ihr Besitz 23
sub m. Abl.   unten an / bei, unter (wo?) 18
subigere, subigō, subēgī, subāctum   zwingen, unterwerfen 66
subīre, subeō, subiī, subitum   auf sich nehmen, herangehen 39
   mortem subīre   den Tod auf sich nehmen 65
   perīculum subīre   eine Gefahr auf sich nehmen 66
   supplicium subīre   hingerichtet werden 47
subitō Adv.   plötzlich 4
succēdere, succēdō, successī, successum   (nach)folgen, nachrücken 66
suī m Pl.   seine / ihre Leute 23
sūmere, sūmō, sūmpsī, sūmptum   nehmen 47
   supplicium sūmere dē m. Abl.   die Hinrichtung vollziehen an, hinrichten 47

summus, a, um der oberste, der höchste, der letzte 40
   in summō discrīmine in höchster Gefahr 61
sūmptus, sūmptūs *m* Aufwand, die Kosten 49
super *m. Akk.* (oben) auf, über (... hinaus) (wohin?) 19
superāre besiegen, übertreffen 17
   superāre *m. Abl.* übertreffen an 22
superbia Stolz, Überheblichkeit 31
superbus, a, um stolz, überheblich 16
superī, superōrum *m Pl.* die Götter 59
superior, superiōris der höhere 66
supplex, supplicis demütig bittend 42
supplicium Hinrichtung, Strafe; flehentliches Bitten 25
   supplicium subīre hingerichtet werden 47
   supplicium sūmere dē *m. Abl.* die Hinrichtung vollziehen an, hinrichten 47
suprā *m. Akk.* oberhalb, über 46
surgere, surgō, surrēxī, surrēctum sich erheben, aufstehen 52
suscipere, suscipiō, suscēpī, susceptum *m. Akk.* auf sich nehmen, sich (einer Sache) annehmen, unternehmen 15, 35
suspicārī, suspicor vermuten, ahnen 69
suspīciō, suspīciōnis *f* Verdacht, Vermutung 15
sustinēre, sustineō ertragen, standhalten 5
suus, sua, suum ihr, sein 23
   sua *n Pl.* sein / ihr Besitz 23
   suī *m Pl.* seine / ihre Leute 23

taberna Laden, Wirtshaus 2
tabula Aufzeichnung, Gemälde, Tafel 50
tacēre, taceō schweigen, verschweigen 3
tālis, e derartig, ein solcher, so (beschaffen) 37
   tālis ... quālis so beschaffen ... wie (beschaffen) 39
tam so 15
   tam ... quam so ... wie 16
tamen dennoch, jedoch 6
   neque tamen und trotzdem nicht 9
tamquam *Adv.* wie; *Subj.* wie wenn, als ob 57
tandem *Adv.* endlich 3; *im Fragesatz* denn eigentlich 61
tangere, tangō, tetigī (tāctum) berühren 5, 21
tantum nur 26
tantus, a, um so groß, so viel 43
   tantum ingeniī so viel (an) Begabung 69
   tantum ... quantum so viel ... wie (viel) 43
   tantus ... quantus so groß ... wie (groß) 43
tē īgnārō ohne dein Wissen 58
tēctum Dach; Haus 12
tegere, tegō, tēxī, tēctum bedecken, schützen, verbergen 18, 51
tēlum (Angriffs-)Waffe, Geschoss 28
temperāre *m. Akk.* lenken, ordnen 38
temperāre *m. Dat.* maßvoll gebrauchen, zurückhalten, schonen 18
   īrae temperāre seinen Zorn zurückhalten 56
tempestās, tempestātis *f* Sturm, (schlechtes) Wetter 43
templum Tempel, heiliger Ort 1
temptāre angreifen; prüfen, versuchen 23
tempus, temporis *n* (günstige) Zeit; Umstände 20
   brevī tempore nach kurzer Zeit, bald (darauf) 20
   multum temporis viel Zeit 69
tendere, tendō, tetendī, tentum spannen, (aus)strecken, sich anstrengen 32
tenebrae, tenebrārum *f Pl.* Dunkelheit, Finsternis 13
tenēre, teneō halten, festhalten, besitzen 7
   memoriā tenēre im Gedächtnis behalten 22
terra Erde, Land 18
   terrā marīque zu Wasser und zu Lande 18
terrēre, terreō erschrecken 15
tertius, a, um der (die, das) dritte 28
theātrum Theater 21
thermae, thermārum *f Pl.* Thermen, Badeanlage 21
tibi *Dat.* dir 11
timēre, timeō Angst haben, fürchten 5
   timēre, nē *m. Konj.* Angst haben / fürchten, dass 46
timor, timōris *m* Angst, Furcht 6
   timōre afficī in Furcht geraten, Angst bekommen 39
toga Toga 48
tollere, tollō, sustulī, sublātum aufheben, in die Höhe heben, wegnehmen 32
torquēre, torqueō, torsī drehen, schleudern, quälen 18
tot *indekl.* so viele 20
tōtus, a, um *(Gen.* tōtīus, *Dat.* tōtī) ganz 35
   tōtā Italiā in ganz Italien 35
   tōtō imperiō im ganzen Reich 35

trādere, trādō, trādidī, trāditum übergeben, überliefern 50
trādūcere, trādūcō, trādūxī, trāductum *(m. Akk.)* hinüberführen (über) 41
trahere, trahō, trāxī, tractum schleppen, ziehen 52
trānsīre, trānseō, trānsiī, trānsitum überschreiten, durchqueren, hinübergehen 39
   modum trānsīre das Maß überschreiten 39
trecentī, ae, a dreihundert 36
trēs, trēs, tria drei 37
trīstis, e traurig, unfreundlich 19
tū du 10
tuērī, tueor *m. Akk.* betrachten, schützen, (milit.) sichern, sorgen für 67
tum *Adv.* da, damals, dann, darauf 3
tunc *Adv.* damals, dann 52
turba Menschenmenge; Lärm, Verwirrung 5
turpis, e unanständig, hässlich, schändlich 19
turris, turris *f* Turm 26
tūtus, a, um sicher 24
tuus, a, um dein 16
tyrannus Tyrann, Gewaltherrscher 25
   tyrannō rēge unter der Regierung eines Tyrannen 58

ubi *Subj. m. Ind. Perf.* sobald 48
ubī? wo? 2
ūllus, a, um *(Gen.* ūllīus, *Dat.* ūllī*)* irgendeiner 43
   sine ūllā morā unverzüglich 43
ultimus, a, um der äußerste, der entfernteste, der letzte 48
ultrō *Adv.* freiwillig, noch dazu 22
umbra Schatten 10
umerus Schulter, Oberarm 6
umquam jemals 41
   nē umquam dass nie(mals) 46
ūnā *Adv.* zugleich, zusammen 64
unda Gewässer, Welle 29
unde woher 33
undique *Adv.* von allen Seiten 29
ūnus, a, um *(Gen.* ūnīus, *Dat.* ūnī*)* ein(er), ein einziger 14
   ūnus ē/ex einer von 14
urbs, urbis *f* Stadt, Hauptstadt 13
ūsque ad *m. Akk.* bis zu 44
ūsus, ūsūs *m* Benutzung, Nutzen, Gebrauch 27
   ūsuī esse von Nutzen / nützlich sein 43

ut *Adv.* wie 10; *Subj. m. Ind.* sobald, sooft 30; *Subj. m. Konj.* dass, sodass; damit 46, 47
   ut nōn *Subj. m. Konj.* (so)dass nicht 47
uterque *(Gen.* utrīusque, *Dat.* utrīque*)* beide; jeder (von zweien) 50
   utrāque parte auf beiden Seiten 50
ūtī, ūtor, ūsus sum *m. Abl.* benutzen, gebrauchen 68
ūtilis, e nützlich 30
utinam hoffentlich, wenn doch 59
utrum *im indir. Fragesatz* ob 61
utrum ... an *im dir. Fragesatz* ... oder 52; *im indir. Fragesatz* ob ... oder 61
uxor, uxōris *f* Ehefrau 24

valē/valēte Leb wohl! / Lebt wohl! 8
valēre, valeō, valuī Einfluss haben; gesund sein, stark sein 27
   bene valēre (richtig) gesund sein 69
valētūdō, valētūdinis *f* Gesundheit(szustand) 69
varietās, varietātis *f* Verschiedenheit, Mannigfaltigkeit 73
varius, a, um bunt, verschieden, vielfältig 14
vās, vāsis *n* Gefäß 37
   vāsa, vāsōrum *n Pl.* Gefäße 11
vāstus, a, um riesig; menschenleer, verwüstet 15
-ve *(angehängt)* oder 73
vehemēns, vehementis energisch, heftig 26
vel oder, sogar 36
vel ... vel entweder ... oder 65
velle, volō, voluī wollen 15, 18
velut wie, wie zum Beispiel 32
vendere, vendō, vendidī, venditum verkaufen 13, 37
   parvō vendere billig verkaufen 37
venia Gefallen; Nachsicht, Verzeihung 11
   veniam dare verzeihen 11
venīre, veniō, vēnī (ventum) kommen 9, 21
   auxiliō venīre zu Hilfe kommen 28
ventus Wind 29
verbum Wort, Äußerung 5
   quibus verbīs dictīs nach diesen Worten 57
verērī, vereor, veritus sum fürchten, sich scheuen; verehren 67
vērō *Adv.* in der Tat, wirklich; aber 47
versārī, versor, versātus sum sich aufhalten, sich befinden 67
   in rē pūblicā versārī sich politisch betätigen 69

vertere, vertō, vertī, versum drehen, wenden 29, 55
   in fugam vertere in die Flucht schlagen, vertreiben 66
vērus, a, um echt, richtig, wahr 36
vesper, vesperī *m* Abend; Westen 13
vester, vestra, vestrum euer 16
vestis, vestis *f* Kleidung; *Pl.* Kleider 29
vetāre, vetō, vetuī verbieten 58
vetus, veteris alt 60
vexāre quälen, heimsuchen 43
via Straße, Weg 6
   mediā in viā mitten auf der Straße 14
   viam dare Platz machen 14
victor, victōris *m* Sieger; *Adj.* siegreich 42, 50
victōria Sieg 26
   dē victōriā certāre um den Sieg streiten 56
   victōriam parere den Sieg erringen 56
vīcus Dorf; Gasse 12
vidēre, video, vīdī (vīsum) sehen 2, 21
   vidēre, ut darauf achten, dass 50
vidērī, videor, vīsus sum scheinen, gelten (als) 67
vigilia Nachtwache, (Wach-)Posten 66
viginti *indekl.* zwanzig 48
vīlla Haus, Landhaus 12
   vīlla rūstica Landgut 14
vincere, vincō, vīcī, victum (be)siegen, übertreffen 21, 42
   vincere *m. Abl.* übertreffen an 21
vinculum Band, Fessel; *Pl.* Gefängnis 25
   in vincula conicere in Fesseln legen, fesseln 47
   in vincula dare in Fesseln legen, fesseln 25
vindicāre beanspruchen, bestrafen 49
vīnum Wein 9
violāre verletzen, entehren 5
vir, virī *m* Mann 13
   vir vērē Rōmānus ein echter Römer 43
vīrēs, vīrium *f Pl.* Kräfte, Streitkräfte 27
virgō, virginis *f* Mädchen 25
virtūs, virtūtis *f* Tapferkeit, Tüchtigkeit, Vortrefflichkeit, Leistung; *Pl.* gute Eigenschaften, Verdienste 25
   incrēdibilī quādam virtūte mit geradezu unglaublicher Tapferkeit 66
   virtūtī studēre sich um Tapferkeit bemühen 64
vīs, *Akk.* vim, *Abl.* vī *f* Gewalt, Kraft, Menge 27
   vīrēs, vīrium *f Pl.* Kräfte, Streitkräfte 27

vīsere, vīsō, vīsī, vīsum besichtigen, besuchen 70
vīta Leben, Lebensweise 16
   dē vītā dēcēdere sterben, umkommen 18
   vītam agere sein Leben verbringen / führen 16
vītāre, vītō meiden, vermeiden 72
vitium Fehler, schlechte Eigenschaft 11
vīvere, vīvō, vīxī, vīctūrum leben 19, 55
vīvus, a, um lebend, lebendig 53
   patre vīvō zu Lebzeiten des Vaters 58
vix kaum, (nur) mit Mühe 33
vocāre nennen, benennen, rufen 4
   in iūs vocāre vor Gericht rufen, anklagen 37
volāre fliegen, eilen 23
voluntās, voluntātis *f* Absicht, Wille, Zustimmung 63
voluptās, voluptātis *f* Lust, Vergnügen 45
volvere, volvō, volvī, volūtum rollen, wälzen; überlegen 28, 32
vōs *Nom. / Akk.* ihr / euch 11
vōx, vōcis *f* Stimme; Äußerung, Laut 9
   magnā vōce mit lauter Stimme 14
vulgus, vulgī *n* die Leute (aus dem Volk), die große Masse 55
vulnus, vulneris *n* Wunde; Verlust *(milit.)* 15
vultus, vultūs *m* Gesicht, Gesichtsausdruck; *Pl.* Gesichtszüge 27

aber autem 9
aber sed 2
abhalten (von) prohibēre (ā/ab *m. Abl.*) 6
ablegen dēpōnere 5, 28
alle cūnctī 24
alt antīquus 14
Altar āra 7
alter Mann senex 9
Amphitheater amphitheātrum 21
an ad *m. Akk.* 6
anderer alius 15
Anfang initium 23
angreifen temptāre 23
Angriff impetus 27
Angst metus 27
Angst timor 6
antworten respondēre 17, 27
Arbeit labor 6
arbeiten labōrāre 3, 28
arbeitet, er (sie, es) labōrat 3
Arena arēna 14
Art modus 22
Asche cinis 18
auch et 2
auch etiam 3
auch quoque *(nachgestellt)* 10
auf *(wo?)* in *m. Abl.* 6
auf *(wohin?)* in *m. Akk.* 6
auf diese Weise eō modō 22
auf sich nehmen suscipere *m. Akk.* 15
Aufgabe mūnus 15
Aufgabe negōtium 6
aufsuchen petere 5, 19
aus ē/ex *m. Abl.* 6
ausführen gerere 17, 28
ausruhen quiēscere 5, 19
außerhalb extrā *m. Akk.* 18

bald mox 10
bauen aedificāre 5
Baum arbor 5
baut, er (sie, es) aedificat 5
bedecken tegere 18
Bedingung condiciō 15
bedrohen opprimere 17
befehlen imperāre *(m. Dat.)* 14
befehlen iubēre *(m. Akk.)* 17, 19
befreien līberāre 7

(be)halten tenēre 7
begegnen occurrere 10, 21
Begleiter comes 10
behaupten contendere 20
Beleidigung iniūria 7
bereiten parāre 8
Berg mōns 13
berühmt nōbilis 19
berühren tangere 5, 21
Beschluss cōnsilium 6
Beschuldigung crīmen 15
besiegen superāre *(m. Abl.)* 17
besiegen vincere 21
besitzen possidēre 16
betrachten spectāre 4
betrachtet, er (sie, es) spectat 4
betreten intrāre 3
beunruhigen sollicitāre 5
beunruhigt, er (sie, es) sollicitat 5
bewegen movēre 12, 24
bewirtschaften colere 10
Bild simulācrum 10
bis jetzt adhūc 6
bleiben manēre 10, 21
brennen ārdēre 14
Bruder frāter 25

da tum 3
da sein adesse 2, 21
Dame domina 1
danken grātiās agere 10
dann deinde 13
dann tum 3
dein tuus 16
Denkmal monumentum 1
denn nam 2
dennoch tamen 6
der, die, das *(Rel. pron.)* quī, quae, quod 16
derjenige, diejenige, dasjenige is, ea, id 22
deshalb itaque 4
Dieb fūr 7
Diebstahl fūrtum 9
dieser, diese, dieses is, ea, id 22
Ding rēs 28
Dorf vīcus 12
dort ibī 2
dorthin illūc 4
du tū 10

Deutsch – lateinisches Wörterverzeichnis

Dunkelheit tenebrae 13
durch per *m. Akk.* 21
düster āter 19

ebenso item 8
Ehefrau uxor 24
eilen properāre 2
eilt, er (sie, es) properat 2
eilt zur Kurie, er (sie, es) cūriam petit 5
ein wenig paulum 3
einige nōnnūllī 14
eintreten intrāre 3
endlich tandem 3
energisch ācer 26
energisch vehemēns 26
Engagement studium 19
entkommen effugere *(m. Akk.)* 18, 21
entsprechen respondēre 17, 27
erbauen condere 25
ergreifen comprehendere 6
ergreift, er (sie, es) comprehendit 6
erkennen cognōscere 19
erklären ostendere 10, 27
erobern capere 24
erregen sollicitāre 5
erschrecken terrēre 15
erste, der prīmus 28
ertragen sustinēre 5
erträgt, er (sie, es) sustinet 5
erwarten exspectāre 3
erwartet, er (sie, es) exspectat 3
erzählen narrāre 10
es gibt est 4
es steht fest cōnstat 20
essen cēnāre 13
etwa nicht? nōnne? 9
euer vester 16

Fall cāsus 27
fallen cadere 11, 21
Familie familia 12
fassen capere 24
Feind (Landesfeind) hostis 26
Feld ager 13
Fels saxum 14
festhalten retinēre 5
Feuer flamma 7
Feuer īgnis 28

finden invenīre 11, 26
finden reperīre 21
fordern pōscere 7
Forum forum 1
fragen interrogāre 2
fragt, er (sie, es) interrogat 2
Frau fēmina 4
freiwillig ultrō 22
Freund amīcus 2
Freundin amīca 2
freut sich, er (sie, es) gaudet 2
fröhlich laetus 14
fühlen sentīre 9, 18
führen dūcere 12, 24
Furcht metus 27
Furcht timor 6
fürchten timēre 5
Fuß pēs 11

ganz omnis 19
Gasse vīcus 12
Gast hospes 11
geben dare 5, 26
Gebiet regiō 20
Gedächtnis memoria 22
Gefahr perīculum 9
gefallen placēre 3
gefällt, er (sie, es) placet 3
Gefängnis vincula *n Pl.* 25
gegen contrā *m. Akk.*, in *m. Akk.* 27
gehorchen pārēre 7
geht den Geschäften nach, er (sie, es)
    negōtia agit 6
geht weg, er (sie, es) discēdit 4, 18
Geld pecūnia 4
Gerichtsverhandlung āctiō 22
Geschäft negōtium 6
Geschäften nachgehen negōtia agere 6
Geschenk dōnum 8
Geschrei clāmor 5
Gesinnung animus 19
Gespräch sermō 21
Getreide frūmentum 5
gewaltig ingēns 26
gibt, es est 4
Gladiator gladiātor 21
gleichfalls item 8
Glück bringend fēlīx 26

Deutsch – lateinisches Wörterverzeichnis

Gold   aurum   4
Gott   deus   10
Göttin   dea   7
groß   magnus   14
Großvater   avus   12
gründen   condere   25
grüßen   salūtāre   2
grüßt, er (sie, es)   salūtat   2
günstig   opportūnus   19
gut   bene   8
gut handeln   bene agere   8

haben   habēre   6
hält ab (von), er (sie, es)   prohibet (ā/ab *m. Abl.*)   6
hält fest, er (sie, es)   retinet   5
hält zurück, er (sie, es)   retinet   5
halten   habēre   6
halten   tenēre   7
Hand   manus   27
handeln   agere   6, 27
Händler   mercātor   3
hart   dūrus   14
Hauptstadt   caput   25
Hauptstadt   urbs   13
Haus   tēctum   12
heftig   ācer   26
Heimat   patria   17
helfen   adesse   2, 21
herabsteigen   dēscendere   6, 21
herausführen   ēdūcere   9, 24
herbeikommen   accēdere   3, 19
Herr   dominus   1
Herrschaft   imperium   24
herrschen (über)   imperāre *(m. Dat.)*   14
heute   hodiē   11
hier   hīc   2
hierher   hūc   4
Hilfe   auxilium   7
hilft, er (sie, es)   adest *m. Dat.*   2
Himmel   caelum   19
Hoffnung   spēs   28
holen   arcessere   13
hören   audīre   9, 18

ich   egō   8
ihr   vōs   11
ihr *(Poss. pron.)*   suus   23
im Gedächtnis behalten   memoriā tenēre   22

im Inneren   intus   4
immer   semper   6
immer wieder   iterum atque iterum   14
in *(wo?)*   in *m. Abl.*   6
in der Nähe   prope   3
inzwischen   intereā   5
ist da, er (sie, es)   adest   2
ist, er (sie, es)   est   2

Jahr   annus   16
jetzt   nunc   3
jung   iuvenis   23
Junge   puer   13
junger Mann   adulēscēns   25
junger Mann   iuvenis   23

kämpfen   pūgnāre   17
Kaufmann   mercātor   3
kauft, er (sie, es)   emit   4
kennen   scīre   9
kennenlernen   cognōscere   19
Kinder   līberī   13
klein   parvus   14
kommen   venīre   9, 21
kommen zu / nach   pervenīre (ad/in *m. Akk.*)   21
kommt herbei er (sie, es)   accēdit   3
kommt hinzu, er (sie, es)   accēdit   3
König   rēx   24
Königsherrschaft   rēgnum   26
können   posse   13, 18
Körper   corpus   15
kräftig   fortis   19
Krieg   bellum   17
kritisieren   reprehendere   6
Kuh   bōs   15
Kurie   cūria   1
Küste   lītus   19

lachen   rīdēre   3, 21
lacht, er (sie, es)   rīdet   3
Laden   taberna   2
Lage   condiciō   15
Landgut   vīlla rūstica   14
Landhaus   vīlla   12
lang   longus   21
lange (Zeit)   diū   3
Lärm   clāmor   5
Lärm   turba   5

Last onus 15
laufen currere 21
Leben vīta 16
Leben führen vītam agere 16
lenken regere 19
lernen discere 22
lieben amāre 5
liebt, er (sie, es) amat 5
liegen iacēre 4
liegt, er (sie, es) iacet 4
Liktor līctor 7
loben laudāre 12

machen facere 15, 23
macht Platz, er (sie, es) locum dat 5
Mädchen puella 4
Mädchen virgō 25
Mahlzeit cēna 11
manche nōnnūllī 14
manchmal … manchmal modo … modo 6
Mann vir 13
Markthalle basilica 1
Marktplatz forum 1
Mauer mūrus 12
Meer mare 18
mein meus 15
meinen exīstimāre 20
meinen sentīre 9, 18
Menge multitūdō 23
Mensch homō 16
Menschenmenge turba 5
mit cum *m. Abl.* 6
mit lauter Stimme magnā vōce 14
mitten auf der Straße mediā in viā 14
müssen dēbēre 7
Mutter māter 24

nach post *m. Akk.* 20
nach *(wohin?)* in *m. Akk.* 6
nach Hause domum 6
nach kurzer Zeit brevī tempore 20
nachdem postquam *m. Perf.* 24
nachgehen, den Geschäften negōtia agere 6
Nachkommen posterī 17
Nachricht nūntius 18
Nacht nox 13
nämlich enim *(nachgestellt)* 7
nämlich nam 2

Natur nātūra 12
neu novus 18
nicht nōn 2
nicht mehr nōn iam 5
nicht nur … sondern auch nōn modo … sed etiam 4
nicht nur … sondern auch nōn sōlum … sed etiam 17
nicht selten haud rārō 12
nie numquam 15
niederlegen dēpōnere 5, 28
niemals numquam 15
niemand nēmō 3
noch adhūc 6
nun nunc 3

obwohl quamquam 24
oder aut 23
offenstehen patēre 2
oft saepe 10
ohne sine *m. Abl.* 6
Ort locus 5

Pferd equus 5
Platz locus 5
Platz machen locum dare 5
Platz machen viam dare 14
plötzlich subitō 4
Preis pretium 6
prüfen probāre 6

Quelle fōns 13

rauben rapere 25
Reich rēgnum 26
retten (vor) servāre (ā/ab *m. Abl.*) 7
richtig rēctē 8
riesig vāstus 15
Römer Rōmānus 4
römisch Rōmānus 17
rücksichtslos acerbus 15
rufen vocāre 4
ruft, er (sie, es) vocat 4
ruhen quiēscere 5, 19
Ruhm glōria 21
ruht (aus), er (sie, es) quiēscit 5

sagen dīcere 10, 23
Satz sententia 22
Schatten umbra 10
scherzen lūdere 11, 21
schicken mittere 3, 20
schickt weg, er (sie, es) dīmittit 5
Schiff nāvis 19
Schlange serpēns 27
schlecht malus 15
schließlich dēnique 4
schlimm malus 15
Schmuck(stück) ōrnāmentum 4
schon iam 2
schön pulcher 14
schreien clāmāre 3
schreit, er (sie, es) clāmat 3
Schulter umerus 6
schwarz āter 19
schweigen tacēre 3
schweigt, er (sie, es) tacet 3
schwierig difficilis 28
sechs sex 26
sehen vidēre 2, 21
Sei gegrüßt! Seid gegrüßt! salvē/salvēte 2
sein esse 7
sein suus 23
selbstverständlich scīlicet 13
selten rārō 12
Senator senātor 3
sich *(Akk.)* sē 23
sich beeilen properāre 2
sich befinden esse 2, 7, 18
sich bemühen studēre *(m. Dat.)* 7, 19
sich freuen gaudēre 2
sich sehnen nach dēsīderāre 8
siegen vincere 21
sieht, er (sie, es) videt 2
Silber argentum 4
sind, sie sunt 2
sitzen sedēre 3
sitzt, er (sie, es) sedet 3
Sklave servus 1
Sklavin serva 1
sofort statim 3
sogar etiam 3
Sohn filius 1
sondern sed 2
später posteā 19

Spiel lūdus 21
spielen lūdere 11, 21
sprechen dīcere 10, 23
Stadt oppidum 18
Stadt urbs 13
Statue statua 1
stehen stāre 3, 21
steht offen, er (sie, es) patet 2
steht, er (sie, es) stat 3
steigt herab, er (sie, es) dēscendit 6, 21
Stein saxum 14
sterben dē vītā dēcēdere 18
sterben occidere 21
Stimme vōx 9
Straße via 6
Stunde hōra 17
suchen quaerere 4, 20
sucht (auf), er (sie, es) petit 5
sucht die Kurie auf, er (sie, es) cūriam petit 5
sucht, er (sie, es) quaerit 4

Tag diēs 28
tapfer fortis 19
tatsächlich profectō 6
Tempel templum 1
Theaterstück fābula 13
Theaterstück spielen fābulam agere 22
Tochter filia 1
Tor porta 2
töten necāre 18
tragen gerere 17, 28
tragen portāre 5
trägt, er (sie, es) portat 5
traurig trīstis 19
treiben agere 6, 27
tritt ein, er (sie, es) intrat 3
tüchtig probus 14
Tüchtigkeit virtūs 25
tun facere 15, 23

über dē *m. Abl.* 6
überheblich superbus 16
umkommen dē vītā dēcēdere 18
umkommen occidere 21
und et 2
und -que 12
Unglück calamitās 17
unglücklich miser 14

Unglücksfall calamitās 17
unser noster 16
unter sub *m. Abl.* 18
unterdessen intereā 5

Vater pater 16
verändern mūtāre 20
Verdacht suspīciō 15
Verdächtigungen suspīciōnēs *f Pl.* 15
verehren colere 10
vergeblich frūstrā 24
verhandeln agere 6, 27
verhandelt über den Preis, er (sie, es)
  dē pretiō agit 6
verhandelt, er (sie es) agit 6
verkaufen vendere 13
verlangen petere 5, 19
verlangt, er (sie, es) petit 5
verlassen relinquere 12
verletzen violāre 5
verletzt, er (sie, es) violat 5
vermehren augēre 21
verschieden varius 14
versprechen prōmittere 10, 20
verstehen intellegere 22
verteidigen dēfendere 23
vertraut familiāris 19
verurteilen damnāre 23
viel multus 15
viele Jahre (lang) *(wie lange?)*
  (per) multōs annōs 17
vielfältig varius 14
Volk nātiō 17
Volk plēbs 9
Volk populus 3
Volksstamm nātiō 17
von ā/ab *m. Abl.* 6
von dē *m. Abl.* 6
von ... aus ē/ex *m. Abl.* 6
von ... herab dē *m. Abl.* 6
von fern procul 5
von her ā/ab *m. Abl.* 6
vor allem imprīmīs 4
vor kurzem nūper 21
vorbereiten parāre 8
vornehm nōbilis 19
vorwärtsgehen prōcēdere 13
Vorwurf crīmen 15

Waffen arma 23
während dum 5
wahrnehmen sentīre 9, 18
Wald silva 11
warten exspectāre 3
wartet, er (sie, es) exspectat 3
warum? cūr? 2
was? quid? 2
Wasser aqua 11
weder ... noch neque ... neque 8
Weg via 6
wegführen abdūcere 24
weggehen discēdere 4, 18
wegschicken dīmittere 5
weil quia 8
Weise modus 22
weit weg procul 5
weitermachen pergere 14
wenig später paulō post 12
wenige paucī 14
wenn sī 8
wie ut 10
wiederfinden reperīre 21
Wirtshaus taberna 2
wissen scīre 9
wo? ubī? 2
Wohnblock īnsula 12
wollen cupere 15, 25
wollen velle 15, 18
Wort verbum 5
wünschen cupere 15, 25
wütend saevus 18

Zahl numerus 23
zeigen ostendere 10, 27
zerstören dēlēre 18
zögern cessāre 2
zögern dubitāre 7
zögert, er (sie, es) cessat 2
zu ad *m. Akk.* 6
zudecken tegere 18
zufrieden contentus 14
Zukunft futūra *n Pl.* 25
zukünftig futūrus 25
zum ersten Mal prīmum 12
zurückhalten retinēre 5
zurücklassen relinquere 12
zwölf duodecim 26

Zeittafel

v. Chr.

um 900	Erste Hirtensiedlungen auf dem Palatin
8. Jh.	Entstehung der homerischen Epen „Ilias" und „Odyssee"
753	**sagenhaftes Gründungsdatum der Stadt Rom**
um 750	Griechische Kolonisation: Einwanderung der Griechen nach Unteritalien und Sizilien
um 550	Herrschaft etruskischer Könige in Rom; Errichtung des Circus Maximus und der ersten römischen Stadtmauer
6. Jh.	**Pythagoras** von Samos (Seelenwanderungslehre)
510	**Vertreibung des Tarquinius Superbus: Ende der etruskischen Königsherrschaft und Beginn der römischen Republik**
507	Einweihung des Tempels des Iuppiter Capitolinus
494	Auszug der plebs aus Rom: Vermittlung durch Menenius Agrippa
5. Jh.	Der griechische Philosoph Leukipp und dessen Schüler Demokrit begründen die Lehre vom Atomismus.
490/480	Kriege der Griechen gegen die Perser: Schlacht bei Marathon (490) und Schlacht bei Salamis (480)
477	Gründung des Attischen Seebundes
477–404	**Blütezeit Athens** (Perikleisches Zeitalter): Durchsetzung der **Demokratie** unter Perikles, Bebauung der Akropolis (**Parthenon**), **Tragödiendichtung** (Aischylos, Sophokles, Euripides), **Komödie** (Aristophanes), **Geschichtsschreibung** (Herodot), **Philosophie** (Sokrates, Platon)
450	**Zwölftafelgesetz**: Erste schriftliche Fixierung des römischen Rechts
431–404	**Peloponnesischer Krieg** zwischen Athen und Sparta (endet mit der Niederlage Athens)
399	**Sokrates** wird in Athen zum Tod durch den Schierlingsbecher verurteilt.
387	Sein Schüler **Platon** gründet in Athen seine Philosophenschule, die **Akademie**.
387	Einnahme Roms durch die Gallier unter Brennus
367	Zulassung der Plebejer zum Konsulat
356–323	**Alexander der Große**, König von Makedonien
335	**Aristoteles**, ein Schüler Platons, gründet in Athen seine Philosophenschule, den **Peripatos**.
seit 312	Bau der Via Appia
306	**Epikur** begründet seine Philosophenschule in Athen, den **Kepos** („Garten").
um 300	**Zenon** von Kition begründet seine Philosophenschule in Athen, die Stoa.
269	Erste römische Münzprägungen
um 264	Nach zahlreichen Kriegen gegen die umliegenden Völker ist die **römische Herrschaft in Mittel- und Süditalien gefestigt.**
264–241	**1. Punischer Krieg**
242	Einrichtung der ersten römischen Provinz (Sicilia)
227	Einrichtung der Provinz Sardinia et Corsica
218–201	**2. Punischer Krieg**
219/218	**Hannibal** zieht durch Spanien bis nach Italien: **Alpenübergang**
217	Niederlage der Römer am Trasimenischen See
216	Niederlage der Römer bei Cannä
216	Gesandtschaft des Q. Fabius Pictor zum Orakel von Delphi
204	Übergang der Römer unter Scipio nach Afrika: Hannibal zum Verlassen Italiens gezwungen
202	Sieg **Scipios** über Hannibal bei Zama

Zeittafel

197	Spanien wird römische Provinz (Hispania).
184	Zensur des **M. Porcius Cato** und des L. Valerius Flaccus
168	Schlacht bei Pydna: Sieg des **L. Ämilius Paullus** über die Makedonen unter König Perseus
155	Philosophengesandtschaft in Rom
149–146	**3. Punischer Krieg**
148	Einrichtung der Provinz Macedonia
146	**Zerstörung Karthagos**: Africa wird römische Provinz. Griechenland wird zur römischen Provinz Achaia. **Herrschaft der Römer über den Mittelmeerraum**
133–121	Gescheiterte Reformbewegung der **Gracchen**
129	Einrichtung der Provinz Asia
102/101	Sieg des **Marius** über die Kimbern und Teutonen
91–89	Bundesgenossenkrieg: Forderung der italischen Bundesgenossen nach dem römischen Bürgerrecht
82–79	Diktatur **Sullas**
74–66	3. Mithridatischer Krieg: Asienfeldzug des Lukullus
73–71	Sklavenaufstand unter Spartakus
67	**Pompejus** beendet im Auftrag des Senats den Seeräuberkrieg.
63	**Konsulat Ciceros**
63–62	Catilinarische Verschwörung
60	1. Triumvirat: Pompejus, Crassus, Cäsar
59	**Konsulat Cäsars**
58–51	**Eroberung Galliens** durch Cäsar
52	Letzter Aufstand der Gallier gegen Cäsar unter Führung des Arverner-Fürsten Vercingetorix: Sieg Cäsars in der Schlacht bei Alesia
51	Einrichtung der Provinz Gallia
49 (10. Januar)	Cäsar überschreitet mit seinen Truppen den **Rubikon**.
49-46	**Bürgerkrieg**: Cäsar gegen Pompejus/Senat
48	**Schlacht bei Pharsalos**: Sieg Cäsars über Pompejus, bald darauf Ermordung des Pompejus in Ägypten
48–47	Cäsar in Ägypten bei Kleopatra
47–44	Diktatur Cäsars
46	Schlacht bei Thapsus: Sieg Cäsars über die Truppen des Pompejus
45	Einführung des julianischen Kalenders
15. 3. 44	**Ermordung Cäsars**
43	2. Triumvirat: Antonius, Lepidus, Oktavian
43	Ermordung Ciceros durch Schergen des Antonius
42	**Schlacht bei Philippi**: Niederlage der Cäsarmörder
33/32	Ende des Triumvirats: Bruch zwischen **Antonius** und **Oktavian**
31	**Schlacht bei Aktium**: Sieg Oktavians über Marcus Antonius und Kleopatra; Ägypten wird römische Provinz.
30	Selbstmord des Antonius und der Kleopatra
27	Der Senat verleiht Oktavian den Ehrentitel **Augustus: Beginn des Prinzipats**
um 25	Livius beginnt mit der Herausgabe seines Geschichtswerks „Ab urbe condita".
19	Veröffentlichung der „Aeneis" Vergils
seit 15	Germanenkriege
9	Einweihung der Ara Pacis Augustae

n. Chr.

um 8 n. Chr.	Veröffentlichung der „Metamorphosen" Ovids
9	„Schlacht im Teutoburger Wald": Sieg des Cheruskerfürsten Arminius über die Legionen des römischen Feldherrn Varus (in Kalkriese bei Osnabrück)
14	Tod des Augustus
14–68	**Julisch-Claudisches Herrscherhaus**
um 30	Kreuzigung Jesu
14–37	**Kaiser Tiberius**
37–41	**Kaiser Caligula**
41–54	**Kaiser Claudius**
43	Britannien wird römische Provinz.
54–68	Kaiser Nero
um 55	Missionsreisen des **Apostels Paulus** (u. a. nach Ephesos)
64	**Brand Roms**: erste Christenverfolgungen
65	**Seneca** begeht auf Geheiß des Kaisers Nero Selbstmord.
66	Einrichtung der Provinz Iudaea
66–70	Aufstand der Juden gegen die römische Besatzung
68–69	Vierkaiserjahr (Galba, Otho, Vitellius, Vespasian)
69–96	**Flavisches Herrscherhaus**
69–79	**Kaiser Vespasian**
69/70	Bataveraufstand in Germanien
70	**Eroberung Jersualems** durch Titus
79–81	**Kaiser Titus**
79	Vesuv-Ausbruch, Zerstörung von Pompeji und Herkulaneum
80	Bau des Kolosseums beendet
81	Errichtung des Titusbogens
81–96	**Kaiser Domitian**
um 90	**Quintilian** verfasst seine „Institutio oratoria".
um 90	Erneut Christenverfolgungen
84	Baubeginn des **Limes** in Germanien
um 85	Einrichtung der Provinzen Germania superior und inferior
96–192	**Adoptivkaiser**
96–98	**Kaiser Nerva**
98	Veröffentlichung der „Germania" des Tacitus
98–117	**Kaiser Trajan**
106–115	**Größte Ausdehnung des römischen Reiches** (Schaffung der Provinzen Arabia, Dacia, Armenia, Mesopotamia und Assyria)
117–138	**Kaiser Hadrian**
122	Errichtung des Hadrianswalls in Nordengland
138–161	**Kaiser Antoninus Pius**
161–180	**Kaiser Mark Aurel**
180–192	**Kaiser Commodus**
193–235	**Severisches Kaiserhaus**
235–305	**Soldatenkaiser**
um 250	**Christenverfolgung** unter den Kaisern Decius und Valerian
um 250	Beginn der **Völkerwanderung**: Die Goten überschreiten die Donau. Die Alemannen durchbrechen auf breiter Front den Limes und brechen in das Reichsgebiet ein. Einfall der Franken in Spanien

Zeittafel

284–305	**Kaiser Diokletian**
293	Trier wird kaiserliche Residenz.
303–311	**Christenverfolgung** unter Diokletian
306–337	**Kaiser Konstantin der Große**
312–315	Errichtung des Konstantinsbogens
313	Toleranzedikt von Mailand: Religionsfreiheit für die Christen
330	**Konstantinopel wird Hauptstadt des römischen Reiches.**
um 375	Die Hunnen erobern im Norden große Teile des römischen Reiches.
379–395	**Kaiser Theodosius der Große**
390	Hieronymus beginnt mit der Übertragung der Bibel ins Lateinische („**Vulgata**").
391	Das **Christentum wird Staatsreligion** (Verbot heidnischer Kulte).
395	**Reichsteilung** nach dem Tod des Theodosius (Entstehung eines west- und eines oströmischen Reiches)
404	Ravenna wird Hauptstadt des Westreiches.
410	Rom wird von den Westgoten (Alarich) eingenommen.
455	Plünderung Roms durch die Vandalen
476	Absetzung des letzten weströmischen Kaisers durch den Germanen Odoaker: **Ende des weströmischen Reiches**
527–565	**Kaiser Justinian** (Sein Versuch, die Reichseinheit wiederherzustellen, scheitert.)
534	Codex Iustinianus
622	Flucht des Propheten Mohammed von Mekka nach Medina: Beginn der islamischen Zeitrechnung
seit 7. Jh.	Ausbreitung des Islam: Die Ostprovinzen fallen an die Araber.
800	Kaiserkrönung **Karls des Großen**

Abbildungsnachweis

S. 15: Verlag Lozzi, Rom – S. 30 oben: Hannes Geissendörfer, Nürnberg; unten: akg-images, Berlin / Pirozzi – S. 35: Verlag Philipp von Zabern, Mainz / Dr. Marcus Junkelmann – S. 51: akg-images, Berlin – S. 77: Verlag Philipp von Zabern, Mainz / Dr. Marcus Junkelmann – S. 88 unten: Scalla, Antella – S. 96: akg-images, Berlin / John Hios – S. 103: akg-images, Berlin / Erich Lessing – S. 104: akg-images, Berlin – S. 105: IFPA/Interfoto, München – S. 106 oben: akg-images, Berlin / Erich Lessing; unten: Klammet/Interfoto, München – S. 110 oben: akg-images, Berlin; unten: akg-images, Berlin / Erich Lessing – S. 111: akg-images, Berlin – S. 112 Mitte: Ullstein Bilderdienst, Berlin; unten: Kalt/Mauritius, Mittenwald – S. 120: akg-images / Bildarchiv Steffens – S. 121: akg-images, Berlin – S. 126/127: akg-images, Berlin – S. 135: Scala, Antella – S. 136: akg-images, Berlin – S. 146: akg-images, Berlin – S. 150 (Delphine im Meer): AP/Süddeutscher Verlag Bilderdienst, München – S. 152 oben: Verlag Philipp von Zabern, Mainz / Dr. Marcus Junkelmann – S. 170: akg-images, Berlin – S. 171: akg-images, Berlin – S. 172 unten: Peter Grau, Pullach – S. 176/177: Clement Utz, Nittendorf – S. 178 oben: Preußischer Kulturbesitz, Berlin; unten: akg-images, Berlin – S. 180: Walters Art Museum, Baltimore, USA / Bridgeman Art Library, London – S. 184 unten: akg-images, Berlin / Erich Lessing – S. 185: akg-images, Berlin / Erich Lessing – S. 186 oben: Ursula Daues, Hannover – S. 187: Ullstein Bilderdienst, Berlin / Otto – S. 189: dpa-Sportreport / Louisa Gouliamaki – S. 190/191: akg-images, Berlin – S. 198 unten: Domkapitel, Aachen – S. 201 unten: picture alliance / akg-images, Berlin – S. 206 unten: akg-images, Berlin / Peter Connolly – S. 212 unten: picture alliance / akg-images, Berlin / Richard Booth – S. 218: Staatliche Münzsammlung, München – S. 221: akg-images, Berlin / Erich Lessing – S. 223: akg-images, Berlin / Erich Lessing – S. 226: akg-images, Berlin / Erich Lessing – S. 234: akg-images, Berlin / Erich Lessing – S. 237: akg-images, Berlin / Erich Lessing – S. 238/239: Theiss Verlag, Stuttgart